BAC 2021

¡Lánzate!

1re | Term

SÉRIES TECHNOLOGIQUES

Espagnol A2>B2

Direction pédagogique :

Edouard CLEMENTE
Inspecteur Pédagogique Régional honoraire

Laurent VERNAUZOU
Professeur certifié
Lycée général et technologique Arnaut Daniel, Ribérac
Formateur, Académie de Bordeaux

Luis ARANDA-AYENSA
Professeur agrégé honoraire

Pascale AVET
Professeure agrégée honoraire

Alexia BARBE
Professeure certifiée
Ensemble scolaire Saint Joseph de Tivoli, Bordeaux

Marie-Ange BAULT
Professeure certifiée
Lycée agro-viticole de Libourne-Montagne, Montagne

Antoine CALA
Professeur agrégé
Lycée de la Plaine de l'Ain, Ambérieu-en-Bugey

Aude CAPERA
Professeure certifiée
Lycée polyvalent Cantau, Anglet

Caroline GIROT GONÇALVES
Professeure certifiée
Lycée Sainte Marie Grand Lebrun, Bordeaux
Formatrice ISFEC

Monique LAFFITE
Inspectrice Pédagogique Régional honoraire

Valérie LAGRANGE
Professeure agrégée
Lycée général et technologique Bertran de Born, Périgueux

Gloria MARINE
Professeure agrégée
Maison d'Éducation de la Légion d'honneur, Saint-Denis

Maria Isabel MUÑOZ
Professeure certifiée
Lycée général Antoine de Saint-Exupéry, Parentis-en-Born

Catalina REBIÈRE-BAEZA
Professeure certifiée
Lycée Sainte Marie Grand Lebrun, Bordeaux

Nathan

Focus sur.... le cycle terminal

Au cycle terminal, tu vas passer trois séries d'épreuves communes de contrôle continu (deux en première et une en terminale). Ton objectif va être d'atteindre en terminale le niveau B2 si tu es en LVA et le niveau B1 si tu es en LVB.

Du point de vue culturel, les programmes du cycle terminal s'organisent autour de la thématique : « Gestes fondateurs et mondes en mouvement ». Elle est déclinée en 8 axes :

1. Identités et échanges
2. Espace privé et espace public
3. Art et pouvoir
4. Citoyenneté et mondes virtuels
5. Fictions et réalités
6. Innovations scientifiques et responsabilité
7. Diversité et inclusion
8. Territoire et mémoire

	B1	B2
Écouter	• Je peux comprendre les points essentiels quand un langage clair et standard est utilisé et s'il s'agit de sujets familiers concernant le travail, l'école, les loisirs, etc. • Je peux comprendre l'essentiel de nombreuses émissions de radio ou de télévision sur l'actualité ou sur des sujets qui m'intéressent à titre personnel ou professionnel si l'on parle d'une façon relativement lente et distincte.	• Je peux comprendre des conférences et des discours assez longs et même suivre une argumentation complexe si le sujet m'en est relativement familier. • Je peux comprendre la plupart des émissions de télévision sur l'actualité et les informations. Je peux comprendre la plupart des films en langue standard.
Lire	• Je peux comprendre des textes rédigés essentiellement dans une langue courante ou relative à mon travail. • Je peux comprendre la description d'événements, l'expression de sentiments et de souhaits dans des lettres personnelles.	• Je peux lire des articles et des rapports sur des questions contemporaines dans lesquels les auteurs adoptent une attitude particulière ou un certain point de vue. Je peux comprendre un texte littéraire contemporain en prose.
Interagir à l'oral	• Je peux faire face à la majorité des situations que l'on peut rencontrer au cours d'un voyage dans une région où la langue est parlée. • Je peux prendre part sans préparation à une conversation sur des sujets familiers ou d'intérêt personnel ou qui concernent la vie quotidienne (par exemple famille, loisirs, travail, voyage et actualité).	• Je peux communiquer avec un degré de spontanéité et d'aisance qui permet une interaction normale avec un locuteur compétent dans la langue cible. • Je peux participer activement à une conversation dans des situations familières, présenter et défendre mes opinions.
Interagir à l'écrit	• Je peux interagir à propos d'expériences, d'événements, d'impressions et d'émotions à condition de pouvoir préparer. • Je peux demander ou donner des éclaircissements simples et répondre aux commentaires et aux questions en donnant quelques détails. • Je peux participer à un projet avec un groupe de travail, à condition qu'il y ait des aides visuelles, comme des images, des statistiques et des graphiques pour clarifier les notions compliquées.	• Je peux interagir avec plusieurs personnes, relier mes contributions aux leurs et gérer les malentendus ou les désagréments, à condition que les autres évitent un langage compliqué, me laissent du temps et soient coopératifs. • Je peux mettre en valeur la signification de faits, d'événements et d'expériences, justifier des idées et coopérer efficacement.
Parler en continu	• Je peux m'exprimer de manière simple afin de raconter des expériences et des événements, mes rêves, mes espoirs ou mes buts. • Je peux brièvement donner les raisons et explications de mes opinions ou projets. Je peux raconter une histoire ou l'intrigue d'un livre ou d'un film et exprimer mes réactions.	• Je peux faire des descriptions claires et détaillées sur une grande gamme de sujets relatifs à mes centres d'intérêt. • Je peux développer un point de vue sur un sujet d'actualité et expliquer les avantages et les inconvénients de différentes possibilités.
Écrire	• Je peux écrire un texte simple et cohérent sur des sujets familiers ou qui m'intéressent personnellement.	• Je peux écrire des textes clairs et détaillés sur une grande gamme de sujets relatifs à mes intérêts. • Je peux écrire un essai ou un rapport en transmettant une information ou en exposant des raisons pour ou contre une opinion donnée.
Médiation (MÉDIATION)	• Je peux transmettre les informations données dans des textes informatifs clairs et bien structurés, sur des sujets familiers ou d'ordre personnel. Je peux aider à définir une tâche en termes simples et demander aux participants d'apporter leur expertise. • Je peux inviter les gens à parler, à expliquer leurs points de vue ou à préciser certains points qu'ils ont évoqués. • Je peux poser des questions appropriées pour vérifier la compréhension de notions et je peux répéter en partie ce qui a été dit pour confirmer une compréhension mutuelle. • Je peux aider à la création d'une culture commune en présentant les gens, en échangeant des informations sur les priorités et poser de simples questions pour avoir une confirmation et/ou une clarification. • Je peux donner l'essentiel de ce qui est dit si les interlocuteurs parlent clairement et m'accordent des pauses pour réfléchir à la façon de présenter les choses.	• Je peux transmettre de façon fiable des informations détaillées et des arguments, issus de textes complexes mais bien structurés, dans mes domaines d'intérêt. • Je peux inviter les participants à réagir aux idées des uns et des autres ou leur demander de développer leur pensée et de préciser leurs opinions. • Je peux développer les idées des autres et les relier à un raisonnement cohérent, en considérant les deux côtés d'un problème. • Je peux contribuer à la création d'une culture communicative commune en adaptant ma façon de procéder, apprécier différentes idées, impressions et points de vue, et inviter les participants à réagir aux idées des uns et des autres. • Je peux donner la signification de propos et de points de vue importants sur des sujets de mon domaine d'intérêt, à condition que les participants clarifient si besoin est.

Volume complémentaire avec de nouveaux descripteurs du CECRL, février 2018

Bienvenue dans ton manuel ¡Lánzate! 1re Term Séries technologiques

Pourquoi un manuel de cycle ?

- Le programme d'espagnol en première et terminale porte sur les mêmes axes culturels (cf. page 2) : tu as donc **deux ans pour en découvrir les enjeux et enrichir tes connaissances sur le monde hispanique**.
- Ces deux années seront aussi marquées par **trois séries d'épreuves communes de contrôle continu** auxquelles il faut te préparer progressivement dès le début de la première.
- C'est pourquoi un manuel de cycle est particulièrement adapté : ses contenus ont été pensés afin de **t'amener progressivement vers le niveau de connaissances et de compétences attendu** lors de chaque série d'épreuves.

Que vas-tu découvrir dans ce manuel ?

- **30 unités** constituent le cœur de ton manuel et te permettront d'explorer la diversité des cultures hispaniques : des traces de la colonisation espagnole en Amérique enfouies en Espagne à la sauvegarde du patrimoine, en passant par les réponses du monde hispanique aux défis sociétaux et écologiques, **c'est un véritable tour des pays hispanophones qui t'est proposé**.
- Pour t'aider à comprendre les documents, les consignes sont parfois complétées par des **quiz interactifs** afin d'approfondir certains points ou de te faire travailler des éléments lexicaux importants. Des ***parcours différenciés*** et des **fiches de compréhension** téléchargeables viennent compléter ce dispositif pour mettre toutes les chances de ton côté !

Quels outils sont à ta disposition pour progresser ?

Nous avons eu à cœur de te fournir des outils adaptés et variés afin de te permettre de développer tes compétences linguistiques et langagières :

- pour la phonologie, des **activités interactives d'écoute** et des **quiz** te sont proposés dans chaque unité ;
- pour la grammaire, tu disposeras de **capsules vidéos explicatives**, des ***Apuntes de Gramática*** et du **précis grammatical** afin de t'aider à maîtriser les outils linguistiques nécessaires pour bien comprendre et t'exprimer. Des exercices d'application sont également présents dans le manuel et dans le fichier de l'élève téléchargeable ;
- pour le lexique, outre les **activités interactives**, des **activités de manipulation** sont également présentes dans toutes les unités.

Que propose le manuel pour préparer les épreuves du baccalauréat ?

Afin de t'accompagner pas à pas vers la réussite de ces épreuves, ton manuel te propose des pages pour :

- **t'informer :** le guide du lycéen te dit tout sur le calendrier et le détail des épreuves que tu auras à passer ;
- **t'entraîner et progresser :** au sein des unités, des questions PREPARA EL BAC t'inviteront à réfléchir et t'exprimer à l'oral ou à l'écrit sur le lien entre les documents et l'axe d'étude. À la fin de chaque ***Unidad Flash***, 1 double page te propose un focus sur l'une des parties des épreuves (écrite ou orale) avec un accompagnement méthodologique précis. Enfin, pour l'épreuve orale de terminale, tu auras à ta disposition deux doubles pages dédiées pour chaque axe culturel, avec une rubrique spécifique pour l'oral d'ETLV si tu es en LVA.
- **t'évaluer :** à la fin de chaque *Unidad*, tu trouveras un sujet de bac assorti d'une fiche d'auto-évaluation pour chaque partie de l'épreuve.

Nous avons voulu te proposer des chemins vers la réussite et te souhaitons un voyage culturel et linguistique enthousiasmant avec ¡Lánzate! 1re Term Séries technologiques

Edouard Clemente et Laurent Vernauzou

À la découverte de ton manuel

Ton manuel contient 30 unités de types différents, afin de varier le rythme et l'approche pédagogique. Toutes contribuent à te faire découvrir différents aspects des axes culturels au programme.

14 *Unidades*

À quoi sert la page d'ouverture ?

- Elle te permet de découvrir la **problématique de l'unité**, en lien avec une thématique et un axe du programme, et d'annoncer le projet final que tu auras à réaliser.
- Un quiz interactif ***¿Qué sabes de…?*** et un ou deux documents te permettent ensuite de plonger dans le vif du sujet.

Comment fonctionnent les autres pages de documents ?

- Chaque page ou double page traite d'un des aspects de la problématique de départ à travers **plusieurs documents authentiques**. Elle propose des **activités de réception, de production et de médiation**.

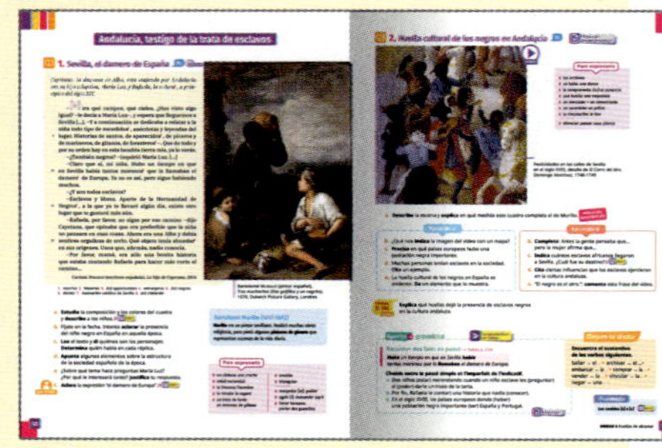

- Outre les consignes du manuel, différents outils te sont proposés pour aborder les documents : des **fiches de compréhension** téléchargeables pour les compréhensions orales, des **quiz interactifs** et des **parcours différenciés** pour certains documents.
- Des boîtes **Para expresarte** sont là pour t'aider à t'exprimer sur les documents. Et pour améliorer ta prononciation, des boîtes **Fonología**.
- Enfin, les questions PREPARA EL BAC te proposent un entraînement progressif à la **mise en lien entre un document et l'axe** d'étude de l'unité.

À quoi sert le *Proyecto Final* ?

- La tâche finale est l'aboutissement de ton travail sur l'ensemble de l'unité. Elle te permettra de **montrer que tu as compris et assimilé les éléments culturels et linguistiques** via une expression orale ou écrite.

14 *Unidades Flash*

Comment fonctionnent ces unités ?

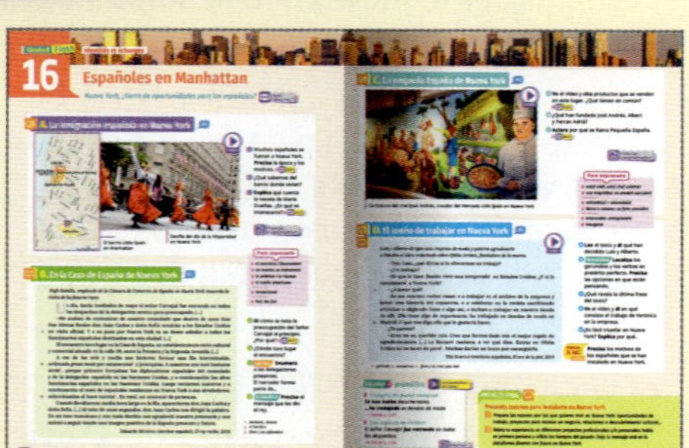

- Ces unités de deux pages proposent un **focus problématisé sur une thématique**, à travers l'étude de 3 à 4 documents ciblés menant à un projet final.

2 *Unidades especiales*

Tu aimes les énigmes ?

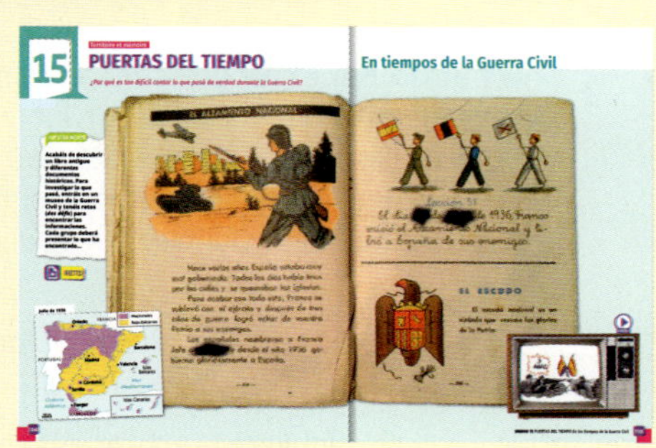

- Si c'est le cas, ces unités spéciales vont te plaire : elles te plongeront dans une **quête historique** tout en t'apportant des **connaissances culturelles indispensables**.

Ton manuel te propose aussi différents outils pour consolider tes acquis langagiers et te préparer aux épreuves du bac.

Pour maîtriser la langue

> **Apuntes de gramática** — La gramática en vídeo
>
> L'emploi du passé composé
> *Se* ***han hecho*** *documentales.*
> *...****ha trabajado*** *en tiendas de moda*
> → Précis p. 245
>
> Les aspects de l'action
> *El señor Carvajal* ***fue entrando*** *en todos los despachos.*
> → Précis p. 250
>
> Exercices

- Des encadrés ***Apuntes de gramática*** font un focus sur des outils grammaticaux présents dans les documents et utiles à la tâche finale
- Ces encadrés sont associés à des tutos ***La gramática en vídeo*** qui t'expliquent chaque point grâce à une infographie animée. Ils renvoient également au **précis grammatical**.

> **Mejora tu léxico**
>
> **Reconstituye la frase con los elementos siguientes :**
> *habían hecho fortuna • retornados • construyeron casonas • y palacetes • de las Américas • para demostrar que • muchos emigrantes • y habían tenido éxito*

- Pour le lexique, tu as à ta disposition la rubrique ***Mejora tu léxico*** dans ton manuel et de nombreuses **activités interactives** via EXO QUIZ

Pour progresser et t'évaluer

À quoi servent les pages *Bac Metodología*?

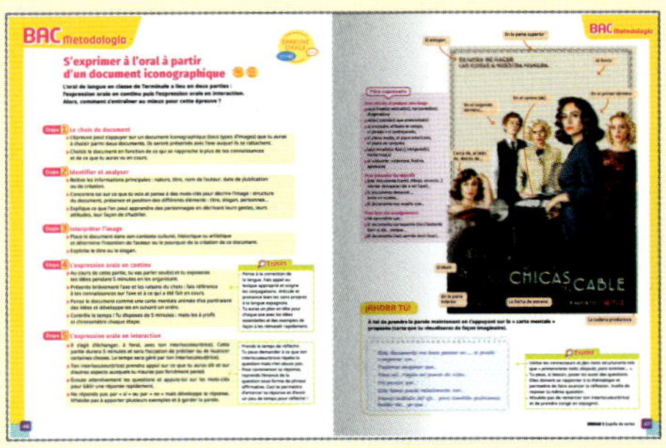

- À la fin de chaque *Unidad Flash*, ces pages te proposent un **accompagnement méthodologique** afin d'**apprendre à analyser et à rendre compte de documents** selon les attendus de l'examen.

Comment utiliser les pages *Bac Evaluación* ?

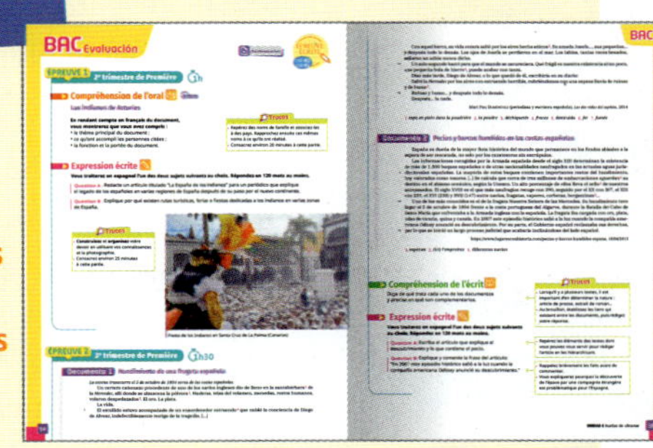

- Placées à la fin de chaque *Unidad*, ces doubles pages contiennent **des sujets d'entraînement aux trois types d'épreuves communes écrites**. Pour chaque partie de l'épreuve, tu disposes d'une **grille d'auto-évaluation téléchargeable** afin de pouvoir identifier tes forces comme tes marges de progrès.

Comment fonctionnent les pages *Bac Oral* ?

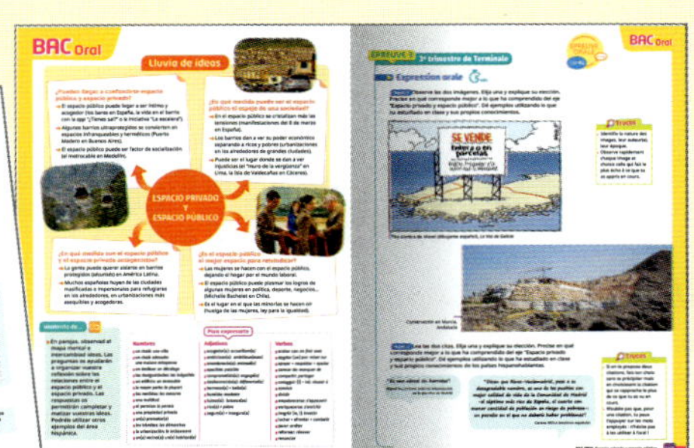

- Placées à la suite des unités de ton manuel, ces pages te fournissent des cartes mentales récapitulatives qui explorent différentes thématiques reliées à chaque axe culturel. Tu y trouveras également des **sujets types** afin de **t'entraîner en vue de l'épreuve orale** (LVB).
- Si l'espagnol est ta LVA, une **rubrique dédiée à l'épreuve orale d'enseignement technologique en langue vivante (ETLV)** complétée par des pages **Con Método**, te seront des outils précieux pour te préparer.

Les pictos de ton manuel

Compréhension orale	Expression écrite
Compréhension écrite	Expression écrite en interaction
Expression orale en continu	MÉDIATION — Médiation écrite ou orale
Expression orale en interaction	COMPÉTENCES NUMÉRIQUES — Compétences numériques
VIDÉO / AUDIO — Document vidéo ou audio disponible	WEB — Lien vers un document sur Internet (vidéo, audio ou texte)
La gramática en vídeo — Vidéo de grammaire	→ Con método — Renvoi aux pages de méthodologie en fin de manuel
EXO QUIZ — Activités (culture, lexique ou phonologie)	PRÉCIS GRAMMATICAL — Renvoi au précis grammatical en fin de manuel
Fiche de compréhension — Fichier de l'élève téléchargeable	

Sommaire 1e

ONCE
Mira como veo

Sommaire Term

● **Axe majeur de l'unité** ● Axe mineur de l'unité

VERS LE BAC Oral

ÉPREUVE ORALE

CON MÉTODO ETLV

PRÉCIS GRAMMATICAL p. 249 à 278

RÉPARTITION DES CHAPITRES PAR AXE DU PROGRAMME

Axe du programme		
❶ Identités et échanges	**Unidad flash 1** – Lo español está de moda **Unidad 4** – Salir del turismo de sol y playa	**Unidad flash 16** – Españoles en Manhattan **Unidad 19** – Migraciones ¿sueños insuperables?
❷ Espace privé et espace public	**Unidad 8** – Paridad, un tema pendiente	**Unidad 17** – Vecinos **Unidad flash 22** –España en venta
❸ Art et pouvoir	**Unidad 10** – El arte: ¿una forma de poder? **Unidad flash 13** – El arte de hacer propaganda	**Unidad 21** – Muralistas comprometidos **Unidad flash 26** – Arte en femenino
❹ Citoyenneté et mondes virtuels	**Unidad flash 3** – ¡Ojo con los bulos!	**Unidad flash 20** – Seguridad en la red **Unidad flash 24** – Ciudadanía digital
❺ Fictions et réalités	**Unidad 2** – Encasillados **Unidad flash 5** – España de series	**Unidad flash 18** – Visitas virtuales **Unidad 27** – Entre ficción y realidad
❻ Innovations scientifiques et responsabilité	**Unidad flash 7** – El reto del agua en América Latina **Unidad 14** – Producción y consumo alternativos	**Unidad 23** – España 2050: ¿un futuro 100% renovable?
❼ Diversité et inclusion	**Unidad 12** – Discapacitados con capacidades **Unidad flash 9** – España y sus idiomas	**Unidad 29** – Las minorías en el mundo hispánico
❽ Territoire et mémoire	**Unidad 6** – Huellas de ultramar **Unidad flash 11** – Patrimonio hispano vivo **Unidad 15 Juego cultural** – Puertas del tiempo: En tiempos de la Guerra Civil	**Unidad 25** – En busca de justicia **Unidad flash 28** – ¿Autonomías o independencia? **Unidad 30 Juego cultural** – Puertas del tiempo: Tiempo de resistencias

LES ÉPREUVES DE 1re EN ESPAGNOL

En Première, tu passeras deux séries d'épreuves communes de contrôle continu en espagnol.

2e trimestre de 1re

E3C1
Compréhension de l'oral
+ Expression écrite
1 h

3e trimestre de 1re

E3C2
Compréhension de l'écrit
+ Expression écrite
1 h 30

PARTIE 1 – COMPRÉHENSION DE L'ORAL

- Tu découvriras un document audio ou vidéo d'environ 1 minute 30, dont le titre te sera communiqué. Le document sera diffusé trois fois, les écoutes étant espacées d'une minute. Pendant que tu écoutes, tu pourras prendre des notes.
- À l'issue de la troisième écoute, tu devras rendre compte en **français et à l'écrit** de ce que tu as compris. Tu auras parfois des indications pour te guider, mais pas toujours.

- Note sur 10 points par activité évaluée
- Niveaux attendus E3C1 :
LVA > B1
LVB > A2-B2
- Niveaux attendus E3C2 :
LVA > B1-B2
LVB > A2-B2

Critères d'évaluation de la compréhension orale et écrite

- Identification du contexte et de la situation d'énonciation (qui parle ? à qui ? de quoi ? dans quel contexte ?...)
- Identification des réseaux de sens (quelle est l'organisation du document ?)
- Identification des stratégies de communication (quelle est la nature du document ? son objectif ? son ton ?...)

PARTIE 2 – COMPRÉHENSION DE L'ÉCRIT ET DE L'ENSEMBLE DU DOSSIER

- La compréhension de l'écrit est évaluée à partir d'un ou de deux textes.
- À l'issue de la lecture du ou des textes, tu rendras compte de ce que tu as compris **en espagnol et à l'écrit**. Tu auras parfois des indications pour te guider, mais pas toujours.

PARTIE 3 – EXPRESSION ÉCRITE

- L'expression écrite est évaluée lors des deux séries d'épreuves de la même manière : une ou deux questions te seront proposées au choix, en lien avec l'axe envisagé dans le document audio (E3C1) ou écrit (E3C2).
- Tu devras donc traiter au moins l'un des deux sujets en rédigeant ton texte **en espagnol**.

Critères d'évaluation de l'expression écrite

- Qualité du contenu (clarté, précision, efficacité du propos)
- Cohérence de la construction du discours (structure, cohérence interne, argumentation)
- Correction de la langue écrite (maîtrise grammaticale et orthographique)
- Richesse de la langue (variété et niveau de précision du lexique et des structures employés)

ORGANISER SES RÉVISIONS

Pour réussir ces épreuves, il faut t'organiser à l'avance et commencer tôt les révisions ! En effet, réviser son bac ne se prépare pas à la dernière minute, c'est un travail qui débute dès les premières semaines de septembre. Voici quelques pistes qui pourront t'aider.

1 TRAVAILLER RÉGULIÈREMENT ET AVEC RIGUEUR, EN CLASSE COMME À LA MAISON

Dès le début de l'année, tu dois veiller à :
- être attentif(ive) et concentré(e) en classe ;
- participer et poser des questions ;
- prendre la parole régulièrement pour t'entraîner au Grand oral de Terminale.

Les avantages de cette méthode

- Ton implication permettra d'éviter le stress de dernière minute.
- Travailler régulièrement allège ton travail de révision.

2 ORGANISER UN PLANNING DE RÉVISION

Commence par lister tous les chapitres ou thèmes à revoir dans chaque matière, puis, dans un tableau hebdomadaire, place les révisions qu'il faudra effectuer.

La première série d'épreuves a lieu fin mars, il faut donc commencer à réviser dès le début de l'année scolaire !

Sois réaliste, n'envisage pas de longues ou de nombreuses séances de révisions si tu sais que ton planning ou ta capacité à travailler ne le permettra pas.

Chaque jour, mixe les matières que tu révises. Cela te permettra de moins te lasser et d'avoir moins de pression.

Lors des vacances scolaires ou le week-end, augmente le volume de tes séances de révision, car tu as plus de temps. Les quelques semaines avant les épreuves, le volume horaire des révisions devra être plus important : passe de 4 à 6 séances de travail par jour au moins.

Conseil

Coche au fur et à mesure sur ton planning le travail effectué. Cela te permettra de réaliser l'avancée de tes révisions, ce qui est plutôt encourageant, et de planifier à nouveau le travail non fait.

3 CRÉER DE BONNES CONDITIONS DE TRAVAIL

Réviser en équipe est un moyen efficace pour se motiver. Créez des fiches de révision en groupe, interrogez-vous mutuellement, organisez des séances de révision à plusieurs, mutualisez vos cours et vos outils de révisions et profitez ainsi des compétences de chacun.

Les avantages de cette méthode

À plusieurs, il est plus facile de se motiver. Vous appréhenderez moins vos séances de révision.

Détends-toi !

▸ **Des pauses** sont nécessaires pendant les périodes de révision : il faut s'aérer le corps et l'esprit et penser à autre chose. Fais du sport, regarde un film ou une série, sors avec tes amis, fais des exercices de relaxation ou de respiration… **Pense à le faire quotidiennement**.

Les avantages de cette méthode

Un esprit sain dans un corps sain est le meilleur moyen d'affronter sereinement les épreuves du bac : mange bien et accorde-toi un temps de sommeil suffisant.

Test

QUEL EST MON TYPE DE MÉMOIRE ?

Tout le monde est capable d'apprendre ! Il est utile pour cela de trouver les bonnes méthodes et de créer les bons outils. Fais ce test pour mieux te connaître et identifier quel(s) type(s) de mémoire te correspond(ent).

Légende

- 😀 **Ça me correspond tout à fait** ▸ 4 points
- 🙂 **Ça me correspond un peu** ▸ 3 points
- 😕 **Ce n'est pas vraiment moi** ▸ 2 points
- 😵 **Ça ne me correspond pas du tout** ▸ 1 point

1. Je dessine des schémas, des cartes mentales, des affiches pour m'aider à mémoriser.
   😀 🙂 😕 😵
2. Je me souviens mieux de ce que je lis que de ce que j'entends.
   😀 🙂 😕 😵
3. Quand j'apprends du vocabulaire, je me répète la définition dans ma tête.
   😀 🙂 😕 😵
4. Pour mobiliser une information, je me souviens surtout des pages du manuel ou de mon cahier qui y sont consacrées.
   😀 🙂 😕 😵
5. Je comprends mieux les consignes orales que les consignes écrites.
   😀 🙂 😕 😵
6. Je préfère lire une histoire que l'entendre.
   😀 🙂 😕 😵
7. J'apprends mieux un mot si je l'écris plusieurs fois.
   😀 🙂 😕 😵
8. Je comprends mieux quand je lis ma leçon à voix haute.
   😀 🙂 😕 😵
9. Je me souviens mieux des repères ou des règles en les répétant.
   😀 🙂 😕 😵
10. J'apprends mieux quand je marche ou que je fais tourner un objet dans mes mains.
    😀 🙂 😕 😵
11. Quand je relis ma leçon, il me vient beaucoup d'images du cours.
    😀 🙂 😕 😵
12. J'aime construire des choses et bricoler.
    😀 🙂 😕 😵
13. Je comprends mieux les explications sous forme de tableau ou de schéma.
    😀 🙂 😕 😵
14. Pour retrouver une information, je me souviens surtout de ce que je faisais au moment de l'apprendre.
    😀 🙂 😕 😵
15. Pour retrouver une information, je me souviens surtout de ce qu'a dit mon professeur à ce sujet.
    😀 🙂 😕 😵

Résultats

Tes résultats peuvent être proches dans deux colonnes, ce qui signifie que tu combines plusieurs types de mémoire !

A	B	C
Additionne le nombre de points obtenus aux questions :	Additionne le nombre de points obtenus aux questions :	Additionne le nombre de points obtenus aux questions :
2 4 6 11 13	3 5 8 9 15	1 7 10 12 14

Si ton score de la **COLONNE A** est le plus élevé : tu as plutôt une **mémoire visuelle**.
Si ton score de la **COLONNE B** est le plus élevé : tu as plutôt une **mémoire auditive**.
Si ton score de la **COLONNE C** est le plus élevé : tu as plutôt une **mémoire corporelle**.

LA MÉMOIRE VISUELLE

Avoir une mémoire visuelle signifie que tu retiens mieux ce que tu lis, vois ou écris. Tu photographies mentalement les pages de tes cahiers, le tableau…

Tes outils

- Soigne ton travail, la présentation de tes cours pour que tes cahiers ou tes classeurs soient agréables à regarder.
- Utilise tout ce qui peut marquer ta mémoire visuellement : couleurs, schémas, mise en page…
- Surligne ou souligne des mots, des phrases, des terminaisons, etc., ou utilise des codes couleurs.

LA MÉMOIRE AUDITIVE

Avoir une mémoire auditive signifie que tu retiens mieux ce que tu entends. Tu comprends et mémorises mieux lorsque tu lis des informations à voix haute et que tu les reformules avec tes propres mots.

Tes outils

- Écoute bien en classe et révise en oralisant : lis tes cours à voix haute, mais aussi les consignes des exercices, le vocabulaire que tu veux apprendre, etc. Tu peux aussi t'enregistrer, puis écouter l'enregistrement plusieurs fois pour bien mémoriser les informations importantes.
- Tu peux également travailler en duo ou en groupe : échangez des questions, reformulez ensemble ce que vous avez compris.

LA MÉMOIRE CORPORELLE

Avoir une mémoire corporelle signifie que tu retiens mieux en bougeant, en faisant des mouvements. Tes sensations et tes émotions jouent un rôle important dans le processus de mémorisation.

Tes outils

- Privilégie les activités de manipulation, les jeux et l'écriture pour apprendre.
- Rédige des fiches de révision, des listes de mots, des résumés très courts.
- Utilise un des murs de ta chambre pour installer un tableau blanc (ou des feuilles de papier) : cela te servira à faire des listes, à faire des schémas, à organiser tes idées.
- Identifie les mouvements qui te permettent de mieux te concentrer (marcher, faire bouger un objet dans tes mains…) et fais-les lorsque tu révises.

COMPRENDRE ET GÉRER SON STRESS

Comprendre le stress, identifier ce qui le déclenche et apprendre à le gérer pour ne plus en être victime est primordial pour aborder les années de 1re et T^{erm}.

1 QU'EST-CE QUE LE STRESS ?

Le stress est d'abord une réaction de l'organisme à une agression brusque. Face à un danger, notre cerveau déclenche une production d'hormones qui vont mobiliser nos différents organes le plus rapidement possible. Le stress, qui existe chez tous les animaux, est donc avant tout fait pour échapper à des prédateurs (« réels » ou « dans notre tête » : échec, dispute, punition…).

2 LE STRESS EST UN SIGNAL

- Sous l'emprise du stress, nous n'arrivons plus à réfléchir correctement et nous n'agissons pas de manière adaptée. Notre créativité disparaît et l'esprit s'embrouille.
- Lorsque nous ressentons du stress et qu'il n'y a pas de « vrais » prédateurs, le stress est un signal nous indiquant que nous ne pensons pas de manière adéquate et que nos réactions et comportements risquent d'être inadaptés.
- Tout comme la douleur, le stress est un signal désagréable qui nous alerte que quelque chose ne tourne pas rond.

Conseil

Analyse les annotations sur tes copies, repère les erreurs que tu as faites et réfléchis à la manière de les éviter à l'avenir.

3 COMMENT LE STRESS SE MANIFESTE-T-IL ?

Tout comme les animaux, nous avons trois manières différentes d'échapper aux prédateurs :

Comportement à adopter	La fuite	La lutte	L'inhibition
-1- Reconnaitre et accepter son état de stress, verbaliser	« Je me sens stressé(e) et anxieux(se). Pour le moment, je ne suis pas en état d'organiser, de gérer, de faire face… »	« Je suis en colère, c'est pour ça que je veux avoir raison à tout prix. Pour le moment, je ne suis pas en état de… »	« Pour le moment, je n'ai pas l'énergie pour décider ou agir… »
-2- Respirer	Consciemment, avec l'abdomen, de manière sonore et en ralentissant le rythme, prolonger l'expiration, compter mentalement, bâiller…	Consciemment, avec l'abdomen, de manière sonore et en ralentissant le rythme, prolonger l'expiration, compter mentalement, bâiller	Consciemment, avec l'abdomen, de manière sonore et en ralentissant le rythme, prolonger l'expiration, compter mentalement, bâiller…
-3- Évacuer par le corps	Marcher en balançant fort les bras, faire de grands pas, dépenser beaucoup d'énergie ou appuyer fort contre un mur pour « décharger ».	Crier très fort, boxer dans l'air, utiliser son énergie pour faire quelque chose d'utile.	Cocooner, pleurer, se chouchouter.
-4- Passer à l'action	• Décompresser : se donner un délai pour réfléchir, relativiser ; • Mettre de l'ordre dans ses idées : faire une liste, un plan, un planning, écrire sur des post-its…	Reformuler le problème de manière claire et objective, décrire uniquement les faits, sans jugement ni interprétation	• Changer sa posture : se redresser, lever les bras, adopter une attitude de vainqueur • Établir un plan d'attaque : baliser clairement les étapes, avancer progressivement, petit à petit, se fixer un premier petit objectif.

4 COMMENT EN FINIR AVEC LE STRESS ?

Voici quelques conseils pour te permettre de gérer ton stress.

A. LA PYRAMIDE MOYENS/EXIGENCES

✅ Faire une pyramide permet de visualiser le rapport entre nos exigences et les moyens mis en œuvre pour y parvenir. Si tes exigences sont plus importantes que tes moyens, cela va engendrer du stress.

✅ Pour éliminer le stress, il faut que tes exigences se transforment en objectifs ou ambitions. Pour ce faire, il faut comprendre que tu ne peux agir que sur ce qui ne dépend que de toi. Par exemple, pour l'objectif « réussir mon bac », ce qui dépend de toi, c'est « étudier mes cours » ; en revanche, ce qui ne dépend pas de toi, c'est le choix du sujet, donc il ne sert à rien de perdre du temps et de l'énergie à essayer de deviner ce qui va tomber le jour de l'examen.

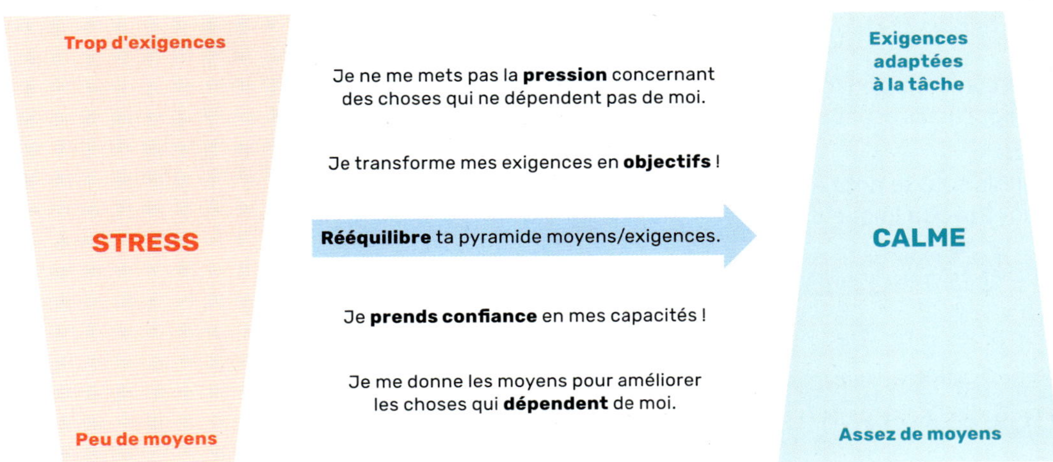

B. LES PENSÉES APAISANTES

✅ Quand tu te sens stressé(e), lis les phrases ci-dessous, apprends-les par cœur pour pouvoir les évoquer à tout moment.

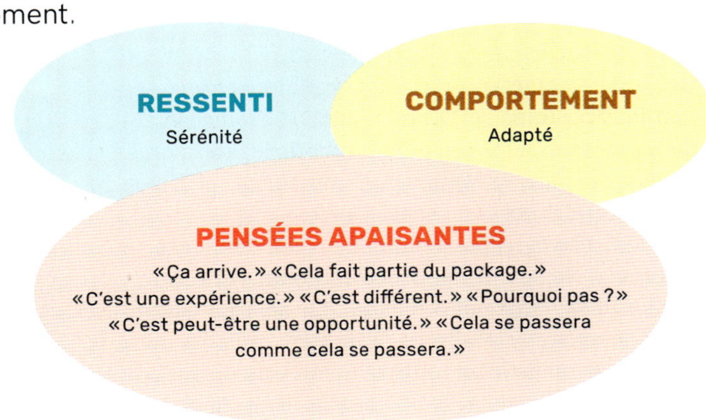

C. LA SYMPHONIE DES SENS

✅ Cet exercice est à faire au moment des épreuves du bac, quand tu prends connaissance du sujet ou le soir dans ton lit pour trouver le sommeil. Il permet de changer d'état d'esprit pour être calme et serein(e).

✅ Concentre-toi d'abord sur un son, puis sur un deuxième, différent du premier, puis sur un troisième, comme s'ils étaient des instruments de musique. Garde bien à l'esprit ces trois sons tout en prenant conscience du contact de ton corps sur la chaise, de tes pieds sur le sol, de la sensation des vêtements sur ta peau, du goût que tu as dans la bouche, de la qualité de l'air que tu respires. Détente assurée !

Unidad Flash — Identités et échanges

1 Lo español está de moda

¿Cómo refuerza la mundialización la identidad cultural hispánica? EXO ¿Qué sabes de...?

A. Una cultura referente B1

VIDÉO

Presencia española en las calles de Nueva York

a **Describe** la foto y **ve** el vídeo. **Deduce** en qué ámbitos son referentes los españoles.

b **Presenta** la carrera deportiva de Jorge Gargajón.

c **Gramática** **Precisa** cómo acogen los extranjeros a los deportistas españoles y por qué. › EXO QUIZ

d La presencia española solo se nota en el deporte. ¿Sí o no? **Precisa** lo que dice el locutor.

Fiche de compréhension

Para expresarte

- un(a) jugador(a): *un(e) joueur(euse)*
- la pantalla publicitaria: *l'écran publicitaire*
- la proyección: *le rayonnement*

- famoso(a): *célebre*
- influyente
- inspirador(a)

- desarrollar: *développer*
- enriquecer

B. Una cultura que se exporta B1

En la entrada nos recibe [...] la exposición titulada sobriamente Greco, en el *Grand Palais*, de París. [...] Se trata de la mayor retrospectiva dedicada en Francia a la vida y obra de Doménikos Theotokópoulos, cretense de nacimiento[1], toledano[2] de adopción. En marzo irá al *Art Institute* de Chicago.

El Greco es el último maestro renacentista y el primer gran pintor del siglo de oro. [...] La exposición incide en otorgar a escritores y pintores franceses del siglo XIX y el XX la celebridad póstuma del Greco. Kientz[3] lo cuenta así: “Si Velázquez es el pintor de los pintores, el Greco es el pintor de los escritores. Si Velázquez es una revelación para la generación romántica, el Greco entusiasmó a las vanguardias del siglo XX y en especial a Picasso”. [...]

La exposición atribuye al Greco la responsabilidad en el nacimiento de la pintura moderna en Francia. No se mira al Greco como un Tintoretto[4], sino como una obra de Kandinsky, Chagall o Picasso. Lo dejaron escrito Apollinaire y Hemingway, Cocteau y Malraux. También, que la gran originalidad del greco-toledano consistió en unir tradición y modernidad.

La Vanguardia, 30/10/2019

1. *crétois de naissance* 2. *habitant de Toledo* 3. *Conservateur au Musée du Louvre, spécialiste de la peinture espagnole* 4. *Peintre vénitien de la Renaissance.*

VIDÉO BONUS

a **Di** de qué exposición se trata y dónde tiene lugar.

b **Presenta** al artista (origen, época) y **muestra** el interés que despierta.

c **Gramática** **Explica** en qué fue fuente de inspiración para otros artistas. › EXO QUIZ

d **Aclara** en qué es El Greco un gran genio de la pintura.

C. Una cultura que conecta

A2

Japón es la segunda patria del flamenco. La pasión con que los pioneros japoneses se acercaron al flamenco hace más de medio siglo, lejos de desaparecer, ha evolucionado hacia una excelente técnica de interpretación y divertidos restaurantes-tablaos[1] donde pasar una velada[2] [...].

El flamenco llegó por primera vez a Japón en la década de los años 20 con el estreno[3] de la película *El Amor Brujo*[4] y *Andalucía* en Tokio. Pero el momento de la máxima expansión sucedió[5] con el establecimiento de las compañías flamencas en los finales de los años 50.

De este modo, en aquellos años muchos estudiantes nipones como Yasuko Nagamine, Yoko Komatsubara, Masami Okada, Shoji Kojima, entre otros, fueron de los primeros bailaores[6] que fueron a España para profundizar su aprendizaje de flamenco.

La situación actual se clarifica con unos cuantos datos[7]. Japón puede contar con sesenta mil personas que estudian en seiscientas cincuenta academias repartidas por todo el país. En Japón el flamenco es tan popular que en ese país hay más academias de flamenco que en España.

https://trabajarporelmundo.org

1. locales en los que se baila flamenco. 2. *une soirée*
3. *la première (au cinéma)*. 4. música del ballet de Manuel de Falla
5. *arriva* 6. *danseurs de flamenco* 7. *quelques données*

Cartel de la Fiesta de la Bulería, Jerez con Japón

a. **Explica** en qué puede parecer extraño este cartel.
b. **Precisa** el origen y las consecuencias de la pasión japonesa por el flamenco.
c. ¿Cómo se expandió el flamenco por el país?
d. **Apunta** las cifras finales y **di** a qué corresponden. ¿Qué revelan?

Para expresarte

- un abanico: *un éventail*
- un traje de flamenca
- los volantes

- bailar: *danser*
- convivir

PREPARA EL BAC Oral

"La cultura hispánica se impone, se difunde cada vez más en el mundo." ¿En qué medida te parece corresponder esta reflexión con los documentos estudiados?

Apuntes de gramática

La gramática en vídeo

- Les équivalents de « on » → Précis p. 266

***Se acoge** muy bien a los deportistas españoles.*

- L'opposition *no... sino* → Précis p. 265

***No** se ve al Greco como a un pintor del Renacimiento **sino** como a un pintor moderno.*

Exercices

PROYECTO FINAL

Haz una presentación sobre la presencia y difusión de la cultura española en el extranjero.

COMPÉTENCES NUMÉRIQUES

1. Elige un ámbito en el que es referente la presencia española en el mundo (costumbres, deporte, arte, literatura, cine...). Profundiza el tema buscando más información en Internet.
2. Graba una breve presentación sobre el aspecto elegido y cuélgala en un muro colaborativo. Añade una imagen para ilustrarla.

MÉDIATION

BAC Metodología

ÉPREUVE ÉCRITE
LVA>B2
LVB>B1

Analyser une vidéo de type interview

Lors des épreuves communes de contrôle continu, tu seras évalué(e) sur une compréhension de l'oral. Celle-ci peut porter sur une vidéo. Comment s'entraîner pour réussir au mieux cette épreuve ?

Compréhension de l'oral

- Vous allez visionner **trois fois** le document.
- Les visionnages seront **espacés d'une minute**.
Vous pouvez prendre des notes pendant les visionnages.
- À l'issue du troisième visionnage, vous organiserez votre temps comme vous le souhaiterez **pour rendre compte en français du document oral** (partie 1) et pour traiter le sujet d'expression écrite en espagnol (partie 2).

Un gallego en Nueva York Durée : 1 min. 30

VIDÉO

Étape 1 Lire et analyser le titre du document

▶ À partir du titre, essaie **d'anticiper** le contenu de la vidéo en te posant des questions : Quels mots/idées puis-je associer immédiatement à ce titre ? Quel peut être le thème de ce document ? En quoi ce titre illustre l'axe " Identités et échanges " ?

▶ Note tes **hypothèses** au brouillon.

Trucos

- Dès le début de l'épreuve, prépare ta prise de notes : trace trois colonnes sur une feuille de brouillon dans le sens paysage, afin de rendre efficace le relevé d'informations durant les différents visionnages.
Tu peux aussi utiliser une couleur différente pour chaque visionnage.

Étape 2 Premier visionnage

▶ Visionne attentivement, de préférence **sans prendre de notes**, pour bien repérer la structure intégrale de la vidéo et avoir une vision d'ensemble.

▶ Pendant **la minute de pause**, écris les informations pour répondre aux questions de repérage : de quel document s'agit-il ? qui intervient ? Où cela se passe-t-il ? Quel est le sujet ?

▶ Note également ton **ressenti** sur ce document : d'après les images et leur enchaînement, les mouvements de caméra, la musique, le sujet traité te paraît-il grave, triste, sérieux, joyeux, amusant… ? Peux-tu en déduire l'objectif ?

- Type de document : reportage ? Publicité ? Interview ? Témoignage ? Bande-annonce ? Extrait de film ?
- Objectifs des documents : informer, rendre hommage, convaincre, dénoncer, sensibiliser, raconter, vendre, démontrer, divertir, alerter…

Étape 3 Deuxième visionnage

▶ Dans la deuxième colonne, note toutes les informations que tu entends **sous forme de mots-clés** car tu n'auras pas le temps de tout retranscrire.
Focalise-toi en particulier sur :
– les noms des lieux et/ou personnes, si tu ne les as pas repérés lors du premier visionnage ;
– les données chiffrées s'il y en a.

▶ Dans ce type de vidéo avec une interview, pense à analyser le lien entre les personnes et entre les propos/les informations et les images.

Étape 4 Troisième visionnage

▶ Concentre-toi maintenant sur les passages que tu as le moins compris afin de compléter ta prise de notes. Ajoute des **flèches** pour relier les informations de chaque colonne.

Étape 5 Rédige ton compte rendu

▶ Introduis ton compte rendu en indiquant la nature du document, le thème abordé, les personnes et le lieu.

▶ Organise ton compte rendu en **paragraphes** (un paragraphe = une idée), en reliant avec des connecteurs logiques (*tout d'abord, ensuite, de plus, cependant, etc.*)

- Écris tout ce que tu as relevé car c'est une évaluation positive.

Les deux journalistes du début permettent d'identifier le document. En effet, c'est un journal télévisé et ils vont introduire un reportage en présentant le thème.

Lis bien les informations des bandeaux. Ici, ils permettent d'identifier les différents intervenants et leur fonction et de dire de qui et de quoi on parle.

Regarde aussi les images qui, en plus des bandeaux, te permettent d'identifier le lieu cité.

Appuie-toi sur les images pour ce relevé d'informations.

Si tu ne connais pas ce mot, tu peux en déduire que c'est "un gallego" (cf. titre) ou un Espagnol.

Un Gallego en Nueva York :
Un Gallego c'est un....
Nueva York se trouve à...
Thème vidéo : un espagnol à New York, aux EE. UU. ? Pourquoi ?

1er visionnage	2e visionnage	3e visionnage
Reportage du journal télévisé	*La mayor remodelación del rascacielos.* *La perspectiva del piso 102 del ESB con ventanas de pies a cabeza y un vértigo para no olvidar.*	*El arquitecto que ha estado detrás de este proyecto es de Orense* *Son los primeros a punto de ver lo nunca visto en NY*
4 intervenants : *– 2 journalistes* *– 1 reporter (voix off et en personne)* *– 1 architecte/ décorateur espagnol* *– Jorge Martínez*	*Estar con King Kong** *Sentarse al lado de los obreros** *Repasar las numerosas películas o superhéroes**	*Los que levantaron el edificio en 1931*
Skyline de Nueva York *Empire State Building* *Terrasse panoramique*	*Este edificio es como el alfiler que está en el centro*	*Detrás de esta reforma el arquitecto y decorador gallego Jorge Martínez.*
Eléments : *– Ouverture de cette nouvelle terrasse* *– travaux de rénovation* *– Sourire des journalistes* *– Fierté de l'architecte*	*El Empire State Building cambia para prepararse para el siglo 21 y esta obra la ha hecho un gallego en NY.* *Las experiencias, los españoles, el calor y las relaciones* *Siempre hay un gallego en los mejores sitios.* *Risa del arquitecto**	*Todo influye en el diseño de esta nueva experiencia.*

¡AHORA TÚ!

Rédige maintenant le compte rendu en français en t'aidant des éléments ci-dessous :

Ce document intitulé... , est un....
Il est diffusé lors d'un journal...
Les personnes qui interviennent sont...
Il traite d'un architecte...
En effet,... Ensuite... de plus... enfin...
Pour conclure, je peux dire que ce reportage met en avant...

Trucos

- Consacre quelques lignes aux caractéristiques évidentes, explicites du document : titre, personnes, lieux, évènement, thème...
- Intègre le plus d'éléments possibles sur l'identité de l'architecte et les raisons pour lesquelles il a été choisi.
- Tu peux en déduire les sentiments que cela génère dans le pays d'origine et pourquoi, c'est-à-dire préciser la portée et les enjeux du document.

Unidad 2

Encasillados

¿Han cambiado el cine y las series la imagen de los latinos?

EXO ¿Qué sabes de...?

VIDÉO

Cartel de la película *Cómo ser un latin lover* (2017)

¡Lánzate!

1. **Describe** la actitud de las personas hacia el hombre. ¿Cómo parece él?
2. ¿Qué es un *latin lover*? **Imagina** el género cinematográfico y lo que cuenta la película.
3. **Ve** el vídeo y **di** si se confirma lo que habías imaginado.
4. **¿Puedes citar** otros estereotipos sobre los latinos en las series o en el cine?

Para expresarte

- un(a) anciano(a): *une personne âgée*
- una comedia
- un(a) viudo(a): *un(e) veuf, veuve*

- adinerado(a) = rico(a)
- divertido(a): *amusant(e)*

- intentar = tratar de: *essayer de*
- seducir: *séduire*

PROYECTO FINAL

Escribe la sinopsis de una película.

Cómo se representan en la ficción

1. Hollywood crea estereotipos B1

Eva Longoria @EvaLongoria

“Los latinos son líderes como organizadores, en política, negocios y muchas otras áreas[1], pero Hollywood no reconoce nuestro talento y potencial. Solo un latino dirigió una cinta[2] importante a lo largo de doce años y 1.200 películas. ¿Por qué borran[3] a los latinos? Tener una o dos producciones cinematográficas enfocadas en la comunidad latina no es suficiente. Exigimos más.”

1. *domaines* 2. una película 3. hacen desaparecer

VIDÉO

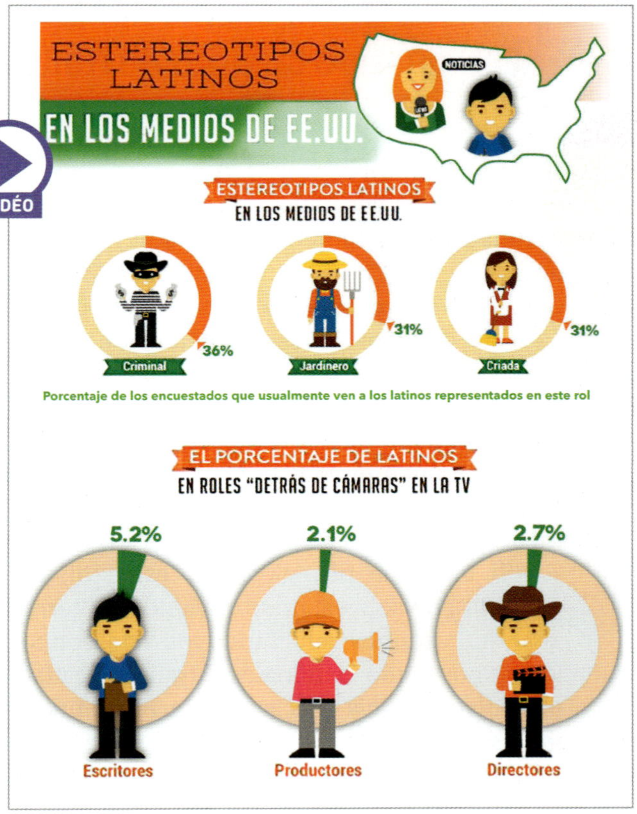

Fiche de compréhension

Para expresarte

- una criada: *une domestique*
- trillado(a): *banal(e)*
- pronunciar
- sufrir
- por parte de

Recorrido A

a. **Di** qué rol interpretan las chicas al principio del vídeo. **Cuenta** una de las escenas.

b. **Cita** otros papeles estereotipados que interpretan los latinos en Hollywood. ¿Por qué algunos no representan la realidad actual de Estados Unidos?

c. **Gramática** ¿Son muchos los latinos que tienen estrella en el Paseo de la Fama de Hollywood? **Justifica.** › EXO QUIZ

Recorrido B

a. Con la infografía, **di** qué imagen tienen los medios de comunicación estadounidenses de los latinos.

b. **Indica** qué otros datos te llaman la atención. **Cita** un elemento del tuit de Eva Longoria que explica este problema.

c. ¿Qué opina la actriz acerca de esta realidad?

PREPARA EL BAC Oral

Apoyándote en los documentos, **muestra** que los personajes que interpretan los actores latinos en las ficciones no representan la realidad.

Apuntes de gramática

La gramática en vídeo

Les indéfinis → Précis p. 253

*¿No hablas **nada** de inglés? **Ninguno** de ellos alcanzó su notoriedad.*

Choisis le bon pronom ou adjectif indéfini.

a. En esta serie, no hay ... actor que me guste. (ningún – nunca – cada)

b. Existen ... estereotipos sobre los papeles que desempeñan los latinos en Estados Unidos. (varios – ciertas – cualquiera)

c. ... celebridades latinas están conquistando Hollywood gracias a su increíble talento. (todas – algunas – tantos)

Exercices

Mejora tu léxico

Encuentra el intruso y explica tu elección.

una producción • un papel • la cinta • la identidad • una pantalla • los actores • los productores • el director • la película

Estereotipos que perduran y que afectan a los latinos

1. El arquetipo favorito de Hollywood B1

"Nuestra comunidad se enfrenta a un punto de no retorno. El país tiene que ver nuestro corazón y nuestra alma, quiénes somos en realidad. Lo único que ven hoy son narcos, narcos y narcos", expuso en *Los Angeles Times* el cineasta estadounidense de origen mexicano Gregory Nava, nominado al Oscar por *El norte*. [...]

"Los diálogos y las imágenes de las películas sobre cárteles[1] asocian la identidad latina con el mal inherente[2] y puro. Es hora de que Hollywood se pregunte: ¿qué mensaje le estamos enviando al público estadounidense cuando les pedimos a los actores latinos de este país que participen en una escena de asesinatos tras otra?", se pregunta Héctor Tobar, escritor y periodista que ha denunciado la situación en un artículo publicado por *The New York Times*.

"Si optamos por glorificar estas historias sobre narcos en la pantalla[3], no solo estamos enviando un terrible mensaje a los jóvenes sino que estamos reforzando los estereotipos que han encasillado[4] a los latinos como criminales durante décadas en televisión", añadía la periodista Patricia García en un artículo titulado *Por favor, parad de hacer series sobre narcos latinos* en la edición estadounidense de la revista *Vogue*.

Jordi Costa no es optimista sobre la desaparición de estos clichés a corto plazo[5]: "Solo en el momento en el que los cineastas latinos puedan abrirse camino en Hollywood, formular sus propios discursos y escuchar a sus propias comunidades, podrán ser cuestionados[6]. Pero imagino que todavía queda mucho para librarnos de ellos".

Carlos Mejía (periodista español), *elpais.com*, 2/10/2019

1. organizaciones de traficantes 2. propio 3. *l'écran* 4. catalogado
5. *à court terme* 6. *remis en question*

a. **Léxico** **Di** a qué personas alude el artículo y de dónde son. > EXO QUIZ

b. **Gramática** **Cita** la frase que muestra que para Hollywood los latinos son solo narcotraficantes.

c. **Lista** palabras que identifican a los latinoamericanos en las películas. ¿Expresan la realidad? **Justifica** tu respuesta.

d. **Aclara** lo que ha creado esta representación de lo latino.

e. **Muestra** cómo pueden cambiar los estereotipos sobre los latinos en Hollywood.

2. La influencia del narcotráfico B1

Fiche de compréhension — AUDIO

a. **Describe** el cartel e **indica** cuál puede ser el tema de la serie.

b. **Escucha** el audio. **Presenta** a la figura que están exaltando estas series con éxito y **di** por qué es un problema.

c. **Completa** la frase: Para cambiar los estereotipos, lo necesario es...

Para expresarte

- un(a) criminal
- el mal ≠ el bien
- los malos: *les méchants*
- el poder: *le pouvoir*
- exitoso(a): *à succès*
- falso(a) ≠ verdadero(a)
- asimilar
- contar [ue]
- estigmatizar
- identificar
- matar: *tuer*
- ser originario(a) de
- vehicular

Cartel de la serie *La Reina del Sur*

3. Una latina al centro de la historia B1

La [...] cinta de Rian Johnson, *Entre navajas y secretos*, cuenta con un elenco[1] lleno de grandes celebridades y actores de Hollywood. Entre ellos Chris Evans, Jamie Lee Curtis y Daniel Craig. Al centro de la historia, se encuentra la intérprete cubana Ana de Armas, quien da vida a Marta Cabrera, una enfermera. Sin embargo, la actriz originalmente había rechazado el papel, pues creía que el personaje alimentaba los estereotipos típicos de las mujeres latinas. [...]

De Armas explicó que, en un inicio, no quiso audicionar[2] para participar en *Entre navajas y secretos*. La razón es que el personaje que le ofrecían parecía sencillamente "una cuidadora[3] latina bonita". No obstante, cuando tuvo la oportunidad de leer el guion[4], se dio cuenta que había mucho más en el personaje.

"Recibí un email que describía al personaje (como una cuidadora bonita), sin más información y sin guion porque era un proyecto de alta confidencialidad. La verdad no me llamó la atención. Las latinas generalmente no se encuentran al centro de una película, especialmente en el contexto en el que se desarrolla esta película", declaró la actriz. "Así que, con esta descripción de personaje, mi imaginación inmediatamente creó una interpretación que no era necesariamente positiva o emocionante en relación a la cultura latina".

De Armas explicó que, finalmente, se sintió muy honrada[5] de tener la oportunidad de participar en la película de Rian Johnson. [...] "Simplemente no podía creer que estaba al centro de la historia", comentó.

Carmen Gómez Medellín (periodista mexicana), *https://www.cinepremiere.com.mx/*, 30/11/2019

Ana de Armas en la presentación de la película *Entre navajas y secretos*

1. *distribution* 2. *passer un casting* 3. *(ici)* enfermera 4. *scénario* 5. *honorée*

a. **Presenta** al personaje de Ana de Armas en la película *Entre navajas y secretos*. **Explica** por qué la actriz no quería interpretarlo.
b. **Di** por qué este papel es diferente de los estereotipos de las latinas en el cine.
c. **Evidencia** lo que sintió Ana de Armas cuando obtuvo el rol. › EXO QUIZ

PREPARA EL BAC Escrito
Explica por qué perduran los estereotipos latinos en el cine estadounidense y cómo pueden evolucionar.

Para expresarte
- el asombro: *l'étonnement*
- un honor
- incrédulo(a): *sceptique*
- orgulloso(a): *fier(ère)*
- conmover [ue]: *émouvoir*
- interesarse por

Apuntes de gramática
La gramática en vídeo

Lo + adjectif → Précis p. 250

Lo único *que ven hoy son narcos.*

Remets les éléments dans l'ordre pour former trois phrases.
a. es evitar – importante – los latinos – los clichés – lo – sobre – en el cine
b. malo – reforzando – el arquetipo del latino – se está – es que – en muchas series – lo
c. lo – que hoy – muchos cineastas se – en Hollywood – positivo es – están abriendo camino

Exercices

Mejora tu léxico
Busca el sinónimo de cada palabra y redacta una frase.
un rol • una cinta • un intérprete • la sinopsis • un cliché • una lista

Cómo romper con los estereotipos

1. Una película que esperaban los latinos B1

¡Viva México! *Coco*, la cinta animada de Disney Pixar [...] que cuenta las aventuras de un niño mexicano en Día de Muertos, [...] ya es la película más taquillera[1] de todos los tiempos.

Por su animación impresionante y su mensaje conmovedor, *Coco* no es diferente a otros éxitos de Pixar como *Toy Story* o *Up*. Sin embargo, lo que distingue a *Coco* es la representación auténtica e incluyente del arte, la música y la cultura mexicana. El elenco es casi totalmente latino. En una época en la que siguen escaseando[2] los latinos en la pantalla grande (o se los representa con estereotipos negativos trillados[3]), *Coco* es un alegre homenaje a las tradiciones mexicanas. Eso en sí es motivo de celebración. [...]

Algo que los latinos estadounidenses descubrieron con la cinta[4] es que cuando los cineastas de Hollywood abordan un proyecto multicultural con empatía[5], ciertamente son capaces de hacerlo bien. El cineasta Lee Unkrich se apoyó en consultores latinos, quienes le ayudaron a tejer una narrativa[6] respetuosa; los productores viajaron varias veces a México para investigar. El equipo creativo incluyó latinos, como el codirector y guionista Adrián Molina, y el músico Camilo Lara. [...]

El resultado es una película bilingüe y bicultural accesible para todos... y lo más refrescante es que los personajes mexicanos están en primer plano.

No hay gringos, vaqueros[7] ni conquistadores. Nadie tiene problemas de migración [...]. Los personajes mexicanos son personas, simplemente, definidas por su humanidad y no por su etnicidad[8].

Raúl A. Reyes, *expansión.mx*, 03/12/2017

Para expresarte

- un éxito: *un succès*
- un papel = un rol
- respetar
- rodar [ue]: *tourner*

1. que más entradas ha vendido 2. *se raréfient toujours* 3. *banals* 4. película 5. con identificación 6. (fig.) crear una historia 7. *cowboys* 8. característica de un pueblo

a. **Lista** adjetivos del texto para presentar la película de animación *Coco*.

b. **Explica** por qué es un homenaje a la cultura mexicana. › EXO QUIZ

c. **Muestra** cómo se respetaron las tradiciones mexicanas precisando las diferentes etapas para crear el guion.

MÉDIATION d. **Comenta** la frase: "personas, simplemente, definidas por su humanidad y no por su etnicidad". ¿Qué cambios nos revela esta película?

2. Entrevista a Eva Longoria B1

VIDÉO

Fiche de compréhension

Los actores de la película *Dora y la ciudad perdida*

a. **Selecciona** las palabras que definen la película *Dora y la ciudad perdida*.

b. Gramática **Apunta** un superlativo y **aclara** por qué es significativo el éxito de la película para la comunidad latina. > EXO QUIZ

c. Esta película no es estereotipada. **Argumenta** esta afirmación con elementos de la entrevista.

d. **Explica** lo que siente el periodista que presenta esta noticia.

PREPARA EL BAC Escrito ¿Cómo puede cambiar el cine los estereotipos de la comunidad latina?

Para expresarte

- la alegría
- el elenco: *le casting, la distribution*
- el entusiasmo
- la satisfacción
- convertirse [ie,i]: *devenir*
- mostrar [ue]
- promover [ue]

Apuntes de gramática

La gramática en vídeo

Utiliser le superlatif → Précis p. 254

***La** peli **más** taquillera de todos los tiempos.*

Construis des phrases comme dans le modèle.

Dora y la ciudad perdida / película reciente / con actores latinos

→ *Dora y la ciudad perdida es la película más reciente con actores latinos.*

a. Ramón y Coco / personajes latinos famosos / las películas animadas

b. Eva Longoria y Eugenio Derbez / actores latinos exitosos / del cine estadounidense

c. La sirvienta / el papel frecuente / para latinas de Estados Unidos

Exercices

Mejora tu léxico

Clasifica cada rol según la categoría a la que pertenece: romper con los estereotipos o mantenerlos.

sirvienta • indio • médico • estudiante • emigrante • aventurero • mariachi • malo • científico • policía • cocinero • persona rica • delincuente

PROYECTO FINAL

Escribe la sinopsis de una película.

Redacta la sinopsis de una película con actores latinos respetando su modo de vida.

1 Prepara los contenidos.

a. Elige el tema de la película, los personajes latinos principales, el lugar y la época.

b. Escribe lo esencial sobre la evolución e indica escenas posibles para presentar situaciones sin estereotipos sobre los latinos.

c. Imagina el final y da un título.

2 Redacta el texto.

d. Presenta a los personajes (retrato físico y moral, profesión, etc) y las partes más importantes del relato.

e. Cuéntalas en orden cronológico hasta el desenlace (*dénouement*).

Acuérdate de...

- Donne des informations précises en évitant toute valeur subjective.
- Appuie-toi sur un ou deux aspects étudiés (le respect de la culture et/ou des personnes, etc.)

- Utilise le présent pour rédiger sans oublier *estar* suivi du gérondif pour décrire les actions.
- Développe certains aspects à l'aide de superlatifs pour valoriser la situation décrite.

BAC Evaluación

Autoévaluation

ÉPREUVE ÉCRITE
LVA>B2
LVB>B1

ÉPREUVE 1 2e trimestre de Première 1h

Compréhension de l'oral

Los estereotipos en Hollywood pueden desaparecer

Vous rendrez compte **en français** de ce que vous avez compris du document.

Dans votre compte rendu, vous indiquerez des éléments à propos de :
- l'identité de la personne citée ;
- son parcours ;
- ce qu'il revendique.

Trucos
- Repérez des noms de famille et associez-les à des pays.
- Mettez en lien ces noms avec des réalisations.

Durée : 1min. 25 VIDÉO

Cartel de la obra de John Leguizamo, *Latin History for Morons* ("Historia de latinos para pendejos").

Expression écrite

Vous traiterez en espagnol l'un des deux sujets suivants au choix. Répondez en 120 mots au moins.

Question A : En una entrevista, el actor y productor John Leguizamo declaró que "los estereotipos en Hollywood desaparecerán con latinos más fuertes." Comente esta frase mostrando cómo es posible combatir los clichés. Ilustre con ejemplos.

Question B : Explique de qué manera el vídeo se relaciona con el eje " Fictions et réalités ".

Trucos
- Identifiez les mots-clés et le thème pour faire des liens avec les documents étudiés.
- Reformulez le message de John Leguizamo: *"Existen estereotipos latinos en el cine de Hollywood, pero pueden desaparecer con una representación de latinos más fuerte."*

ÉPREUVE 2 3e trimestre de Première 1h30

Documento Hollywood rompe con estereotipos latinos

La actriz Natalia Reyes está convencida de que Hollywood está yendo por el buen camino a la hora de romper con los estereotipos de la comunidad latina. La colombiana acaba de presentar su última película, la sexta entrega[1] de la saga "Terminator", y se muestra muy satisfecha con el resultado y con la imagen del latino que se refleja en ella.

En entrevista con la *Voz de América*, la joven confesó que este largometraje se ha convertido en "la representación del cambio" que, en estos momentos, se está produciendo en la meca del cine con respecto a la comunidad latina. Pese a todo[2], advierte que "esto es solo el principio, pero no es suficiente". [...]

"El 33 por ciento de la gente que va a ver películas de Hollywood son latinos, pero apenas hay representación de ellos en la gran pantalla; pero creo que este es el camino, lejos de[3] estereotipos, de clichés y de todas esas ideas a las que los latinoamericanos siempre estamos relacionados", dice con un "vamos bien".

El hecho de que el papel de la comunidad latina tenga una mayor presencia en el mundo del cine y de la televisión se debe, en su opinión, al gran esfuerzo que han hecho reconocidas figuras del séptimo arte para reivindicar a los hispanos en Estados Unidos. [...]

Natalia participa en la sexta entrega de "Terminator" interpretando a Dani Ramos, una mexicana a la que le encargan una nueva y arriesgada misión. Su vida da un giro de 180 grados cuando descubre que los robots con los que convive quieren acabar con ella[4]. Su objetivo será el de salir ilesa[5] de esta operación y garantizar la supervivencia de la vida humana en la Tierra.

Desde niña, cuenta Reyes, siempre ha estado muy ligada con México, por lo que está "muy orgullosa" de representar a un personaje del país azteca. [...]

La colombiana aseguró también que su personaje muestra "algo muy latinoamericano: esa fuerza de la mujer hispana, que va contra las dificultades, que une a la familia y que, por encima de todo[6], es muy trabajadora".

Por eso, no tiene ninguna duda de que esta película agregará un valor a la importancia[7] de la comunidad latina en este país, una imagen que, durante muchos años, ha estado muy estereotipada.

Antoni BELCHI, *www.voanoticias.com*, 31/10/2019

1. parte 2. *malgré tout* 3. *loin de* 4. eliminarla 5. indemne 6. *par dessus tout* 7. *donnera plus d'importance*

Compréhension de l'écrit

Diga de qué trata el documento y destaque lo esencial.

Trucos

- Ne négligez pas le titre qui doit vous aider à comprendre le document dans sa globalité.
- Lisez attentivement l'article afin de déterminer le point de vue de l'actrice.

Expression écrite

Vous traiterez en espagnol l'un des deux sujets suivants au choix. Répondez en 120 mots au moins.

Question A : Explique y comente la frase de Natalia Reyes: "Creo que este es el camino, lejos de estereotipos, de clichés y de todas esas ideas a las que los latinoamericanos siempre estamos relacionados."

- Repérez la phrase dans le texte et demandez-vous à quoi renvoie le pronom démonstratif « este ».
- Utilisez les connaissances acquises à travers l'unité pour argumenter : quels clichés le cinéma hollywoodien et les médias véhiculent-ils ?

Question B : Usted ha leído el artículo "Hollywood rompe con estereotipos latinos" y ha visto la foto de Guillermo del Toro. Decide escribir un artículo para el blog del instituto para demostrar que los latinos están ganando importancia en la industria del cine hollywoodense a pesar de los estereotipos que sufren.

- Repérez les éléments du texte que vous pourrez utiliser et mettez-les en lien avec la photographie.

Guillermo del Toro recibió su estrella en Hollywood al grito de: "Soy mexicano y soy inmigrante" (*La Tribuna*, 6/08/2019)

¡Ojo con los bulos!

¿En qué medida son los bulos un peligro para la sociedad?

EXO ¿Qué sabes de...?

A. ¿Qué son los bulos? B1

Fiche de compréhension

VIDÉO

ESPAÑA | CASA REAL
mediterráneo DIGITAL
POLÍTICAMENTE INCORRECTO
Los papeles del 23F salen a la luz: 'El Rey Juan Carlos organizó el Golpe de Estado'
Publicado: Viernes, 23 Febrero 2018 09:57 Escrito por Iñaki Anasagasti

Mossos per la República Catalana
@ANC_Mossos
Els papers del 23-F surten a la llum: El rei Juan Carlos I de España va organitzar el cop d'Estat.
Traducir Tweet
Los papeles del 23F salen a la luz: 'El Rey Juan Carlos organizó el Golpe de Estado'
Las memorias póstumas de Sabino Fernández Campo, exjefe de la Casa Real, revelan que el Rey Juan Carlos organizó el Golpe de Estado del 23F.
mediterraneodigital.com
1:08 p. m. · 21 jul. 2018 · Twitter Web Client

Un bulo sobre el golpe de Estado del 23-F (1981)

- **a** **Ve** el vídeo. **Apunta** dos sinónimos de la palabra "bulo" y **explica** cómo se difunden.
- **b** **Presenta** uno de los bulos evocados en el reportaje.
- **c** ¿Qué porcentaje de españoles tiene dificultades para detectar bulos? **Explica** por qué resulta paradójico.
- **d** **Busca** información en Internet para explicar el bulo que difunde este periódico. > EXO QUIZ

Para expresarte

- la difusión
- el equipaje: *les bagages*
- la fuente: *la source*
- la rapidez
- burlón(ona): *moqueur(euse)*
- circular
- desenmascarar: *démasquer*
- difundir mensajes
- gracias a: *grâce à*

B. ¡No hagas caso de los bulos! B1 AUDIO

La inspectora de homicidios Ana Arén está celebrando Nochevieja en Madrid con su novio Joan y su vieja amiga Laura.

–No me he atrevido a traeros[1] pastillas de las mías, dicen que están registrando las maletas en el AVE[2], que estamos en alerta máxima antiterrorista.

–A ver, Laura –Ana empezó a servir la sopa de galets[3] rellenos de carne que había traído la anciana desde Barcelona– no hagas caso[4] de los bulos que te llegan por *WhatsApp*, te lo he dicho mil veces. No estamos en alerta máxima antiterrorista ni estamos desalojando estaciones[5] y centros comerciales todos los días. Y aunque fuera así, no te van a quitar unas cajitas de somníferos o antidepresivos que lleves en el bolso, Laura, a no ser que[6] te metas ahí, entero, el botiquín[7] ese con el que abasteces caritativamente[8] a medio barrio. Y no, no necesitamos más pastillas en esta casa.

Carme CHAPARRO (escritora española), *La química del odio*, 2018

1. *vous apporter* 2. tren de alta velocidad 3. *soupe de cannellonis* 4. no prestes atención a 5. *en train d'évacuer des gares* 6. *à moins que* 7. *la trousse à pharmacie* 8. *charitablement*

- **a** **Identifica** a los protagonistas y **di** por qué Laura no se llevó sus pastillas.
- **b** Léxico ¿Qué intenta explicarle su amiga? **Analiza** su tono.
- **c** **Explica** cómo le muestra su amiga que su actitud es ridícula.
- **d** **Precisa** qué hay que hacer cuando te llega una noticia por *WhatsApp*.
- **e** ¿Por qué una red como *WhatsApp* puede ser una fuente de noticias falsas?

C. ¡Para que no te la cuelen! B1

VIDÉO

ⓐ A partir del fotograma y del título, **adivina** lo que va a hacer Clara Jiménez en este vídeo.

ⓑ **Indica** la tonalidad del vídeo. ¿Cuál es su objetivo?

ⓒ **Explicita** la responsabilidad de cada persona con respecto a la información en la web.

ⓓ Léxico **Di** lo que enuncia Clara Jiménez en los 3 primeros puntos. › EXO QUIZ

ⓔ Léxico **Enumera** las soluciones o ayudas evocadas.

Fiche de compréhension

Clara Jiménez, cofundadora de *Maldita.es*, página web especializada en desmentir bulos

1. para que no te la cuelen: *pour ne pas te faire avoir*

D. ¿ Cómo hacer prevención para los jóvenes? A2+

"Los jóvenes han perdido el ancla[1]. Nosotros sabíamos que con el pitido[2] empezaba el telediario, la información, pero ellos no. La solución está en educar en el aula[3], en la alfabetización mediática y el control de datos". Quien reflexiona es Clara Jiménez, de la web Maldita, dedicada a desmentir bulos [...]. Entre ellos Google España y la Fundación contra la Drogadicción que, con apoyo de los medios, se han propuesto formar en dos años a 30.000 alumnos de 14 a 16 años para que sean capaces de detectar y rechazar las *fake news*. [...]

El programa (In)fórmate se divide en tres fases: observar, jugar y demostrar. Para desarrollar la primera etapa [...] expertos enseñan a distinguir la información de la opinión [...]. Seguidamente podrán practicar lo aprendido con un videojuego, Eraser, que presenta un mundo apocalíptico en 2030 plagado[4] de bulos. [...]

Y finalmente, con el apoyo de mentores –profesionales de los medios de comunicación– los chicos podrán participar en un concurso de exposición de contenidos. "Para tener una ciudadanía activa, responsable, consciente y participativa hay que fomentar[5] el pensamiento crítico", sostuvo Martín.

Elisa SILIÓ (periodista española), *El País*, 5/04/2019

1. *(ici) tout repère* 2. *(ici) le générique* 3. sala de clase 4. *truffé* 5. *encourager*

Para expresarte

- el humor: *l'humour*
- la meta = el objetivo
- compartir: *partager*
- comprobar [ue] = verificar
- fiarse de = dar confianza a
- responsabilizar

ⓐ **Aclara** la diferencia entre los jóvenes actuales y la generación anterior.

ⓑ **Di** cuál es la meta de Google España y de la Fundación contra la Drogadicción.

ⓒ **Explica** en qué consiste el programa (In)fórmate.

ⓓ Gramática **Di** cuál es el objetivo del programa y **aclara** sus beneficios para la sociedad.

PREPARA EL BAC Oral — Apoyándote en los documentos, **explica** en qué medida los bulos cuestionan nuestra relación con la información.

Apuntes de gramática — La gramática en vídeo

- L'expression de la défense → Précis p. 260
  *¡**No hagas** caso de los bulos!*
- L'obligation impersonnelle → Précis p. 261
  ***Hay que** fomen**tar** el pensamiento crítico.*

Exercices

PROYECTO FINAL

Organizad en equipo un "juego para detectar bulos".

1. En equipo y con la ayuda de Internet, redactad tres noticias verdaderas o falsas. Intercambiadlas con otro equipo.
2. MÉDIATION — Analizad y debatid para encontrar las noticias verdaderas y los bulos. Ganará el equipo que más respuestas correctas tenga.

ÉPREUVE ÉCRITE
LVA>B2
LVB>B1

Donner son opinion à l'écrit

Les épreuves communes de contrôle continu comportent toutes une expression écrite à traiter en espagnol. Le sujet d'expression écrite peut prendre appui sur un document iconographique et peut consister à argumenter sur un sujet. Comment s'entraîner pour réussir au mieux cette épreuve ?

Expression écrite

Vous traiterez en espagnol le sujet suivant. Répondez en 120 mots au moins.

A partir de la infografía demuestre cómo las noticias falsas se han convertido en un fenómeno global que afecta a todos y contra el que hay que luchar.

Ilustración sacada de la página web de Carlos Requena (abogado mexicano), 2017

Étape 1 Découverte du sujet

- Lis attentivement le sujet, repère les mots-clés et ce que l'on te demande de faire.
- Analyse le document proposé. Pour cela, tu dois connaître la technique de l'étude d'un document iconographique (*cf.* p. 94).

Étape 2 Préparation des arguments

- Tu vas devoir faire appel à tes connaissances, aux autres documents du sujet, à ceux que tu as travaillés en classe de façon à illustrer ton propos par des exemples concrets.
- Retiens trois ou quatre éléments et organise-les du plus évident au plus percutant.

Trucos

- Surligne les mots importants et les verbes qui indiquent ce que l'on attend de toi.
- Note ce qui te « saute aux yeux » : une couleur qui dénote dans l'image, un élément qui prend beaucoup de place par rapport aux autres...
- Ensuite, observe bien les détails. Quel est leur rôle ? Vont-ils dans le sens du message essentiel du document ?

Étape 3 Rédaction

- Tout d'abord, présente le document dans ses grandes lignes. Cette mini-synthèse te servira d'introduction.
- Ensuite, mets en avant tes arguments en intégrant des formules pour exprimer ton opinion : *considero que, para mí, en mi opinión, me parece que, creo que, pienso que...* Dès que tu le peux, donne des exemples pour illustrer ton argumentation.
- Conclus en donnant ton sentiment sur le sujet abordé, et/ou en ouvrant éventuellement sur le lien avec l'axe.

- Sur ton brouillon, schématise autant de paragraphes que d'arguments. Écris tes arguments en quelques mots, sans les rédiger, ainsi que les formules qui te serviront à donner ton opinion.
- Essaie toujours d'aborder le sujet de différents points de vue. Cela te permettra d'exprimer une opinion plus objective.

Analyse des termes du sujet et recherches d'idées.

A partir de la infografía demuestre cómo las noticias falsas[1] se han convertido en un fenómeno global[2] que afecta a todos y contra el que hay que[3] luchar[4].

1 ▸ Identifie et associe les éléments graphiques et le texte.
▸ Pense à définir le terme *fake news* dans l'introduction.

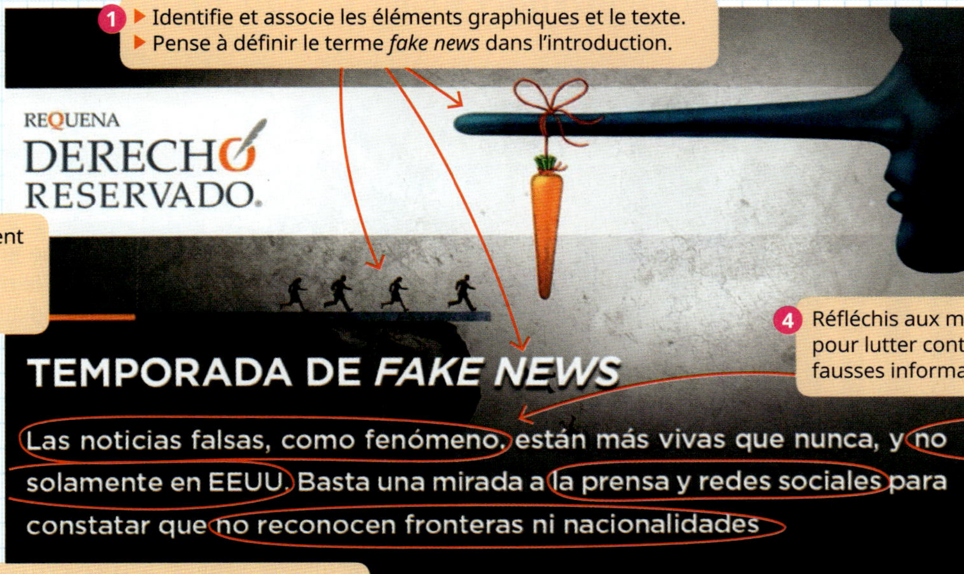

2 Explique comment ces fausses informations se propagent.

4 Réfléchis aux moyens pour lutter contre les fausses informations.

3 ▸ Observe la langue dans le libellé du sujet et sur l'iconographie lorsqu'elle comporte du texte.

1 *noticias falsas → noticias que no son verdaderas y que tienen por objetivo manipular e influir en la opinión pública*

2 *convertido en un fenómeno global → las noticias se propagan por las redes sociales en particular WhatsApp y Facebook.*

3 *hay que luchar → expresa la obligación de luchar. Razones: evitar desinformación, formar ciudadanos activos y responsables, fomentar el pensamiento crítico...*

4 *luchar → ¿Cómo ? verificando la fuente, no compartiendo la información, educando a los jóvenes en las aulas...*

¡AHORA TÚ!

Rédige maintenant ton texte argumentatif en t'aidant des éléments ci-dessous.

Hoy en día, con el desarrollo de las TIC, hay cada vez más noticias falsas...

Estos bulos se propagan a través de...

Es imprescindible luchar contra este fenómeno porque...

Podemos luchar contra las informaciones falsas de diferentes maneras...

Trucos

- Définis la terminologie « *noticias falsas* » dans l'introduction.
- Utilise des exemples pour illustrer ton argumentation.
- Emploie la 1re personne du pluriel pour montrer que toi aussi tu te sens concerné(e).

Unidad 4

Identités et échanges • Diversité et inclusion

Salir del turismo de sol y playa

¿De qué manera reinventa España su modelo turístico?

EXO ¿Qué sabes de...?

VIDÉO

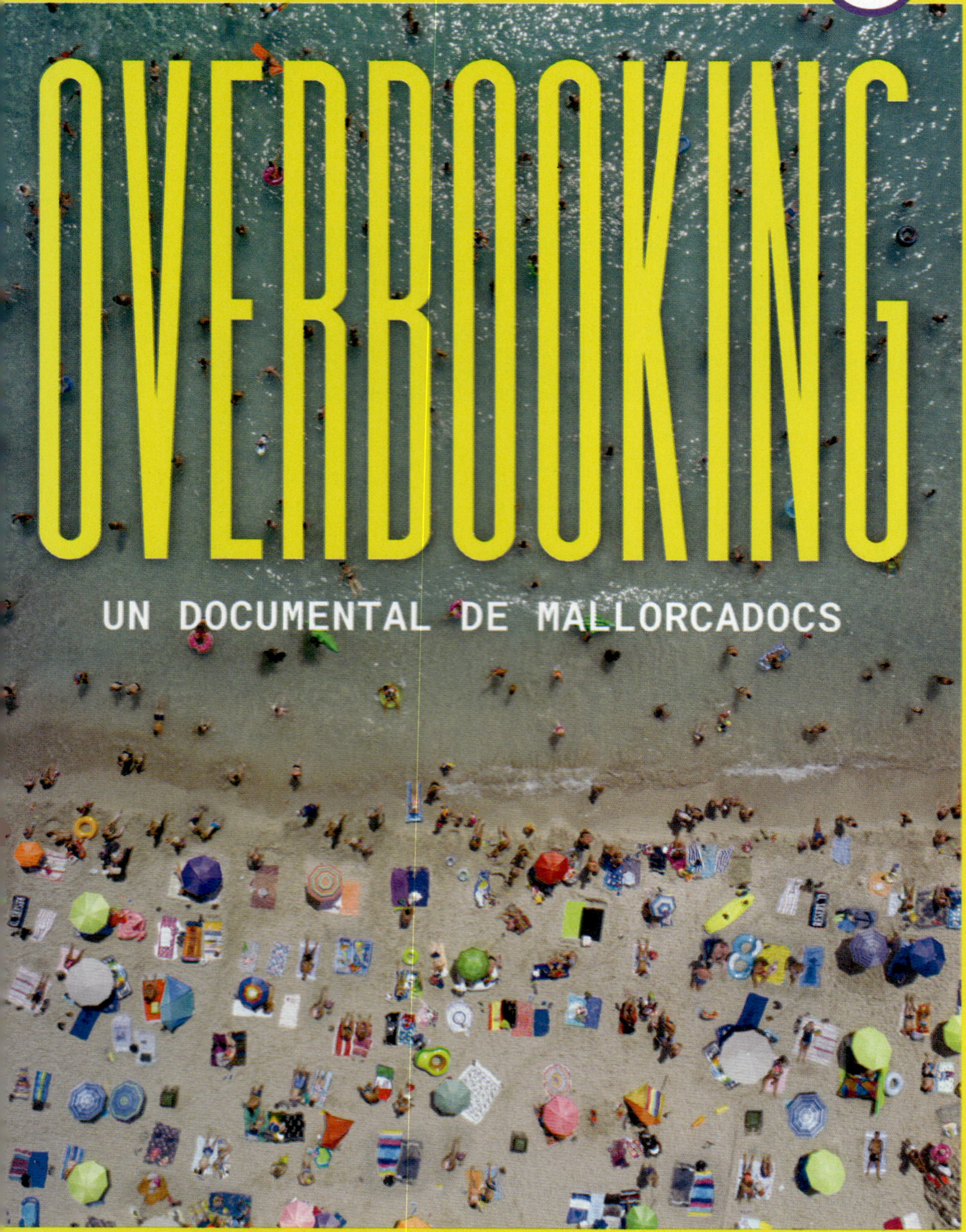

Cartel de la película documental española *Overbooking*, Álex Dioscórides Gomis, 2019

¡Lánzate!

1. **Describe** el cartel. **Explica** la palabra "overbooking"; ¿qué problema puede evocar la película?
2. **Ve** el tráiler y **di** qué tipo de turismo está amenazando a la isla.
3. **Apunta** algunos aspectos positivos y negativos de este turismo.
4. ¿Cuál es el gran reto de la isla?

Para expresarte

- el desarrollo sostenible: *le développement durable*
- el éxito: *le succès*
- la masificación = el turismo de masas
- un reto = un desafío
- un(a) turista

- abarrotado(a): *bondé(e)*
- saturado(a)

- crecer = aumentar
- (no) parar de: *(ne pas) arrêter de*
- cada vez más: *de plus en plus*
- quizás + subj.: *peut-être que...*

PROYECTO FINAL

Realizad un reportaje televisivo sobre el turismo.

¿Es España víctima de su éxito?

1. Avalancha de turistas en Granada B1 AUDIO

Granada [...] ha amanecido un día más llena de turistas, a los que está acostumbrada y de los que en parte vive. En el hotel del viajero, los autobuses los descargan cuando él llegó y del hotel a la catedral no ha hecho más que cruzarse con ellos, pues inundan las calles fotografiándolo todo y comprando en todas las tiendas recuerdos para sus amigos. [...]

La muchedumbre[1] en torno a la catedral, cuya gigantesca fábrica[2] el viajero avista[3] ya frente a sí, es aún mayor que la de ayer en Málaga, lo que viene a probar que en Granada el turismo es también una plaga[4] que lo invade todo. El viajero apenas puede ya andar. Y eso que la mañana está fría. Lo peor es que muchos de los turistas van sin rumbo fijo, lo que dificulta todavía más avanzar hacia ningún sitio. ¿Será el turismo la última plaga bíblica de la humanidad como algunos sostienen?, piensa el viajero mirando ir y venir a la gente o invadir las tiendas de todo tipo (de especias[5], de souvenirs, de marroquinería, de cuero, de azulejería[6] típica granadina, de tés) que le salen al paso.

Julio LLAMAZARES (periodista y escritor español), *Las rosas del sur*, 2018

1. *la foule* 2. *(ici) bâtiment* 3. *aperçoit* 4. *fléau* 5. *épices* 6. *de faïences*

a. Di qué fenómeno **observa** el viajero desde que ha llegado a Granada. **Apunta** los elementos que lo muestran. › EXO QUIZ

b. **Explica** lo que piensa el viajero del turismo.

Para expresarte

- las bazas: *les atouts*
- una plaga: *un fléau*
- apostar [ue] (por): *parier (sur)*
- cambiar: *changer*
- poner fin a: *mettre fin à*

2. Reventar el sol y la playa en España A2

Si seguimos haciendo lo mismo, de la misma manera, con los mismos ingredientes, obtendremos las mismas respuestas. Por ello, para dar el salto que necesita en el sector turístico hay, dicho en tono amable, que REinVENTAR el turismo, esto es, transformar nuestra mirada al sector. O, expresado de manera más rotunda y directa, reventar[1] el actual modelo.

[...] En el plano local, es necesario valorar la variedad y la calidad del destino y su oferta. Seamos honestos, [...] queda mucho por hacer. En innovación para el turista de sol y playa, en calidad y singularidad de la oferta gastronómica, en calendario cultural, en actividades de ocio, puesta en valor del entorno[2], presumir[3] de clima, de patrimonio histórico, natural, cultural...

Antonio AGUILERA (periodista español), *portaldeandalucia.org*, 09/09/2019

1. *faire exploser* 2. *environnement* 3. *faire l'éloge*

a. ¿Qué sugiere el autor para mejorar el sector turístico español?

b. **Léxico** **Apunta** los elementos que hay que valorizar más para subir la calidad de la oferta turística.

c. ¿Es el autor optimista o pesimista con relación a este cambio? **Justifica** con una frase del texto.

d. **Sintetiza** lo que has entendido. › EXO QUIZ

PREPARA EL BAC Escrito **Explica** por qué debe cambiar el modelo turístico español.

Apuntes de gramática — La gramática en vídeo

Les emplois de *ser* et *estar* → Précis p. 267

*La muchedumbre **es** aún mayor que ayer.*

*El viajero **está** mirando a la gente.*

Complète avec *ser* ou *estar*.

a. Los turistas ... numerosos en las playas de Mallorca.
b. El viajero ... observando a la muchedumbre en torno a la catedral.
c. El modelo turístico español ... insostenible.

Exercices

Mejora tu léxico

Encuentra los verbos que corresponden a los sustantivos siguientes.

el viajero • la fotografía • el recuerdo • el gasto • las llegadas • la oferta • el crecimiento • el visitante

¿Turismofobia o turismofilia?

1. Turistas en la Sagrada Familia A2+

El fantasma de Gaudí, EL TORRES y JESÚS ALONSO IGLESIAS (historietistas españoles), 2015

La Sagrada Familia

Basílica católica de Barcelona diseñada por el arquitecto modernista **Antonio Gaudí**. Su construcción se inició en 1882 y aún no está acabada. Es uno de los monumentos más visitados de España.

a. **Identifica** a los personajes de la primera viñeta. **Di** dónde están y qué están haciendo.

b. ¿Qué impresión da al lector esta primera tira?

c. Fijándote en el rostro de la chica de la última viñeta, **imagina** quién es y por qué reacciona así.

d. ¿Qué tipo de sentimiento hacia los turistas puede desarrollar este tipo de situación?

1. *c'est barbant*
2. *en forme de croix latine*

2. Turismofobia B1

VIDÉO — Fiche de compréhension

a. **Explica** lo que está pasando en el barrio de la Barceloneta. ¿Cómo se llama este fenómeno?

b. **Aclara** por qué los turistas molestan a los habitantes.

c. Según los habitantes del barrio, ¿qué fenómeno favorece la llegada de este tipo de turistas?

d. ¿Qué pintada te parece más agresiva? **Justifica** tu respuesta.

e. **Cuenta** lo que has entendido del vídeo. › EXO QUIZ

Para expresarte

- la acera: *le trottoir*
- un(a) guía: *un(e) guide*
- el ruido: *le bruit*
- los vecinos: *les riverains*

- estupefacto(a)
- sagrado(a): *sacré(e)*
- sorprendido(a) = asombrado(a)

- aguantar = soportar
- incomodar = molestar: *gêner*
- respetar
- estar harto(a): *en avoir assez*

3. En Ribadesella sí te queremos A2+

a. **Fijándote** en la foto y en la chapa, **di** qué promociona este cartel y a quién se dirige.

b. ¿Qué mensaje quiere transmitir?

1. *ton badge*

Para expresarte

- los calcetines: *les chaussettes*
- un eslogan = un lema
- un papel clave: *un rôle-clé*
- una riqueza: *une richesse*
- las sandalias

- encantado(a)

- extranjero(a)
- típico(a)

- apreciar = valorar
- compartir: *partager*
- concienciar: *sensibiliser*
- dar ganas de: *donner envie de*

4. Campaña para fomentar la turismofilia B1

Con un sector turístico que en 2017 aportaba al PIB un 11,7 % y un 12,8 % del empleo, un país no se puede permitir el lujo de despreciar a los turistas [...]. Para ello la Confederación de Guías Oficiales de España, CEFAPIT, ha lanzado una campaña de concienciación en torno al lema, "Nosotros practicamos la Turismofilia, ¿y tú?". Se trata de aprovechar el papel fundamental de los Guías Oficiales como embajadores de la cultura, patrimonio e historia, en pos de[1] tratar a visitantes y viajeros como lo que son, personas muy importantes en la sociedad. Este movimiento a nivel nacional nace con la clara convicción de luchar en contra de la Turismofobia e intentando frenar el aire de aislamiento[2] que se está fomentando en algunas ciudades españolas.

Para los Guías Oficiales no es algo nuevo, llevan practicando la Turismofilia desde hace décadas[3] [...]. No se trata de llevar a los visitantes a un monumento, museo, lugar y decir un discurso ya predefinido. Se trata de que [...] conozcan de primera mano, de la mano de los mejores conocedores de ese lugar, la historia, las anécdotas, los secretos, de ese sitio. Se trata en definitiva que cuando el visitante se vaya, desee volver.

www.economiadehoy.es, 25/03/2019

1. en busca de 2. *isolement* 3. *depuis des décennies*

a. **Di** por qué la sociedad española debe valorar a los turistas.

b. ¿Qué tipo de campaña ha lanzado la CEFAPIT? **Define** su objetivo.

c. Gramática **Explica** qué papel llevan desempeñando desde hace décadas los guías oficiales. ¿Para qué?

d. En el artículo se oponen dos palabras. **Di** cuáles y **explícalas**.

PREPARA EL BAC Oral — **Muestra** que el turismo genera problemas, pero es vital para la economía de España.

Apuntes de gramática

La gramática en vídeo

Les aspects de l'action → Précis p. 259

*¡Olga María que te **estoy** viendo!*

***Llevan** practic**ando** la Turismofilia desde hace décadas.*

Complète avec *estar* ou *llevar*.

a. Los habitantes de Ribadesella ... acogiendo a los turistas con mucho placer.
b. Los guías turísticos ... muchos años luchando contra la turismofobia.
c. Los turistas no ... escuchando los comentarios de la guía.

Exercices

Mejora tu léxico

Clasifica cada verbo según la categoría a la que pertenece: *turismofobia* o *turismofilia*.

molestar • aprovechar • compartir • aguantar • respetar • despreciar • concienciar

¿Reinventar o adaptar el modelo turístico?

CREA CON LAS TIC

Fiche de compréhension

Volver a lo natural

Objectif A2+/B1 Réaliser une affiche pour promouvoir un nouveau modèle touristique.

1 **Ve el vídeo y exprésate.**

a. **Apunta** el eslogan de la campaña de turismo de Asturias y **explica** por qué fue elegido.

b. **Di** a qué mercados se destina esta campaña.

c. **Lista** tres atractivos que ofrece Asturias.

d. **Muestra** cómo esta campaña pretende llegar a un mayor público posible.

2 **Crea un cartel de promoción turística.**

COMPÉTENCES NUMÉRIQUES

e. Inspirándote en el vídeo, **imagina** un cartel que promueva un nuevo modelo turístico. **Elige** una comunidad autónoma, una foto que mejor la represente e **inventa** un eslogan.

Para expresarte

- un atractivo: *un attrait*
- las bazas: *les atouts*
- los medios (de comunicación)

- equilibrado(a)
- sano(a) = saludable

- alabar: *vanter*

- alimentarse
- gozar de: *jouir de*
- invitar a
- poner de realce
- promover [ue]
- no solo... sino también: *non seulement... mais aussi*

1. El turismo naranja: de espectador a protagonista A2

Aunque tiene similitudes con el turismo cultural, el turismo creativo o naranja va más allá al ofrecer a los visitantes la oportunidad de desarrollar todo su potencial creativo a través de la participación activa en cursos o experiencias de aprendizaje.

Esto es precisamente lo que ofrece GoCraft Toledo a sus clientes: "experimentar y descubrir los más ancestrales y tradicionales oficios" con sus talleres.

"Hace un año y medio que hemos puesto en marcha este tipo de turismo, experiencial y participativo en Toledo y estamos muy contentos con la acogida[1] que está teniendo. A nuestros talleres de espada y damasquinado[2] acuden grupos de turistas de Estados Unidos, China, Corea u Omán, entre otros. Quieren ver cómo trabajan maestros artesanos[3] reconocidos en su oficio[4] y probar ellos también. No sólo quieren ver el patrimonio de la ciudad, sino divertirse" explica Fernando Ruano, gerente de GoCraft.

El turismo naranja está ganando adeptos entre todos los grupos de edad. Además, presenta grandes ventajas: permite extender la actividad turística todo el año y evitar que unos lugares estén vacíos mientras otros, por el contrario, sufren los nefastos efectos de la masificación.

Adaptado de Isabel Munera (periodista española), *El Mundo*, 11/09/2019

1. *l'accueil* 2. técnica de decoración con hilos de oro o plata 3. *maîtres artisans* 4. *métier*

a. **Explica** lo que propone la empresa GoCraft Toledo a los turistas.

b. **Di** cómo se llama este turismo y en qué se diferencia del turismo cultural.
› EXO QUIZ

c. **Apunta** dos ventajas que ofrece este tipo de turismo.

Para expresarte

- la concentración
- la temporada alta ≠ baja: *la haute ≠ la basse saison*

- activo(a) ≠ pasivo(a)
- antiguo(a): *ancien(ne)*
- artesanal

- enseñar: *montrer, apprendre*
- equilibrar los flujos: *équilibrer les flux*

2. Tornos o cita previa para regular el turismo B1

Fiche de compréhension

VIDÉO

Colas para entrar al Palacio Real de Madrid

a. **Imagina** para qué pueden servir los tornos en la entrada de un lugar turístico. › EXO QUIZ

b. **Explica** por qué los tornos del Peñón de Ifach podrían servir de modelo.

c. Léxico **Di** lo que deben hacer los turistas que quieren visitar la Sagrada Familia o la Torre de Hércules en Galicia. ¿Qué ventajas ofrecen estos sistemas?

d. **Aclara** cómo va a regularse el flujo de turistas en el parque natural del Teide.

PREPARA EL BAC Escrito

España tiene que evolucionar hacia un modelo turístico más sostenible. **Enumera** soluciones.

Para expresarte

- la cumbre = la cima
- la montaña
- el verano: *l'été*
- rápido(a)
- aparcar: *se garer*
- moderar
- reducir: *réduire*
- hacer cola: *faire la queue*

Apuntes de gramática

La gramática en vídeo

Exprimer l'obligation personnelle → Précis p. 261

*El ayuntamiento **ha tenido que** establе**cer** un sistema de cita previa.*

Reformule les phrases en exprimant l'obligation personnelle.

a. Los turistas descubren el turismo naranja, un tipo de turismo más respetuoso.

b. Las campañas publicitarias de hoy se adaptan más al perfil del viajero.

c. El turista reserva su entrada por Internet para visitar la Sagrada Familia.

Exercices

Mejora tu léxico

Busca la palabra intrusa.

a. destino • turismofobia • gustos • experiencias • visitar

b. arte • masificación • gastronomía • artesanía • arquitectura

c. entradas • turnos • comprar • colas • bienestar • cita

PROYECTO FINAL

Realizad un reportaje televisivo sobre el turismo

Realizad un reportaje sobre las consecuencias del turismo de masas en España e imaginad soluciones.

1 Preparad el reportaje.

a. Por grupos de 4, preparad información sobre:
- el modelo turístico español y la evolución del turismo,
- la aportación positiva del turismo: economía, cultura...,
- las consecuencias negativas: saturación, turismofobia...,
- las soluciones para mejorar el modelo.

b. Cada miembro del grupo elige qué va a presentar y organiza su guion.

2 Realizad el rodaje.

c. Seguid el orden siguiente: presentación del modelo turístico español, descripción de una aportación positiva y de una consecuencia negativa, propuesta de una solución.

Acuérdate de...

- Ne donne pas ton opinion mais présente les faits en contexte.
- Utilise *ser* et *estar* pour caractériser le tourisme et ses points positifs et négatifs.

- Décris un ou des problèmes avec des exemples des documents de l'unité.
- Pour proposer des solutions, utilise l'obligation : *El sector turístico tiene que...*

Autoévaluation

ÉPREUVE ÉCRITE
LVA>B2
LVB>B1

ÉPREUVE 1 2e trimestre de Première 1h

Compréhension de l'oral

La masificación turística: un reto para el sector

En rendant compte en français du document, vous montrerez que vous avez compris :
- le thème principal du document ;
- les avantages et les inconvénients évoqués ;
- les solutions ;
- la fonction et la portée du document.

Trucos
- Repérez les différents lieux pour les associer au thème. Déduisez s'ils présentent des aspects positifs ou négatifs.

VIDÉO durée : 1'03"

Turistas durante una visita de la Sagrada Familia, Barcelona

Expression écrite

Vous traiterez en espagnol l'un des deux sujets suivants au choix. Répondez en 120 mots au moins.

Question A : Usted tiene la intención de sensibilizar al público sobre la masificación turística. Para ello, decide redactar un artículo para explicar las graves consecuencias que representa si no se detiene.

Question B : "Tenemos que premiar la calidad sobre la cantidad." Comente, dando su opinión personal, esta frase de un experto español en turismo.

Trucos
- Utilisez vos connaissances acquises grâce aux documents étudiés. Structurez votre travail en hiérarchisant les arguments.

ÉPREUVE 2 **3e trimestre de Première** 1h30

El placer de viajar

Izumi levanta la vista de su diario[1] y se queda pensativa. "El placer de viajar sola", vuelve a escribir.

Ve a la señora Shiburi acercándose desde un extremo de la plaza y lamenta no haberse escondido mejor. Sentada en el suelo, la espalda apoyada en el pedestal de la estatua ecuestre, debe de ser poco más que una mota minúscula en la inmensidad de la plaza Mayor, llena de turistas, mimos, vendedores callejeros y músicos. ¿Cómo la habrá encontrado?

–Te estábamos buscando. Nos vamos a comer.

Comen en un restaurante de la calle Cuchilleros. Hay cinco mesas reservadas para todo el grupo. [...] Después, bajo un sol de justicia, caminan hasta el autobús, que está aparcado en la calle Bailén.

Su siguiente destino es el Museo del Prado.

El guía local cuenta curiosidades de la ciudad durante el trayecto. [...]

En el Museo del Prado, se separa del grupo y vaga de aquí para allá como un espíritu libre. Pasa una hora en una sala de retratos del siglo XVII. Admira la seriedad de los rostros, la decadencia rotunda de un banquero de Delft[2], ya entrado en años[3]; la fiereza en la mirada de un médico holandés de la corte. Algo hay en esas expresiones que la hipnotiza.

Se sienta a descansar frente a *Las meninas*. Sonríe a la más bajita y se pone a llamarla con voz infantil, como si quisiera atraerla para jugar con ella. Deja de hacerlo al notar que está desconcentrando a un dibujante que, a su lado, trata de replicar la escena en un cuaderno enorme. ¿Cómo explicarle que a veces le gusta interpelar a los personajes de los cuadros?

El guía local entra en la sala y se acerca a ella resoplando, como si llevara un buen rato buscándola. Todos sus compañeros están ya en el autobús. La visita ha terminado.

"El placer de viajar sola." Tacha[4] esa frase y escribe otra: "Viajar está sobrevalorado[5]". Lamenta la decisión de haberse unido a un grupo de turistas, con sus horarios y sus visitas cronometradas. ¿Por qué no se habrá lanzado a la aventura en plan mochilera[6]? Su primera intención había sido esa, pero sus amigas le metieron el miedo en el cuerpo[7]: una joven de veinticinco años no debe viajar sola.

Antonio MERCERO (escritor español), *El caso de las japonesas muertas*, 2018

1. *journal intime* 2. *ville des Pays-Bas, en référence au peintre néerlandais Johannes Vermeer,* 3. *âgé* 4. *Elle barre* 5. *surfait* 6. *en mode routard* 7. *lui firent peur*

Compréhension de l'écrit

Diga de qué trata el documento y destaque lo esencial.

Trucos

- Identifiez le personnage principal et le contexte de l'action.
- Dans la partie narrative, soyez attentifs aux réflexions du personnage.
- Mettez en lien le titre et le texte et interrogez-vous sur le ton du titre.

Expression écrite

Vous traiterez en espagnol l'un des deux sujets suivants au choix. Répondez en 120 mots au moins.

Question A : De vuelta a su casa Izumi quiere hablar de su experiencia de viaje en grupo en su blog. Redacte este texto en el que presenta el desarrollo de su viaje y lo que sintió.

- Repérez les éléments du texte qui peuvent vous aider à rédiger ce texte.

Question B : "Viajar solo es tener la libertad de poder hacer siempre lo que quieres". Comente esta cita de una bloguera y relaciónela con el documento.

- Expliquez brièvement cette citation.
- Montrez en quoi elle évoque le point de vue contraire de celui du texte.

5 España de series

¿Qué nos enseñan las series de la sociedad española?

EXO ¿Qué sabes de...?

A. España: al ritmo de las series

B1 AUDIO

En Galicia, una pareja recién casada está realizando una sesión de fotos cerca de un embalse[1].

–¿Qué es eso que está flotando? –Señaló hacia la maleza[2] que había a unos cien metros de distancia en la orilla–. ¿Es una balsa[3]?

–¿Dónde? Es que sin gafas me cuesta...

–Allí.

El marido forzó un poco la vista y enseguida entendió el gesto horrorizado de su recién estrenada esposa[4].

–Es un cuerpo... desnudo... y...

–¿Dónde? –preguntó el fotógrafo.

–¿Es un muerto?

El fotógrafo cambió con la mayor celeridad[5] que sus dedos gordos le permitieron el objetivo de 50 mm de su cámara por un tele de 200 mm. Apuntó hacia el embalse buscando el objetivo. Consiguió hacer un encuadre[6] preciso de lo que buscaba y pudo constatar que sí, que lo que flotaba era un cadáver. [...] Era igual que los que se veían en las series de policías a las que tan aficionada era su mujer y se tragaba[7] casi todas las noches. Disparó[8] varias veces el botón de la cámara.

–¿Qué ves? ¿Está muerto? –preguntó el marido, horrorizado y subyugado ante la idea de un cadáver flotante.

La novia se sujetaba al brazo de su marido y esperaba la respuesta del fotógrafo con angustia.

–Muerta. Es una mujer. No muy mayor[9] –confirmó el fotógrafo–. Será mejor que llames a la Guardia Civil.

Carlos MONTERO (escritor español), *El desorden que dejas*, 2016

a **Presenta** a los protagonistas y **explica** a qué han venido.

b **Precisa** lo que confirmó el fotógrafo. ¿Cómo podía estar seguro? › EXO QUIZ

c **Explica** por qué se mezclan realidad y ficción en la mente del fotógrafo. **Señala** una frase que lo indica.

1. *un bassin*
2. *les mauvaises herbes*
3. *radeau*
4. *sa jeune épouse*
5. rapidez
6. *un cadrage*
7. *elle avalait*
8. *(ici) Il appuya*
9. *Pas très âgée*

Para expresarte

- allegados: *des proches*
- yernos: *des gendres*

- atónito(a)= sorprendido(a)
- boquiabierto(a): *bouche-bée*
- cerrado(a): *fermé(e)*
- ensimismado(a): *replié(e) sur soi*

- divisar: *apercevoir*
- influir en: *avoir de l'influence sur*
- quedarse + adj.: *rester + adj*

B. España: una protagonista más

B1+ Fiche de compréhension

VIDÉO

a **Ve** el vídeo y **observa** el cartel. ¿De qué trata la serie? › EXO QUIZ

b Léxico **Entresaca** las palabras que utilizan los entrevistados para describir el paisaje y **justifícalas** describiendo el cartel.

c Los creadores utilizaron características propias de los habitantes. ¿Cuáles? ¿Cómo aparece la sociedad de El Hierro?

d MÉDIATION La isla es un personaje más de la serie. **Explícales** a tus compañeros(as) cómo fue integrándose la isla en la serie.

C. Mujeres españolas luchando a través de las series B1

La Compañía Telefónica Nacional de España (CTNE), fundada en 1924, fue la culpable de que muchas mujeres españolas pudieran acceder a un puesto de trabajo que les daba la oportunidad de trabajar fuera de las tareas del hogar. [...]

Las verdaderas chicas del cable de la época necesitaban cumplir varios requisitos[1] para presentarse a las oposiciones[2], como ser soltera, tener entre 18 y 27 años, no utilizar gafas. [...] Además, realizaban varias pruebas[3] de aptitud como dictados o una prueba con los auriculares[4].

Las telefonistas de esa época también eran un ejemplo de feminismo, como son las protagonistas de la serie. Mujeres que salían de los estándares que durante años se les había impuesto, que gozaban de[5] una libertad envidiable y que permitió a muchas de ellas incorporarse al mercado laboral que, en esa época, no era lugar para mujeres. [...]

Eran competentes, responsables y trabajadoras, y marcaron un antes y un después en el mundo laboral de la mujer. [...]

Pero a pesar de que la ficción nunca supera a la realidad que vivieron todas esas mujeres, *Las chicas del cable* son un bonito reflejo de un trabajo que supuso un paso más del feminismo en España. Un paso que fue el precursor de una igualdad ahora mucho más palpable.

Anabel PALOMARES (periodista española), *Trendencias*, 9/08/2019

1. *conditions* 2. *aux concours de recrutement* 3. *tests* 4. *casques* 5. *jouissaient de*

Las chicas del cable en pleno rodaje.

a **Precisa** lo que les permitió a las mujeres españolas la CTNE.

b **Enumera** los requisitos necesarios para trabajar como chica del cable.

c Léxico **Apunta** las palabras utilizadas para caracterizar a las chicas del cable. ¿Qué imagen daban de la mujer? > EXO QUIZ

d **Explica** en qué fueron precursoras estas mujeres. ¿Qué permitieron?

D. Divertir y educar B1

Fiche de compréhension

a **Sitúa** la escena y di quiénes son los protagonistas.

b **Explica** en qué consiste la tesis filosófica presentada por el profesor. > EXO QUIZ

c **Precisa** quiénes entre los/las alumnos(as) y el profesor siguen esta tesis. Justifica. > EXO QUIZ

d ¿Qué mensaje les quiere transmitir el profesor a sus alumnos(as)?

Para expresarte

- el aula: *la salle de cours*
- la independencia = la emancipación
- identificarse con
- indignarse
- luchar por: *lutter pour*
- ponerse en escena
- soler [ue] + inf.: *avoir l'habitude de*
- superar: *réussir (un test)*

PREPARA EL BAC Oral ¿En qué medida puede la ficción ayudar a conocer mejor la sociedad española? **Apóyate** en los documentos estudiados.

Apuntes de gramática

La gramática en vídeo

Construction directe → Précis p. 263

Consiguió hacer *un encuadre preciso de lo que buscaba.*

Déroulement de l'action : *ir* + gérondif

Los elementos que ***íbamos descubriendo***

→ Précis p. 259

Exercices

PROYECTO FINAL

Realiza el cartel de la próxima serie de éxito española

1. Busca un tema relativo a la sociedad española que te parezca interesante llevar a la pantalla. Selecciona ilustraciones e inventa un título y una frase corta a modo de enganche (*accroche*). Podrás añadir otros elementos como el nombre de los actores, los productores...
2. Redacta el texto explicando en qué medida va a enseñarles la serie a los espectadores un aspecto importante de España y de los españoles.

ÉPREUVE ORALE
LVB>B1

S'exprimer à l'oral à partir d'un document iconographique

L'oral de langue en classe de Terminale a lieu en deux parties : l'expression orale en continu puis l'expression orale en interaction. Alors, comment s'entraîner au mieux pour cette épreuve ?

Étape 1 Le choix du document

- L'épreuve peut s'appuyer sur un document iconographique (tous types d'images) que tu auras à choisir parmi deux documents. Ils seront présentés avec l'axe auquel ils se rattachent.
- Choisis le document en fonction de ce qui se rapproche le plus de tes connaissances et de ce que tu auras vu en cours.

Étape 2 Identifier et analyser

- Relève les informations principales : nature, titre, nom de l'auteur, date de publication ou de création.
- Concentre-toi sur ce que tu vois et pense à des mots-clés pour décrire l'image : structure du document, présence et position des différents éléments : titre, slogan, personnes…
- Explique ce que l'on peut apprendre des personnages en décrivant leurs gestes, leurs attitudes, leur façon de s'habiller.

Étape 3 Interpréter l'image

- Place le document dans son contexte culturel, historique ou artistique et détermine l'intention de l'auteur ou le pourquoi de la création de ce document.
- Explicite le titre ou le slogan.

Étape 4 L'expression orale en continu

- Au cours de cette partie, tu vas parler seul(e) et tu exposeras tes idées pendant 5 minutes en les organisant.
- Présente brièvement l'axe et les raisons du choix : fais référence à tes connaissances sur l'axe et à ce qui a été fait en cours.
- Pense le document comme une carte mentale animée d'où partiraient des idées et développe-les en suivant un ordre.
- Contrôle le temps ! Tu disposes de 5 minutes : mets-les à profit et chronomètre chaque étape.

Trucos

- Pense à la correction de la langue. Fais appel au lexique approprié et soigne les conjugaisons. Articule et prononce bien les sons propres à la langue espagnole.
- Tu auras un plan en tête pour chaque axe avec les idées essentielles et des exemples de façon à les réinvestir rapidement.

Étape 5 L'expression orale en interaction

- Il s'agit d'échanger, à l'oral, avec ton interlocuteur(trice). Cette partie durera 5 minutes et sera l'occasion de préciser ou de nuancer certaines choses. Le temps sera géré par ton interlocuteur(trice).
- Ton interlocuteur(trice) prendra appui sur ce que tu auras dit et sur d'autres aspects auxquels tu n'auras pas forcément pensé.
- Écoute attentivement les questions et appuie-toi sur les mots-clés pour bâtir une réponse rapidement.
- Ne réponds pas par « *sí* » ou par « *no* » mais développe ta réponse. N'hésite pas à apporter plusieurs exemples et à garder la parole.

Trucos

- Prends le temps de réfléchir. Tu peux demander à ce que ton interlocuteur(trice) répète la question mais n'en abuse pas.
- Pour commencer ta réponse, reprends l'énoncé de la question sous forme de phrase affirmative. Ceci te permettra d'amorcer ta réponse et d'avoir un peu de temps pour réfléchir !

El eslogan

En la parte superior

Al fondo

En el primer término

En el centro (de)

En el segundo término…

Cerca de, al lado de, detrás de…

El título

En la parte inferior

La fecha de estreno

La cadena productora

Para expresarte

Pour décrire et analyser une image

- la(s) línea(s) vertical(es), horizontal(es), diagonal(es)
- el(los) color(es) que predomina(n)
- el encuadre, el fuera de campo, el picado ≠ el contrapicado,
- el plano medio, el plano americano, el plano de conjunto
- la(s) mirada(s): fija(s), intrigante(s), misteriosa(s)
- el ambiente: misterioso, festivo, agradable

Pour présenter les objectifs

- Este documento (cartel, dibujo, anuncio…) intenta demostrar/dar a ver (que)…
- El documento denuncia…, pone en escena…
- El documento nos enseña que…

Pour tirer des enseignements

- He aprendido que…
- El documento corresponde bien/bastante bien al eje… porque…
- El documento (me) permite decir (que)…

¡AHORA TÚ!

À toi de prendre la parole maintenant en t'appuyant sur la « carte mentale » proposée (carte que tu visualiseras de façon imaginaire).

Este documento me hace pensar en…, se puede comparar con…
Podemos imaginar que…
Para mí…/según mi punto de vista…
Me parece que…
Este tema puede relacionarse con…
Hemos hablado del eje… pero también podríamos hablar de… ya que…

Trucos

- Utilise les connecteurs et des mots structurants tels que « *primero/ante todo*; *después*; *para terminar…* ».
- Tu peux, si besoin, poser toi aussi des questions. Elles doivent se rapporter à la thématique et permettre de faire avancer la réflexion. Inutile de reposer la même question.
- N'oublie pas de remercier ton interlocuteur(trice) et de prendre congé en espagnol.

Unidad
6

Huellas de ultramar

¿Qué huellas quedan de la colonización en España?

EXO ¿Qué sabes de...?

1492 — 1600 — 1700 — 1800 — 1900

« Ida y vuelta de galeones en la ruta comercial »

- **1492** Llegada de Cristóbal Colón a la isla de Guanahaní
- **1502** Creación de la Casa de Contratación (Sevilla) para controlar el comercio colonial
- **1808-1824** Guerras de Independencia
- **1898** Pérdida de las últimas colonias españolas: Cuba, Puerto Rico, Filipinas

VÍDEO

Portada de la novela gráfica *El tesoro del Cisne Negro* de Paco Roca y Guillermo Coral, 2018

¡Lánzate!

1. **Describe** la escena de esta portada. ¿Qué periodo de la historia española están investigando los personajes?
2. **Imagina** cómo puede terminar esta batalla naval y **relaciona** la portada con el título de la novela gráfica.
3. Con ayuda del vídeo, **muestra** que aún quedan muchos tesoros por descubrir.

Para expresarte

- una caja fuerte
- una fragata
- un ojo de buey: *un hublot*
- una potencia marítima: *une puissance maritime*
- el tesoro submarino
- hundirse: *couler*

PROYECTO FINAL

Redacta un *post* para el blog *Huellas de ultramar*.

Los galeones, testigos de la potencia del Imperio español

Es parte de la historia de España A2 VIDÉO BONUS

Miembros del Ministerio de Asuntos Exteriores español se reúnen a propósito de la empresa norteamericana Ithaca.

Guillermo Corral (escritor y guionista español), Paco Roca (historietista español), *El tesoro del Cisne Negro*, 2018

Navíos de guerra

España es hoy la primera potencia mundial en **Patrimonio Arqueológico subacuático** por el gran número de fragatas de la Armada (*Marine*) hundidas en los océanos después de ataques de potencias enemigas.

a. **Di** lo que es la Merced e indica dónde se hundió.

b. Gramática **Precisa** lo que explica Elsa. ¿Qué denuncia?

c. Para el ministro, recuperar ese pecio es primordial. ¿Verdadero o falso? **Justifica** tu respuesta con elementos de las viñetas.

PREPARA EL BAC Escrito ¿Por qué es importante para España recuperar los pecios hundidos en los siglos pasados?

Para expresarte

- el expolio: *la spoliation*
- el saqueo: *le pillage*

- codiciado(a): *convoité(e)*
- preocupado(a)

- interesarse por
- luchar por
- rescatar = recuperar
- sin escrúpulos

1. una persona o una empresa que busca tesoros
2. *l'épave*

Apuntes de gramática

La gramática en vídeo

Situer avec les démonstratifs → Précis p. 252

***Ese** pecio es parte de la historia de nuestro país.*

Complète avec *ese*, *esa*, *esos*, ou *esas*

a. Los galeones navegaban por ... rutas marítimas

b. Las empresas de cazatesoros saquean ... tesoros.

c. La empresa Ithaca destrozó ... fragata.

Exercices

Mejora tu léxico

Busca el intruso y explica tu elección.

un cazatesoros • *robar* • *el saqueo* • *la protección* • *el expolio* • *destrozar*

Andalucía, testigo de la trata de esclavos

1. Sevilla, el damero de España B1 AUDIO

Cayetana, la duquesa de Alba, está viajando por Andalucía con su hija adoptiva, María Luz, y Rafaela, la niñera[1], a principios del siglo XIX.

–Mira qué campos, qué cielos. ¿Has visto algo igual? –le decía a María Luz–, y espera que lleguemos a Sevilla [...]. –Y a continuación se dedicaba a relatar a la niña todo tipo de sucedidos[2], anécdotas y leyendas del lugar. Historias de santos, de aparecidos[3], de pícaros y de marineros, de gitanos, de forasteros[4]–. Que de todo y por su orden hay en esta bendita tierra mía, ya lo verás.

–¿También negros? –inquirió María Luz. [...]

–Claro que sí, mi niña. Hubo un tiempo en que en Sevilla había tantos morenos[5] que la llamaban el damero[6] de Europa. Ya no es así, pero sigue habiendo muchos.

–¿Y son todos esclavos?

–Esclavos y libres. Aparte de la Hermandad de Negros[7], a la que ya te llevaré algún día, existe otro lugar que te gustará más aún.

–Rafaela, por favor, no sigas por ese camino –dijo Cayetana, que opinaba que era preferible que la niña no pensara en esas cosas. Ahora era una Alba y debía sentirse orgullosa de serlo. Qué objeto tenía abundar[8] en sus orígenes. Unos que, además, nadie conocía.

–Por favor, mamá, era sólo una bonita historia que estaba contando Rafaela para hacer más corto el camino...

Carmen Posadas (escritora española), *La hija de Cayetana*, 2016

1. *nourrice* 2. historias 3. *(ici) opportunistes* 4. extranjeros 5. *(ici)* negros 6. *damier* 7. Asociación católica de Sevilla 8. *(ici) s'attarder*

Bartolomé Murillo (pintor español), *Tres muchachos (Dos golfillos y un negrito)*, 1670, Dulwich Picture Gallery, Londres

a. **Estudia** la composición y los colores del cuadro y **describe** a los niños. > EXO QUIZ

b. Fíjate en la fecha. Intenta **aclarar** la presencia del niño negro en España en aquella época.

c. **Lee** el texto y **di** quiénes son los personajes. **Determina** quién habla en cada réplica.

d. **Apunta** algunos elementos sobre la estructura de la sociedad española de la época.

e. ¿Sobre qué tema hace preguntas María Luz? ¿Por qué le interesará tanto? **Justifica** tu respuesta.

MÉDIATION f. **Aclara** la expresión "el damero de Europa". > EXO QUIZ

Bartolomé Murillo (1617-1682)

Murillo era un pintor sevillano. Realizó muchas obras religiosas, pero pintó algunas **pinturas de género** que representan escenas de la vida diaria.

Para expresarte

- un cántaro: *une cruche*
- un(a) esclavo(a)
- la limosna: *l'aumône*
- la mirada: *le regard*
- un trozo de tarta: *un morceau de gâteau*
- amable
- triangular
- merendar [ie]: *goûter*
- pedir [i]: *demander qqch*
- llevar harapos: *porter des guenilles*

2. Huella cultural de los negros en Andalucía B1

Fiche de compréhension

VIDÉO

Festividades en las calles de Sevilla en el siglo XVIII, detalle de *El Carro del Aire*, Domingo Martínez, 1748-1749

Para expresarte

- los archivos
- un baile: *une danse*
- la compraventa: *(ici)* el comercio
- una huella: *une empreinte*
- un mercader = un comerciante
- un sacerdote: *un prêtre*
- la vinculación: *le lien*

- silenciar: *passer sous silence*

a. **Describe** la escena y **explica** en qué medida este cuadro completa el de Murillo. PARCOURS DIFFÉRENCIÉS

Recorrido A

b. ¿Qué nos **indica** la imagen del vídeo con un mapa?
c. **Precisa** en qué países europeos hubo una población negra importante.
d. Muchas personas tenían esclavos en la sociedad. **Cita** un ejemplo.
e. La huella cultural de los negros en España es evidente. **Da** un elemento que lo muestra.

Recorrido B

b. **Completa**: Antes la gente pensaba que… pero la mujer afirma que…
c. **Indica** cuántos esclavos africanos llegaron a Sevilla. ¿Cuál fue su destino? > EXO QUIZ
d. **Cita** ciertas influencias que los esclavos ejercieron en la cultura andaluza.
e. "El negro es el otro.": **comenta** esta frase del vídeo.

PREPARA EL BAC Escrito

Explica qué huellas dejó la presencia de esclavos negros en la cultura andaluza.

Apuntes de gramática

La gramática en vídeo

Raconter des faits au passé → Précis p. 258

Hubo *un tiempo en que en Sevilla* ***había*** *tantos morenos que la* ***llamaban*** *el damero de Europa.*

Choisis entre le passé simple et l'imparfait de l'indicatif.

a. Dos niños (estar) merendando cuando un niño esclavo les (preguntar) si (poder) darle un trozo de la tarta.
b. Por fin, Rafaela le (contar) una historia que nadie (conocer).
c. En el siglo XVIII, los países europeos donde (haber) una población negra importante (ser) España y Portugal.

Exercices

Mejora tu léxico

Encuentra el sustantivo de los verbos siguientes.

bailar → el … • archivar → el … • embarcar → la … • comprar → la … • vender → la … • vincular → la … • negar → una …

Fonología

Los sonidos [s] o [c] EXO QUIZ

El Cantábrico, tierra de regreso de indianos

1. Tláloc en Santillana del Mar B1

La policía Valentina Redondo investiga en Santillana del Mar y se entrevista con uno de sus habitantes.

–Buenos días, soy Izan Sáenz Chacón; me ha dicho la asistenta que son ustedes de la Guardia Civil. [...]

–Señor Sáenz, estamos investigando un asunto que tiene una relación directa con Tláloc, que es el dios mesoamericano[1] de la fortuna que se encuentra tallado sobre la puerta de la casa de los Quevedo, que antiguamente era propiedad de su familia. Quisiéramos saber si tiene información sobre este dios tribal, o sobre la relación pasada de los Chacón con el mismo.

La cara del señor Sáenz no pudo disimular cierto alivio[2], una especie de relajación de formas al conocer el motivo real de la visita.

–Pues me deja de piedra... ¿un dios tribal? La verdad es que nunca me habían preguntado por ello. Sé que mi abuelo, cuando vino de México, hizo poner la cara esa de piedra en la casona que está al lado de la colegiata[3], pero ni siquiera sabía[4] que se llamase Tláloc. Mi madre me contó, de pequeño, que era un símbolo de buena suerte, de los mayas o algo por el estilo, y que incluso se habían traído varias figuritas de allá y las habían reconvertido en colgantes[5], en pisapapeles[6] y cosas así.

María Oruña (escritora española), *Puerto escondido*, 2015

1. de Mesoamérica, región cultural de América Central 2. *soulagement* 3. iglesia colegial 4. *je ne savais même pas* 5. *pendentifs* 6. *presse-papiers*

Relieve del dios mesoamericano Tláloc, Santillana del Mar

a. **Cita** elementos que indican quién era Tláloc y qué simbolizaba.
b. **Precisa** desde cuándo se encuentra Tláloc en la puerta de la casa de la familia.
c. **Deduce** quién era el abuelo del Señor Sáenz y por qué puso la cara de Tláloc sobre la puerta.

Para expresarte

- un barco de vapor: *un bateau à vapeur*
- el bienestar
- una casona = una casa grande y noble
- el dolor
- un palacete = una casa lujosa
- la tristeza
- la vuelta: *le retour*

- retornar = volver [ue] = regresar
- en busca de: *en quête de*
- rumbo a = en dirección a

2. Asturias, tierra de indianos B1 AUDIO

Fiche de compréhension

a. **Escucha** la grabación y **explica** lo que han tenido que hacer muchos españoles desde hace siglos. **Precisa** el caso de los asturianos.
b. **Cita** el nombre de aquellos barcos que partieron de Asturias y sus destinos.
c. **Define** la palabra "indianos". › EXO QUIZ
d. **Di** lo que hicieron los indianos en España.

Fonología

La ortografía con "g" o "j"

EXO QUIZ

3. Ribadeo, cuna de indianos B1

VIDÉO

Fiche de compréhension

Torre dos Moreno, palacete de indianos en Ribadeo (Galicia)

a. **Da** elementos que permiten situar la ciudad de Ribadeo.
b. **Di** qué fiesta se celebra en la ciudad cada verano. ¿Cuál es su origen?
c. ¿Qué suele hacer la gente durante la fiesta? **Explica** por qué.
d. **Indica** con qué legado (*héritage*) indiano cuenta Ribadeo. › EXO QUIZ

PREPARA EL BAC Oral

Los indianos, al volver a su tierra, quisieron mostrar su riqueza. **Explica** lo que hicieron y por qué.

Apuntes de gramática

La gramática en vídeo

Exprimer le temps et la durée : *desde hace / hace*

*Miles de emigrantes han partido **desde hace** siglos.*

→ Précis p. 263

Choisis entre *desde*, *desde hace* et *hace*.

a. En Ribadeo, ... muchos años, se celebra la fiesta de los indianos.
b. En Santa Cruz de la Palma, los habitantes participan en el Carnaval de los indianos ... pequeños.
c. ... poco tiempo, la Torre dos Moreno fue restaurada.

Exercices

Para expresarte

- una ciudad costera: *une ville côtière*
- el exotismo
- una gaviota: *une mouette*
- el puerto: *le port*
- engalanarse: *se faire beau/belle*
- pasearse: *se promener*
- rendir [i] homenaje
- tener [ie] éxito: *réussir*

Mejora tu léxico

Reconstituye la frase con los elementos siguientes :

habían hecho fortuna • retornados • construyeron casonas • y palacetes • de las Américas • para demostrar que • muchos emigrantes • y habían tenido éxito

PROYECTO FINAL

Redacta un *post* para el blog *Huellas de ultramar.*

Redacta un *post* sobre las riquezas culturales del colonialismo (fiestas, arquitectura...) presentes hoy en España.

1 Prepara los contenidos.

a. Elige uno de los temas estudiados y selecciona algunos documentos: un texto, una foto o un vídeo.
b. Apunta las ideas principales para explicar:
–la existencia de los pecios y lo que representan para España,
–algunos testimonios de los esclavos en Andalucía,
–las huellas de los indianos desde hace muchos años en Asturias.

2 Redacta el texto.

c. Redacta el artículo de 150 palabras (15 líneas): expón el tema, luego indica algunos aspectos y al final propón una pista para la reflexión.
d. Organiza tu página (título, texto, fotos) con un procesador de textos. Puedes publicar tu *post* en el sitio web.

Acuérdate de...

- Ne donne pas ton opinion mais présente les faits en contexte.
- Choisis deux ou trois aspects principaux en relation avec le sujet.

- Respecte l'emploi des temps du passé dans tes explications.
- Explique et illustre chaque idée à l'aide de phrases reliées par des connecteurs logiques.

BAC Evaluación

Autoévaluation

ÉPREUVE ÉCRITE
LVA > B2
LVB > B1

ÉPREUVE 1 — 2e trimestre de Première — 1h

Compréhension de l'oral

AUDIO

Los indianos de Asturias

En rendant compte en français du document, vous montrerez que vous avez compris :

- le thème principal du document ;
- ce qu'ont accompli les personnes citées ;
- la fonction et la portée du document.

Trucos

- Repérez des noms de famille et associez-les à des pays. Rapprochez ensuite ces mêmes noms à ce qu'ils ont réalisé.
- Consacrez environ 20 minutes à cette partie.

Expression écrite

Vous traiterez en espagnol l'un des deux sujets suivants au choix. Répondez en 120 mots au moins.

Question A : Redacte un artículo titulado "La España de los indianos" para un periódico que explique el legado de los españoles en varias regiones de España después de su paso por el nuevo continente.

Question B : Explique por qué existen rutas turísticas, ferias o fiestas dedicadas a los indianos en varias zonas de España.

Trucos

- **Construisez** et **organisez** votre devoir en utilisant vos connaissances et la photographie.
- Consacrez environ 25 minutes à cette partie.

Fiesta de los Indianos en Santa Cruz de La Palma (Canarias)

ÉPREUVE 2 — 3e trimestre de Première — 1h30

Documento 1 Hundimiento de una fragata española

La escena transcurre el 5 de octubre de 1804 cerca de las costas españolas.

Un certero cañonazo procedente de uno de los navíos ingleses dio de lleno en la santabárbara[1] de la *Mercedes*, allí donde se almacena la pólvora[2]. Maderas, telas del velamen, monedas, restos humanos, volaron despedazados[3]. El oro. La plata.

La vida.

El estallido estuvo acompañado de un ensordecedor estruendo[4] que nubló la conciencia de Diego de Alvear, indefectiblemente testigo de la tragedia. [...]

Con aquel barco, su vida entera saltó por los aires hecha añicos[5]. Su amada Josefa..., sus pequeños... y después todo lo demás. Los ojos de Josefa se perdieron en el mar. Los labios, tantas veces besados, sellaron un adiós nunca dicho.

Un solo segundo bastó para que el mundo se oscureciera. Qué frágil es nuestra existencia si tan poco, una pequeña bola de hierro[6], puede acabar con tanto.

Días más tarde, Diego de Alvear, o lo que quedó de él, escribiría en su diario:

Saltó la *Mercedes* por los aires con estruendo horrible, cubriéndonos con una espesa lluvia de ruinas y de humo[7].

Ruinas y humo... y después todo lo demás.

Después... la nada.

Mari Pau Domínguez (periodista y escritora española), *Las dos vidas del capitán*, 2014

1. *tapa en plein dans la poudrière* **2.** *la poudre* **3.** *déchiquetés* **4.** *fracas* **5.** destruida **6.** *fer* **7.** *fumée*

Documento 2 Pecios y barcos hundidos en las costas españolas

España es dueña de la mayor flota histórica del mundo que permanece en los fondos abisales a la espera de ser rescatada, no solo por los cazatesoros sin escrúpulos.

Las informaciones recogidas por la Armada española desde el siglo XIII determinan la existencia de más de 1.500 buques españoles o de otras nacionalidades naufragados en las actuales aguas jurisdiccionales españolas. La mayoría de estos buques contienen importantes restos del hundimiento, hoy valorados como tesoros. [..] Se calcula que cerca de tres millones de embarcaciones aguardan[1] su destino en el abismo oceánico, según la Unesco. Un alto porcentaje de ellos lleva el sello[2] de nuestros antepasados. El siglo XVIII es el que más naufragios recoge con 390, seguido por el XX con 307, el XIX con 239, el XVI (238) y XVII (147) entre navíos, fragatas, vapores, corbetas, bergantines[3]...

Uno de los más conocidos es el de la fragata Nuestra Señora de las Mercedes. Su hundimiento tuvo lugar el 5 de octubre de 1804 frente a la costa portuguesa del Algarve, durante la Batalla del Cabo de Santa María que enfrentaba a la Armada inglesa con la española. La fragata iba cargada con oro, plata, telas de vicuña, quina y canela. En 2007 este episodio histórico salió a la luz cuando la compañía americana *Odissey* anunció su descubrimiento. Por su parte, el Gobierno español reclamaba sus derechos, por lo que se inició un largo proceso judicial que acabaría inclinándose del lado español.

https://www.lugaresconhistoria.com/pecios-y-barcos-hundidos-espana, 18/04/2015

1. esperan **2.** *(ici) l'empreinte* **3.** diferentes navíos

Compréhension de l'écrit

Diga de qué trata cada uno de los documentos y precise en qué son complementarios.

Expression écrite

Vous traiterez en espagnol l'un des deux sujets suivants au choix. Répondez en 120 mots au moins.

Question A: Escriba el artículo que explique el descubrimiento y lo que contiene el pecio.

Question B: Explique y comente la frase del artículo: "En 2007 este episodio histórico salió a la luz cuando la compañía americana *Odissey* anunció su descubrimiento."

Trucos

- Lorsqu'il y a plusieurs textes, il est important d'en déterminer la nature : article de presse, extrait de roman...
- Au brouillon, établissez les liens qui existent entre les documents, puis rédigez votre réponse.

- Repérez les éléments des textes dont vous pouvez vous servir pour rédiger l'article en les hiérarchisant.

- Rappelez brièvement les faits avant de commenter.
- Vous expliquerez pourquoi la découverte de l'épave par une compagnie étrangère est problématique pour l'Espagne.

Unidad Flash **7**

Innovations scientifiques et responsabilité

El reto del agua en América Latina

¿Cómo satisfacer la demanda de agua en América Latina?

EXO ¿Qué sabes de...?

A. Descubriendo el Perito Moreno

B1 AUDIO

Laura Badía es experta científica y realiza una investigación cerca del glaciar del Perito Moreno en Argentina.

–Es impresionante –dijo Castro apoyándose en la baranda[1] de madera.

Ante nosotros, el glaciar terminaba en una pared de hielo albiceleste de cinco kilómetros de largo que se elevaba cincuenta metros por encima de la superficie del lago. En el agua flotaban decenas de témpanos[2] de formas irregulares.

–Escucha –le dije poniéndome un dedo sobre los labios. [...]

–¿Eso fue un trueno[3]? –preguntó el arqueólogo, mirando el cielo perfectamente azul.

–Es el hielo rompiéndose –reí–. La nieve que cae en las montañas empuja constantemente al glaciar hacia adelante, y el hielo cruje[4] y se parte. Es uno de los pocos glaciares del mundo que no está en retroceso.

–¿O sea que nos podemos poner contentos si vemos caer un pedazo[5]?

–Claro que sí.

–Increíble –exclamó el arqueólogo–. Tengo una amiga que estuvo hace poco en Nueva Zelanda y me contó que allá los glaciares también son grandes atractivos turísticos, pero que están retrocediendo muchísimo. De hecho, me mostró fotos del mismo glaciar en la actualidad y en los años sesenta y la diferencia es brutal.

–Por suerte este es muy distinto. Avanza siempre, entonces es lógico que se vaya rompiendo.

Cristian PERFUMO (escritor argentino), *El coleccionista de flechas*, 2017

1. *balustrade* 2. *(ici)* glaciares 3. *un coup de tonnerre* 4. *la glace craque* 5. *tomber un morceau*

a. **Léxico** **Apunta** palabras y **describe** el paisaje descubierto por Castro. › EXO QUIZ

b. Esta escena es un fenómeno alarmante. ¿Sí o no? **Justifica** tu respuesta.

c. **Explica** lo que pasa en otros lugares por el aumento de las temperaturas.

VIDÉO

Para expresarte

- la cordillera = las montañas
- la cuenca: *le bassin*
- un ecosistema
- un recurso: *une ressource*
- un trozo = un pedazo

- hídrico(a)

- derretirse [i]: *fondre*
- moverse [ue]
- volar [ue]

B. Los ríos voladores

A2+ VIDÉO

a. **Observa** el cartel y **da** una definición de los ríos aéreos. › EXO QUIZ

b. **Gramática** **Apunta** cifras en relación con el Amazonas. ¿Qué deduces?

c. **Evidencia** por qué es necesario preservar la cuenca del Amazonas.

Fiche de compréhension

Formación de los ríos aéreos

C. La ingeniosidad de la hidráulica inca en Perú

B1 Fiche de compréhension

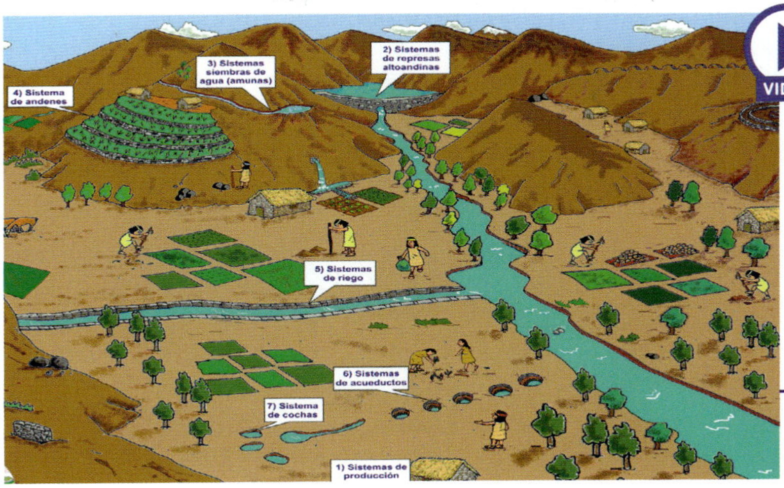

VIDÉO

La hidráulica ancestral de los incas

"Debido a su gran potencial, investigadores de todo el mundo han puesto atención en las infraestructuras naturales como las amunas[1] que podrían ser de mucha utilidad para hacer frente a una eventual crisis hídrica en un contexto de cambio climático."

la republica.pe, 11/2019

1. *système de canaux*

Para expresarte

- una acequia = un canal
- la seguridad
- escaso(a) ≠ abundante
- abastecer de = aprovisionar
- erradicar
- potabilizar: *rendre potable*
- servir [i] para

a. **Observa** el dibujo y **precisa** en qué consiste el sistema imaginado por los incas. > EXO QUIZ
b. **Indica** los objetivos de Aquafondo para Lima.
c. Con el vídeo y el texto, **di** lo que mejoraría esta técnica en el uso del agua.

D. Innovación para filtrar el agua

B1 AUDIO

Tiene 20 años, estudia Ingeniería Geológica y su mayor preocupación es encontrar una solución a uno de los principales problemas de Bolivia: la contaminación del agua. María Teresa Cardozo Robles es la ganadora de la plataforma *Falling Walls* con su propuesta de purificar este líquido a través de la cáscara[1] de quinua. [...] "Las cáscaras de quinuas te dejan hoyitos[2] más pequeños que atrapan mejor las impurezas y bacterias, además contienen saponina[3] que es un espumante[4] y con el mismo, por flotación, se van eliminando elementos tóxicos [...]", detalló.

Se puede eliminar el 99 % de las impurezas en el agua. "En teoría sí funcionaría, por el tamaño[5] de los poros en el tema de eliminar el virus del *escherichia coli*, que es el que genera la diarrea", contó.

Y es que en Bolivia –explicó– "más del 60 % de las enfermedades están relacionadas al consumo de agua contaminada [...]. En la ciudad puede que el agua sea potable, pero en el campo no así y puede dañar[6] más a la gente".

Wara Arteaga Very (periodista boliviana), *Página Siete*, 10/07/2019

1. *écorce* 2. *petits trous* 3. molécula detergente 4. *sous forme de mousse* 5. *taille* 6. *(ici)* afectar

a. **Presenta** a María Teresa y **di** por qué ha ganado un premio.
b. **Describe** la composición de este filtro y su funcionamiento. > EXO QUIZ
c. **Apunta** porcentajes y **explica** qué objetivos lograría este proyecto científico.
d. **Escucha** el audio e **indica** las consecuencias para esta joven después de ganar el premio.

PREPARA EL BAC escrito **Explica** por qué estas técnicas innovadoras favorecerían una gestión del agua responsable en América Latina.

Apuntes de gramática

La gramática en vídeo

Exprimer un nombre, un pourcentage

43 millones *de metros cúbicos*
Un 35 % *del volumen, más* ***del 60 %***

→ Précis p. 251

Exprimer une éventualité

Podrían *ser de mucha utilidad*

→ Précis p. 259

Exercices

PROYECTO FINAL

Presenta una técnica responsable para la gestión del agua.

1. Expresa tu punto de vista sobre uno de los problemas en relación con el agua en América Latina: abastecimiento, contaminación, escasez (*manque / rareté*)... Prepara tu trabajo con un mapa mental.
2. Elige el proyecto más adecuado y anota informaciones. Presenta los objetivos y las soluciones posibles. Selecciona datos para ilustrar tus argumentos evocando una mejora para el futuro de Latinoamérica.

BAC Metodología

ÉPREUVE ÉCRITE
LVA>B2
LVB>B1

Analyser un monologue

Lors de deux des épreuves de contrôle continu, tu seras évalué(e) sur une compréhension de l'oral. Celle-ci peut porter sur un document audio. Comment s'entraîner pour réussir cette épreuve ?

Compréhension de l'oral

- Vous allez écouter trois fois le document de la partie 1 (compréhension de l'oral).
- Les écoutes seront espacées d'une minute.
- Vous pouvez prendre des notes pendant les écoutes.
- À l'issue de la troisième écoute, vous organiserez votre temps comme vous le souhaitez pour **rendre compte en français** du document oral et pour traiter le sujet d'expression écrite (partie 2) en espagnol.

Adiós a los glaciares AUDIO

Pedazo de hielo del Perito Moreno desplomándose (Argentina). Durée : 1 min. 18.

Étape 1 Lis le titre du document et analyse-le.

- À partir du titre, anticipe le contenu du document en te posant la question suivante : quelle peut être l'idée principale ?
- Note tes hypothèses au brouillon et trouve éventuellement un lien avec l'unité étudiée.

Trucos

- Dès le début de l'épreuve, prépare ton brouillon : trace trois colonnes pour chaque écoute sur une feuille dans le sens paysage. Dans la première colonne, inscris les repérages essentiels en laissant de l'espace pour compléter après la première écoute.

Étape 2 Première écoute

- Écoute le document audio, **sans prendre de notes** pour rester concentré(e) et repérer l'idée principale et les mots transparents.
- Essaie de repérer du **lexique** en rapport avec l'unité.
- Pendant la **minute de pause**, écris les informations pour compléter ta colonne 1 (nature du document, personnages, lieux…).
- Note également **ton ressenti** sur ce document : d'après l'enchaînement du discours, la musique et le ton de la voix, le sujet traité te paraît-il grave, alarmant, triste, sérieux, amusant… ? Peux-tu en déduire l'objectif ?

- Type de document : interview ? reportage ? spot publicitaire ou campagne de sensibilisation ? …

- Objectifs du document : convaincre, informer, relater, vendre, démontrer, prouver, amuser,…

Étape 3 Deuxième écoute

- Dans la deuxième colonne, note toutes les données chiffrées que tu as entendues, même si elles sont incomplètes.
- Pense à écrire ce que tu as compris sous forme d'abréviations ou de mots-clés car tu n'auras pas le temps de tout retranscrire.

- Rappelle-toi que *coma* = virgule ; *cúbico* = cube ; *una media* = une moyenne ; *una decena* = une dizaine ; *un siglo* = un siècle
- Utilise des abréviations pour écrire rapidement les noms de pays et des signes scientifiques pour les données chiffrées : + / - , ↑, ↓, t°, km, cm.

Étape 4 Troisième écoute

- Concentre-toi maintenant sur les passages que tu as le moins compris afin de compléter ta prise de notes. Ajoute des flèches ou surligne pour relier les informations de chaque colonne.

Étape 5 Rédige ton compte rendu

- Introduis ton compte rendu en indiquant la nature du document, le thème abordé, les personnes et le lieu.
- Organise ton compte rendu en paragraphes (un paragraphe = une idée) en les reliant avec des connecteurs logiques (*tout d'abord, ensuite, de plus, cependant, etc.*)
- N'oublie pas d'évoquer l'impression dégagée par le ton, les bruits de fond et la musique.

Focalise-toi en particulier sur l'interprétation des données chiffrées que tu as repérées lors de l'écoute. Dis à quoi elles correspondent. Si tu n'es pas sûr(e) de toi, tu vérifieras lors de la 3e écoute.

Titre : Adiós glaciares
Je traduis → Au revoir les glaciers
J'en déduis → Idée principale : Les glaciers qui disparaissent ?

Code couleurs du tableau
bleu : la trame de départ avant 1re écoute
rose : ce qui est complété après le 1re écoute, et pendant les deux autres
vert : ce que je complète pendant la minute de pause

La voix permet d'identifier un reportage.

Essaie de repérer les noms des lieux.

Sois attentif(ve) au ton de la voix et à la musique (très rythmée, entraînante, inquiétante, grave, lente ?).

Concentre-toi sur les passages difficiles et fais les derniers ajustements en surlignant les éléments des trois colonnes qui se complètent.

1re écoute	2e écoute	3e écoute
Nature du document : un reportage	18..? – 2012 période étudiée ? 0,...? : t° ↗	1880 0,85°
Personne(s) : une voix off	revolución industrial	derretimiento de los glaciares consecuencias de la actividad humana + de siglo y medio
Époque(s) : XXIe siècle, passé	S XX gases	↗ gases esenciales para seres humanos y vivos
Lieux(x) : Andes, Venezuela Pérou, Argentina → AL	Colombia, Ecuador, Bolivia, Chile Unión Internacional	Conservación de la Naturaleza
Thème : la disparition des glaciers en AL	21/... glaciares del mundo desaparecerán	46 glaciares + importantes si no se ↓ los gases
J'ai entendu : une musique inquiétante	gases norte – sur	19,3 km cúbicos
Je ressens : une situation alarmante et grave, le ton informatif de la voix off	19 km año 85 cm anual	↓ de 85 cm
	8.% pérdida de hielo?	83% pérdida de hielo
	99% glaciares tropicales	en toda la Cordillera de los Andes
	1°C impacto visible	en los Andes pero el ↗ de la t°
	5.% glaciar?	55% del glaciar se ha reducido
	Venezuela sin glaciares	el primer país de AL

¡AHORA TÚ!

Rédige maintenant le compte rendu en français en t'aidant des éléments ci-dessous.

Ce document est un reportage sur...
La voix off nous présente ...
L'augmentation de la température provoque...
On entend différentes données :...
Les conséquences sont... car les études montrent que...
Par ce reportage, on souhaite informer...

Trucos

- Intègre un maximum d'éléments sur les données chiffrées et sur ce que l'on veut démontrer.
- Si tu n'as pas l'intégralité d'un nombre, tu peux en rapporter l'essentiel : par exemple pour 19,3, tu peux indiquer environ 19.
- Fais attention aux temps des verbes pour bien orienter ton explication.
- Consacre quelques lignes au fond sonore : qu'a-t-on voulu prouver par le commentaire de la voix ?

Unidad
8

Espace privé et espace public • Diversité et inclusion

Paridad, un tema pendiente

¿Pueden lograr la paridad las mujeres?

EXO ¿Qué sabes de...?

VIDÉO

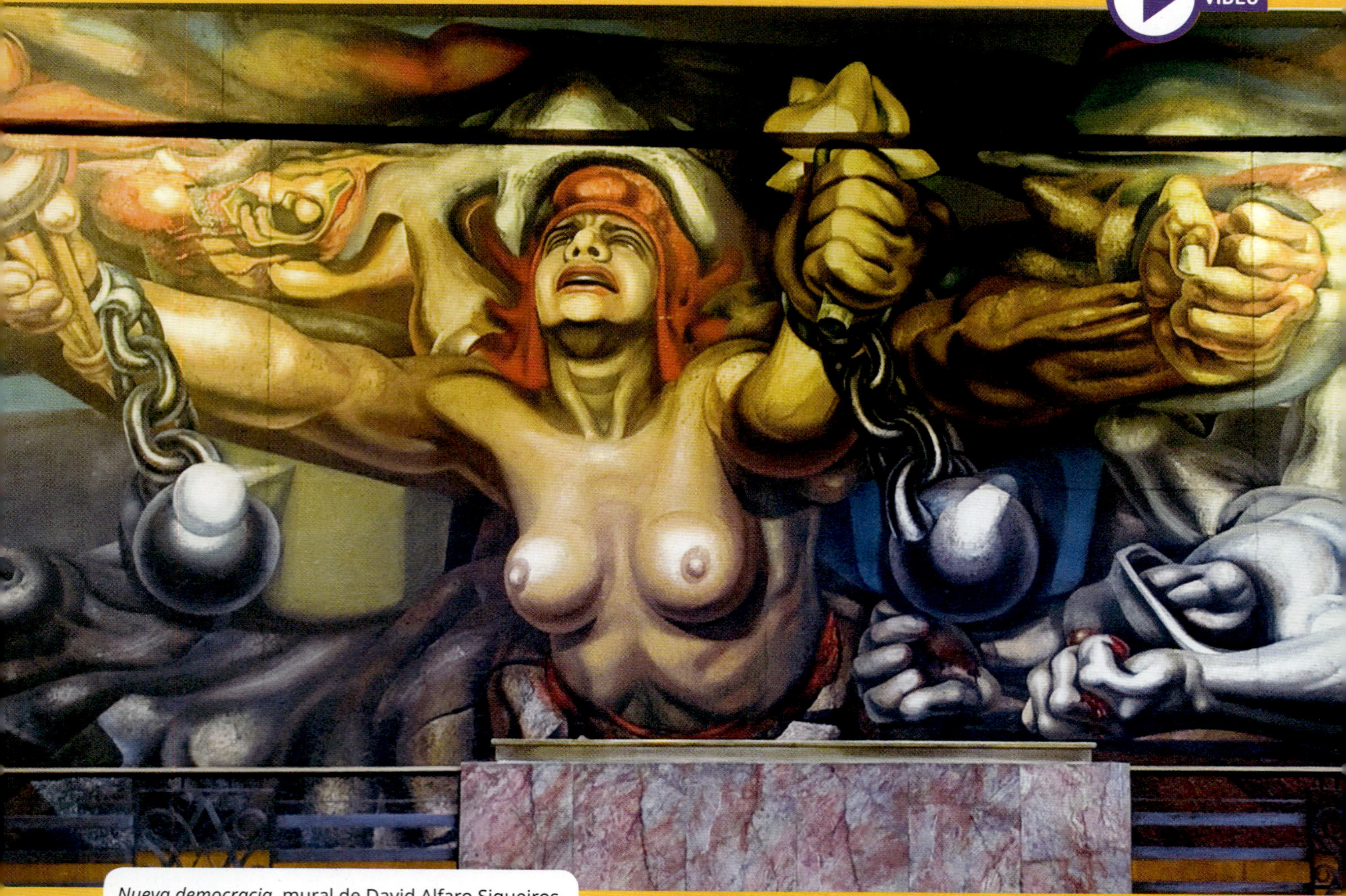

Nueva democracia, mural de David Alfaro Siqueiros (muralista mexicano), 1944. Museo del Palacio de Bellas Artes de México, 5,50 x 11,98 m.

¡Lánzate!

1. **Imagina** qué puede reivindicar la mujer del mural. **Explica** tu respuesta. › EXO QUIZ
2. ¿Qué frase del vídeo te impacta más? **Justifica** tu elección.
3. **Di** qué problema plantean estos dos documentos.

Para expresarte

- las cadenas: *les chaînes*
- el puño: *le poing*
- encadenado(a): *enchaîné(e)*
- oprimido(a)
- sumiso(a)
- mandar = ordenar
- someter

PROYECTO FINAL

Redacta un mensaje de apoyo a favor de la paridad.

¿Estereotipos?

1. Cambiar los estereotipos de géneros B1

VIDÉO

Fiche de compréhension

PARCOURS DIFFÉRENCIÉS

Recorrido A

Ve el vídeo y contesta.

a. **Identifica** quiénes hablan e **indica** el tipo de documento.
b. **Fíjate** en las diferentes partes y **di** a qué corresponde cada una.
c. ¿Qué quieren estos padres para sus hijos o hijas? **Anota** sus respuestas y **compáralas**.
d. **Explica** de qué se dan cuenta las parejas.
e. **Comenta** el mensaje final. › EXO QUIZ

Recorrido B

Observa el cartel y contesta.

a. **Precisa** qué símbolo infantil llama la atención y **di** a qué aspiran las chicas jóvenes.
b. ¿Cuál es el eslogan? **Comenta** la importancia de un juego para la educación de las niñas.
c. **Di** a quiénes se dirige la campaña y **explica** su objetivo.

Campaña del Ayuntamiento de Valencia para desarrollar la igualdad, 12/2016

▶ **Compara** los dos documentos y **precisa** los puntos comunes y las diferencias.

PREPARA EL BAC Oral

"*La igualdad de género tiene que ser una realidad vivida*", Michelle Bachelet, ex-presidenta de Chile. **Comenta** esta cita apoyándote en los documentos.

Para expresarte

- el género: *le genre*
- un modelo estereotipado
- la muñeca: *la poupée*
- los prejuicios: *les préjugés*
- concienciar: *sensibiliser*
- desarrollar(se): *(se) développer*
- escoger juguetes: *choisir des jouets*
- formar la identidad
- (no) limitarse a
- reproducir roles de adultos
- socializar

Apuntes de gramática

La gramática en vídeo

Exprimer le souhait avec le subjonctif → Précis p. 259

***Espero que seas** la persona más feliz del mundo.*

Complète en conjuguant les verbes au présent du subjonctif.

a. Queremos que las jovencitas ... (poder) jugar como los chicos.
b. Deseo que los padres no ... (hacer) diferencias en la educación entre niños y niñas.
c. La campaña quiere que la sociedad ... (cambiar) para lograr la paridad.

Exercices

Mejora tu léxico

Clasifica estas palabras conforme se refieran a las causas o los objetivos.

la opresión • el miedo • el respeto • la autoridad • la sumisión • la libertad • el reconocimiento • la discriminación • la paridad • la igualdad

Mujeres en el mundo laboral

1. ¿Existe la paridad en España? B1 AUDIO

La ministra de economía de España le propone a un director de banco contratar a más mujeres directivas[1].

–Sería una gran publicidad –dije–. Las mujeres no solo irían de cabeza[2] a vuestras sucursales, también atraeríais a las mejores estudiantes de España. Podríais disponer de mucho talento a buen precio.

–Ya tenemos muchas mujeres trabajando en el banco, no necesitamos –respondió, seco.

–Sí, pero no son directivas.

–Tenemos a dos.

–¡Dos de cien! –exclamé–. Y encima las dos son familiares. No cuentan.

Oí cómo Walter resopló[3], exasperado.

–Mira, Isabel –dijo prepotente–. Las mujeres son lo que son y llegan adonde llegan, como todos, por talento. [...]

–Te equivocas[4] –dije convencida dirigiéndome hacia la ventana–. El riesgo absurdo que asumieron algunos banqueros estadounidenses, ingleses y españoles, y que luego les costó la bancarrota[5], no se habría concebido con más mujeres[6] en esos equipos. [...]

–Eso nunca lo sabremos.

[...] Hice una pausa.

–Como dijo la ministra francesa, si Lehman Brothers hubiera sido Lehman Sisters, otro gallo habría cantado[7] -añadí.

–En mi banco casi un cincuenta por ciento del personal son mujeres –respondió frio– [...]

–Ya sabes que estoy hablando de puestos de dirección. [...] Y encima seguro que cobran menos que un hombre en su mismo puesto –repliqué–. Eso también se ha demostrado estadísticamente.

Calló.

–¿Sabéis si existe paridad salarial? [...]

–No –concedió.

Elena Moya (escritora española), *La candidata*, 2015

1. *cadres* 2. *fonceraient tête baissée* 3. *souffla fort* 4. *Tu te trompes*
5. *la banqueroute* 6. *(le risque) n'aurait pas existé avec plus de femmes*
7. las cosas serían de otra manera

a. En el banco del protagonista hay paridad en el personal. ¿Sí o no? Entonces **di** cuál es el problema.

b. **Apunta** las palabras o expresiones que caracterizan la manera de hablar de cada personaje. ¿Qué revelan estas actitudes? › EXO QUIZ

c. Gramática ¿Qué tiene que hacer el director según la ministra?

d. ¿Qué deduces de la intención de la autora a lo largo del texto?

Para expresarte

- el ámbito: *le domaine*
- un avance: *un progrès*
- el desequilibrio

- equitativo(a): *équitable*
- igualitario(a)

- contratar: *embaucher*
- enfrentarse: *se confronter*
- tomar conciencia
- pensar [ie] = reflexionar

Cartel del Ministerio de Igualdad, 2007

2. Ley de paridad para las empresas B1 AUDIO

a. **Identifica** quién es Carmen Calvo y qué anuncia.

b. Gramática Con esta ley, ¿qué tienen que hacer las empresas privadas?

c. **Explica** qué motiva la decisión de la ministra.

Fiche de compréhension

EXPRÉSATE CON UN VÍDEO

Ser presidenta

Fiche de compréhension

Objectif B1 Comprendre une bande-annonce de série mexicaine.

VIDÉO

Rueda de prensa de la serie producida por Salma Hayek, *Monarca*, 09/2019

"En esta historia veremos a mujeres fuertes asumir responsabilidades y riesgos.
Ojalá a través de que vean esto[1] las mujeres agarren la valentía de recordarse[2] que podemos hacer absolutamente todo."

Salma HAYEK (productora de la serie)

1. *Espérons qu'en voyant cette série/ j'espère qu'en...*
2. *s'arment de courage pour se rappeler*

Ve el vídeo y exprésate.

a. **Identifica** de qué imperio familiar trata la serie. **Justifica** apoyándote en los lugares visibles.

b. **Di** qué le propone el padre a su hija.

c. ¿Qué tipo de relaciones tiene esta familia? **Apoyándote** en el tono de las conversaciones y los planos de la cámara, **explica** qué decisión les preocupa. > EXO QUIZ

d. Después de leer la cita, **explica** el objetivo de la productora relacionándolo con el título de la serie.

Para expresarte

- el desacuerdo
- la pelea: *la dispute*
- agradecido(a): *reconnaissant(e)*
- celoso(a): *jaloux (ouse)*
- contestatario(a)
- justo(a) ≠ injusto(a)
- acceder a
- dudar en: *hésiter à*
- negarse (ie) a: *refuser de*

PREPARA EL BAC Escrito

Explica en qué medida tomar la dirección de una empresa familiar puede crear tensiones profesionales y privadas.

Apuntes de gramática

La gramática en vídeo

Exprimer une condition → Précis p. 266

*Si Lehman Brothers **hubiera sido** Lehman Sisters, otro gallo **habría cantado**.*

Conjugue les verbes de ces phrases.

a. Si usted (contratar) a más mujeres, sería benéfico para su banco.

b. Si (existir) paridad salarial la empresa (funcionar) mejor.

c. Si la hija (decidir) regresar, (encontrar) muchos obstáculos.

Exercices

Mejora tu léxico

Asocia las palabras para formar expresiones.

• ocupar	• la paridad
• aprobar	• puestos de responsabilidad
• expresar	• sus desacuerdos
• tomar	• una situación desigual
• defender	• decisiones
• resolver	• una ley

¿Cuestión de sororidad?

1. Éramos hermanas B1

El ocho de marzo de 2018 marcó claramente un antes y un después para las mujeres, para el país, hasta alcanzar todas las ciudades del territorio. Las calles y las plazas se convirtieron en una fiesta. Mujeres de todas las generaciones salieron a la calle para alzar la voz, para hacerse ver como nunca. Yo también formé parte de esa marea violeta tan necesaria y llena de luz. Nos dimos la mano, las voces se convirtieron en una, todas juntas, aunque no nos conociéramos, nos conocíamos, nos apoyábamos. Éramos hermanas. [...]

Días antes, muchas mujeres de diferentes sectores se organizaron. Prepararon la huelga[1], formaron grupos, dieron instrucciones. Se apoyaron las unas a las otras. [...] Se hermanaron, se unieron, se arroparon[2]. Un Ocho de Marzo en que las mujeres hicieron temblar las calles. [...] Ese día también [...] he de reconocer que me enfadé[3] cuando vi que en los pueblos eran poquitas las que se unían a la huelga y se echaban a la calle. ¿Dónde estaban las mujeres?

En mi día a día como veterinaria de campo, estoy rodeada de mujeres maravillosas con las que trabajo y que tienen mucho que decir y que enseñar. Mujeres que cuidan[4] nuestro medio rural y hacen posible el alimento y el territorio. [...] Las mismas mujeres que dejan abiertas las puertas de sus casas para que sus vecinas entren en cualquier momento, que comparten lo que recogen en el huerto o cualquier alimento que llega a casa, todas esas mujeres que viven en nuestros pueblos. Mujeres que apenas vi en las fotografías y vídeos de las manifestaciones. [...]

Sentí pena, una mezcla de tristeza con rabia. No lograba entender. ¿Dónde se encontraba la brecha[5]? ¿Por qué unas calles tan llenas y otras plazas tan solas?

María Sánchez (escritora española), *Tierra de mujeres*, 2019

1. *la grève* 2. se protegieron 3. *je me suis fâchée* 4. *prennent soin* 5. *la fracture*

a. **Cuenta** qué pasó el 8 de marzo de 2018. > EXO QUIZ
b. **Di** cómo se manifiesta la sororidad.
c. ¿Qué preocupaba a la protagonista? **Comenta** su reacción.

2. Día de la Mujer B1

a. **Presenta** el documento y **precisa** qué relación une a las personas representadas.
b. ¿Qué pregunta llama la atención? **Di** quién la expresa, a quién se dirige y para qué evento.
c. **Comenta** cuál puede ser el objetivo de esta revista (*revue*).
d. **Explica** qué imagen de los hombres transmite.

Portada de la revista *Hombres Igualitarios*, noviembre de 2019

Para expresarte

- el acontecimiento: *l'évènement*
- la sororidad = solidaridad feminina
- juntos(as): *ensemble*
- apoyar: *soutenir*
- imponerse: *s'imposer*
- luchar por
- reclamar

3. No tiréis la toalla B1

Fiche de compréhension · VIDÉO

Anna Gener durante su discurso a jóvenes graduados

a. **Ve** el vídeo y **caracteriza** el tipo de discurso que mantiene Ana Gener.
b. Léxico **Apunta** los números evocados. **Di** a qué corresponden.
c. ¿Cuáles son las causas de esta situación?
d. ¿A quién se dirige la frase *"No tiréis la toalla"*?
Precisa con qué tono lo dice y **describe** las reacciones del público.
e. **Aclara** el objetivo de Anna Gener.

• No tiréis la toalla: *Ne jetez pas l'éponge*

Para expresarte

- la ausencia = la falta
- un puesto de responsabilidad
- una referencia
- estimulante
- animar = incitar: *encourager*
- reaccionar: *réagir*
- debido a = a causa de

PREPARA EL BAC Escrito

Explica en qué medida puede ser importante para una mujer tener referentes femeninos en el mundo laboral.

Apuntes de gramática

Exprimer le besoin

*La economía **necesita** integrar más mujeres.*

Transforme les phrases pour exprimer le besoin.
a. Las empresas **tienen** tantas mujeres como hombres en los puestos de dirección.
b. Los equipos eficaces se **componen** de mujeres también.
c. Para lograr la paridad **creamos** leyes.

Exercices

Mejora tu léxico

Busca los verbos que corresponden a las palabras siguientes.
el apoyo • la manifestación • la lucha • la organización • el encuentro • la decisión • la creación • la formación • el reconocimiento

PROYECTO FINAL

Redacta un mensaje de apoyo a favor de la paridad.

Para la campaña del 8 de marzo, prepara un mensaje de apoyo que presente argumentos a favor de la paridad.

1 Prepara los contenidos.
a. Elige uno de los temas estudiados en la secuencia y selecciona algunos documentos: un texto, una foto o un vídeo.
b. Apunta las ideas principales para explicar:
- la necesidad de trabajar en los cambios de mentalidades en cuanto a la paridad;
- algunos ejemplos de lo que se hace en España para apoyar a las mujeres.

2 Redacta el texto.
c. Denuncia alguna situación de desigualdad entre hombres y mujeres.
d. Valora la importancia de la paridad y reivindica los derechos de las mujeres en la sociedad actual.

Acuérdate de...

- Ne donne pas ton opinion mais présente les faits en contexte.
- Choisis deux ou trois aspects principaux pour dénoncer un état de fait : *Existen todavía situaciones de... No se puede permitir que...*

- Pense à utiliser l'obligation : *Es necesario que las mujeres puedan ... Tenéis que luchar por...*
- Le subjonctif peut aider à formuler des souhaits d'évolution : *Espero que cambie la situación en las empresas...*

Autoévaluation

ÉPREUVE ÉCRITE
LVA>B2
LVB>B1

ÉPREUVE 1 — 2e trimestre de Première — 1h

Compréhension de l'oral

Primera mujer general en las Fuerzas Armadas españolas

durée : 1'21 VIDÉO

Patricia Ortega recibe el fajín rojo que la distingue como primera mujer general del Ejército de la Fuerzas Armadas españolas.

En rendant compte en français du document, vous montrerez que vous avez compris :
- le thème principal du document ;
- ce qu'a accompli la personne évoquée ;
- la fonction et la portée du document.

Trucos
- Repérez le nom de la personne et son métier ; précisez en quoi c'est une situation particulière.

Expression écrite

Vous traiterez en espagnol l'un des deux sujets suivants au choix. Répondez en 120 mots au moins.

Question A : Redacte un artículo que presente y valore el trabajo de las mujeres en las Fuerzas Armadas.

Question B : Explique y comente la frase de Débora Gómez. ¿Le parece ser una situación excepcional?

“Yo en las Fuerzas Armadas nunca he tenido que luchar por ser mejor. He tenido que luchar por ser igual.”

Comandante Débora Gómez, piloto de helicóptero del Ejército del Aire»

Trucos
- **Construisez** et **organisez** votre devoir en utilisant vos connaissances et en variant le vocabulaire.

ÉPREUVE 2 3e trimestre de Première 1h30

Documento El mejor trabajo del mundo

–Qué bonito es lo que haces, mamá –le digo.

Ella me mira con las rodillas todavía en el suelo, desde abajo. Yo me siento en una silla.

–Qué bonito el qué. [...]

–Todo esto. Cuidar de Arturo. Cuidar de todos nosotros, en realidad. Aprovechar tu vida para lo importante, entretenernos, alimentarnos. [...] Quiero decir que no me imagino un trabajo más satisfactorio que el tuyo. Que el vuestro, el de las mujeres. Vernos crecer desde la cuna[1], ver cómo aprendemos a hablar, a caminar, incluso a saltar de sofá en sofá, como Arturo. Ver cómo nos hacemos mayores, lentamente, día tras día, dormir poco, no tener tiempo apenas para nada que no sea mantener la casa en orden. Pero la casa es el hogar[2], y el hogar es el centro de la vida, de la familia. Creo que os tenemos envidia[3].

Se incorpora.

–¿Que nos tenéis envidia? ¿Quiénes?

–Nosotros. Ya sabes, los hombres. Nosotros no podríamos hacer lo que hacéis vosotras. No lo llevamos en la sangre. [...] Por eso os admiramos. [...] Vosotras habéis nacido[4] para esto, estáis genéticamente preparadas para los cuidados. [...] Lo mejor de todo es que lo hacéis sin protestar. Supongo que porque os sale de dentro, de muy dentro. No digo que seáis sumisas, claro que no. Igual es que sois... dependientes. No específicamente del dinero y del trabajo de los hombres, que puede ser, sino, sobre todo, de esta forma de vida. Necesitáis cuidar porque para vosotras es como respirar. Es vuestro oxígeno, y todos necesitamos oxígeno. Por eso digo que sois dependientes.

–Mira, hijo...

–No me cortes, mamá. Por favor. Que estoy hablando. Desde el corazón. El otro día me dijiste que te habría gustado ser madre más tarde, ir a la universidad, esas mierdas. ¿Para qué? ¿Para qué ir a la universidad teniendo, por derecho, el mejor trabajo del mundo? [...]

Los ojos se le nublan. [...] En ese momento su garganta[5] se abre y empieza a gritar. A gritarme. Encadena insultos, palabrotas[6], listas de decepciones, sueños rotos, reproches cuyo origen desconozco, amenazas, penas enquistadas.

Iván Repila (escritor español), *El aliado*, 2019

1. *le berceau* 2. *le foyer* 3. *on vous envie* 4. *Vous êtes nées* 5. *sa gorge* 6. *gros mots*

Compréhension de l'écrit

Diga de qué trata el documento y destaque lo esencial.

Trucos

- Prenez le temps de bien lire le texte et déterminez le thème de la conversation.
- Établissez le point de vue de chaque protagoniste et précisez-les.

Expression écrite

Vous traiterez en espagnol l'un des deux sujets suivants au choix. Répondez en 120 mots au moins.

Question A : Imagine el final de la conversación cuando la madre toma la palabra.

- Repérez les éléments du dialogue dont vous pouvez vous servir pour terminer la conversation.

Question B : Comente la frase que el hijo dice a su madre: "¿Para qué ir a la universidad teniendo, por derecho, el mejor trabajo del mundo?". Explique si comparte la madre el punto de vista de su hijo.

- Vérifiez brièvement le contexte avant de commenter.

9 España y sus idiomas

¿En qué medida pueden seguir conviviendo varios idiomas en España?

EXO ¿Qué sabes de...?

Lenguas habladas en España

A. Ser español y... ¿hablar español?

A2+ AUDIO

- **a** Con el mapa, **di** qué lenguas se hablan en España. > EXO QUIZ
- **b** Léxico **Lista** palabras relacionadas con el artículo 3 de la Constitución. Todos los españoles hablan las mismas lenguas. ¿Sí o no? **Justifícalo**.
- **c** **Apunta** una comparación. **Di** cuál es el mensaje del cantante sobre los idiomas.
- **d** **Demuestra** que España tiene una riqueza lingüística.

Fiche de compréhension

Artículo 3 de la Constitución española de 1978

1. El castellano es la lengua española oficial del Estado. Todos los españoles tienen el deber de conocerla y el derecho a usarla.
2. Las demás lenguas españolas serán también oficiales en las respectivas Comunidades Autónomas de acuerdo con sus Estatutos.
3. La riqueza de las distintas modalidades lingüísticas de España es un patrimonio cultural que será objeto de especial respeto y protección.

Para expresarte

- un(a) ciudadano(a): *un(e) citoyen(ne)*
- un idioma = una lengua
- el origen
- una raíz: *une racine*
- bilingüe
- cooficial
- dominar
- mezclar: *mélanger*

B. Entiendo el gallego

A2+ AUDIO

Raquel está en una cafetería de un pueblo gallego para tomarse un café.

–Buenos días, ¿me pone un café solo?

–¿Solo? *Non o queres con leite mellor*[1]? A estas horas uno solo perfora el estómago.

La señora que me atiende es una mujer oronda[2], entrada en carnes, y se parece a cualquier abuela gallega, o tal vez a cualquier abuela del mundo.

–Mi estómago puede con todo –le digo.

–Si tú lo dices. *Un trociño de bica? Recén feita*[3].

–¿Por qué no? (...)

–*Eres a nova*[4]?

–¿Perdón? La mujer cambia automáticamente a hablarme en castellano. Yo quiero decirle que no hace falta, que me puede seguir hablando en gallego, que no es que no la haya entendido, sino que su pregunta me ha pillado con el pie cambiado[5], pero como ya se ha puesto a hablar tampoco quiero interrumpirla.

–La profesora nueva, ¿no? Del instituto. Yo es que os cazo al vuelo. Por tu edad, la ropa y esas ganas de empezar que se te salen por los ojos.

–Ah... sí, sí, la nueva.

Carlos MONTERO (escritor español), *El desorden que dejas*, 2016

1. No lo quieres con leche mejor 2. corpulenta 3. *un morceau de gâteau ? Il sort du four.* 4. ¿Eres la nueva? 5. *m'a prise par surprise*

- **a** Léxico **Apunta** palabras en bastardilla (*en italique*) y **busca** su traducción al español. ¿Qué **deduces**? > EXO QUIZ
- **b** **Explica** la reacción de la señora cuando Raquel le dice *¿perdón?* ¿Qué cree?
- **c** Gramática *"Yo quiero decirle."* **Cita** el pronombre que remite a Raquel y a la dueña de la cafetería. ¿Qué le responde Raquel a la mujer?

C. El euskera necesita un Cervantes

B1 · EXO QUIZ

Don Serapio se entrevista con Gorka, un joven escritor vasco que ha recibido un premio literario.

–El nuestro ha sido un pueblo emprendedor[1], aventurero, de hombres valientes y piadosos[2]. Hemos trabajado la madera, la piedra, el hierro, y hemos andado por todos los mares; pero desgraciadamente, en el curso de los siglos, los vascos no hemos prestado suficiente atención a las letras. [...]

Gorka asentía cohibido[3]. [...]

–El euskera, alma de los vascos, necesita apoyarse en una literatura propia. Novelas, teatro, poesía. Todo eso. No basta que los niños vayan a la ikastola[4], que los padres les hablen y canten en euskera. Son más necesarios que nunca unos grandes escritores que lleven el idioma a su máximo esplendor. Un Shakespeare, un Cervantes, en euskera, eso sí que sería maravilloso. ¿Te imaginas?

Gorka se vio a sí mismo en el espejo, asintiendo.

–¡Ay, este entusiasmo mío! Lo que quería decirte es que sigas formándote y escribiendo, para que nuestro pueblo construya una cultura también por medio de tus manos. Cuando tú escribas es Euskal Herria[5] la que, desde dentro de ti, escribe.

Fernando Aramburu (escritor español), *Patria*, 2015

1. *un peuple d'entrepreneurs* 2. *(ici) croyants* 3. *intimidé* 4. En el País Vasco, escuela donde se enseña en vasco. 5. País Vasco en euskera.

a. **Léxico** **Di** cómo describe don Serapio a los vascos entresacando algunos adjetivos. › EXO QUIZ

MÉDIATION
b. **Precisa** cómo define don Serapio el euskera. **Explícales** su definición a tus compañeros(as).

c. **Determina** qué les reprocha a los vascos. ¿Qué necesita la lengua vasca? ¿Por qué?

d. **Precisa** por qué se entrevista don Serapio con Gorka. ¿Qué le pide?

Para expresarte
- el reflejo: *le reflet*
- descuidar: *délaisser*
- encarnar: *incarner*
- estar de acuerdo
- llevar por dentro

D. Castellano y catalán: ¡juntos!

B1 · Fiche de compréhension

VIDÉO

a. **Describe** el cartel. ¿De qué tratará la serie? › EXO QUIZ

b. **Precisa** en qué lenguas se ha rodado la serie. ¿Es habitual? ¿Cómo las utilizan los actores?

c. **Compara** el uso de estos dos idiomas en Cataluña. ¿Qué ciudad refleja más la serie? **Justifica**.

d. **Léxico** **Explica** cómo defienden los actores el uso de dos idiomas. ¿Qué palabras utilizan?

PREPARA EL BAC escrito
Demuestra que una España multilingüe es símbolo de rica historia, cultura, inclusión y diversidad.

- Sapere aude: *Oser savoir*

Apuntes de gramática

La gramática en vídeo

Les relatifs → Précis p. 256

*Hay otros sitios **donde** se puede hablar más catalán o más castellano.*

Placer les pronoms compléments

*Yo quiero decir**le**...*

→ Précis p. 257

Exercices

PROYECTO FINAL

Realizad el juego cultural *España y sus idiomas*

1. Escribid la presentación del juego recordando elementos publicados en la Constitución española.
2. Redactad preguntas sobre las lenguas de España: su uso, la traducción de palabras, banderas.... utilizando *¿qué...?, ¿dónde...?, ¿cuál es....?, ¿cuáles son...?* Podéis introducir fotos.
3. Imaginad el tablero (*plateau de jeu*) a partir del mapa de las comunidades autónomas de España. Mezclad las cartas. Formad dos equipos de dos personas para jugar por turnos (*à tour de rôle*).

ÉPREUVE ÉCRITE
LVA > B2
LVB > B1

Analyser un texte journalistique

Lors des 2e et 3e séries d'épreuves communes de contrôle continu, tu seras évalué(e) sur ta compréhension de l'écrit, à partir d'un ou deux textes. Il s'agit de rendre compte de ta compréhension de ce(s) document(s), parmi lesquels il peut y avoir un article de presse. Comment analyser ce type de texte ?

Étape 1 Cherche des indices et anticipe

- À partir du titre du document, de son auteur(e) et de sa source, **fais des hypothèses sur le contenu de l'article**. Essaie de faire le lien avec l'axe du sujet et avec ce que tu as étudié de cet axe en classe : cela pourra guider ta lecture du document.
- **Observe aussi la mise en pages** qui peut te donner des indications plus précises sur la nature du texte (interview ? article structuré en paragraphes ? etc.). S'il y a un chapeau ou des sous-titres, parcoure-les également rapidement.
- **Lis la ou les question(s) de guidage** : elle(s) te permettra/permettront de cibler les informations à comprendre et t'aider dans ton travail d'élucidation.

Trucos

- Tu peux déjà écrire quelques idées au brouillon, quelques mots-clés.

- Tu pourras relever les mots qui te semblent importants dans la/ les question(s), les surligner dans des couleurs différentes.
- Fais attention aux mots interrogatifs s'il y en a. Ils orienteront la/les réponse(s).

Étape 2 Repère la situation d'énonciation et/ou le contexte

- Lis le texte une première fois et **surligne les mots-clés qui te donnent des indications sur le contexte** : source du document, thème traité, personnes ou lieux cités, dates, lexique en lien avec le titre du document, etc.
- Commence à repérer les parties qui vont t'être utiles pour répondre aux questions.

Étape 3 Repère les réseaux de sens

- Lis le texte une seconde fois et dégages-en **la structure**, c'est-à-dire les parties qui le constituent. Appuie-toi sur la mise en pages (paragraphes) et sur les connecteurs logiques ou chronologiques.
- Essaie de **résumer chaque partie en deux ou trois mots-clés** et de distinguer dans le texte les arguments, la chronologie des faits et les exemples.

Étape 4 Construis le sens du texte et identifie les stratégies de communication

- À partir de tes repérages, essaie de **définir le ton du document, son intention et sa visée** : le journaliste cherche-t-il à informer ? à convaincre ? à dénoncer ? alerter ? émouvoir ? Son ton est-il neutre ? sérieux ? critique ? ironique ? militant ? Prend-il position ?
- Essaie ensuite de **dégager un plan pour ton compte rendu** : il peut suivre la structure du texte ou en regrouper les éléments par thématique.

- Pour chaque argument, pense à citer un exemple tiré de l'article.

Étape 5 Rédige ton compte rendu

- Dans **ton introduction**, présente la nature du document, sa source et sa thématique globale.
- Dans **ton développement**, reconstruis le sens du document :
  – va du général au plus détaillé et de l'explicite vers l'implicite ;
  – mets en évidence la structure du document et les liens entre ses différents éléments.
- **Conclus** en explicitant la visée et la tonalité du document.

- S'il y a deux documents, pense à mettre en évidence les liens entre eux (complémentarité ? opposition ?).

Documento Alerta lingüística en Galicia

Je relève des éléments en lien avec le titre et la thématique

Quel est le problème évoqué par l'article ?

Je relève le nom des personnes et leur fonction

J'identifie ce que pensent les personnes

Quelles sont les solutions à ce problème ?

Los estudios sociolingüísticos alertan de que la transmisión a los niños del que aún hoy es el idioma más hablado en Galicia se está rompiendo. "La lengua necesita una alimentación diaria para sobrevivir, y lo que ha ocurrido es que los padres han dejado de hablarles en gallego a sus hijos", opina Pilar Ponte, profesora en secundaria con casi 20 años de experiencia y premiada por sus innovadoras iniciativas para la normalización lingüística.

El informe del Consejo de Europa que alerta del retroceso[1] que ha sufrido el idioma propio de Galicia en la última década ha confirmado los peores pronósticos, considera que la escuela es una de las causas e insta a la Xunta a enmendar[2] su política lingüística. [...] Alberto Núñez Feijóo, abandonando la senda[3] marcada por Manuel Fraga, decidió retirar la prioridad al gallego en las aulas. [...] El porcentaje de chavales[4] que nunca habla en gallego se ha disparado[5] 15 puntos en una década, del 29% al 44%. "El gallego se nos está escapando entre los dedos porque no se están adoptando las políticas necesarias para mantenerlo", esgrime[6] Henrique Monteagudo, secretario de la Real Academia Galega. [...]

"Lo que me transmiten los amigos que tienen, como yo, niños gallegohablantes es que al llegar a la escuela, en 15 días pierden su lengua", cuenta Rute Pallarés. Ella ha escolarizado a sus hijos en un colegio público del área rural de Vigo en el que tanto las familias como el profesorado están muy comprometidos con el uso del gallego. "Todos tenemos claro que de esta forma los niños serán competentes en las dos lenguas, porque el castellano es la lengua ambiental cuando salen del colegio", explica Pallarés, miembro de la asociación de padres del CEIP Paraixal. E incide[7]: "Yo quiero que mis hijos sepan castellano, sería tonta si no fuera así, pero sin que pierdan el gallego; eso sería robarles riqueza y cultura".

Soto, maestro en un colegio de Oroso (A Coruña), cree que con ambas[8] lenguas «rodando en igualdad" [...] los niños se pasan al castellano porque "perciben que ese es el idioma del éxito". "Se ha prohibido que determinadas materias como las matemáticas se den en gallego, y para las que sí se pueden impartir, los materiales de apoyo a los que podemos acceder en Internet son en castellano", añade.

Sonia Vizoso (periodista española), *El País*, 29/12/2019

1. *la régression* 2. cambiar 3. el camino 4. jóvenes 5. ha aumentado mucho 6. afirma 7. insiste 8. las dos

Trucos

- Lors de la deuxième lecture, surligne les diverses répétitions qui ont un lien avec le titre.
- Repère les différents intervenants et ce qu'ils disent (entre guillemets !).
- Repère les éventuels chiffres et relie-les à ce à quoi ils correspondent.

¡AHORA TÚ!

À toi de faire le compte rendu du texte proposé.
Utilise les conseils que nous te proposons pour t'entraîner !

Este documento es... y trata el tema de...
El problema que plantea es ... como lo subraya...
Tenemos el testimonio de algunas personas como... que piensan que...
Entre las soluciones evocadas, ...
Para concluir, el objetivo en este artículo es...

Trucos

- Pour structurer ton compte rendu, utilise des connecteurs logiques : *Además; en efecto; por consiguiente; en cambio...*
- Vérifie l'orthographe et la syntaxe. Pense à quelques astuces simples : au prénom **C**A**R**O**L**I**N**A pour les consonnes qui se doublent, aux prépositions (*pensar en, ir a, comparar con...*), au respect des temps et des personnes.

Unidad 10

El arte: ¿una forma de poder?

¿Existe una relación estrecha entre arte y poder?

EXO ¿Qué sabes de...?

VIDÉO

Diego de Velázquez (1599-1660)
A los veinticuatro años, fue nombrado pintor del rey Felipe IV y cuatro años más tarde consiguió el cargo más importante, el de **pintor de cámara**. Su trabajo consistía en realizar retratos del rey y de su familia como el de *Felipe IV a caballo* (1634-1635), para decorar los diferentes palacios reales.

Para expresarte

- una armadura: *une armure*
- una banda: *une écharpe*
- el bastón de mando: *le bâton de maréchal*
- el monarca: *le monarque*
- la vestimenta = la ropa

- majestuoso(a)
- militar
- sencillo(a)
- sobrio(a): *sobre*
- como si + *imp. subj.*

Felipe IV a caballo, (1634-1635)

¡Lánzate!

1. **Fíjate** en el retrato de Felipe IV. **Di** qué pueden simbolizar su vestimenta y la postura de su caballo.
2. Después de ver el vídeo, **aclara** para qué lugar fue pintado este retrato y qué exalta. › EXO QUIZ
3. **Describe** cómo representó Velázquez a Felipe IV.
4. **Di** qué imagen del rey debía dar con esta obra y cómo lo consiguió.

PROYECTO FINAL

Realizad un reportaje sobre un(a) artista comprometido(a).

Fiche de compréhension

¿Da prestigio el arte al poder político?

1. El museo ambulante B1

A los del Museo del Prado se les había encargado[1] la tarea de copiar en el Prado, las pinturas de Velázquez, Zurbarán, Murillo, el Greco, Goya, Ribera, para llevarlas por los pueblos. Cossío, el presidente de las Misiones se propuso que hubiese un museo ambulante para los que nunca habían visto un museo. Quería que toda la gente supiera que existen esas obras de arte, y que fuesen conscientes además de que, aunque estaban encerradas en el Museo del Prado, les pertenecían también a ellos, al pueblo. Más que a dar lecciones de arte, iban a mostrarle al pueblo sus propios tesoros culturales. Las copias las transportaban en camiones, a veces de alquiler[2], y buscaban el salón de actos de un ayuntamiento[3], la sala de una escuela, de un centro obrero, donde montar la exposición. Llegaban, cubrían las paredes con una cortina de arpillera[4] para ofrecer un fondo neutro, y allí colgaban los cuadros [...] En los sitios donde las pinturas no cabían[5], por ser los recintos muy pequeños o tener un techo muy bajo, se exhibían desde el balcón del ayuntamiento, y la gente se agrupaba para verlas. [...] A partir de un cuadro, les explicaban una época determinada. Por ejemplo, con *Las hilanderas* de Velázquez, pronunciaban un discurso sobre la mitología de griegos y romanos y hablaban de las Parcas[6].

Javier PÉREZ ANDÚJAR (escritor español),
Todo lo que se llevó el diablo, 2010

1. *commandé* 2. *location* 3. *une mairie* 4. *un rideau en toile de jute*
5. no entraban 6. diosas romanas del destino

Mujeres en el Museo del Pueblo de las Misiones Pedagógicas, fotografía atribuida a José Val del Omar (fotógrafo español), 1932

Las **Misiones Pedagógicas** fueron creadas por el gobierno de la Segunda República en 1931, con el objetivo de llevar la cultura a los pueblos de España.

a. **Di** lo que era el museo ambulante. > EXO QUIZ
b. Gramática ¿Qué objetivo quería alcanzar el presidente de las Misiones a través de este proyecto?
c. **Explica** el funcionamiento de aquel museo ambulante.
d. **Fíjate** en la foto y **busca** una frase del texto que la ilustre. **Explica** tu elección.
e. **Da** tu opinión sobre aquel programa.

Para expresarte

- el patrimonio cultural
- un programa
- acertado(a): *judicieux(euse)*
- ideado(a) = imaginado(a)
- dar a conocer: *faire connaître*
- descubrir
- tomar conciencia
- viajar por

PREPARA EL BAC Escrito Redacta unas líneas para explicar la relación entre arte y poder en tiempos de la monarquía y de la República.

Apuntes de gramática — La gramática en vídeo

La concordance des temps → Précis p. 261

El presidente de las Misiones se ***propuso*** *que* ***hubiese*** *un museo.*
Quería *que toda la gente* ***supiera*** *que existen estas obras de arte.*

Conjugue les verbes en respectant la concordance des temps.

a. Felipe IV quería que el pintor Velázquez le (hacer) un retrato.
b. El gobierno republicano y el presidente de las Misiones deseaban que los españoles (conocer) las obras del Prado.
c. Nuestro profesor de arte nos propuso que (descubrir) la obra de Goya.

Exercices

Mejora tu léxico

Clasifica cada palabra conforme se relacione con el arte o el poder.

la obra • el reino • el retrato • la batalla • el ejército • el pintor • el lienzo • el palacio • el cuadro • la monarquía

¿Sirve el arte para expresar libremente sus ideas?

1. Picasso artista antifranquista B1

La guerre, Pablo Picasso, 1952,
Musée national Picasso de Vallauris (Francia)

Desde el inicio de la Guerra Civil, el 18 de julio de 1936, la posición política de Picasso a favor de la causa republicana es inequívoca. A lo largo de todo el conflicto y hasta el final de su vida, Picasso se definió claramente como antifranquista. Esta posición asume distintas formas en la propia identidad de Picasso.

Por supuesto, Picasso es antes que nada un artista antifranquista. Para él, "la pintura no está hecha para decorar las habitaciones. Es un instrumento de guerra ofensiva y defensiva contra el enemigo". Su obra maestra *Guernica* se erige contra la barbarie y, pese a que[1] ningún elemento del cuadro sitúa la escena en España, la obra se convierte en el símbolo de protesta de todos los artistas españoles opuestos a Franco.

No obstante[2], el antifranquismo de Picasso no se reduce a sus creaciones para el pabellón español de la Exposición Internacional de 1937. Las investigaciones llevadas a cabo[3] en el archivo privado de Picasso en el Musée Picasso-Paris nos permiten demostrar que el antifranquismo de Picasso se manifiesta igualmente en un compromiso personal.

Debido a su renombre y a su celebridad internacional, Picasso recibe una gran cantidad de peticiones de prisioneros políticos y de asociaciones de ayuda a los exiliados. Así pues, el antifranquismo de Picasso también se traduce en un apoyo[4] económico importante a las acciones antifascistas.

http://museupicassobcn.org/congres-internacional/mercier/, 27/04/2017

1. *bien que* 2. *Cependant* 3. realizadas 4. *une aide*

a. ¿Qué posición política adoptó Picasso desde el principio de la Guerra Civil española?
b. **Di** qué representaba la pintura para Picasso.
c. **Explica** qué valor tenía entonces su obra maestra *Guernica*.
d. Su compromiso político no se limitaba a la pintura. **Muéstralo** con elementos del texto.

2. Artistas cubanos contra el régimen B1

VIDÉO

a. **Ve** el vídeo y **presenta** a los dos artistas entrevistados.
b. **Di** qué tipo de mensaje promueven los artistas activistas.
c. ¿Puede cultivarse este tipo de arte en Cuba? **Explica** por qué.
d. **Aclara** cómo hacen los artistas cubanos para crear y perdurar. > EXO QUIZ

Fiche de compréhension

Para expresarte

- la crueldad: *la cruauté*
- una dictadura
- los franquistas ≠ los republicanos
- un(a) rapero(a): *un(e) rappeur(euse)*

- universal

- comprometerse: *s'engager*
- denunciar
- luchar = pelear
- ser famoso(a): *être célèbre*

3. El grafiti es la guerrilla del arte B1 AUDIO

Sniper, un grafitero famoso, está hablando con la narradora.

–Imagina –añadió [...]– una ciudad donde no hubiera policías ni críticos de arte ni galerías ni museos... Unas calles donde cada cual pudiera exponer lo que quisiera, pintar lo que quisiera y donde quisiera. Una ciudad de colores, de impactos, de frases, de pensamientos que harían pensar, de mensajes reales de vida. Una especie de fiesta urbana donde todos estuvieran invitados y nadie quedase excluido jamás... ¿Puedes imaginarlo?

–No.

La sonrisa ancha y franca volvió a iluminarle la cara.

–A eso me refiero. Esta sociedad te deja pocas opciones para coger las armas. Así que yo cojo botes de pintura[1]... Como te dije antes, el grafiti es la guerrilla del arte.

–Es un enfoque[2] demasiado radical –protesté–. El arte aún tiene que ver con la belleza. Y con las ideas.

–Ya no... Ahora el único arte posible, honrado[3], es un ajuste de cuentas[4]. Las calles son el lienzo[5]. [...]

Puso una mano en mi hombro[6]. [...]

–El grafiti es el único arte vivo –sentenció–. Hoy, con Internet, unos pocos trazos de aerosol pueden convertirse en ícono mundial a las tres horas de ser fotografiados en un suburbio[7] de Los Ángeles o Nairobi... El grafiti es la obra de arte más honrada, porque quien la hace no la disfruta. No tiene la perversión del mercado. [...] Y aunque más tarde el artista se acabe vendiendo, la obra hecha en la calle sigue allí y no se vende nunca. Se destruye tal vez, pero no se vende.

Arturo Pérez-Reverte (escritor español), *El francotirador paciente*, 2013

Grafiti de protesta en una calle de Valencia

1. *des bombes de peinture*
2. una mirada
3. honesto
4. *un règlement de comptes*
5. el cuadro
6. *sur mon épaule*
7. *une banlieue*

a. **Di** qué representa el arte del grafiti para el artista. **Explica** por qué.

b. ¿Comparte la narradora su punto de vista? **Justifica**.

c. **Aclara** por qué el grafiti es "el único arte vivo" según el grafitero.

Para expresarte

- la estética
- el pensamiento: *la pensée*

- compartir: *partager*
- especular: *spéculer*
- perdurar
- protestar
- rebelarse: *se rebeller*
- ser un modo de
- ser una cuestión de

PREPARA EL BAC Oral

Explica la función liberadora del arte, en particular bajo regímenes dictatoriales.

Apuntes de gramática

La gramática en vídeo

Le subjonctif d'éventualité → Précis p. 259

*Ser activista es cultivar un espacio donde otros artistas promuev**an** su obra.*

Mets les verbes au mode et au temps qui conviennent.

a. Los activistas cubanos (desear) poder exponer sus obras donde (querer).

b. Los grafiteros (querer) vivir en una ciudad donde (poder) pintar libremente.

c. Picasso (soñar) con una España donde no (haber) fascismo.

Exercices

Mejora tu léxico

Busca los sustantivos que corresponden a estos verbos.

criticar • protestar • comprometerse • censurar • pensar • proponer • pedir

La evolución del mecenazgo

1. La r-evolución del mecenazgo para la salvaguarda del patrimonio cultural B1

A lo largo de la historia el mecenazgo siempre ha estado unido al poder económico. Su evolución acabó recayendo[1] en el Estado, en las grandes instituciones y empresas, así como en algunas grandes fortunas del mundo que tenían la capacidad de seguir practicándolo. La llegada de las nuevas tecnologías ha supuesto un cambio radical para los ciudadanos y ciudadanas de hoy y ha revolucionado, entre otros muchos ámbitos, el mundo del patrimonio. Las herramientas[2] que nos ofrece han cambiado la percepción social de la cultura y han multiplicado y facilitado el conocimiento de la materia. Lo han convertido en accesible, actualizando su semántica, sus canales e inaugurando un nuevo concepto de interacción. En este marco, la aparición del micromecenazgo, *crowdfunding* o financiación colectiva propone precisamente un ejercicio de interacción y, sobre todo, de voluntad y complicidad social.

Como en todas las campañas de micromecenazgo, en *Todos a una* es la gente quien, en función de su utilidad y atractivo aporta al proyecto pequeñas donaciones (el mínimo es de 5 euros) hasta conseguir el objetivo final. No solo se busca financiación para la restauración, conservación y consolidación de obras, o para la adquisición de piezas por museos y la señalización del patrimonio, el abanico[3] es muy amplio y abarca[4] también proyectos puntuales como exposiciones, eventos culturales o publicaciones, por citar algunas posibilidades.

Equipo Hispania Nostra, *Revista PH*, 2018

Campaña de micromecenazgo para restaurar la iglesia de Vadocondes en Burgos

1. *a fini par retomber* 2. *les outils* 3. *l'éventail* 4. *englobe*

Para expresarte

- un(a) artista
- una mirada diferente
- la protección

- contribuir
- involucrarse: *s'impliquer*
- sentirse [ie,i] más cercano(a): *se sentir plus proche*
- ser rico(a): *être riche*

a. **Explica** qué es el mecenazgo y **di** quiénes solían practicarlo.
b. ¿Cómo percibe la gente la cultura con la llegada de las nuevas tecnologías?
c. **Aclara** qué es el micromecenazgo y quién puede ejercerlo.
d. **Completa**: El micromecenazgo ciudadano permitirá... EXO QUIZ
e. A partir de la foto, **explica** cómo funciona el micromecenazgo por internet.

Fonología

El sonido [c] o [z]

EXO QUIZ

EXPRÉSATE CON UN VÍDEO

Mecenazgo cultural

Fiche de compréhension

Objectif B1 Comprendre l'essentiel d'une campagne sur le mécénat.

VIDÉO

1 **Ve el vídeo y exprésate.**

a. **Di** qué promociona este vídeo.

b. **Explica** qué es el plan de mecenazgo y cómo podrán participar los/las ciudadanos(as).

2 **Presenta un proyecto de mecenazgo cultural.**

c. **Da** un nombre a tu proyecto y **redacta** una descripción, ilústralo con una foto. **Indica** la cantidad económica mínima para realizarlo y **busca** argumentos para atraer mecenas.

COMPÉTENCES NUMÉRIQUES

d. **Elabora** tu proyecto con el programa *Canva*. **Preséntalo** a tus compañeros(as) y **convénceles** para que hagan una donación.

Para expresarte

- el involucramiento: *l'implication*
- donar dinero
- fomentar: *encourager*
- permitir
- pertenecer
- ser de : *appartenir à*

PREPARA EL BAC Escrito

¿Debe ser el mecenazgo cultural una responsabilidad ciudadana?

Apuntes de gramática

La gramática en vídeo

Le futur dans la subordonnée → Précis p. 260

*Las personas que **hagan** aportaciones **se podrán** beneficiar de incentivos fiscales.*

Conjugue les verbes pour exprimer le futur.

a. La gente que (financiar) la restauración de obras (contribuir) a la protección del patrimonio.

b. Los ciudadanos que (querer) salvar el retablo (poder) hacer donaciones.

c. La Generalitat valenciana (apoyar) proyectos que (promover) la cultura.

Exercices

Mejora tu léxico

Busca la palabra intrusa.

a. el mecenazgo • los protectores • el mecenas • los donantes

b. la restauración • la venta • la conservación • la adquisición

c. el patrimonio • la financiación • la donación • las aportaciones

PROYECTO FINAL

Realizad un reportaje sobre un(a) artista hispánico(a) comprometido(a).

Para el canal Historia, realizad un breve reportaje para presentar a un(a) artista comprometido(a) y explicar su relación con el poder.

1 **Preparad el reportaje.**

a. Por grupos de 3, buscad información sobre:
-el/la artista, su obra, su compromiso,
-qué denuncia a través de sus obras,
-de qué manera se enfrenta al poder.

b. Elegid fotos o imágenes para ilustrar vuestro reportaje.

2 **Realizad el reportaje.**

MÉDIATION

c. Realizad un diaporama siguiendo este orden: presentad al/a la artista, explicad qué denuncia y cómo se enfrenta al poder a través de su obra.

Acuérdate de...

- Répartissez les recherches entre les membres du groupe.
- Cherchez des informations sur l'idéologie de l'artiste et la relation qu'il entretient avec le pouvoir.
- Illustrez cette relation en utilisant des exemples concrets.

- Utilisez les temps du passé s'il s'agit d'un artiste du passé et faites attention à la concordance des temps.
- Structurez votre présentation en utilisant des connecteurs.

BAC Evaluación

Autoévaluation

ÉPREUVE ÉCRITE
LVA>B2
LVB>B1

ÉPREUVE 1 — 2e trimestre de Première — 1h

Compréhension de l'oral

Los artistas cubanos y el decreto 349

En rendant compte en français du document, vous montrerez que vous avez compris :

- le thème principal du document ;
- qui sont les personnes qui interviennent ;
- les informations qui sont données ;
- la fonction et la portée du document.

Trucos

- Repérez les mots-clés dans les interventions des différentes personnes pour les associer au thème. Soyez attentifs au ton employé pour déduire leur position.

VIDÉO durée : 1'30

Mural a favor del socialismo, La Habana, Cuba

Expression écrite

Vous traiterez en espagnol l'un des deux sujets suivants au choix. Répondez en 120 mots au moins.

Question A : Quiere usted convencer a sus compañeros(as) de que el arte es un modo de expresión. Para ello, decide redactar un artículo para el periódico del instituto.

Question B : "La pintura no está hecha para decorar las habitaciones. Es un instrumento de guerra ofensiva y defensiva contra el enemigo". Comente esta cita del pintor Pablo Picasso, dando su opinión personal.

Trucos

- Utilisez vos connaissances acquises grâce aux documents étudiés. Structurez votre travail en hiérarchisant les arguments.

ÉPREUVE 2 — 3e trimestre de Première — 1h30

Documento — Le han pedido el cuadro a Picasso

1937. En un hotel de San Sebastián, el Almirante con su agente Falcó y Canaris, jefe de los servicios secretos nazis, evocan la futura Exposición Internacional de París.

Hacía calor. Después de apagar la luz abrieron uno de los ventanales y permanecieron un rato allí los cuatro, casi inmóviles y en pie, disfrutando de la brisa nocturna. Más allá del semicírculo de arena en sombras, la bahía era un páramo[1] oscuro donde el viento y la luna combinaban suaves reflejos de plata.

–Elegante ciudad –dijo Canaris. [...]

Ajeno al paisaje, el Almirante se había vuelto a mirar a Falcó.

–¿Estás al tanto[2] de la Exposición Internacional de Artes y Técnicas de París? –inquirió de pronto.

–Más o menos.

–Se inaugura a principios de junio, y los rojos[3] desean que la República esté bien representada... Les han encargado el pabellón a dos arquitectos de su cuerda[4], y quieren que haya un cuadro grande, reivindicativo de la lucha del noble pueblo español contra el fascismo, etcétera.

Tras correr de nuevo las cortinas, encendieron la luz y regresaron a la mesa.

–El cuadro se lo han pedido a Picasso –remató el Almirante.

Falcó lo miró con sorpresa. Al volverse hacia Canaris para confirmarlo, éste asintió, plácido. [...] El Almirante mordisqueaba irritado el caño[5] de su pipa.

–No entiendo qué puñetas le ven[6] a Picasso –masculló– pero es una celebridad mundial. [...]

Canaris no dejaba de observar a Falcó.

–Lo es con toda justicia... ¿Le gusta a usted Picasso?

–Ni mucho ni poco. El arte no es lo mío.

–¿Y de lo que ha visto?

–Unas cosas más que otras. Pero sí... Es original.

El Almirante casi dio un respingo[7].

–¿Original, ese rojo hijo de puta?

–Cada cual tiene sus gustos, señor.

–En efecto –acordó Canaris.

–Pues no les alabo[8] ése... Pero ahora es lo de menos.

Falcó se recostó en el respaldo de su silla. [...]

–Como sabes –proseguía el Almirante–, y si no lo sabes te lo digo yo, ese pintamonas[9] de Picasso está en París. Tiene allí uno de sus estudios. Sus simpatías por la República son conocidas, así como sus amistades; de manera que no voy a extenderme en eso. Lo que importa es que ha aceptado el encargo, y hace días que trabaja en él.

–¿Y cuál es el tema?

–Ésa es la pregunta justa, diantre. El tema.

Se quedó mirando el Almirante la cazoleta de la pipa. [...]

–El tema, por lo visto, es el bombardeo de Guernica. [...]

–Vaya.

–Pues sí –comentó el Almirante–. Y no sabes lo mejor. Ese payaso, Dalí, ha ido también a ofrecer sus servicios para pintar el mural, argumentando que el año pasado ya hizo algo a favor de la República... Todos están locos por trincar[10], como ves. No todo el oro de España se lo llevó Stalin.

Arturo PÉREZ-REVERTE (escritor español), *Sabotaje*, 2018

1. *(ici) une étendue* 2. estás al corriente 3. los republicanos 4. con las mismas ideas 5. *le tuyau*
6. *(ici) ce qu'ils peuvent bien lui trouver* 7. *sursauta* 8. *vante* 9. *(ici) ce peintre de pacotille* 10. *(ici) en profiter*

Compréhension de l'écrit

Diga de qué trata el documento y destaque lo esencial.

Trucos

- Repérez les interventions de chaque personnage et comment ils se positionnent par rapport au thème de la conversation.
- Récapitulez les éléments de la conversation (thème, but, contexte...).

Expression écrite

Vous traiterez en espagnol l'un des deux sujets suivants au choix. Répondez en 120 mots au moins.

Question A: Establezca una relación entre el texto y el eje temático "Art et pouvoir".

- Repérez les éléments du texte qui peuvent vous aider à rédiger ce texte.

Question B: "El arte sigue siendo un medio poderoso de denuncia." Comente esta cita del escultor Francisco Leiro y relaciónela con el documento.

- Expliquez brièvement cette citation et trouvez des exemples concrets qui l'illustrent.
- Repérez les éléments du texte en lien avec la citation et expliquez en quoi ils font écho à la citation.

Unidad Flash **Territoire et mémoire**

11 Patrimonio hispano vivo

¿Cómo mantener vivo el patrimonio hispánico? EXO ¿Qué sabes de...?

A. Una pista de *skate* en una antigua iglesia

B1 VIDÉO Fiche de compréhension

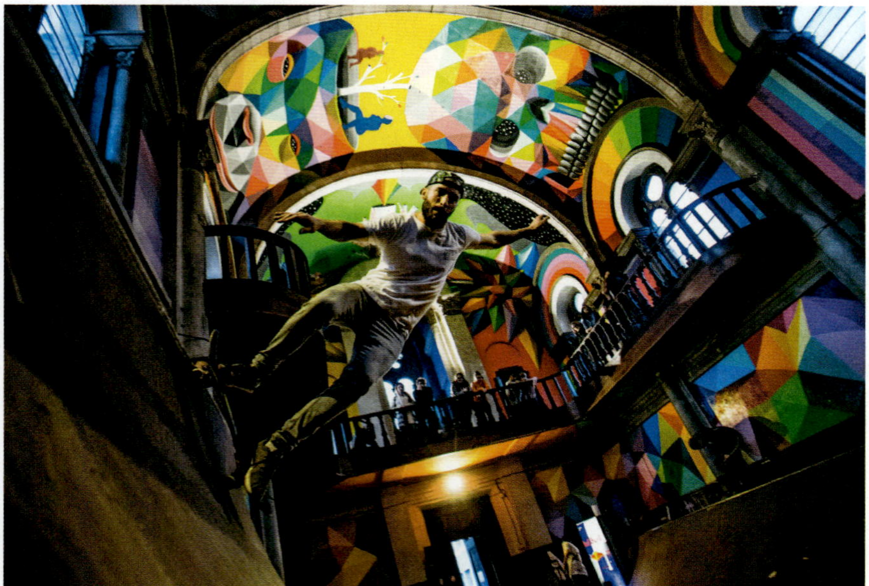

Interior de la iglesia *Skate* de Okuda San Miguel (grafitero español), en Asturias

a **Describe** este edificio y **di** en qué es particular su interior.

b ¿Por qué se aceptó el proyecto? **Cita** un motivo. > EXO QUIZ

c ¿Qué te parece esta transformación del lugar? **Precisa** en qué medida contribuye a la conservación del patrimonio.

Para expresarte

- la conservación del patrimonio: *la sauvegarde du patrimoine*
- el peligro
- el testimonio: *le témoignage*

- asombroso(a): *étonnant(e)*
- estupendo(a) = formidable

- lamentar: *regretter*
- lleno(a) de color: *coloré(e)*

B. Belchite, el gran testigo del pasado

B1 VIDÉO AUDIO

Conchita [...] regresó a la casa familiar recogiendo el periódico local. Echó una rápida ojeada[1] a la portada [...]: *"El pueblo viejo de Belchite, que Franco quiso mantener intacto después de su destrucción durante la Guerra Civil para mostrar las barbaridades de las que eran capaces los rojos[2], podría restaurarse y abrirse al turismo"* [...].

Conchita suspiró y entró en casa. Desde la ventana de la cocina, miró los restos de la iglesia del pueblo viejo, no quedaban más que los arcos. La techumbre[3], algunas columnas y las paredes, como el resto de los edificios del pueblo viejo, habían sido bombardeados y destruidos en 1938. Las calles y las casas estaban tal cual habían quedado al finalizar la guerra [...]. Los habitantes de Belchite se trasladaron[4] al pueblo nuevo, adyacente al viejo construido por docenas de prisioneros políticos después de la guerra. El traslado, [...] en una España autárquica y pobre, no finalizó hasta mediados de los años sesenta.

Hacía unos diez años que el ayuntamiento había construido un muro alrededor de las ruinas, ya que se había vuelto peligroso para la gente que iba a pasear; cualquiera podía ser víctima de una cornisa o un trozo de metal desprendido de los edificios en descomposición.

Tampoco es que atrajera a ningún turista excepto algunos extranjeros o jóvenes historiadores españoles.

Elena Moya (escritora española), *Los olivos de Belchite*, 2010

a ¿Qué pasó en el pueblo de Belchite durante la Guerra Civil? **Precisa** la fecha.

b Léxico **Enumera** los elementos arquitectónicos que ve Conchita desde su ventana. ¿Qué constata al regresar al pueblo?

c ¿Qué hizo el ayuntamiento para los habitantes del pueblo y por qué?

d **Ve** el vídeo. ¿Qué papel desempeña este pueblo hoy?

1. *Elle jeta un coup d'œil*
2. *(péj.)* republicanos
3. *La toiture*
4. *déménagèrent*

C. La casa que inspiraba a Neruda

B1

“Necesitaba un sitio de trabajo. Encontré una casa de piedra frente al océano[1], en un lugar desconocido para todo el mundo, llamado Isla Negra. El propietario, un viejo socialista español, capitán del navío, don Eladio Sobrino, la estaba construyendo para su familia, pero quiso vendérmela. ¿Cómo comprarla? Ofrecí el proyecto de mi libro *Canto General*, pero fue rechazado por la editorial que por entonces publicaba mis obras. Con ayuda de otros editores, por fin pude comprar en el año 1939 mi casa de trabajo en la Isla Negra. [...] La costa salvaje de la Isla Negra, con el tumultuoso movimiento oceánico, me permitía entregarme[2] con pasión a la empresa de mi nuevo canto.”

Pablo NERUDA (poeta chileno, premio Nobel de literatura),
Confieso que he vivido, 1974

1. Océano Pacífico 2. *me plonger*

VIDÉO

- a **Lee** el texto. **Aclara** qué es Isla Negra y dónde se sitúa.
- b ¿Qué le permite hacer a Neruda? › EXO QUIZ
- c **Ve** el vídeo y **precisa** en qué se ha convertido la casa de Isla Negra después de la muerte del poeta.
- d MÉDIATION **Explica** a tus compañeros(as) por qué puede ser un emblema del mundo hispánico.

Para expresarte
- un carro (amer.) = un auto
- el sustento: *(ici) le soutien*
- orgulloso(a): *fier(ère)*
- arreglárselas: *se débrouiller*
- compartir: *partager*
- difundir: *diffuser*

D. ¿Coches cubanos u obras de museo?

B1 Fiche de compréhension

VIDÉO

Por el paseo de Martí, La Habana, Cuba

- a **Observa** la foto. ¿Qué elementos forman parte del patrimonio cubano?
- b **Ve** el vídeo y **precisa** por qué los cubanos conservan coches antiguos.
- c ¿Cómo ha evolucionado la utilización de estos coches en Cuba?
- d **Detalla** en qué se han convertido estos coches para los cubanos.

PREPARA EL BAC Oral **Explica** por qué la conservación del patrimonio puede ser necesaria.

Apuntes de gramática

La gramática en vídeo

La transformation

Esta vivienda ***se convirtió en*** *una casa-museo.*

→ Précis p. 268

La voix passive

Mi libro "Canto General" ***fue rechazado por*** *la editorial.* → Précis p. 267

Exercices

PROYECTO FINAL

Organiza un debate con tus compañeros(as) sobre la necesidad de proteger el patrimonio.

1. Unos(as) alumnos(as) preparan argumentos para defender una conservación sin cambios: *Es necesario proteger para...*
2. Otros(as) preparan ideas para mostrar que se puede proteger el patrimonio transformándolo para otro uso: *Este templo se ha vuelto un lugar de convivencia...*

ÉPREUVE ÉCRITE
LVA>B2
LVB>B1

Analyser un texte littéraire

Lors des 2e et 3e séries d'épreuves communes de contrôle continu, tu seras évalué(e) sur ta compréhension de l'écrit, à partir d'un ou deux textes parmi lesquels il y aura souvent un extrait littéraire. Comment analyser ce type de texte ?

Compréhension de l'écrit

Diga de qué trata el texto y destaque lo esencial.

Étape 1 Chercher des indices et anticiper

- À partir du titre du texte, de son auteur et de sa source, **fais des hypothèses** sur le contenu. Essaie de faire le lien avec ce que tu as étudié en classe.
- Observe aussi la mise en pages, qui peut te donner des indications plus précises sur la nature du texte.

Trucos

- Dès le début de l'épreuve : tu peux faire un tableau à deux colonnes au brouillon pour faciliter ta prise de notes.
- Nature du texte : roman, pièce de théâtre, extrait dialogué, poésie, etc

Étape 2 Repérer la situation d'énonciation et/ou le contexte

- Lis le texte une première fois et identifie les lieux, les personnes, les dates (les indications temporelles) et le thème général : **Qui ? Quand ? Où ? Quoi ?**
- Identifie qui parle (narrateur omniscient ? récit à la 1re personne ?...).

Trucos

- Appuie-toi sur tes connaissances culturelles, historiques, géographiques pour définir le contexte.
- Tu peux surligner des éléments sur le texte en adoptant un code couleur par type d'information (rose = personnages ; bleu = lieux, etc.).
- Pour identifier l'implicite, appuie-toi sur ce que tu sais déjà de l'époque de l'auteur, du contexte sociétal et historique.

Étape 3 Identifier les réseaux de sens

- Lis le texte une seconde fois et dégages-en **la structure**. Appuie-toi sur la mise en pages (paragraphes) et sur **les connecteurs logiques ou chronologiques**.
- Donne un titre à chaque partie, le plus court et synthétique possible. Souvent, un mot peut en résumer le contenu, sinon une phrase courte quand ce n'est pas possible.

Trucos

- Fais une accolade directement sur le texte devant chaque partie, tu les repèreras plus facilement. Écris ton titre devant chacune des accolades.

Étape 4 Construire le sens du texte et identifier les stratégies de communication

- Passe maintenant de **l'observation** à **l'interprétation**. Pour cela, prends des notes dans ton tableau : note tes observations pour chaque partie dans la colonne de gauche et écris ce que tu peux en déduire dans la colonne de droite.
- À partir de tes repérages, essaie de **définir le ton du document, son intention et sa visée** : s'agit-il d'un texte ironique ? critique ? humoristique ? tragique ? Déduis-en l'intention de l'auteur.

Étape 5 Rédiger ton compte rendu

- Utilise ton brouillon pour construire ton plan : il peut suivre la structure du texte ou en regrouper les éléments par thématique.
- Dans ton introduction, présente la nature du document, sa source et sa thématique globale.
- Dans ton développement, introduis le narrateur et les personnages et mets en évidence le sens global du texte ainsi que l'implicite.

Trucos

- Pour structurer ton compte rendu, utilise des connecteurs logiques : *Además; en efecto; por consiguiente; en cambio...*
- S'il y a deux documents, pense à mettre en évidence les liens entre eux (complémentarité ? opposition ?).
- Garde du temps pour te relire et vérifier l'orthographe et la syntaxe.

Documento 1 Piezas arqueológicas por un par de dólares

Aventuras durante la infancia

Récit à la 1re personne du pluriel

De niños, don Isidoro nos llevaba a una playa secreta del lago[1]. Salíamos por el portón[2] negro y caminábamos con él en la carretera –mi hermano sosteniéndole una mano, yo la otra– hasta meternos en un sendero angosto[3], apenas visible, denso de ramas y arbustos, que finalmente desembocaba en una orilla estrecha y fangosa[4] del lago. Don Isidoro nos decía que era una playa secreta. Nos decía que nunca debíamos revelársela a nadie. Y luego, tras sentarnos en el fango, don Isidoro se quitaba la camisa, entraba caminando despacio al agua, y desaparecía por completo. Nosotros nos quedábamos esperando en la orilla, bien portados en el fango, siempre temerosos a que don Isidoro no volviera a aparecer (mi hermano, sin falta, lloraba). Pero don Isidoro siempre aparecía. Siempre surgía del agua todo moreno y resplandeciente y siempre cargando en las manos un misterioso objeto de barro[5]. Éramos demasiado niños para entender que don Isidoro estaba sacando del lago piezas arqueológicas mayas, tinajas y jarras[6] precolombinas, acaso hechas por sus propios ancestros, las cuales le vendía a uno de mis tíos por un par de dólares.

Imparfait

Acción – la pesca milagrosa

Revelación tesoro – tesoro/dinero choque de 2 mundos (adultos/niños)

Eduardo HALFON (escritor guatemalteco), *Duelo* (2016)

1. lago Amatitlán, Guatemala **2.** gran puerta **3.** *sentier étroit* **4.** *boueuse* **5.** *(ici) argile ou terre cuite* **6.** *jarres et carafes*

Lexique du mystère

Lexique du trésor

¡AHORA TÚ!

Maintenant que tu as toutes les clés, rédige ton compte rendu en espagnol en t'aidant des éléments ci-dessous.

Este documento es un extracto de ... cuyo tema es ....

Pone de realce el problema de ... con lo cual lo podemos relacionar con el eje ... ya que ......

De hecho, primero, la visión ingenua de ... evidencia unas prácticas ...

Sin embargo, en la actualidad, con la mirada del narrador adulto podemos observar un cambio puesto que ...

A modo de conclusión diría que el interés de este texto literario reside en ....

Trucos

- Pense à citer les champs lexicaux des thèmes principaux abordés dans le texte littéraire.
- Les connecteurs logiques servent souvent à structurer ou articuler les idées essentielles du texte, n'oublie pas de les mentionner dans ta production écrite.
- Au fur et à mesure que tu écris, tu peux barrer les éléments dans ton tableau de façon à ne pas oublier des arguments importants.

Unidad **12**

Discapacitados con capacidades

¿Qué progresos en la inclusión de las personas con discapacidad en España?

EXO ¿Qué sabes de...?

VIDÉO

¡Lánzate!

1. **Observa** el cartel y **precisa** lo que simboliza el antifaz.
2. **Relaciona el vídeo** con el lema de la campaña "Mira como veo".
3. **Explica** de qué tipo de campaña se trata. **Justifica** con elementos sacados del vídeo. › EXO QUIZ
4. Para ti, ¿ayuda este tipo de actividad a la inclusión social?

Para expresarte

- un antifaz: *un masque*
- la concienciación: *la prise de conscience*
- la discapacidad: *le handicap*
- un(a) invidente = un(a) ciego(a): *un(e) malvoyant(e), un(e) aveugle*

- ponerse en la piel de: *se mettre dans la peau de*

La **Organización Nacional de Ciegos Españoles** fue creada en 1938 para mejorar la calidad de vida de las personas con deficiencia visual y con discapacidad.

PROYECTO FINAL

Preparad un cartel para celebrar el día 3 de diciembre.

Hacia una sociedad más inclusiva

Ciego por un día B2 AUDIO

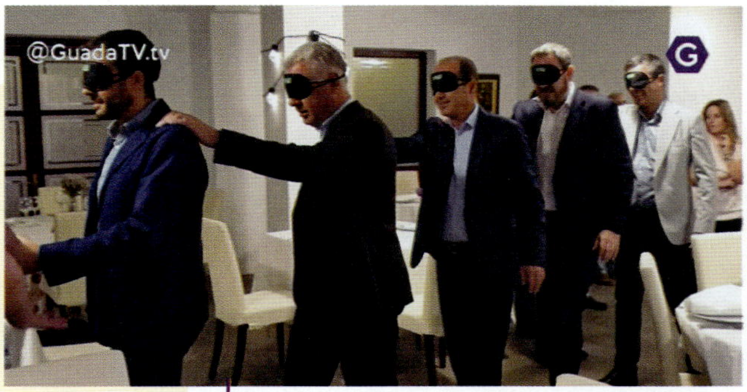

Día de sensibilización para los políticos españoles

Juan José Millás cuenta su experiencia de "invidente provisional" durante un día.

El lugar al que regresamos es el Centro de Rehabilitación Básico y Visual de la Once (CERBVO). Allí es donde, a las siete y media de la mañana, un técnico de rehabilitación visual, Elio Núñez, me puso el antifaz sin permitirme que echara antes un ojo a las instalaciones [...]. Cogido de su brazo, di los primeros pasos por el edificio y aprendí los rudimentos básicos para no dejarme la cara en el quicio[1] de una puerta, que en el mundo de los ciegos, por cierto, siempre deben estar completamente abiertas o completamente cerradas. [...] Una puerta entreabierta es una trampa[2] mortal por razones palpables, en el sentido literal del término, para alguien que no ve.

–Cuando notes que muevo el brazo hacia mi costado, te colocas inmediatamente detrás de mí: quiere decir que vamos a atravesar un sitio por el que no cabemos los dos. Y ahora te dejo con Pilar, que tengo muchas cosas que hacer.

Pilar es la telefonista del centro, así que cuando regresamos del bar me conduce a la centralita[3] de su brazo y me ofrece una silla [...]. Le pido que me describa la habitación.

–Es un cuchitril[4] rectangular –dice ella–. Detrás de mí hay una ventana que da a la calle. La colchoneta que has pisado[5] es de *Hester*, mi perra. Y el ruido, de la fotocopiadora, que está ahí al lado. Dejo la puerta abierta porque me gusta oír a la gente ir y venir. Por cierto, que las puertas...

–Siempre completamente cerradas o completamente abiertas, ya lo sé.

Imagino una centralita antigua, de película americana del cincuenta, pero no consigo representar mentalmente la forma ni las dimensiones del local. Todo lo que permanece más allá de donde alcanza mi brazo[6] es puro abismo.

Juan José MILLÁS (escritor y periodista español), *Vidas al límite*, 2012

1. *(ici) le coin* 2. *un piège* 3. *le standard* 4. *un cagibi* 5. *(ici) le coussin sur lequel tu as marché* 6. *tout ce qui est hors de ma portée*

a. **Escucha** el audio y **describe** la experiencia vivida por Juan José Millás a lo largo de ese día. **Explica** lo que tiene que aprender.

b. **Di** cómo procura el narrador adaptarse a su nueva condición.

c. **Precisa** el tono utilizado por el narrador, ¿qué permite?
EXO QUIZ

PREPARA EL BAC Escrito
Explica de qué manera esta experiencia ha cambiado "la mirada" de Juan José Millás sobre la discapacidad.

Para expresarte

- los retos: *les défis*
- los sentidos: *les sens*
- enriquecedor(a)
- darse cuenta de que: *se rendre compte du fait que*
- enfrentarse a: *être confronté(e) à*
- a su alrededor: *autour de lui, d'elle*

Apuntes de gramática

La gramática en vídeo

La concordance des temps → Précis p. 261

***Le pido que** me describa la habitación.*
*Me **puso** el antifaz sin permitirme que **echara** antes un ojo.*

Conjugue au subjonctif les verbes des propositions subordonnées.

a. Es necesario que (adaptarse) la ciudad para facilitar la movilidad de todos.
b. El semáforo sonoro permite que los peatones invidentes (cruzar) con más seguridad.
c. El Ayuntamiento decidió instalar más rampas para que los discapacitados en silla de ruedas (poder) circular.

Exercices

Mejora tu léxico

Di a qué sentido corresponde cada órgano: la lengua, la nariz, el ojo, la piel, la oreja.

a. el tacto b. el oído c. la vista d. el olfato e. el gusto

¿Inclusión? De la escuela al trabajo

1. Escuelas, el reto de la inclusión B1

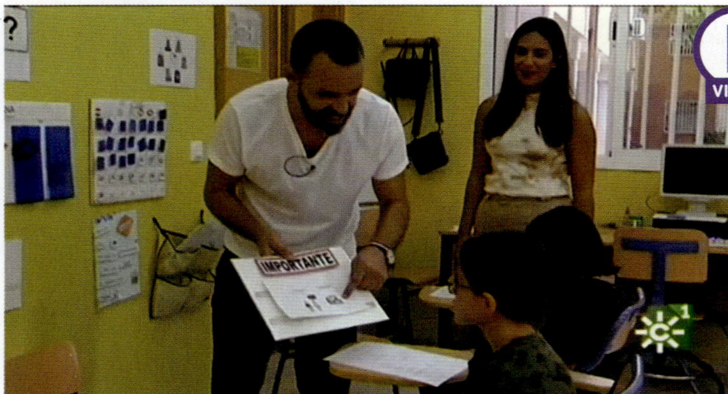

Alumnos con autismo en un aula específica

a. **Explica** cuál es la innovación educativa del colegio Jacarandá de Sevilla.

b. **Di** por qué Sergio y Triana necesitan una atención específica.

c. ¿En qué medida están plenamente integrados estos dos alumnos a pesar de su discapacidad?

MÉDIATION d. **Presenta** los beneficios de este modelo escolar para el alumnado (*tous les élèves*) en general.

Fiche de compréhension

Para expresarte

- la convivencia: *le vivre ensemble*
- el/la maestro(a) de educación específica: *l'enseignant(e) spécialisé(e)*
- incitar a que + *subj.*
- incluir a
- integrar

EXPRÉSATE CON UN VÍDEO

"Puedo trabajar como tú"

Fiche de compréhension

Objectif B1 Comprendre la bande-annonce d'un film sur l'inclusion des personnes à handicap.

VIDÉO

1 Descubre el vídeo.

a. ¿Qué te llama la atención en el cartel?

b. **Di** quiénes son los personajes principales de la película. ¿Cómo se conocen?

c. ¿Cómo evoluciona la relación entre ambos protagonistas? **Justifica** con las imágenes y los diálogos.

d. ¿Cuáles son las reacciones de la gente que les rodea?

2 Exprésate.

e. ¿A qué nos invita a reflexionar este tráiler?

f. ¿Irías a ver la película? **Explica** por qué.

Para expresarte

- la discriminación
- el miedo: *la peur*

- divertido(a): *drôle*
- licenciado(a): *licencié(e), diplômé(e)*
- orgulloso(a): *fier(ère)*

- compartir: *partager*
- despreciar: *mépriser*
- rechazar: *rejeter*

Yo también, 2009

2. Pablo Pineda se dirige a los ciudadanos españoles del futuro B1

Queridos ciudadanos[1] del futuro:

Os escribo desde el año 2018. Soy Pablo Pineda y tengo síndrome de Down. [...]

Nací en 1974 en una España que luchaba por la libertad y la alcanzamos[2] con el esfuerzo de todos. En aquel momento las personas con discapacidad teníamos un largo recorrido que hacer. Tuve el honor de ser el primer europeo con síndrome de Down en estudiar una carrera universitaria y he dedicado gran parte de mi vida a defender los derechos de las personas con discapacidad. Con cierta humildad y con la responsabilidad que implica, me atrevería a decir que he sido revolucionario en mi tiempo. [...]

He visto nacer internet, avanzar tecnologías de la información y las telecomunicaciones, las redes sociales [...]. Dicen que esto es el futuro, que las nuevas tecnologías representan el progreso y el desarrollo.

Creo que la educación y los valores de la sociedad asientan[3] cualquier progreso, ya que éstos, residen principalmente en las personas y fortalecen[4] la democracia, la igualdad y la inclusión.

Creo que el futuro hay que construirlo apostando por[5] el sistema educativo como base de todo y trabajando por asentar valores universales que representen a todos los ciudadanos y que nacen en la familia.

El futuro no va de bits, sino de pulsaciones.

Pablo Pineda Ferrer (actor y activista español), Fundación Adecco, 2018

1. *citoyens* 2. *nous l'avons atteinte* 3. *(ici) consolident* 4. *renforcent* 5. *en pariant sur*

a. **Explica** por qué Pablo Pineda es "revolucionario" para nuestra época.

b. Según él, ¿son las tecnologías las que deben representar el futuro?

c. Según Pablo Pineda, **di** cuál es la mejor herramienta (*outil*) para garantizar la inclusión. > EXO QUIZ

d. **Identifica** los valores definidos por el narrador, y **explicita** su mensaje a los ciudadanos del futuro.

Para expresarte

- la superación: *le dépassement*
- abogar por: *plaider en faveur de*
- fomentar: *encourager*

PREPARA EL BAC Escrito

Muestra cómo el ejemplo de Pablo Pineda puede favorecer la inclusión de los(las) discapacitados(as) en la sociedad española.

Apuntes de gramática

L'interrogation indirecte → Précis p. 255

*Explica **por qué** estamos grabando.*

Complète les phrases avec les mots interrogatifs suivants : *cómo, cuándo* et *por qué*.

a. Dime ... te llamas.

b. Pablo Pineda no entiende ... la gente lo mira de reojo.

c. A él le gustaría saber ... cambiarán las mentalidades.

Exercices

Mejora tu léxico

Busca el intruso en cada lista.

a. entresacar • fomentar • desarrollar • alentar

b. inclusión • integración • sensibilización • imaginación

c. altruista • egoísta • solidario(a) • unido(a)

Acciones en el ámbito cultural y en el deporte

1. Superar la discapacidad B1

Promoviendo la inclusión en el deporte, Alcalá de Henares (Madrid)

a. **Observa** el cartel. **Destaca** los elementos que te llaman la atención y **explica** por qué.

b. **Di** a qué evento invita el cartel. **Comenta** la palabra «tod@s».

c. **Define** en una palabra el ambiente que se desprende del cartel.

Para expresarte

- el dinamismo
- un reto = un desafío
- la silla de ruedas: *le fauteuil roulant*
- la socialización

- compartir: *partager*
- desprenderse: *se dégager*
- superar: *dépasser*
- a pesar de: *malgré*

2. Deporte para todos B1

VIDÉO — Fiche de compréhension

a. **Di** quién es Jorge de Leza. ¿Qué le pasó?

b. Según Jorge de Leza, ¿cuál es el interés del deporte para los discapacitados?

c. Léxico ¿A partir de qué deporte nació la fundación? **Enumera** los deportes practicados allí.

d. **Aclara** el elemento esencial que da sentido a esta fundación.

e. **Comenta** la idea de "desafío" que forma parte del nombre de la fundación. > EXO QUIZ

3. Clase de flamenco inclusivo B1

VIDÉO

Fiche de compréhension

Reyes Vergara con síndrome de Down, de la Compañía de Flamenco Integrado de José Galán

a. **Di** qué están haciendo las dos personas al principio del vídeo.
b. **Presenta** a Lola López. ¿Qué representó la silla de ruedas para ella?
c. ¿Qué se desprende del ambiente de la clase?
d. **Explica** en qué son inclusivas las clases de flamenco de José Galán.

PREPARA EL BAC Oral

A partir de los tres documentos, **di** por qué las actividades culturales y deportivas pueden ser un primer paso hacia la inclusión social.

Para expresarte

- el descubrimiento: *la découverte*
- el placer: *le plaisir*
- atreverse a: *oser*
- cojear: *boiter*
- costarle [ue] a uno(a): *avoir du mal à*
- disfrutar: *profiter*
- esforzarse [ue] por: *faire des efforts pour*
- superarse: *se dépasser*

Apuntes de gramática

La gramática en vídeo

Le gérondif complément de manière → Précis p. 264

Yo caminaba ***cojeando****.*

Transforme les phrases en suivant le modèle.

Yo (caminar) (cojear) → Yo camino cojeando.

a. Los niños (divertirse) (nadar).
b. Nosotras vamos a clase de baile y (disfrutar) (bailar) al compás.
c. Te comprometiste en una actividad en la que te lo (pasar) bien (ayudar) a los demás.

Exercices

Mejora tu léxico

Asocia las palabras para formar expresiones.

1. superar	a. una meta
2. alcanzar	b. barreras
3. el derecho a	c. inclusivas
4. las clases	d. practicar deportes

PROYECTO FINAL

Preparad un cartel para celebrar el día 3 de diciembre.

Vais a realizar un cartel para el Día Internacional de las Personas con Discapacidad. Este cartel presentará actividades deportivas inclusivas en vuestro instituto.

1 Preparad los contenidos.

a. Por grupos de 3, preparad informaciones sobre:
–el tipo de actividad que vais a presentar;
–el aspecto inclusivo de la actividad;
–los datos del acontecimiento.
b. Buscad imágenes para ilustrar el cartel.
c. Cread un lema impactante y unas frases que presenten los actos y la importancia de participar.

2 Realizad el cartel

d. Organizad los diferentes elementos: colores, tipografía, imágenes.
e. Exponed oralmente el interés y los objetivos del cartel.

MÉDIATION

Acuérdate de...

- Sélectionne les informations essentielles pour illustrer les idées importantes.
- Utilise des supports variés.

- Lors de ta présentation, pense à utiliser le subjonctif pour exprimer le but :
Este cartel se realizó para que + subj...
Hemos decidido que + subj...

BAC Evaluación

Autoévaluation

ÉPREUVE ÉCRITE
LVA>B2
LVB>B1

ÉPREUVE 1 — 2e trimestre de Première — 1h

Compréhension de l'oral

Así trabaja Marián Ávila, la primera modelo española con síndrome de Down

En rendant compte en français du document, vous montrerez que vous avez compris :

- le thème principal du document ;
- ce qu'a accompli la personne citée ;
- la fonction et la portée du document.

Trucos

- Vous consacrerez 20 à 30 minutes maximum à cette partie.

VIDÉO durée : 1'18''

Marián Ávila, modelo en las pasarelas

Expression écrite

Vous traiterez en espagnol l'un des deux sujets suivants au choix. Répondez en 120 mots au moins.

Question A : Muestre que el caso de Marián es ejemplar hablando de inclusión laboral.

Question B : Explique por qué incluir a las personas con discapacidad es un reto que concierne a toda la sociedad española.

ÉPREUVE 2 — 3e trimestre de Première — 1h30

Documento 1 — Ricardo Ten, medallista paralímpico, y su sueño de los Juegos Olímpicos de Tokio

Y de repente... ¡zas! La vida de Ricardo Ten dio un giro de 180 grados[1] a los ocho años, cuando jugaba con su primo y sufrió un accidente eléctrico con un cable de alta tensión. El resultado: un 75 por ciento del cuerpo quemado[2] y la amputación de los brazos y de la pierna izquierda. Una larga recuperación por delante y un deseo: volver a subirse a una bicicleta para seguir jugando con sus amigos.

No era la inocencia infantil lo que llevaba a Ricardo a perseguir[3] un sueño. Era un reto, un desafío al destino. Un indomable espíritu de superación[4] que desde niño le ha llevado a alcanzar las más altas metas[5] en el deporte y en la vida. Volvió a subirse a una bici y aprendió a escribir con la boca para tomar los apuntes[6] en clase. En casa no hubo distinciones. Sus padres y sus amigos le trataron como uno más y le inculcaron el valor de la persistencia. “Mis padres me enseñaron que algo no se puede conseguir si no lo intentas muchas veces”.

Después de 22 años compitiendo[7] en el agua, Ricardo se pasó al ciclismo, disciplina en la que es campeón del mundo en pista y carretera. Sólo así se entiende que Ricardo Ten sintiera desde pequeño la pasión por los deportes y no desfalleciera[8] en el intento. Desde entonces no ha parado de competir. La minusvalía no ha sido un impedimento[9], sino un estímulo que le ha llevado a tomar parte en cinco Juegos Paralímpicos y a ganar seis medallas en natación [...].

Tras los Juegos Paralímpicos de Río 2016 y después de 22 años compitiendo en el agua, Ricardo se planteó dejar el deporte porque le faltaba “motivación y ambición” y sentía que cada vez le era más difícil competir. “Pero decidí que pasara un tiempo para tomar la decisión en frío”, explica. Sin dejar de nadar, pero sin la intensidad de antes, comenzó la temporada practicando otros deportes que le apasionan: ciclismo en ruta y pista, esquí alpino y tenis de mesa. Al final se decantó[10] por el ciclismo por las sensaciones y el sentimiento que dice que le producen.

Tokio 2020 aparece hoy en el horizonte del valenciano, convertido a sus 44 años en un "Inconformista del Deporte", el sello[11] con que CaixaBank apoya al Equipo Paralímpico Español compartiendo los valores de esfuerzo, sacrificio y constancia. Y lo hace recordando que la bicicleta fue una parte muy importante de su recuperación desde niño. "Cuando conseguí volver a montar en bici fue como derribar[12] un gran muro. A partir de ahí supe que conseguiría cualquier cosa que me propusiera".

Josep COVES (periodista español), *mundodeportivo.com*, 03/12/2019

1. *un virage à 180 degrés* **2.** *brûlé* **3.** *poursuivre* **4.** *une farouche volonté de dépassement* **5.** *les objectifs* **6.** *prendre des notes* **7.** *de compétitions* **8.** *sans faiblir* **9.** obstáculo **10.** *il a opté* **11.** *(ici) le slogan* **12.** hacer caer

Documento 2 Cuestión de palabras y diccionario

En contra de la opinión de la RAE[1], el presidente de Plena Inclusión[2], Santiago López, afirmó que el término "disminuido"[3] que figura en el artículo 49 de la Constitución debería sustituirse por "persona con discapacidad" y no por "discapacitado", pese a[4] lo que la Real Academia Española (RAE) aconseja en su reciente informe sobre lenguaje inclusivo.

En un encuentro organizado por la agencia de noticias Servimedia y por Plena Inclusión, López aseguró coincidir 'al 100% con el Cermi'[5] en cuanto a la preferencia por "persona con discapacidad" frente al vocablo "discapacitado".

"Puede ser más corto, puede ser de uso común", admitió, "y puede tener una carga negativa[6] que 'personas con discapacidad' no tiene".

Según el Cermi, la elección de la expresión "persona con discapacidad" "no es una cuestión menor". "Tiene un significado detrás, pues la discapacidad es una condición, una característica de la persona, que no la define como tal", explicó.

www.servimedia.es, 22/01/2020

1. institución cultural española que se dedica a la normalización lingüística entre los países hispanohablantes
2. red de organizaciones de personas con discapacidad intelectual que defienden sus derechos y su inclusión social
3. que ha perdido fuerzas o aptitudes, o las posee en grado menor a lo normal **4.** *malgré le fait que* **5.** Comité Español de Representantes de Personas con Discapacidad **6.** *une connotation péjorative*

Compréhension de l'écrit

Diga de qué tratan los dos documentos y en qué son complementarios.

Trucos

- Lorsqu'il y a plusieurs textes, il est important d'en déterminer la nature : article de presse, extrait de roman...
- Établissez les liens qui existent entre les deux textes pour expliquer en quoi ils sont complémentaires.

Expression écrite

Vous traiterez en espagnol l'un des deux sujets suivants au choix. Répondez en 120 mots au moins.

Question A

"La minusvalía no ha sido un impedimento, sino un estímulo."

▶ Explique en qué medida esta cita resume la trayectoria de Ricardo Ten.

- Lorsque vous devez intégrer une citation à votre commentaire, n'oubliez pas de souligner les mots-clés.

Question B

▶ Escriba un discurso para fomentar la inclusión de las personas con discapacidades en todos los ámbitos de la sociedad: escuela, mundo laboral, deporte.

- Servez-vous également de connecteurs logiques pour structurer votre argumentation et la rendre plus dynamique !

El arte de hacer propaganda

¿Cómo se valió el franquismo del arte para la propaganda?

EXO ¿Qué sabes de...?

A. ¿Adulación o propaganda? B1

Bilbao. Años sesenta. El caudillo[1] se dispone a visitar la ciudad. Han adornado todas las calles, han ordenado limpiar todos los rincones, han expulsado a todos los mendigos y maleantes[2]. La noticia de la visita de Franco también llega a la cárcel. Y para informar de la visita han filmado una película del recibimiento[3], para que la vean los presos[4]. Las autoridades pretenden dejar claro que Franco ya no tiene enemigos. Precisamente en Bilbao, en la ciudad que resistió durante un año los ataques del ejército nacional. Miles de personas han salido a la calle a vitorearlo[5].

Los presos asisten por obligación a la proyección de la película. Las imágenes los desmoralizan por completo. Bilbao ya no es lo que era. Todos los rincones de la ciudad están llenos de gente. Se muestra una panorámica de la plaza del ayuntamiento, que también está a reventar[6]. En las calles se nota la alegría; todos aclaman a Franco. De repente, aparece en primer plano un hombre subido a una farola de la plaza. El hombre se sujeta con una mano a la farola y con la otra hace la señal de la victoria, emocionado.

Los presos caen en la cuenta[7] y se ríen a carcajadas. No se lo pueden creer. El hombre subido a la farola es uno de los prisioneros que está allí mismo junto a ellos en la sala de proyección. ¿Cómo es posible que ese preso ovacione a Franco si está en la cárcel? El propio protagonista se encarga de resolver el misterio. Aquellas eran imágenes de cuando el Athletic ganó la última copa. Y habían intercalado imágenes del recibimiento al Athletic con planos cerrados[8] del dictador.

Kirmen Uribe (escritor español), *Bilbao-New York-Bilbao*, 2008

1. *Titre donné au général Franco* 2. *mendiants et délinquants* 3. *(ici) de son arrivée* 4. prisioneros 5. *l'acclamer* 6. *pleine à craquer* 7. comprenden 8. *des gros plans*

a **Di** cómo han preparado los bilbaínos la ciudad para recibir al Caudillo.

b **Léxico** **Enumera** los elementos que evocan la alegría de los ciudadanos con la visita de Franco. › EXO QUIZ

c ¿Qué medio utilizan las autoridades para difundir la imagen de Franco y con qué fin?

MÉDIATION d **Aclara** la mentira montada por la propaganda.

Para expresarte

- la exaltación
- la mentira
- los oponentes: *les opposants*

- arriesgarse: *risquer*
- estar obligado(a) = deber + *inf.*
- fingir: *faire semblant de*
- grabar: *enregistrer*

B. El culto a la figura de Franco en la pantalla B1

a **Observa** la foto y **di** cómo y por qué el dictador pone en escena su imagen.

b **Ve** el vídeo y **enumera** los momentos en los que vemos a Franco.

c **Destaca** los dos recursos de los franquistas para realzar (*mettre en valeur*) la figura de Franco. ¿Qué imagen querían dar de él?

d **Aclara** la importancia de Franco con respecto al catolicismo.

Fiche de compréhension

VIDÉO

El dictador Franco preparando una intervención para el NO-DO

• NO-DO: NOticiario DOcumental. Noticiario (*actualités*) semanal del régimen franquista que se proyectaba en los cines

C. La censura en España, todo un arte

B1 AUDIO

VÍDEO

Madrid, 1940, la actriz de cine Conchita Montenegro conversa con la dueña del Embassy.

La señora con acento extranjero volvió a llamar. No era una periodista, era Margarita Taylor, la dueña de Embassy, un salón de té abierto antes de la guerra en el paseo de la Castellana, famoso por sus tartas y sus cócteles. [...]

El local estaba situado en un lugar estratégico [...]. La embajada británica se encontraba al otro lado del paseo de la Castellana. De ahí venía el nombre del salón de té... [...]

–Con la nueva ley quieren que cambie el nombre del local, pero sería catastrófico –le explicó Margarita. ¿Tú no me puedes ayudar con esto?

–Han cambiado hasta el nombre de la zapatería[1] donde de pequeña me compraban los zapatos –aseguró Conchita.

–¿Les Petits Suisses?

–Ahora se llama Los Pequeños suizos.

El control del lenguaje formaba parte de la política de adoctrinamiento del nuevo régimen: los patrones se convirtieron en empresarios[2], los pobres, en necesitados y los obreros en productores. Las montañas rusas pasaron a ser suizas[3], la ensaladilla rusa[4], ensaladilla nacional y hasta Caperucita Roja cambió de color. Ahora era Caperucita Azul. [...] Un nuevo decreto del Ministerio de Gobernación[5] prohibió las denominaciones extranjeras en establecimientos comerciales o de recreo [...]. El café Marly en la glorieta[6] de Bilbao había pasado a llamarse Marlín y el cine Madrid-París, a cine Imperial. De la misma manera el restaurant se había convertido en restaurante, el bistec, en filete y los cabarets en salas de fiesta.

Javier Moro (escritor español), *Mi pecado*, 2018

1. *magasin de chaussures* 2. *chefs d'entreprises* 3. *(ici) Les montagnes russes furent rebaptisées « suisses »* 4. *salade russe* 5. Interior 6. *rond-point*

Cartel de una película americana retocado por la censura franquista

Para expresarte

- el adoctrinamiento
- el escote: *le décolleté*
- el traje de baño: *le maillot de bain*
- estar desamparado(a)
- imponer: *imposer*
- prohibir: *interdire*
- tapar: *couvrir*

a **Fijate** en los carteles y **explica** el cambio. ¿Cuál es la intención?

b A partir del vídeo, **di** a qué ámbitos se aplicaba la censura franquista. **Detalla** lo que les hicieron a las actrices de Hollywood. > EXO QUIZ

c Después de leer el texto, **aclara** qué problema planteaba la nueva ley para la dueña del Embassy.

d Léxico **Lista** los cambios que aportó el nuevo decreto. > EXO QUIZ
Precisa por qué todas las palabras extranjeras se tradujeron al español.

MÉDIATION e Apoyándote en los documentos, **comenta** el título "La censura en España, todo un arte".

Fiche de compréhension

PREPARA EL BAC Oral — Apoyándote en los documentos, **explica** en qué medida la censura y la propaganda definen las características del franquismo.

Apuntes de gramática

La gramática en vídeo

- **La place des pronoms compléments**
  *No podías promocionar**te** en España.*
  → Précis p. 257
- **La préposition *a***
  *Todos aclaman **a** Franco.*
  → Précis p. 262

Exercices

PROYECTO FINAL

Organizad un debate sobre la censura en España.

1. En grupos, buscad en Internet carteles representativos de la propaganda o de la censura de la época franquista.
2. Cada grupo comenta un cartel: análisis de los elementos, explicación del método al servicio del mensaje, impresiones que procura y por qué.
3. Los grupos debaten acerca del cartel que les parece más eficaz.

ÉPREUVE ÉCRITE
LVA>B2
LVB>B1

S'exprimer à l'écrit à partir d'un document iconographique

Lors des épreuves de contrôle continu, tu pourras être évalué(e) sur une expression écrite prenant appui sur un document iconographique. Il s'agira alors généralement de commenter cette image à partir d'une ou deux consigne(s).
Tu vas apprendre ici à articuler ton propos de façon logique et argumentée, en allant de l'explicite à l'implicite, dans une démarche éloignée de la simple description.

S'exprimer à l'écrit à partir d'un document iconographique

Étape 1 Identifier et analyser

- Relève **les informations principales** concernant le document : type de support, titre, nom de l'auteur, date de publication, thème, scène représentée, destinataire.
- Concentre-soi sur ce que tu vois et prend des notes sur les éléments suivants qui t'aideront à décrire l'image :
  - **la structure** du document (position des éléments/personnes, différents plans, etc.) ;
  - **les couleurs**, **contrastes** et/ou **symboles** utilisés ;
  - s'il y a des personnes, observe **leurs attitudes** et **les sentiments qu'ils dégagent**.

Trucos

- Pour bien utiliser toutes ces indications, fais deux colonnes sur ton brouillon. Dans celle de gauche, note tes observations, et en face de chacune, dans la colonne de droite, écris en un mot l'interprétation que tu peux en faire.

Étape 2 Interpréter l'image

- Place le document **dans son contexte** : il peut être culturel, historique, idéologique, social ou artistique. Fais le lien avec tes connaissances sur l'axe d'étude dans lequel s'inscrit le sujet.
- Explicite le titre ou le slogan.
- Détermine **l'intention de l'auteur** ainsi que **l'objectif** de ce document.

- Pense à ce qui se passait au moment de sa réalisation, ainsi qu'à la façon dont il était perçu à l'époque (par rapport à ce qu'il représente aujourd'hui), et continue à remplir ton tableau.
- Fais cela à la lueur de ce que tu as déduit précédemment quant à la portée du document à l'époque de son élaboration.

Étape 3 Rédiger

- Dans un premier temps, fais **une introduction** en présentant le document de façon précise (nature, thématique, auteur/groupe qui l'a élaboré) et en reprenant les termes de la consigne afin d'y répondre dans ton développement.
- Puis, **énonce clairement l'intérêt du document**, son point fort. Mets en avant les mécanismes utilisés pour son élaboration.
- Présente ensuite tes idées en faisant **des parties distinctes** : pars de l'argument qui te semble le plus évident pour aller vers celui qui t'a demandé le plus de réflexion.
- Si tu peux, appuie-toi sur **des exemples concrets** (tirés de ton cours, de tes connaissances) pour illustrer ton argumentation.

- Pense à utiliser des mots de liaison : *para empezar..., seguimos con..., para acabar...* ainsi que des structures grammaticales. En plus de t'aider à structurer ton propos, cela te permettra d'enrichir ton niveau de langue (utilisation du subjonctif...).
- Conclus enfin en évoquant le pourquoi de la création du document tout en reliant le document et l'axe proposé.

Expression écrite

A su parecer, ¿cómo se expresa en esta imagen el poder de la dictadura franquista?

La famosa actriz española Sara Montiel en una gala del festival de Venecia durante la dictadura franquista, Agosto 1958

Observations	Interprétation
Photographie + Photomontage	Volonté d'être vue et remarquée lors de ce festival
Actrice célèbre Dictature franquiste Belle robe et voile en dentelle, femme apprêtée, maquillée, sophistiquée	Provoquer, répondre aux attentes de ce monde de l'époque (années 1950-1960), émanciper les femmes (leur montrer qu'elles peuvent être libres de s'habiller comme elles le veulent) car elles ne sont pas encore reconnues par la société.
Décolleté très prononcé Le décolleté a été couvert	La censure refuse l'ouverture, puritanisme, volonté de dominer par le refus, d'imposer un point de vue rétrograde.

Para expresarte

Pour décrire et analyser une image
- en el primer, segundo, tercer plano, término
- arriba, abajo, en el medio...
- las líneas verticales, horizontales, diagonales
- en blanco y negro/ de colores vivos, fríos
- la luz, las sombras
- las miradas, las sonrisas
- el ambiente: misterioso, festivo, laboral, agradable, tenso

Pour présenter les objectifs
- Este documento iconográfico (fotografía, cartel, dibujo, anuncio...) quiere dar a ver, demostrar...
- El documento pone de relieve, evidencia, pone en escena ... para...
- El interés del documento es mostrar, criticar, denunciar, informar...

Pour tirer des enseignements
- Con este documento he aprendido que...
- El documento me permite decir que...
- En mi opinión, este documento muestra, corresponde, se relaciona con, se vincula muy bien con el eje porque...

¡AHORA TÚ!

Maintenant, tu as toutes les clés pour rédiger ton expression écrite à partir de ce canevas.

Este documento iconográfico es un... relevante de la época franquista por...
El fotomontaje pone en evidencia...
En cambio, tiene la intención de tapar... puesto que...
El documento me permite demostrar que...
En mi opinión este documento corresponde a... y se puede vincular con el eje...

Trucos

- Soigne la structure de ton expression en réfléchissant à tes transitions. Utilise des connecteurs logiques pour relier tes idées.
- Relis ta production écrite pour vérifier que tu as traité les différents points de la tâche et pour corriger les éventuelles fautes de langue.

Unidad **14**

Producción y consumo alternativos

¿Cómo adaptan los hispánicos la producción y su consumo frente al reto ecológico?

EXO ¿Qué sabes de...?

VIDÉO

Cartel del proyecto de inteligencia artificial Bot de la organización EcoEmbes España

¡Lánzate!

1. **Observa** la foto y **di** a qué innovación científica se hace alusión.
2. **Aclara** el objetivo de The Circular Lab.
3. **Explica** cómo piensan ayudar al ciudadano para el reciclaje.

Para expresarte

- la clave: *la clé*
- una herramienta: *un outil*
- la inteligencia artificial
- el medio ambiente: *l'environnement*
- los recursos
- el reto = *le défi*
- puntero(a): *à la pointe*
- concienciar
- para que + *subj.*

PROYECTO FINAL

Inventad una *app* para facilitar un consumo responsable.

Adaptar la producción

1. El cambio climático en el viñedo del Penedès B1

Fiche de compréhension

Robot autónomo de monitorización, viñedos de El Penedès

VIDÉO

a. ¿Qué consecuencia ha tenido el cambio climático en la bodega (*cave*) en el Penedès?

b. **Di** qué instalaciones han realizado en el viñedo. ¿Para qué?

c. **Cita** ejemplos de la tecnología que les permite reducir su huella de carbono. › EXO QUIZ

Para expresarte

- la adaptación
- una baza: *un atout*
- el desarrollo sostenible

- guardar
- heredar
- implementar: *mettre en place*
- transmitir

2. Desarrollo biotecnológico de la papa en el Perú B1

La Asociación para el Desarrollo Sostenible del Perú y el Centro de Innovación Productiva y Transferencia Tecnológica (CITE Papa y otros cultivos andinos), plantearon avanzar en el desarrollo biotecnológico de la papa[1] y la promoción de una industria semillera[2] de ese tubérculo.

A través de un comunicado, señalaron que el Perú es una gran reserva de germoplasma del mundo [...]. "Por donde se camine, en el Perú hay variedades de papas silvestres y domesticadas que guardan valioso material genético que debe ser un capital para nuestros guardianes de la biodiversidad", anotaron.

En tal sentido, instó[3] a crear el Programa Nacional de la Papa, teniendo en cuenta que, por historia, cultura ancestral y trascendencia económica para el Perú, "la papa es un gran producto y por su gravitación y potencialidad económica amerita un programa de corto, mediano y largo plazo". [...]

Asimismo, pidieron fomentar[4] la innovación y desarrollo de nuevas industrias para este sector, convirtiendo[5] el problema de un paro de un sector de la agricultura nacional, en una oportunidad.

Andina.pe, Lima, 02/02/2018

1. *(Amér.) pomme de terre* 2. *production de semences* 3. incitó 4. impulsar 5. transformando

a. **Presenta** la Asociación y su objetivo.

b. **Aclara** por qué el Perú es propicio para el desarrollo biotecnológico de la papa.

MÉDIATION

c. **Explica** cuál es el punto común entre el vídeo (documento 1) y el texto.

PREPARA EL BAC Escrito

Comenta esta cita a propósito de la adaptación al cambio climático: "Es posible, pero cuesta dinero, a las empresas y a todos."

Apuntes de gramática

La gramática en vídeo

Exprimer le but → Précis p. 263

Para que *los residuos se conviert****an*** *en recursos.*

Conjugue les verbes des phrases suivantes.

a. Es necesario reciclar para que se (reducir) el impacto medioambiental.

b. Para que no (desaparecer) la biodiversidad, tenemos que cambiar nuestros modos de producción.

c. Se crean nuevas aplicaciones para que la educación medioambiental (ser) más eficiente.

Exercices

Mejora tu léxico

Redacta dos frases con estas palabras para definir la responsabilidad social y ambiental.

compromiso • adquirir • las compañías • preservar • cuidar • el medio ambiente • el objetivo • los recursos naturales • creación • evaluar • productos • servicios • la empresa.

Ahorrar los recursos: el ejemplo del plástico

1. Una lucha vanguardista en América Latina B1

En América Latina y el Caribe, los gobiernos, el sector privado y la sociedad civil han entendido la urgencia de reconsiderar la manera en que producimos, usamos y gestionamos el plástico. Ahora, se están tomando medidas decisivas "aguas arriba"[1] para enfrentar[2] la creciente marea de plásticos. [...]

Costa Rica adoptó una estrategia nacional para reducir drásticamente el uso de plásticos desechables[3] para el año 2021 y Panamá se convirtió en 2017 en el primer país de América Central en vetar[4] las bolsas de polietileno.

El liderazgo[5] y una fuerte intervención de los gobiernos son clave para adoptar nuevos modelos de negocios sostenibles. Las regulaciones y los incentivos[6] pueden guiar a las empresas a innovar y buscar rentabilidad utilizando alternativas al plástico. [...] Fabricantes, innovadores y consumidores ya se pusieron mano a la obra. [...] En Chile, estudiantes universitarios diseñaron una herramienta[7] de localización geoespacial para recuperar basura marina.

Luchar contra la contaminación por plásticos nos ayudará a preservar ecosistemas preciosos, mitigar[8] el cambio climático y proteger la biodiversidad y nuestra salud. ¡Esta es una batalla clave que debemos librar hoy para garantizar mañana un planeta más justo y sostenible!

Erik SOLHEIM (Director Ejecutivo de ONU Medio Ambiente), *residuosprofesional.com*, 18/06/2018

1. *(ici) en haut lieu* 2. *affronter* 3. *jetables* 4. *à interdire* 5. *Le leadership* 6. los estímulos 7. *un outil* 8. moderar

a. **Explica** cómo algunos países de América Latina luchan ya contra este problema y en qué sectores.

b. **Di** qué soluciones se evocan para adoptar nuevos modelos de negocios sostenibles.

c. **Precisa** en qué consiste el reto de luchar contra la contaminación por plásticos.

Para expresarte

- las alternativas
- el ladrillo: *la brique*
- saludable: *sain(e)*
- luchar por
- tomar medidas: *prendre des mesures*

2. Los constructores del mañana en Argentina B1

VIDÉO

Fiche de compréhension

En la empresa de ladrillos de plástico EcoInclusión, en Argentina

a. **Di** dónde está la Fundación EcoInclusión. **Presenta** su proyecto.

b. **Explica** las etapas de esta construcción del ecocentro. › EXO QUIZ

c. **Enumera** los beneficios de este proyecto.

d. **Comenta** el impacto que tiene sobre los habitantes.

3. Ropa hecha de basura para limpiar los océanos B1

VIDÉO

Pescadores comprometidos con la recogida de basuras marinas del Mediterráneo

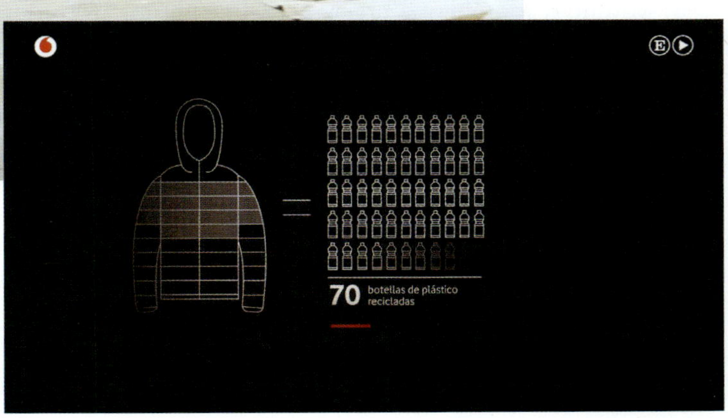

Fiche de compréhension

a. **Di** qué es ECOALF y cuál es su objetivo.

b. **Precisa** en qué son muy útiles los pescadores para el Proyecto *Upcycling the Oceans*. **Aclara** el lugar.

c. **Explica** el procedimiento de transformación del plástico y **cita** los principales residuos que utilizan como materia prima. > EXO QUIZ

Para expresarte

- la basura = los residuos
- comprometido(a)
- reciclado(a)
- sostenible: *durable*
- convencer: *convaincre*
- verter [ie]: *déverser*

PREPARA EL BAC Escrito

¿En qué medida transformar los residuos en recursos para la producción se relaciona con el eje "Innovations scientifiques et responsabilité"?

Apuntes de gramática — La gramática en vídeo

Utiliser le superlatif → Précis p. 254

*Está buen**ísimo** porque cuidas el medio ambiente.*

Utilise les superlatifs dans les phrases suivantes.

a. Este proyecto es muy importante para cuidar el planeta.

b. El producto sostenible es muy caro pero necesario para el medio ambiente.

c. El plástico es una materia prima muy interesante para transformarla en ropa.

Exercices

Mejora tu léxico

Relaciona cada verbo con su antónimo.

a. ahorrar	1. recoger
b. tirar	2. maltratar
c. respetar	3. derrochar

Modificar el consumo, hoy y mañana

1. Una *app* de moda sostenible en España B1

Se trata de la primera *app* de moda sostenible en España. Su objetivo es permitir que el consumidor[1] encuentre esas más de 500 marcas de moda y calzado[2] sostenible que existen en nuestro país y lo pueda hacer de manera fácil y ágil. La *app* no sólo permitirá localizar la ropa buena sino también comprarla ya sea en tienda física o en línea. El promotor de Ethical Time es un joven de 19 años, Ignasi Eiriz, estudiante de Publicidad y Relaciones Públicas en la Universidad Pompeu Fabra en Barcelona. [...]

"Ethical Time es más que una *app*, es una manera de pensar, de entender todo lo que nos rodea[3] y de actuar." Y también: "El consumo es allí donde votamos cada día, y cada uno de nosotros tiene el pequeño gran poder de decidir a quién da su voto[4]. Ese voto dice mucho de quiénes somos, y sobre todo, en qué planeta queremos vivir".

El usuario[5] de la *app* podrá decidir qué parámetros de sostenibilidad en concreto pedirle a la ropa. Así pues, podrá activar o desactivar los siguientes valores según sus propias exigencias: que el producto sea realizado gracias a un trabajo digno, que se trate de producción local, fabricado con materiales sostenibles, con tintes sostenibles, que forme parte de un proyecto social, vegano, de residuo cero y finalmente, inscrito en la economía circular.

Alterconsumismo, El País, 12/10/2018

1. *le consommateur* 2. *chaussures* 3. *ce qui nous entoure* 4. *le vote* 5. *l'utilisateur*

a. **Fíjate** en la pantalla del móvil y en los símbolos y **di** qué permite hacer la aplicación.
b. **Lee** el texto, **ve** el vídeo y **explica** de qué aplicación se trata.
c. **Precisa** a qué tipo de consumidor se dirige esta "***app***".
d. **Aclara** los valores que tienen los usuarios de *Ethical Time*. › EXO QUIZ

Fiche de compréhension

Para expresarte

- el consumo
- la economía circular
- la explotación laboral
- la red de consumidores
- el trabajo digno

- responsable
- vegano(a)

- actuar: *agir*
- fomentar: *encourager*

Apuntes de gramática

La gramática en vídeo

Le subjonctif d'éventualité → Précis p. 259

Permitir que *el consumidor* ***encuentre*** *esas marcas sostenibles.*

Complète les phrases en employant le subjonctif d'éventualité.

a. La aplicación permite que (nosotros/comprar) productos sostenibles.
b. Queríamos que (vosotros/ser) más respetuosos del medio ambiente.

Exercices

Mejora tu léxico

Completa la frase con los elementos siguientes.

estilo de vida • consumidores • preocupan • pensar • acoplen • compras • exigen

Se trata de los ... que tienen un ... en el que se ... por el medio ambiente y al realizar sus ... cotidianas ... que los productos o los servicios que requieren se ... a su forma de ... y de vivir.

2. ¿Qué alimentación para el futuro? B2 AUDIO

Año 2110. Bruna Husky, una tecnohumana, está descargando la alimentación para los animales en la plataforma orbital Cosmos.

El hombre se encogió de hombros con irritación.

–Soy un funcionario del puerto, no me preguntes lo que no sé.

–Hecho –dijo la mujer.

Y, enderezándose, tocó un panel de la pared y el recinto[1] se iluminó. Estaban, en efecto, en el interior de uno de los tubos. [...] Negras y diminutas criaturas reptaban, crujían, trepaban[2] por encima unas de otras, cubrían en racimos las paredes. Era una enorme granja de insectos. [...]

Alrededor todo temblaba y vibraba y zumbaba con la agitación de los bichos[3]. [...] Claro, cómo no lo había pensado antes: sin duda, todo el alimento de Cosmos estaba elaborado a partir de insectos, era la forma más eficiente de conseguir nutrientes de calidad en una plataforma orbital como ésta. También en la Tierra los insectos formaban parte de la dieta, pero no de forma única [...] La plaga[4] de medusas que casi había acabado con la diversidad biológica de los mares terráqueos había proporcionado la base nutricional en el planeta. Ahora [...] la pasta hecha con medusas que luego se aderezaba[5] con sabores diversos a pollo, ternera, merluza o cerdo, estaba gastronómicamente asumida. Por el contrario, los insectos, [...] seguían produciendo una repugnancia general, aunque Bruna sabía que [...] la gente comía bichos si no tenía acceso a otra cosa.

Rosa MONTERO (escritora española), *Los tiempos del odio*, 2018

Chapulines fritos, México

1. *l'enceinte*
2. *rampaient, craquaient,grimpaient*
3. *bestioles*
4. *(ici) L'invasion*
5. *on l'assaisonnait*

a. **Sitúa** la época, el lugar y **di** quién es la protagonista.

b. **Aclara** qué descubre Bruna sobre la alimentación en este lugar.

c. ¿En qué era diferente la alimentación de la plataforma Cosmos de la de la Tierra?

PREPARA EL BAC Oral

Analiza y **comenta** la frase: «*El consumo es allí donde votamos cada día, y cada uno de nosotros tiene el pequeño gran poder de decidir a quién da su voto. Ese voto dice mucho de quiénes somos, y sobre todo, en qué planeta queremos vivir*».

PROYECTO FINAL

Inventad una *app* para un consumo responsable.

Cread una *app* para facilitar la relación entre productores y consumidores responsables.

1 Preparad el proyecto.

a. En equipo, buscad en Internet otros proyectos que existen en el área hispánica.

b. Determinad la utilidad y los beneficios que tendrá esta aplicación para productores y consumidores.

c. Poned en evidencia los valores que os comprometéis a respetar.

2 Presentad la innovación.

d. Cada equipo os hará preguntas sobre cómo funciona vuestra *app*. En vuestras respuestas, presentaréis los beneficios de vuestro proyecto y lo que permitirá.

Acuérdate de...

- Décrivez les caractéristiques principales de votre application.
- Argumentez votre point de vue sur cette invention en faisant le lien avec le contexte environnemental et votre engagement écologique.

- Pour vanter votre application, utilisez les superlatifs, le subjonctif après *permitir que* et *para que*.

BAC Evaluación

Autoévaluation

ÉPREUVE ÉCRITE
LVA>B2
LVB>B1

ÉPREUVE 1 — 2e trimestre de Première — 1h

Compréhension de l'oral

Las papas de colores son una solución

durée : 1'25 VIDÉO

En rendant compte en français du document, vous montrerez que vous avez compris :
- le thème principal du document ;
- les études scientifiques sur la pomme de terre et ses vertus ;
- la fonction et la portée du document.

Trucos
- Observez bien les images pour faire le lien avec le titre.
- Repérez le lexique en relation avec l'innovation et les solutions.

Vendedora de papas de colores en un mercadillo en Cusco, Perú

Expression écrite

Vous traiterez en espagnol l'un des deux sujets suivants au choix. Répondez en 120 mots au moins.

Question A : ¿En qué medida los recursos naturales son una baza para una innovación respetuosa del medio ambiente?

Question B : En su opinión, ¿genera el cambio climático una nueva economía y conciencia social ambiental?

Trucos
- Adoptez un point de vue et organisez vos arguments à partir des mots-clés de la question pour le défendre. Vous illustrerez votre propos en citant des exemples de la séquence étudiée.
- Élaborez un plan et sélectionnez des éléments pour illustrer et rédiger votre réponse.

ÉPREUVE 2 — 3e trimestre de Première — 1h30

Documento — **RECYPLAST: transformando el presente, protegiendo el futuro**

RECYPLAST nació en el año 1993 en la localidad de Siquirres, provincia de Limón[1], como un proyecto cuyo objetivo inicial era el reciclaje de residuos plásticos provenientes de la industria bananera nacional, convirtiéndose de esta forma en la primera empresa a nivel mundial en dar tratamiento a este tipo de desecho. Este proyecto surgió de tres empresas visionarias conscientes de la necesidad de tratar estos residuos para contribuir con la sostenibilidad del planeta.

De las empresas fundadoras, hoy en día permanecen como socios las agroexportadoras Dole y Del Monte, y recientemente se incorporó el Grupo Montecristo.

A través de su historia, Recyplast ha ido incorporando nueva tecnología y ha aumentado su volumen de producción a tal punto que hoy día recicla residuos plásticos no sólo de fincas bananeras sino también de las industrias melonera y piñera, dando servicio a 150 fincas que cubren un área de cultivo[2] cercana a las 45 mil hectáreas. Además, se procesa material proveniente de 22 centros de acopio[3], los cuales en su mayoría son microempresas lideradas por mujeres jefas de hogar.

1. en Costa Rica 2. *surface de culture* 3. *centre de collecte ou d'approvisionnement*

El material recibido y procesado por la empresa, es convertido en esquineros plásticos (también llamados “cornerboards”), los cuales son utilizados en el proceso de paletizado de banano y piña para exportación.

En el caso del plástico agrícola (utilizado principalmente como cobertura de suelo[4] y para protección de fruta) el material se recolecta en cada finca y se almacena[5] hasta su posterior envío a la planta para su reciclaje. Durante los 25 años de operación de Recyplast, con este tipo de materia prima se han confeccionado cerca de 200 millones de esquineros, los cuales se han utilizado en el proceso de embalaje de 2.5 millones de contenedores de fruta de exportación. Este es un excelente ejemplo de economía circular porque todo se vuelve a utilizar para el beneficio de los seres vivos y del medio ambiente.

La planta de Recyplast

El volumen de material que se procesa actualmente supera las 40 toneladas diarias y se espera que siga creciendo a mediano y largo plazo. La planta opera 24 horas al día los 7 días de la semana y genera casi 100 empleos directos y 250 indirectos; éstos últimos a lo largo de toda la cadena de suministro[6] de materia prima, proveedores[7] y transporte.

Con todo el plástico reciclado durante 25 años, se le podría dar 126 vueltas a la circunferencia de la tierra, para un total reciclado de 97 millones de kilos de resina. Gracias a Recyplast, se ha evitado la tala de cerca de 1 millón de árboles equivalentes a 2722 hectáreas de bosque.

RECYPLAST tiene planes para realizar inversiones considerables en el corto plazo, con el fin de aumentar su capacidad de producción y poder captar más material principalmente del tipo domiciliario. Sin duda, una muestra de su compromiso con el manejo responsable y sostenible de los recursos utilizados en cualquier parte de la cadena de producción, distribución y entrega final del producto.

amcham.cr, 06/06/2019

4. *couverture du sol* **5.** *est stocké* **6.** *chaîne de distribution* **7.** *fournisseurs*

Compréhension de l’écrit

Diga de qué trata el documento y destaque lo esencial.

Trucos

- Faites un tableau répertoriant les éléments-clé puis présentez les relations avec le thème indiqué.
- Relevez dans le texte les expressions mettant en évidence les objectifs de Recyplast.

Expression écrite

Vous traiterez en espagnol l’un des deux sujets suivants au choix. Répondez en 120 mots au moins.

Question A : ¿En qué medida se vincula el texto con el eje temático “Innovations scientifiques et responsabilité”?

- Relevez dans le texte les expressions des champs lexicaux de l’innovation et de la responsabilité.

Question B : Comente esta frase: “*Lo que queremos es innovar en el sistema de economía circular para que los residuos se conviertan en recursos*”. ¿Le parece que debe ser un reto individual o colectivo?

- Utilisez aussi vos connaissances pour développer votre réflexion.
- Élaborez un plan et sélectionnez des éléments pour illustrer et rédiger votre réponse.

Territoire et mémoire

15 PUERTAS DEL TIEMPO

¿Por qué es tan difícil contar lo que pasó de verdad durante la Guerra Civil?

VUESTRA MISIÓN

Acabáis de descubrir un libro antiguo y diferentes documentos históricos. Para investigar lo que pasó, entráis en un museo de la Guerra Civil y tenéis retos (*des défis*) para encontrar las informaciones. Cada grupo deberá presentar lo que ha encontrado…

RETO

EL ALZAMIENTO NACIONAL

Hace varios años España estaba muy mal gobernada. Todos los días había tiros por las calles y se quemaban las iglesias.

Para acabar con todo esto, Franco se sublevó con el ejército y después de tres años de guerra logró echar de nuestra Patria a sus enemigos.

Los españoles nombraron a Franco Jefe o [redacted] y desde el año 1936 gobierna gloriosamente a España.

— 108 —

Julio de 1936

En tiempos de la Guerra Civil

EXO FINAL

Lección 51

El día [redacted] de [redacted] de 1936, Franco inició el Alzamiento Nacional y libró a España de sus enemigos.

EL ESCUDO

El escudo nacional es un símbolo que resume las glorias de la Patria.

— 109 —

Páginas, del libro escolar enciclopédico El Parvulito de Antonio Álvarez que se usó en tiempos de la dictadura

VIDÉO

RETO

Malas noticias

Noche del 18 al 19 de julio de 1936. José trae el periódico a Salvador y a Teresa, su mujer.

El titular decía: "¡Arriba España!", y Salvador leyó la primera información en voz alta, mientras Teresa se acercaba. "El general Mola declara el estado de guerra en toda Navarra." [...]

–El bando[1], lea usted el bando, en la columna central –le indicó el muchacho. [...]

–Dice que solo el ejército puede traer al país la tranquilidad que necesita. Y aquí abajo... asegura también que Franco controla ya Sevilla y que ha trasladado[2] allí a las tropas de África.

Salvador devolvió su atención a José.

–¿Y aquí? ¿Qué está pasando aquí?

El muchacho asintió, como si estuviera esperando la pregunta.

–Se han producido muchas detenciones, Salvador, dicen que la cárcel está llena. [...]

–¿A quién han detenido? ¿Bajo qué acusaciones?

–Yo no lo sé, Salvador, por ahí solo se habla "de los rojos[3]", sin ponerles nombre. Pero supongo que serán los dirigentes de los partidos y sindicatos más radicales, aquellos que se han distinguido por la violencia contra la Patria... y contra Dios. [...]

–Gracias por venir –dijo al fin–. Sé que no es fácil para ti.

–Tenía que hacerlo, para traerles noticias... y para advertirles. Vayan con mucho cuidado[4]. [...]

–Entiendo, y te lo agradezco. Nos conduciremos con la prudencia que nos recomiendas.

Carlos Aurensanz (escritor español), *La puerta pintada*, 2015

1. *L'ordonnance militaire* 2. *a transféré* 3. (péj.) los republicanos 4. *Soyez très prudents*

Frente de Orduña, 1937

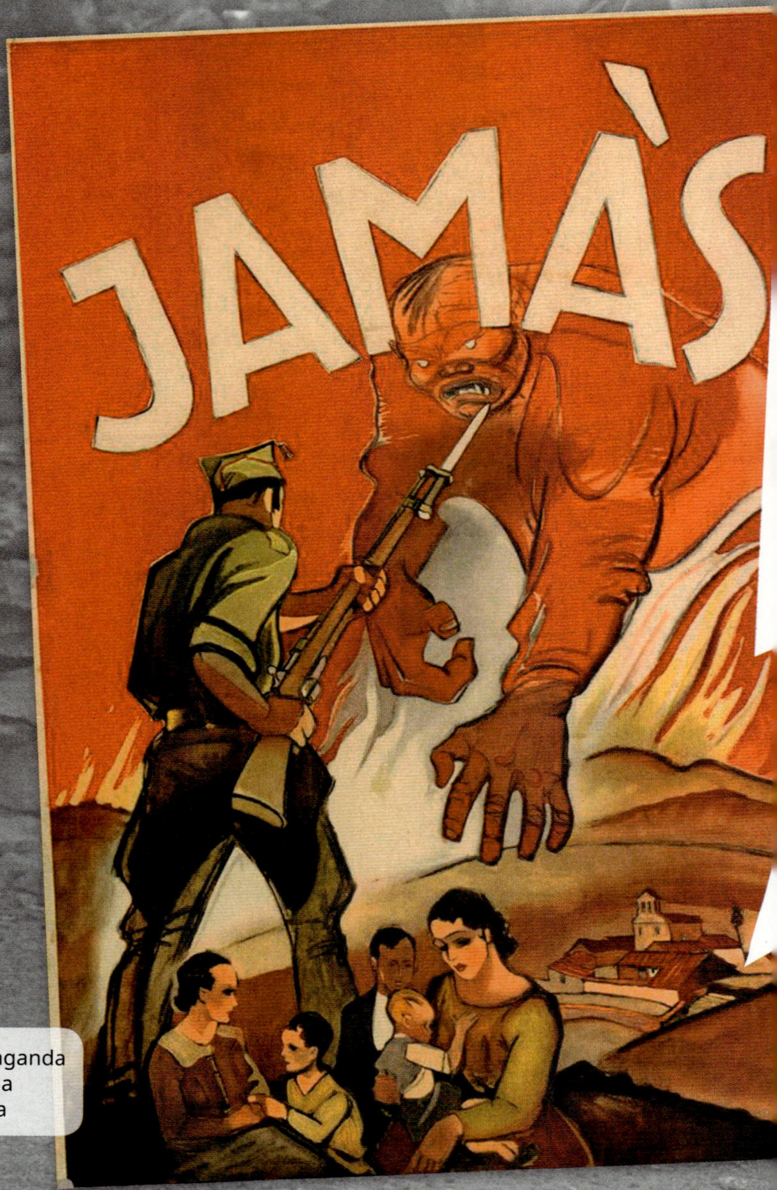

Cartel de propaganda antirrepublicana y anticomunista

Adoctrinar a muchos españoles

Cuando Vega llegó a la cabaña eran casi las cinco de la tarde. Estaba cansada y hambrienta. [...] Cuando se tomó la sopa, Vega subió al escondite[1]. Allí Pablo y Casimiro estaban tumbados[2].

–¿Qué tal te ha ido? ¿Has vendido bien? –preguntó Casimiro.

–No me voy a quejar[3], pero otros días ha estado mejor. Se nota la miseria, la falta de pesetas y tristeza, mucha tristeza. La gente mira recelosa[4], no hay sonrisas en la cara de nadie. Las mujeres andan con la cabeza gacha[5] y los hombres apenas se paran. Esta guerra va a terminar con todos nosotros.

–Qué razón tienes, Vega. Como esto dure mucho van a conseguir un país cansado y triste que se dejará adoctrinar como borregos[6]. Eso es lo que quieren; que no pensemos, que no hablemos, que no decidamos, que trabajemos para los ricos para que sean aún más ricos, que nos dobleguemos y nos partamos el lomo[7] en su beneficio. Son unos cabrones[8] y no podemos hacer nada. A estas alturas, a saber lo que ha pasado. Desde que estamos aquí, no tenemos noticias de nada. Tal vez España entera sea ya un país que viva bajo el yugo[9] de Franco.

Concepción Revuelta (escritora española), *Te di mi palabra*, 2019

1. *la cachette* 2. *couchés* 3. *plaindre* 4. *avec méfiance* 5. *baissée*
6. *comme des moutons* 7. *que nous nous brisions l'échine* 8. *(fam.) des salauds* 9. *le joug*

Libro de historia ilustrado que explica lo que pasó entre 1936 y 1939 en España

Cartel republicano que representa al generalísimo Franco y sus poderosos partidarios

VIDÉO

Mientras dure la guerra, tráiler de la película de Alejandro Amenábar (director hispano-chileno), 2019

Cruel y devastador bombardeo de Guernica

Casi había pasado un año desde que comenzó la guerra. [...] La radio sonaba en la cocina mientras los cuatro habitantes de la casa leían y trasteaban por ella. [...] De repente la música cesó, y la voz dulce de una señorita comunicó que había noticias.

Algo había sucedido, no eran horas de noticias; solo se interrumpía el programa musical si por desgracia[1] algo pasaba. Y así fue. El locutor, con voz apesadumbrada, anunció que había ocurrido un cruel y devastador bombardeo sobre Guernica.

"Sobre las tres y media de la tarde se ha producido un primer ataque de aviones alemanes e italianos que han bombardeado la carretera y el puente, al este de Guernica; con ello han intentado impedir la retirada del ejército republicano. Las bombas de los S-79 cayeron en los alrededores del puente y en la estación de ferrocarril. Los DO-17 alcanzaron la iglesia. A las seis de la tarde, los alemanes, con diecinueve Ju-52, lanzaron bombas explosivas e incendiarias causando una gran destrucción. A las siete menos cuarto de la tarde, cinco cazas Fiat[2] y cinco Messerschmitt[2] Bf-109 ametrallaron tanto el interior de la población como los alrededores." Aunque se cree que la intención era volar[3] el puente y la fábrica de armas, estos objetivos han resultado intactos. Pero la destrucción ha sido enorme. El intenso humo[4] provocado por los bombardeos ha hecho que se descarguen a ciegas[5] cientos de bombas.

En estos momentos, el pueblo de Guernica arde[6]. El número de víctimas se estima en más de cien."

"Este es otro ataque vil[7] y cruel del ejército de Franco."

Los cuatro enmudecieron.

Concepción Revuelta (escritora española), *Te di mi palabra*, 2019

1. *par malheur* 2. *avions de chasse* 3. *faire sauter* 4. *fumée* 5. *à l'aveuglette* 6. *brûle* 7. sin escrúpulos

Pablo Picasso pintando el cuadro Guernica, por David Ouro (dibujante español), en, 2017

Robert Capa (fotógrafo húngaro), Republicanos subiéndose a un puente después de un bombardeo de los fascistas durante la batalla del Ebro, 1938

RETO

"Suya Mi Guerra" La Raíz.
Guernika llora, sangra el corazón,
la libertad es pecado.
Brigada Lincoln pide munición,
pero no habla castellano[1]
Y GRITAN NO PASARÁN,
CON ACENTO AMERICANO,
Y GRITAN NO PASARÁN,
CON ACENTO AMERICANO [...]

1. español

AUDIO

Cartel que elogia a las Brigadas Internacionales, 1937

Un ejemplo heroico de solidaridad

Las Brigadas Internacionales fueron unidades militares compuestas por voluntarios. [...] Durante la guerra española (1936-1939), más de 35.000 hombres y mujeres de 53 países distintos, agrupados en las Brigadas Internacionales, acudieron[1] a España en auxilio del gobierno de la II República. Nunca en la historia se ha producido un caso tan extraordinario de solidaridad internacional. Aquellos jóvenes vinieron dispuestos a dar su vida para ayudar al pueblo español cuyos derechos[2] y libertades estaban amenazados por el fascismo español y europeo. Más de 9.000 de ellos dejaron sus vidas en los campos de España.

Brigadasinternacionales.org

1. vinieron 2. *dont les droits*

VIDÉO

Cartel que elogia a los defensores de Madrid frente al asalto nacional, 1936

La derrota republicana y sus consecuencias

Termina la guerra AUDIO

El primero de abril de 1939, seis milicianos se escondían[1] en una casucha en ruinas [...]

–Eusebio, ¿estás despierto?

–Sí, claro. [...] A veces pienso que nos equivocamos en una cosa. ¿Debíamos habernos quedado en el pueblo? Estoy hasta los cojones de esta guerra.

–No hables así. Hicimos lo que teníamos que hacer. Y, si nos hubiésemos quedado, ya nos habrían fusilado.

–¿Estás seguro?

Ambos callaron. Habían luchado en el Frente del Norte hasta que cayó bajo Franco. Viajaron entonces a Cataluña, donde seguía la contienda[2], convencidos al principio de que la victoria sería posible y resignados luego ante la evidencia de la derrota[3]. David tosió.

–Pronto acabará todo, ya verás. [...]

–No podremos volver a casa. Si volvemos, nos fusilarán. Estemos donde estemos, nos fusilarán. Tarde o temprano, nos condenarán a muerte. Franco no quiere vencernos[4], quiere eliminarnos. [...]

–¿Crees que va a durar mucho?

–No lo sé, la verdad. [...] Solo quiero que todo esto no haya sucedido nunca. [...] Esos hijos de puta han fusilado a muchos. A la Paulina, la hermana de tu suegra, por sufragista[5]. [...] Y a los maestros. Y a José Matías Esquiroz, el del sindicato. Y a Manolín, el pobre. Y a Carmela, la de la banda de música, por negarse a entonar el *Cara al Sol*[6]...

–Y a Pilar... [...]

–¿Sabes que Esperanza ya ha cumplido los dieciséis años? [...] ¿Volveré a verla? ¿Volveré a ver a mi hija?

–No lo sé, David.

–No, no volveré a verla.

Eusebio se acercó a él y le golpeó el hombro.

Aquella misma mañana murieron. [...] Un retén de nacionales los sorprendió pasadas las siete de la mañana [...] apenas unas horas antes, solo unas horas antes, de que la radio del bando rebelde, "Radio Nacional de España", difundiera el último parte de la Guerra Civil Española:

En el día de hoy, cautivo y desarmado el ejército rojo, han alcanzado las tropas nacionales sus últimos objetivos militares. La guerra ha terminado. Burgos, 1° de abril de 1939, año de la victoria. El Generalísimo. Firmado, Francisco Franco Bahamonde.

Mikel ALVIRA PALACIOS (escritor español), *El color de las mareas*, 2018

1. *se cachaient* 2. la guerra 3. *la défaite* 4. *nous vaincre* 5. *militante*
6. canción de la Falange, himno del bando nacional

Francisco Franco, pintura de 1936

15 CÉNTIMOS

EL NOTICIERO UNIVERSAL

DIARIO DE LA NOCHE

CÉNTIMOS 15

¡La guerra ha terminado!

¡¡VIVA FRANCO!!

EN LA VICTORIA

PARTE OFICIAL

Portada del periódico del 1° de abril de 1939

VIDÉO

RETO

Paco ROCA (dibujante español), *El ángel de la retirada*, 2010

PERTHUS

1. *couper à travers la montagne*

Represalias

1939

Ese día a finales de enero en Barcelona, cuando comenzó el éxodo que llamarían la Retirada, amaneció tan frío que el agua se congelaba. [...] Las tropas franquistas bajaban por el Tibidabo[1] y el pánico se apoderó[2] de la población. [...]

–Las represalias son bárbaras, señora Carme. ¿Sabía que les quitan los hijos a las madres y los ponen en orfelinatos de monjas[3] para adoctrinarlos en la única fe[4] verdadera y en los valores de la patria?

–Los míos ya están mayores para eso.

–Es sólo un ejemplo. Lo que quiero explicarle es que no le queda más remedio que venir conmigo, porque a usted la van a fusilar por andar alfabetizando a revolucionarios y por no ir a misa[5].

–Mire, joven, tengo cincuenta y cuatro años. [...] ¿Qué vida me espera en el exilio? Prefiero morirme en mi propia casa, en mi ciudad, con Franco o sin él.

Aitor pasó quince minutos más tratando en vano de convencerla, hasta que Roser intervino.

–Venga con nosotros, doña Carme, porque yo y su nieto la necesitamos. Dentro de un tiempo, cuando estemos instalados y sepamos cómo están las cosas en España, puede volver, si quiere. [...]

La salida de Barcelona presentaba un espectáculo dantesco[6] de miles de seres tiritando de frío en una estampida[7] que poco a poco se convirtió en una lenta procesión avanzando al paso de los amputados, los heridos, los viejos y los niños. [...] Los aviones de la Legión Cóndor volaban bajo sembrando muerte y dejaban a su paso un reguero de sangre mezclada con el lodo y el hielo. Muchas de las víctimas eran niños. [...] Ciento de miles de refugiados aterrorizados escapaban a Francia. [...] Nadie imaginó que en pocos días habría casi medio millón de españoles en el último estado de confusión, terror y miseria, agolpados[8] en la frontera.

Isabel ALLENDE (escritora chilena), *Largo pétalo de mar*, 2019

1. montaña al oeste de Barcelona 2. *s'empara* 3. *des orphelinats tenus par des religieuses* 4. *la foi* 5. *ne pas aller à la messe* 6. *horrible* 7. *une bousculade* 8. *attroupés*

Dime cuándo...

Francisco Pradilla y Ortiz (pintor español), *La rendición de Granada*, 1882

- **1475-1516** Reinado de los Reyes Católicos
- **1492** Fin de la Reconquista (rendición de Granada)
- **1492** Descubrimiento de América por Cristóbal Colón
- **1494** Tratado de Tordesillas: España y Portugal dividen el mundo para colonizarlo
- **1510** Inicio del comercio triangular
- **1516-1556** Carlos I de España (= Carlos V del Sacro Imperio Romano Germánico)
- **1519** Hernán Cortés conquista Tenochtitlán, capital de los aztecas
- **1531** Francisco Pizarro conquista el Imperio Inca
- **1542**

José Gil de Castro (pintor peruano), *Retrato de Simón Bolívar*, 1823-25

Ejecución de Túpac Amaru, Codex del siglo XVI, Perú

- **1780** Rebelión de Túpac Amaru en el Perú
- **1811** Simón Bolívar y Francisco Miranda encabezan los movimientos independentistas
- **1808-1814** Ocupación francesa y guerra de independencia contra las tropas napoleónicas
- **1810-1830** Independencias de las colonias españolas
- **1833-1873** Inestabilidad política
- **1898** Independencia de Cuba, Puerto Rico y Filipinas
- **1910-1919** Revolución mexicana con Emiliano Zapata y Pancho Villa
- **1931** Proclamación de la II República
- **1936** Pronunciamiento militar contra la República (julio)
- **1936-1939** Guerra Civil entre republicanos y nacionales
- **1939-1975**
- **1956-1959** Revolución cubana encabezada por Fidel Castro. Inicio de la dictadura castrista
- Fundación de las guerrillas FARC y ELN en Colombia

Republicanos detrás de una barricada en Madrid, fotografía de 1936

El revolucionario mexicano Pancho Villa, 1914

España | América Latina

Juan Pantoja de la Cruz (pintor español), *Retrato de Carlos V*, 1605

Publicación de *El ingenioso don Quijote de la Mancha* de Miguel de Cervantes

Don Quijote de la Mancha, grabado sobre madera, según un dibujo de Gustave Doré, 1863

1525-1648 Siglo de Oro

1605

Creación del Virreinato del Perú

1713

1701-1713

Guerra de Sucesión

Inicio de la dinastía de los Borbones

El Rey Juan Carlos sanciona la Constitución

La Coronación de Felipe VI, Congreso de los Diputados, 19 de junio de 2014

1978 Aprobación de la Constitución española

1975-1978 Transición democrática

Fundación de la banda terrorista ETA

Muerte de Franco, Don Juan Carlos I, rey de España

1981 El 23F: Intento de golpe de Estado (Tejero)

1986 Adhesión a la Comunidad Europea

Exposición Universal de Sevilla, Juegos Olímpicos de Barcelona

Atentados terroristas en Madrid

Felipe VI, rey de España

2017 Referéndum (ilegal) por la independencia de Cataluña

Gobierno socialista de Pedro Sánchez

Dictadura franquista

1975 Monarquía Parlamentaria

1959 **1964** **1975** **1991** **1994** **2004** **2014** **2020**

1976-1983 Dictadura de la Junta Militar en Argentina

1973-1990 Dictadura de Pinochet en Chile

1967 Ejecución de Che Guevara en Bolivia

Evo Morales, de origen indígena, presidente de Bolivia

Tratado de Libre Comercio entre México, Canadá y Estados Unidos

2018 Éxodos de migrantes centroamericanos rumbo a Estados Unidos

Creación del Mercosur entre Argentina, Brasil, Paraguay y Uruguay

PARCOURSUP, QU'EST-CE QUE C'EST ?

C'est la plateforme nationale de préinscription à l'enseignement supérieur pour tous les élèves de terminale. En 2019, 97% des bacheliers généraux ont reçu au moins une proposition.

1 UN LARGE CHOIX DE VŒUX NON HIÉRARCHISÉS ET DES INFORMATIONS

Quasiment toutes les formations du supérieur sont sur Parcoursup (15.000 formations !) avec de très **nombreuses informations** et des possibilités de contacts directs pour **poser vos questions** sur les contenus, les critères d'examen des vœux, les débouchés.

Vous disposez de **10 vœux (et 20 sous-vœux)** : soyez **réaliste** et **ambitieux** (tentez des filières sélectives !). Tous les candidats, comme vous, déposent de nombreuses candidatures : les établissements vont très loin dans leurs classements pour proposer une admission

Les attendus nationaux et locaux sont là pour vous motiver (pas pour vous inquiéter), tout comme les questionnaires d'auto-évaluation.

Enfin, vous avez **le droit à l'erreur** : il existe de nombreuses passerelles en cours de formation et un changement d'orientation est possible pour tous les Bac + 1 qui sont accueillis sur Parcoursup.

> *Astuce*
>
> **Pas besoin de hiérarchiser vos vœux** et l'établissement de la formation que vous demandez n'est pas informé de vos autres vœux.

2 UNE PROCÉDURE AVEC UN CALENDRIER PRÉCIS ET DES OBLIGATIONS

Calendrier et check-list

Un calendrier
Ce calendrier vous laisse du temps de réflexion, coordonné avec le Bac et adapté à votre intégration dans le Supérieur.

Des modalités d'inscription

- Pour constituer votre dossier personnel à partir de votre INE, vous fournissez :
  - des informations sur votre état civil,
  - vos coordonnées, celles de vos représentants légaux (si vous êtes mineurs),
  - des informations sur votre scolarité passée en complément de celles fournies par votre lycée (bulletins de 1ère et Term, Fiche Avenir avec les appréciations de vos enseignants et l'avis du chef d'établissement).
  - Vous rédigez un **Projet de formation motivé** personnalisé adapté à chaque formation.
  - Vous remplissez soigneusement la rubrique « **Mes activités et centres d'intérêt** » qui peut renforcer vos candidatures.
- Vous envoyez les documents complémentaires que demandent parfois certaines formations.

> *À savoir*
>
> Le respect de la procédure par tous les élèves et les établissements est la condition de son bon fonctionnement.

3 DES ENSEIGNANTS QUI ÉTUDIENT VOTRE DOSSIER ET VOUS RÉPONDENT

Parcoursup n'est pas un robot ni un algorithme qui déciderait de votre orientation !
Toutes les formations vous répondront mais pas forcément en même temps : **surveillez les réponses** (sms, mail...) et votre compte Parcoursup.

N'oubliez pas de répondre à chaque proposition dans les délais indiqués. Si plusieurs propositions vous sont faites il vous faudra choisir puis valider votre choix final et **vous inscrire définitivement**.

VOUS INFORMER SUR LES FORMATIONS

UNE DÉMARCHE À ANTICIPER

Votre démarche d'orientation ne doit évidemment pas attendre l'ouverture de Parcoursup. Peut-être ne savez-vous pas vraiment ce que vous voulez faire, ou vous avez plusieurs idées, ou encore vous avez une idée assez nette de ce que vous voulez faire. Dans tous les cas, **vous devrez vous informer sur les formations, leurs contenus, leurs modalités** (durée, sélective/non sélective, privée/publique, possibilité d'alternance ou de poursuite d'études, proximité...) et **leurs débouchés**.

S'INFORMER AVEC L'ONISEP

L'ONISEP (**Office national d'information sur les enseignements et les professions**) vous fournit toute l'info sur les métiers et les formations :

- Le site onisep.fr, notamment la rubrique *Ma première année en...*
- monorientationenligne.fr vous met en contact avec un conseiller par téléphone, mail ou par tchat.
- Le site *Terminales* à retrouver sur orientation-lycees.fr
- Des revues, des guides, des Salons...
- Vous disposez de beaucoup de sources d'informations potentielles : contacts sur Parcoursup, Journées Portes Ouvertes, salons, forums, sites, Semaines de l'orientation et bien entendu vos enseignants, et les conseillers près de chez vous...

Notez bien que vos motivations pour une formation ou des débouchés ainsi que vos démarches d'orientation vous seront aussi utiles lors du Grand Oral.

VOTRE CALENDRIER PARCOURSUP

Novembre – Janvier	Recherche des informations sur Parcoursup
Janvier – Février	Inscription sur Parcoursup (voir votre check-list ci-contre)
Février – Avril	Constitution de votre dossier complet, saisie et confirmation de vos vœux
Mai – Juillet	Propositions des établissements : vous devez y répondre !
Juillet – Septembre	Éventuellement, phase complémentaire

Pensez à vous inscrire dans votre futur établissement !

VOTRE CHECK-LIST POUR VOUS INSCRIRE SUR PARCOURSUP

- **Une adresse électronique** que vous utiliserez jusqu'à la fin de la procédure.
- **Votre numéro INE** : il est composé de 11 caractères (1 ou 2 lettres, 10 ou 9 chiffres). Vous le trouverez sur vos bulletins scolaires. Si besoin, demandez-le à votre établissement.
- **Votre relevé de notes** aux épreuves anticipées du baccalauréat.
- **Le dernier avis d'imposition** de votre (vos) parents(s) ou tuteur(s) si vous demandez une classe préparatoire avec internat ou si vous souhaitez simuler une attribution de bourse.
- **Vos bulletins** de première et terminale.
- **Votre Projet de formation** motivé en 1 500 caractères, pour chaque formation.

PENSEZ AUSSI À :

- **Remplir les questionnaires d'auto-évaluation** demandés par certaines formations universitaires. Ils sont anonymes et vos résultats ne sont pas communiqués.
- **Remplir la rubrique « Mes activités et centres d'intérêts »**
- **Fournir dans les temps les documents complémentaires** que certaines filières peuvent vous demander (CV, lettres de motivation...).

LES ÉPREUVES DE TERMINALE EN ESPAGNOL

En Terminale, tu auras une séries d'épreuves communes à passer en espagnol. Ces épreuves se dérouleront en deux temps. Attention : le second temps est différent selon que l'espagnol est ta LVA ou ta LVB.

PREMIER TEMPS : L'ÉPREUVE ÉCRITE 1 h 30

PARTIE 1 – COMPRÉHENSION DE L'ORAL

- La compréhension de l'oral est évaluée à partir d'un document audio ou vidéo d'une durée maximale d'1 minute 30.
- Tu écouteras le document trois fois, les écoutes étant espacées d'une minute. Pendant que tu écoutes, tu pourras prendre des notes.
- À l'issue de la troisième écoute, tu devras rendre compte en **français et à l'écrit** de ce que tu as compris. Tu auras parfois des indications pour te guider, mais pas toujours.

- Note sur 30 points (10 points par partie)
- Niveaux attendus :
LVA > B2
LVB > B1

Critères d'évaluation de la compréhension orale et écrite

- Identification du contexte et de la situation d'énonciation (qui parle ? à qui ? de quoi ? dans quel contexte ?)
- Identification des réseaux de sens (quelle est l'organisation du discours ?)
- Identification des stratégies de communication (quelle est la nature du document ? son objectif ? sa visée ? son ton ?...)

PARTIE 2 – COMPRÉHENSION DE L'ÉCRIT ET DE L'ENSEMBLE DU DOSSIER

- La compréhension de l'écrit est évaluée à partir d'un ou deux textes.
- À l'issue de la lecture du ou des textes, tu devras rendre compte de ce que tu as compris **en espagnol et à l'écrit**. Pour te guider, tu pourras t'appuyer sur des questions qui porteront sur la compréhension des textes et sur la compréhension de l'ensemble du dossier constitué par les documents supports de l'évaluation de la compréhension de l'oral et de l'écrit.

PARTIE 3 – EXPRESSION ÉCRITE

- L'expression écrite est évaluée à partir d'une ou deux questions au choix, en lien avec la thématique générale du dossier constitué par les documents du dossier de la partie 1 (sujet d'argumentation ou sujet d'invention). Les questions peuvent s'appuyer sur un document iconographique.
- Tu devras donc traiter au moins l'un des deux sujets en rédigeant ton texte **en espagnol**.

Critères d'évaluation de l'expression écrite

- Qualité du contenu (clarté, précision, efficacité du propos)
- Cohérence de la construction du discours (structure, cohérence interne, argumentation)
- Correction de la langue écrite (maîtrise grammaticale et orthographique)
- Richesse de la langue (variété et niveau de précision du lexique et des structures employés)

SECOND TEMPS : L'ÉPREUVE ORALE

10 min
sans préparation

ESPAGNOL LVA

ÉVALUATION DE L'ENSEIGNEMENT TECHNIQUE EN LANGUE VIVANTE (ETLV)

Si tu es en voie technologique, tu passeras cette épreuve orale dans ta LVA, qui est la langue dans laquelle tu as suivi l'ETLV.

Dans un premier temps, tu disposeras de **5 minutes** pour présenter au jury :

- **STL, STI2D et ST2A** un projet technologique ou scientifique mené dans ton enseignement de spécialité ;
- **STHR** une situation technologique du secteur de l'hôtellerie et de la restauration ;
- **STMG** une organisation (entreprise, administration ou association) ;
- **ST2S** un fait social touchant à la santé ou au bien-être des populations.

Tu pourras apporter des ressources pour soutenir ta prise de parole.

Dans un second temps, le jury te posera des questions sur ta présentation, afin d'approfondir certains points et faire le lien avec l'axe du programme de langue vivante.

- Jury : un enseignant d'espagnol et un enseignant de la spécialité sur laquelle porte l'ETLV
- Note sur 10 points
- Niveau attendu : B2

Critères d'évaluation

- Expression orale (organisation, pertinence et fluidité du discours)
- Interaction orale (capacité à argumenter et à relancer une discussion)
- Correction de la langue orale (correction de la prononciation et de l'accentuation)
- Richesse de la langue (variété et niveau de précision du lexique et des structures employés)

ESPAGNOL LVB

EXPRESSION ORALE EN CONTINU ET EN INTERACTION

Au début de l'épreuve, l'examinateur te proposera de choisir entre trois axes culturels du programme.

En tenant compte de ton choix, l'examinateur te proposera des supports de discussion : deux documents iconographiques, ou deux citations, ou un document iconographique et une citation. Tu auras alors **5 minutes** pour expliquer quel document ou quelle citation illustre le mieux l'axe que tu as choisi et pourquoi.

L'examinateur te posera ensuite des questions plus générales, portant par exemple sur le travail réalisé au cours du cycle terminal sur l'axe choisi.

- Jury : un enseignant d'espagnol
- Note sur 10 points
- Niveau attendu : B1

Critères d'évaluation

- Expression orale (organisation, pertinence et fluidité du discours)
- Interaction orale (capacité à argumenter et à relancer une discussion)
- Correction de la langue orale (correction de la prononciation et de l'accentuation)
- Richesse de la langue (variété et niveau de précision du lexique et des structures employés)

ORGANISER SES RÉVISIONS

Pour réussir ces épreuves, il faut t'organiser à l'avance et commencer tôt les révisions ! En effet, réviser son bac ne se prépare pas à la dernière minute, c'est un travail qui débute dès les premières semaines de septembre. Voici quelques pistes qui pourront t'aider.

1 TRAVAILLER RÉGULIÈREMENT ET AVEC RIGUEUR, EN CLASSE COMME À LA MAISON

✓ Dès le début de l'année, tu dois veiller à :
- être attentif et concentré en classe ;
- participer et poser des questions ;
- prendre la parole régulièrement pour t'entraîner au Grand oral de Terminale.

Les avantages de cette méthode

- Ton implication permettra d'éviter le stress de dernière minute.
- Travailler régulièrement allège ton travail de révision.

2 ORGANISER UN PLANNING DE RÉVISION

✓ Commence par lister tous les chapitres ou thèmes à revoir dans chaque matière, puis, dans un tableau hebdomadaire, place les révisions qu'il faudra effectuer.

✓ La première série d'épreuves a lieu fin mars, il faut donc commencer à réviser dès le début de l'année scolaire !

✓ Sois réaliste, n'envisage pas de longues ou de nombreuses séances de révisions si tu sais que ton planning ou ta capacité à travailler ne le permettra pas.

✓ Chaque jour, mixe les matières que tu révises. Cela te permettra de moins te lasser et d'avoir moins de pression.

✓ Lors des vacances scolaires ou le week-end, augmente le volume de tes séances de révision, car tu as plus de temps. Les quelques semaines avant les épreuves, le volume horaire des révisions devra être plus important : passe de 4 à 6 séances de travail par jour au moins.

Conseil

Coche au fur et à mesure sur ton planning le travail effectué. Cela te permettra de réaliser l'avancée de tes révisions, ce qui est plutôt encourageant, et de planifier à nouveau le travail non fait.

3 CRÉER DE BONNES CONDITIONS DE TRAVAIL

✓ **Réviser en équipe est un moyen efficace pour se motiver.**
Créez des fiches de révision en groupe, interrogez-vous mutuellement, organisez des séances de révision à plusieurs, mutualisez vos cours et vos outils de révisions et profitez ainsi des compétences de chacun.

✓ **Détends-toi !**
Des pauses sont nécessaires pendant les périodes de révision : il faut s'aérer le corps et l'esprit et penser à autre chose. Fais du sport, regarde un film ou une série, sors avec tes amis, fais des exercices de relaxation ou de respiration... **Pense à le faire quotidiennement**.

Les avantages de cette méthode

À plusieurs, il est plus facile de se motiver. Vous appréhenderez moins vos séances de révision.

Les avantages de cette méthode

Un esprit sain dans un corps sain est le meilleur moyen d'affronter sereinement les épreuves du bac : mange bien et accorde-toi un temps de sommeil suffisant.

PRENDRE LA PAROLE EN PUBLIC

Prendre la parole, ça s'apprend ! Suis ces conseils et entraîne-toi régulièrement, c'est le secret de la réussite.

ADOPTE UNE POSTURE SEREINE ET DES GESTES EXPRESSIFS

Fais simple : reste le plus naturel possible.

Ancre-toi dans le sol, les pieds bien droits et légèrement écartés, la tête haute tournée vers le jury. Conserve cette posture, évite de te balancer et ne bouge pas trop.

Sois naturel avec tes mains, tu n'es ni une personnalité politique en campagne ni un mime ! Évite de croiser les bras, ne garde pas tes mains jointes, utilise-les plutôt **pour appuyer ce que tu dis.**

Souris régulièrement, c'est un ingrédient important d'une intervention orale réussie.

PRÊTE ATTENTION À TA VOIX

La voix est le premier instrument de l'orateur. Ses différentes composantes sont mêlées mais tu peux en travailler les différents éléments.

Le volume
Entraîne-toi à parler de manière **suffisamment audible**.

Le débit (vitesse / rythme)
- Le rythme de ta prise de parole influera sur la qualité de sa réception.
- Tu attireras et garderas l'attention en **variant ton débit** en fonction de tes propos. Par exemple, en parlant plus vite quand tu racontes une anecdote, moins vite quand tu arrives en fin d'une sous-partie ou que tu veux insister sur un point.
- Si tu as l'habitude de parler vite, ce sera difficile à modifier. Dans ce cas, évite les phrases trop longues et surtout, fais des pauses !

L'intonation
C'est le ton que tu prends pour t'adresser à ton auditoire en accord avec le texte. Entraîne-toi à bien l'adapter à différents contenus et surtout à le varier pour **éviter la monotonie**.

Conseil

Ne commence pas à parler dès qu'on te donne la parole. Silence, d'abord. Tu attireras l'attention et tu en profiteras pour respirer un grand coup. Les pauses te permettent de marquer le début ou la fin d'une sous-partie, de réfléchir avant de répondre, et d'attirer l'attention sur ce que tu vas dire ensuite.

SOIGNE TON VOCABULAIRE

Même si tu n'en as pas toujours conscience, il se peut que tu utilises un langage trop familier, trop quotidien..

Élimine tous les termes qui te paraissent **relever d'un langage trop familier**. Même si ce n'est pas toujours facile, essaie de bannir tes tics de langage.

Emploie des termes précis : tu dois connaître les définitions de toutes les notions que tu emploies.

Tu peux nuancer ta réponse en utilisant des modalisateurs.

Conseil

Entraînez-vous à plusieurs : un élève présente son exposé, les autres relèvent les mots issus d'un langage trop familier. Cherchez ensemble des synonymes ou des expressions plus adaptés.

Unidad Flash **Identités et échanges**

16 Españoles en Manhattan

Nueva York, ¿tierra de oportunidades para los españoles? EXO ¿Qué sabes de...?

A. La inmigración española en Nueva York B1

El barrio Little Spain en Manhattan

Desfile del día de la Hispanidad en Nueva York

VIDEO

a Muchos españoles se fueron a Nueva York. **Precisa** la época y los motivos. › EXO QUIZ

b ¿Qué sabemos del barrio donde vivían?

c **Explica** qué cuenta la novela de María Dueñas. ¿En qué es interesante? › EXO QUIZ

Fiche de compréhension

Para expresarte

- el asombro: *l'étonnement*
- un evento: *un événement*
- la pobreza ≠ la riqueza
- el sueño americano
- excepcional
- huir de: *fuir*

B. En la Casa de España de Nueva York B1

Rufo Batalla, empleado de la Cámara de Comercio de España en Nueva York recuerda la visita de los futuros reyes.

Un día, hacia mediados de mayo el señor Carvajal fue entrando en todos los despachos de la delegación sereno pero preocupado. [...]

–Me acaban de comunicar de nuestro consulado que dentro de unos días Sus Altezas Reales don Juan Carlos y doña Sofía vendrán a los Estados Unidos en visita oficial. Y a su paso por Nueva York es su deseo saludar a todos los funcionarios españoles destinados en esta ciudad. [...]

El encuentro tuvo lugar en la Casa de España, un establecimiento entre cultural y comercial situado en la calle 39, entre la Primera y la Segunda Avenida. [...]

A eso de las seis y media nos hicieron formar una fila interminable, ordenada *grosso modo* por estamentos[1] y jerarquías. A nosotros nos tocó bastante atrás[2], porque primero formaban los diplomáticos españoles del consulado y de la delegación española en las Naciones Unidas, y a continuación los altos funcionarios españoles en las Naciones Unidas. Luego veníamos nosotros y a continuación el resto de españoles residentes en Nueva York o sus alrededores, seleccionados al buen tuntún[3]. En total, un centenar de personas.

Cuando llevábamos media hora larga en la fila, aparecieron don Juan Carlos y doña Sofía. [...] Al cabo de unos segundos, don Juan Carlos nos dirigió la palabra. En un tono monótono y con mala dicción nos agradeció nuestra presencia y nos animó a seguir dando una imagen positiva de la España presente y futura.

Eduardo Mendoza (escritor español), *El rey recibe*, 2018

a **Di** cómo se nota la preocupación del Señor Carvajal al principio. ¿Por qué? › EXO QUIZ

b ¿Dónde tuvo lugar el encuentro?

c **Léxico** **Enumera** a las delegaciones presentes. El narrador forma parte de...

d **Gramática** **Precisa** el mensaje que les dio el rey.

1. *secteurs, classes*
2. *à l'arrière*
3. (fam.) *au pifomètre*

C. La pequeña España de Nueva York

B1

Caricatura del chef José Andrés, creador del Mercado *Little Spain* en Nueva York

a **Ve** el vídeo y **cita** productos que se venden en este lugar. ¿Qué tienen en común?
> EXO QUIZ

b ¿Qué han fundado José Andrés, Albert y Ferran Adrià?

c **Aclara** por qué se llama Pequeña España.
> EXO QUIZ

Fiche de compréhension

Para expresarte

- un(a) chef: *un(e) chef cuisinier*
- una exquisitez: *un produit succulent*

- cotizado(a) = valorado(a)
- darse a conocer: *se faire connaître*

- emprender: *entreprendre*
- inaugurar

D. El sueño de trabajar en Nueva York

B1 AUDIO VIDÉO

Luis y Alberto dirigen una empresa de moda y quieren agradecerle a Sandra el libro redactado sobre Ofelia Arráez, fundadora de la marca.

–Oye, Luis, ¿qué dirías si le ofrecemos un trabajo?

–¿Un trabajo?

–Sé que le hace ilusión vivir una temporada[1] en Estados Unidos. ¿Y si la mandamos[2] a Nueva York?

–¿A hacer qué?

–Se me ocurren varias cosas: o a trabajar en el archivo de la empresa y hacer una historia del consorcio, o a colaborar en la revista escribiendo artículos o eligiendo fotos o algo así, o incluso a trabajar en nuestra tienda de allí. Ella tiene algo de experiencia, ha trabajado en tiendas de moda en Madrid. O que nos diga ella qué le gustaría hacer.

¿Te parece?

–Eres un as, querido mío. Creo que hemos dado con el mejor regalo de agradecimiento. [...] La llamaré mañana, a ver qué dice. Entrar en Ofelia Arráez no es moco de pavo[3]. Muchas darían un brazo por conseguirlo.

Elia Barceló (escritora española), *El eco de la piel*, 2019

1. *période* 2. enviamos 3. *(fam.) ce n'est pas rien*

a **Lee** el texto y **di** qué han decidido Luis y Alberto.

b **Gramática** **Localiza** los gerundios y los verbos en pretérito perfecto. **Precisa** las opciones en que están pensando.

c ¿Qué revela la última frase del texto?

d **Ve** el vídeo y **di** en qué consiste el trabajo de Verónica en la empresa.

e ¿Es fácil triunfar en Nueva York? **Explica** por qué.

PREPARA EL BAC escrito — **Precisa** los motivos de los españoles que se han instalado en Nueva York.

Apuntes de gramática

La gramática en vídeo

- **L'emploi du passé composé**

Se han hecho *documentales.*
Ha trabajado *en tiendas de moda.*
→ Précis p. 258

- **Les aspects de l'action**

El señor Carvajal ***fue entrando*** *en todos los despachos.*
→ Précis p. 259

Exercices

PROYECTO FINAL

Presenta razones para instalarte en Nueva York.

1 Prepara las razones por las que quieres vivir en Nueva York: oportunidades de trabajo, proyectos para montar un negocio, relaciones o descubrimiento cultural...

2 Relata tu experiencia en diferentes proyectos profesionales y/o personales: habla en primera persona y utiliza los tiempos del pasado. Deja tu mensaje oral en la plataforma *Jóvenes con futuro en Nueva York*.

BAC Metodología

ÉPREUVE ÉCRITE
LVA>B2
LVB>B1

Analyser une vidéo

Lors de deux des épreuves communes de contrôle continu, tu seras évalué(e) sur une compréhension orale. Celle-ci peut porter sur une vidéo. Comment s'entraîner pour réussir cette épreuve ?

Compréhension de l'oral

- Vous allez visionner **trois fois** le document.
- Les visionnages seront **espacés d'une minute**. Vous pouvez **prendre des notes** pendant les visionnages.
- À l'issue du troisième visionnage, vous organiserez votre temps comme vous le souhaitez pour **rendre compte en français** du document oral et pour traiter le sujet d'expression écrite en espagnol (partie 2).

Un español hace historia en Times Square VIDÉO

Un nuevo día, 9/10/2019. Durée : 1 min. 18

Étape 1 Lis le titre du document et analyse-le.

▶ A partir du titre, essaie d'anticiper sur le contenu de la vidéo en te posant des questions : Quels mots/idées puis-je associer immédiatement à ce titre ? Quel peut être le thème de ce document ? En quoi ce titre illustre-t-il l'axe culturel ?

▶ Prends des notes au brouillon à partir de tes hypothèses.

Trucos

- Dès le début de l'épreuve, prépare ta prise de note : trace trois colonnes sur une feuille de brouillon dans le sens paysage afin de rendre efficace le relevé d'information durant les différents visionnages.

Étape 2 Premier visionnage

▶ Visionne attentivement le document vidéo, **sans prendre de notes** pour bien repérer la structure de la vidéo et avoir une vision d'ensemble.

▶ Pendant la **minute de pause**, écris les informations pour répondre aux questions essentielles : de quel type de document s'agit-il ? Qui intervient ? Où cela se passe-t-il ? Quel est le sujet ?

▶ Note également ton ressenti sur ce document : d'après les images et leur enchaînement, les mouvements de caméra, la musique, le sujet traité te paraît-il grave, triste, sérieux, amusant... ? Peux-tu en déduire l'objectif ?

- Type de document : reportage ? bande annonce ou extrait de film ? interview ? ...
- Objectifs du document : vendre, convaincre, informer, divertir, dénoncer, raconter, démontrer...

Étape 3 Deuxième visionnage

▶ Dans la deuxième colonne, note **toutes les informations que tu entends sous forme de mots-clés** car tu n'auras pas le temps de tout retranscrire. Focalise-toi en particulier sur :
- les noms de lieux et/ou de personnes si tu ne les as pas repérés lors du premier visionnage ;
- les données chiffrées s'il y en a.

▶ Dans ce type de vidéo avec une voix off, pense également à analyser le lien entre ce que dit la voix off et les images qui illustrent le propos.

Étape 4 Troisième visionnage

▶ Concentre-toi sur les passages que tu as le moins compris pour compléter ta prise de notes. Ajoute des flèches ou des couleurs pour relier les informations de chaque colonne.

Étape 5 Rédige ton compte rendu

▶ Introduis ton compte rendu en indiquant la nature du document, le thème abordé, les personnes, et le lieu.

▶ Organise ton compte rendu en paragraphes (un paragraphe = une idée), en les reliant avec des connecteurs logiques (*tout d'abord, ensuite, de plus, cependant,* etc.).

La voix *off* au début de la vidéo et les différents bandeaux qui apparaissent permettent d'identifier un reportage.

Lis bien les informations diffusées dans les bandeaux : ici, ils te permettent d'identifier clairement de qui et de quoi on parle.

Essaie d'identifier les noms de lieux cités et/ou appuie-toi sur les images

▶ Relève des données chiffrées et dis à quoi elles correspondent. Pourquoi sont-elles importantes ?
▶ Mets en lien mouvements de caméra sur des détails de la toile et interventions de l'artiste : qu'a-t-il voulu représenter ? Quel a été un de ses objectifs en peignant cette toile ?

Concentre-toi sur les passages difficiles et fais les derniers ajustements en surlignant les éléments des trois colonnes qui se complètent.

Un español hace historia → un espagnol qui...
Times Square fait partie de la ville de....
Thème vidéo : les Espagnols à Manhattan ?

1er visionnage	2e visionnage	3e visionnage
Reportage Voix off + Domingo Zapata, artiste espagnol Times Square, New York Grande peinture qui couvre 15 étages d'un building Style : graffiti, art urbain Éléments : Velázquez, flamenco. Couleurs vives et musique joyeuse → dynamisme. Artiste fier de son œuvre...	350.000 personas que pasan por Times Square. Pintó a cien metros de altura. Mural más grande de la historia de Nueva York. Titre: "Life is a dream" Incorporación de sus obras favoritas: una menina de Velázquez, elementos del flamenco (hombre cantando, con su guitarra), flores... → Peinture colorée qui transmet de la joie, qui rappelle les couleurs de l'Espagne.	Obra : lugar de la celebración del Año Nuevo con su mítica bola de cristal Tres paredes del edificio Artista encantado de haber desafiado las alturas. Idea que quiere transmitir: la vida es sueño. Voluntad de dar alegría a los visitantes de Times Square. Exposición: un año.

Tu peux alterner les langues pendant la prise de notes. Privilégie l'espagnol pendant l'écoute. Tu pourras compléter en français, si tu le préfères, pendant la minute de pause.

¡AHORA TÚ!

Rédige maintenant le compte rendu en français en t'aidant des éléments ci-dessous.

Ce document est un reportage réalisé à...
Les personnes que nous voyons sont...
Cette œuvre particulière a été érigée...
On y voit...
Cette peinture s'intitule... car l'artiste considère que...
Par son œuvre, il souhaite...

Trucos

- Intègre un maximum d'éléments sur l'identité de l'artiste, sa nationalité, sa fonction, ce qu'il a réalisé.
- Consacre quelques lignes aux caractéristiques de l'œuvre d'art, l'endroit où elle a été érigée, ce qu'elle a nécessité pour être créée, sa composition, le message que l'artiste a tenté de transmettre, l'effet qu'elle procure sur le public, la durée de l'exposition.

Unidad 17

Vecinos

¿Cómo impactan las transformaciones urbanas en las relaciones entre las personas?

EXO ¿Qué sabes de...?

VIDÉO

Vista aérea de Los Remedios (México) con el gueto pobre a la izquierda y parte del barrio rico a la derecha.

Para expresarte

- las casas humildes: *les humbles maisons*
- edificios: *des bâtiments*
- la urbanización: *le lotissement*

- amontonado(a): *entassé(e)*
- humilde = modesto(a)
- lujoso(a): *luxueux(euse)*
- rico(a) ≠ pobre

¡Lánzate!

1. **Describe** las dos partes de la fotografía. ¿Qué diferencias ves entre ambas?
2. **Di** qué realidades evidencia este documento.
3. **Explica** cómo viven las personas en "la zona" de la película y **enumera** las ventajas que tienen.
4. **Imagina** las diferencias de vida a ambos lados del muro.

PROYECTO FINAL

Presenta un plan de desarrollo urbano.

América Latina: ciudades de doble cara

1. De Buenos Aires a Lima B1

VIDÉO

En Buenos Aires hay muchos más delitos que hace dos o tres décadas; la cifra de homicidios sigue siendo baja, pero los robos constantes, persistentes, la sensación de que es difícil recorrerla[1] tranquilo.

Por eso, entre otras cosas, los ricos se refugian. Algunos se fueron a esos barrios privados del suburbio, grandes extensiones verdes que incluyen sus clubes, sus colegios, sus iglesias [...] Otros, más urbanos, se encerraron en Puerto Madero, tan lejos y tan cerca.

A mis 12, 13 años me tocaba ir allí todos los jueves: allí yacía[2], entre barcos arrumbados y graneros en ruinas, el campo de deportes de mi colegio. [...]

El abandono duró hasta los noventa; fue entonces cuando [...] empresarios se lanzaron sobre esa mina de oro. Primero rehabilitaron los viejos edificios y los volvieron restaurantes y bares y hoteles pretenciosos; después construyeron otros nuevos y los vendieron como pisos más que pretenciosos.

El invento era imbatible: Puerto Madero está pegado al centro de Buenos Aires pero sólidamente separado de ese centro por rejas[3] y canales, bien aislado; como un barrio cerrado sobre el río. Es un enclave con reglas propias, su propio sistema de seguridad [...]

–Acá te sentís cómodo, tranquilo, sabéis que no va a venir nadie a molestarte. Sabéis que no hay problemas. [...] La verdad, es como vivir en otro país, un país en serio.

Las calles de Puerto Madero son amplias, limpias, muy desiertas, atiborradas[4] de seguridad: más rejas, más guardias, más cámaras.

Martín CAPARRÓS (periodista argentino), *El País Semanal*, 20 de mayo 2019

1. *la traverser* 2. *estaba* 3. *grilles* 4. llenas

Pintada del Muro de la vergüenza en Lima

PARCOURS DIFFÉRENCIÉS

Recorrido A

a. **Di** por qué "los ricos se refugian". › EXO QUIZ

b. Gramática **Explica** qué transformaciones vivió Puerto Madero.

c. **Presenta** sus características como "nuevo barrio".

Recorrido B

a. **Describe** la fotografía y **explica** el mensaje que quiere transmitir.

b. En el vídeo, **di** de qué muro trata el reportaje, cuánto mide y qué separa.

c. **Precisa** cuáles son las consecuencias para la gente. **Di** quién es César y qué piensa del muro. › EXO QUIZ

d. Gramática ¿Verdadero o falso? Todo el mundo puede acceder a esta zona. **Justifica** tu respuesta.

Fiche de compréhension

PREPARA EL BAC Escrito

Explica por qué la estructura de las ciudades es un reflejo (*reflet*) de la estructura social.

Para expresarte

- las desigualdades: *les inégalités*
- convivir: *cohabiter*
- dividir
- luchar contra/por
- sensibilizar a alguien
- tomar conciencia

Apuntes de gramática

La gramática en vídeo

L'appartenance → Précis p. 252

*Extensiones verdes que incluyen **sus** clubes, **sus** colegios, **sus** iglesias.*

*A **mis** 12, 13 años...*

Complète les phrases avec l'adjectif possessif qui convient.

a. Puerto Madero es un barrio seguro. ... guardias vigilan las veinticuatro horas.

b. En ... urbanización, vivo muy tranquilo.

c. ... seguridad fue el principal motivo que nos incitó a mudarnos a Puerto Madero.

Exercices

Mejora tu léxico

Haz frases sobre realidades con las palabras siguientes de la vida en una ciudad.

urbanizaciones • barrios • una ciudad • separar • compartir • muros • vecinos

España y las transformaciones urbanas

1. En una urbanización en Galicia B1

He pasado por la empresa que instala paneles solares. [...] Con dos placas en el tejado puedo cargar dos series de veinticuatro baterías acumuladoras, incluso en un sitio tan poco soleado como Galicia. [...]

Al llegar a casa he guardado la compra y he cortado un poco el césped[1] mientras oía la radio. El jardín de casa tiene unos cincuenta metros cuadrados; no es muy grande, poco más que un patio, pero resulta muy íntimo por las altas tapias[2] que lo rodean. La casa, de ladrillos[3], está en una urbanización de cuarenta chalets idénticos, alineados en filas de diez, en dos calles paralelas. [...]

Apenas conozco a los vecinos, ya que paso poco tiempo en casa. Tan solo sé que enfrente vive un matrimonio de jubilados[4] muy simpáticos, con un Pathfinder, y al lado un médico con su mujer y sus dos hijas pequeñas. El chalet del otro lado lo ocupa Alfredo, un chaval muy majo[5] que trabaja en una constructora y vive con su novia. Yo, de momento, vivo con Lúculo, el gato más golfo y salido[6] de toda la calle. Supongo que dentro de nada me encontraré con alguna vecina histérica en la puerta de mi casa, llevando en los brazos una caja llena de gatitos clavados a[7] Lúculo y exigiéndome una explicación. Tengo que hacer algo con este gato...

Manel LOUREIRO (escritor español), *Apocalipsis, el principio del fin*, 2011

1. *le gazon* 2. *murets* 3. *briques* 4. *retraités* 5. simpático 6. *voyou et fou* 7. *semblables à*

Para expresarte

- las afueras: *la banlieue*
- las comodidades: *le confort*
- la naturaleza

- apacible: *paisible*
- distante
- irónico(a)
- soltero(a): *célibataire*

- compartir: *partager*
- contar [ue] con: *compter sur*
- contradecir [i] = oponerse
- estar metido(a) en: *être fourré(e) chez*
- llevarse bien/llevarse mal: *s'entendre bien ≠ mal*

a. **Di** quién es el narrador y dónde vive.
b. Léxico **Apunta** palabras que describen el lugar. ¿Cómo aparece el sitio?
c. El narrador se siente a gusto en ese lugar. ¿Sí o no? **Justifica.** > EXO QUIZ

2. Nuevos barrios, nuevos vecinos B1

VIDÉO

Fiche de compréhension

Una urbanización de adosados en Algeciras (Andalucía)

a. **Ve** el vídeo y **señala** lo que vino a buscar la familia en esta urbanización. ¿Qué podemos suponer? > EXO QUIZ
b. **Entresaca** las ventajas de vivir en ese lugar.
c. **Apunta** algunas frases incrustadas. **Califica** el tono del vídeo y **justifica**.

Fonología

El sonido [k]: ¿c o qu? EXO QUIZ

3. Una zona sin vida en Andalucía B1 AUDIO

Un oficial de la Guardia Civil está investigando un caso en el Campo de Gibraltar.

Aproveché[1] el trayecto para disfrutar, a la luz del día, del paisaje formidable de la bahía.[...] Tenía algo de sublime y de monstruoso a un tiempo [...], y no dejaba de asomar[2], aquí y allá, la grandiosidad del escenario, debida a su condición de confín continental y de balcón asomado a la vez a África, al mar y al océano. [...]

Se fueron sucediendo los espacios urbanos hasta rebasar[3] la siempre omnipresente Roca[4], con la constelación de pueblos que la rodeaban. [...] Sotogrande era entre estas [urbanizaciones] la más renombrada y conocida, y aunque yo nunca había estado allí antes me había llegado su fama: una de las mayores concentraciones de millonarios de Europa, donde tenían mansión magnates de todo el mundo, algunos para ocuparlas apenas durante unos días al año. [...]

Y tengo que decir que la sensación que me produjo circular por aquellas calles vacías, junto a las vallas[5] y los muros de propiedades que se alargaban durante cientos de metros, fue por encima de todo, de desasosiego[6]. [...] Pensé en lo que sería, por ejemplo, sufrir un ataque cardíaco en mitad de alguna de aquellas calles desiertas...

Lorenzo SILVA (escritor español), *Lejos del corazón*, 2018

Urbanización de Sotogrande, Andalucía

1. *Je profitai de*
2. aparecer
3. pasar
4. el peñón de Gibraltar
5. *clôtures*
6. angustia

a. **Di** en qué región de España está el narrador. ¿Cómo le parece el lugar?

b. Gramática **Precisa** qué es Sotogrande. Apunta dos superlativos y cita características del lugar.

c. **Explica** qué sintió el narrador al pasar por esta urbanización.

d. **Imagina** cómo vive la gente en esta urbanización. ¿Qué te llama la atención? › EXO QUIZ

Para expresarte

- la angustia: *l'angoisse*
- una urbanización de lujo
- un(a) visitante: *un(e) visiteur(euse)*

- acogedor(a): *accueillant(e)*
- grandioso(a)
- hermoso(a) = bello(a)
- inseguro(a)
- lujoso(a): *luxueux(euse)*

- carecer de: *manquer de*

PREPARA EL BAC Escrito

Vivir en una urbanización tiene ventajas e inconvenientes. **Señálalos** y **precisa** por qué eligen algunos españoles vivir en ellas.

Apuntes de gramática

La gramática en vídeo

Les superlatifs → Précis p. 254

*Era **la más** renombrada... una de **las mayores** concentraciones de millonarios de Europa.*

Traduis les phrases suivantes.

a. La région de Sotogrande est une des plus denses d'Andalousie.

b. Ce nouveau lotissement est le plus peuplé de la ville.

c. Les lotissements sont les endroits les plus prisés (*preciados*) des Espagnols.

Exercices

Mejora tu léxico

Busca el intruso y justifica tu elección.

un chalet • el jardín • un balcón • la calle • el edificio • el tejado • el césped • el vecindario

Crear nuevos vínculos humanos

1. ¿Redes de apoyo entre vecinos? B1

Fiche de compréhension

VIDÉO

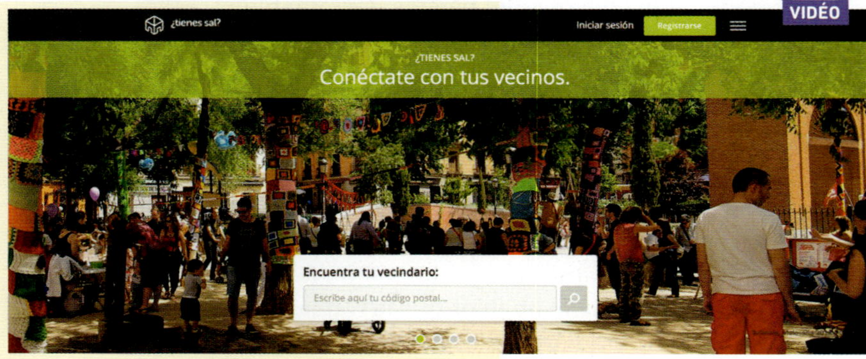

Hace unos meses leí que había nacido en Madrid una iniciativa llamada "La escalera". Invita a conocer a los vecinos del edificio donde vives usando pegatinas[1] en los buzones[2]. Sentí como una especie de ternura y gracia. Empecé a reír. No paraba de imaginar las pegatinas, los vecinos leyéndolas, comenzando a saludarse entre ellos tras haber metido un trocito de papel en el buzón. "Ahora sí puedo llamar a la vecina del segundo para ver cómo está. Ahora alguien podrá recoger mis cartas, regar las plantas, estar pendiente de[3] casa cuando me voy fuera o de vacaciones."

En mi cabeza, seguía imaginando situaciones cotidianas resultado de una pegatina en un buzón. Y seguía riéndome, claro.

Porque pensaba en mis abuelas y en todas las mujeres de los pueblos. En sus casas. Con las puertas abiertas, con los zaguanes[4] siempre encendidos. Unas pendientes de las otras, cuidándose entre ellas. Cruzando sus calles con las ollitas[5] calientes, con cestos llenos de huevos y verduras, con el pan bajo el brazo. Compartiendo. Sin necesidad de buzones ni pegatinas. Sin necesidad de que alguien piense como original e innovador algo que es tan primario y que llevamos tan dentro: el afecto y los cuidados hacia los que nos rodean. El apego[6] y la atención. La comunidad y sus vínculos. [...]

Lazos nuevos, tejidos que se crean, proyectos rompedores, ideas maravillosas, asociaciones, colectivos... y las que están detrás de todas estas iniciativas, en la mayoría de los casos, son mujeres.

María SÁNCHEZ (escritora española), *Tierra de mujeres*, 2019

1. *autocollants* 2. *boîtes aux lettres* 3. vigilar: *surveiller* 4. las entradas = los vestíbulos
5. *les petites marmites* 6. el cariño: *la tendresse*

Para expresarte

- la benevolencia: *la bienveillance*
- una herramienta: *un outil*
- un martillo: *un marteau*

- acercar: *rapprocher*
- ayudarse mutuamente: *s'aider mutuellement* = *poner en contacto*
- quedar: *avoir un rendez-vous*

- cada vez más ≠ cada vez menos

PARCOURS DIFFÉRENCIÉS

Recorrido A

Ve el vídeo y contesta.

a. **Di** qué es "¿Tienes sal?" y por qué nació.
b. **Precisa** en qué consiste.
c. Gramática **Explica** para qué se ha creado esta *app*.
d. **Indica** para qué la utiliza la gente.

Recorrido B

Lee el texto y contesta.

a. **Precisa** en qué consiste "La escalera".
b. Léxico **Apunta** ejemplos de acciones que permite esta iniciativa.
c. La narradora pensó en las mujeres de los pueblos. **Explica** por qué.
d. Según la narradora, la iniciativa "La escalera" no era innovadora. **Justifica**.

e. **Compara** las dos iniciativas y **precisa** los puntos comunes y las diferencias.

2. El metrocable en Medellín : ¿un vínculo social? B1

Fiche de compréhension

El metrocable de Medellín, Colombia

VIDÉO

a. **Precisa** qué es el metrocable en Medellín. ¿Por qué es útil?

b. Es un medio de transporte muy común en las ciudades. ¿Sí o no?

c. Léxico **Lista** todo lo que ha aportado el metrocable a la ciudad. ¿Qué ha permitido a nivel social?

d. **Explica** lo que representa hoy para la ciudad.

EXO QUIZ

PREPARA EL BAC Oral

Si la ciudad puede llegar a excluir, también puede favorecer la integración y la convivencia. ¿En qué medida te parece corresponder esta reflexión con los documentos estudiados?

Para expresarte

- la igualdad ≠ la desigualdad
- un medio de transporte: *un moyen de transport*
- seguro(a): *sûr(e)*
- conectar: *relier*
- permitir + inf.
- rodear: *entourer*
- soler [ue] + inf.: *avoir l'habitude de*

Apuntes de gramática

La gramática en vídeo

L'expression de la répétition → Précis p. 259

*La app está conseguiendo que cientos de vecinos **vuelvan a conectar**.*

Traduis les phrases suivantes.

a. Les habitants se font à nouveau confiance depuis que nous utilisons cette application. (*hacerse confianza*)

b. Mon quartier revit grâce aux initiatives solidaires. (*vivir*)

c. Le métrocable de Medellín relie à nouveau les différents quartiers de la ville. (*conectar*)

Exercices

Mejora tu léxico

Encuentra el sustantivo de los verbos siguientes.

apoyar • iniciar • cuidar • confiar • saludar • convivir

PROYECTO FINAL

Presenta un plan de desarrollo urbano

Para una reunión en el ayuntamiento *(la mairie)* de tu ciudad, presenta diferentes iniciativas locales que favorezcan las relaciones entre los vecinos.

1 Prepara los contenidos.

a. Busca información sobre tu barrio, una ciudad o un lugar del que se habla en la secuencia (número de habitantes, características...).

b. Apunta en un borrador (*brouillon*) las ideas principales para explicar:
- sus bazas (*atouts*).
- los problemas en el lugar.
- algunas soluciones posibles e ideas innovadoras.

2 Presenta tu plan de desarrollo urbano.

c. Presenta tu ciudad o barrio con sus bazas y sus problemas.

d. Propón diferentes iniciativas que van a permitir acercar a los vecinos. Explica el motivo y el objetivo de cada uno.

e. Valoriza tu presentación oral con un *powerpoint*.

Acuérdate de...

- Ne prépare pas un texte mais des notes avec des mots-clés pour ne pas être tenté de lire...
- Choisis bien les images qui accompagneront ta présentation afin de la rendre dynamique et vivante.

- Pense à utiliser les superlatifs et comparatifs, *por* et *para*, les tournures directes (*permitir* + inf.) et les adverbes de lieu.

BAC Evaluación

Autoévaluation

ÉPREUVE ÉCRITE
LVA > B2
LVB > B1

ÉPREUVE 3 3e trimestre de Terminale 1h30

Compréhension de l'oral

Documento 1 El barrio de La Granja (Ciudad Real, España) conmemora el Día Internacional de la Convivencia en Paz

Vous rendrez compte librement en français de ce que vous avez compris du document.

- Précisez la nature du document et dites qui parle et à qui.
- Relevez les informations qui montrent ce que l'on commémore et comment c'est organisé. (thème)
- Donnez la portée du document. (objectif)

durée : 1'27 VIDÉO

Trucos

- Consacre 20 à 30 min à cette partie.

Compréhension de l'écrit et de l'ensemble du dossier

Documento 2 La Finca

Antonia y Jon, dos policías, investigan en La Finca, Madrid.

Están parados frente a una barrera de seguridad. Dos guardias salen de la garita[1] y rodean el coche, uno por cada lado. El potente haz[2] de una linterna LED impacta en las ojeras[3] de Jon y en los ojos soñolientos de Antonia.

–Hacéis el favor de bajar la linternita –dice Jon sacando la placa por la ventana.

El guardia se acerca. Su rostro es apenas visible en la oscuridad, acentuada por la gorra calada hasta las cejas[4], pero Jon percibe que está muy nervioso. Estudia la placa con detenimiento, sin llegar a tocarla. Al cabo de unos segundos hace girar el dedo índice en dirección a su compañero para que levante la barrera.

–Puede continuar. [...] Siga todo recto hasta la segunda rotonda, y allí continúe por el camino de la derecha hasta el final.

Jon arranca de nuevo el coche, ahora que la barrera está levantada. Los faros de xenón iluminan un letrero[5] de acero pulido en el que se lee el nombre del lugar.

LA FINCA

Están a seis canciones y otros tantos mundos de distancia de Lavapiés[6] [...].

Al principio del recorrido encuentran varios grupos de adosados[7] cerca del camino principal, pero estos empiezan a espaciarse a medida que van dejando paso a chalets de diseño[8] cada vez mayores y más caros, cuyas luces cálidas sobresalen como islas en la oscuridad.

–He leído acerca de este sitio. Una urbanización[9] de superlujo para millonarios celosos de su intimidad –dice Antonia, que ha sacado el iPad del bolso bandolera[10] y navega por la web en busca de información–. Empresarios, jugadores de fútbol. El precio de las casas alcanza los veinte millones de euros. Dicen que es el lugar más seguro de Europa.

Jon tiene un vago recuerdo de un reportaje en la tele sobre La Finca. La mitad de la plantilla del Real Madrid vive en esa maqueta a escala 1:1. Aunque el reportaje no mostraba gran cosa, más allá de las mismas calzadas sintéticas y bien iluminadas que ahora recorren. [...]

En esa zona los caminos de entrada se espacian aun más. Las farolas que iluminan las aceras son más escasas, y los muros y portalones[11] que limitan el acceso a las casas son más altos. Medio kilómetro después de la barrera, Jon vislumbra el final de la calle. Justo delante, atravesado en mitad de la calzada[12], antes del portalón de entrada a la última de las casas, hay atravesado un Audi A8 negro, igual que el que Jon conduce.

Juan GÓMEZ-JURADO (escritor español), *Reina Roja*, 2018

1. *poste de garde* 2. *le faisceau* 3. *cernes* 4. *sourcils* 5. *écriteau* 6. barrio de Madrid
7. *maisons mitoyennes* 8. *villas d'architecte* 9. *un lotissement* 10. *sac à bandoulière* 11. *portails*
12. *chaussée*

Documento 3 Una ciudad agradable

Dicen que Rivas-Vaciamadrid, pese a su desagradable nombre, es uno de los pueblos con mejor calidad de vida de la Comunidad de Madrid –el séptimo más rico de España, el cuarto con menor cantidad de población en riesgo de pobreza–: un paraíso en el que no debería haber problemas. Hay zonas de pisos y otras de chalets adosados; viven muchos jóvenes profesionales con sus familias; el municipio está lleno de instalaciones para hacer deporte o para albergar actividades de ocio y cultura. La vida es agradable en Rivas, un ejemplo de ciudad sostenible, un lugar donde merece la pena vivir y educar a unos hijos. Por eso, Alberto se esforzó en comprar allí, aunque al principio les costara tanto pagar la hipoteca de su adosado con jardín y piscina. Menos mal que las cosas han mejorado para la familia Robles. Ahora están orgullosos de su casa, del vecindario[1] y del Lexus recién estrenado, de haber conseguido lo mejor dentro de lo que estaba a su alcance[2].

Carmen MOLA (escritora española), *La red púrpura*, 2019

1. *le voisinage* 2. *à leur portée*

Compréhension de l'écrit

Diga de qué tratan los dos documentos y destaque los puntos comunes.

Trucos

• Relève toutes les particularités de ces quartiers et des habitants qui y vivent en faisant une colonne par document. Les points communs apparaîtront plus clairement.

Compréhension de l'ensemble du dossier

▶ Tras estudiar los documentos, explique qué aspecto de la vida urbana destacan.

Expression écrite

Vous traiterez en espagnol l'un des deux sujets suivants au choix. Répondez en 150 mots environ.

Question A

“Todos los barrios de nuestro municipio van a estar representados en el nuevo comité local de Santa Brígida [en Canarias]. Mayor cercanía y más diálogo con todos los vecinos debe ser nuestra prioridad.”

Lucas BRAVO DE LAGUNA (personalidad política española)

▶ Analice y comente esta frase de un discurso a la luz de sus conocimientos sobre la evolución de la vida en las ciudades y barrios españoles.

Question B

▶ Escriba un discurso que subraye las ventajas y las desventajas de una urbanización.

Unidad Flash 18 Fictions et réalités

Visitas virtuales

¿En qué medida permiten las visitas virtuales enriquecer el conocimiento de la realidad?

EXO ¿Qué sabes de...?

A. Realidad aumentada para descubrir el pasado de Sevilla

B1

VIDÉO

Experiencia de realidad virtual en Sevilla

a **Di** para qué sirve la aplicación *Past View*.

b *Past View* necesita la presencia de un guía que explique lo que ve el visitante. ¿Sí o no? **Justifica**.

c **Precisa** de qué manera permiten las gafas *Moverio* conocer una ciudad y su historia.

Fiche de compréhension

Para expresarte

- una fecha: *une date*
- las gafas: *les lunettes*

- recordar [ue] = acordarse [ue] de: *se souvenir de*
- superponer: *superposer*

- a la vez = al mismo tiempo
- por una parte... por otra...
- no solo... sino también.../ no... sino que + *verbe*

B. Viaje virtual a Machu Picchu

B1 AUDIO

El narrador acaba de entrar en un módulo de realidad virtual.

–Hola, soy el mando[1] principal del viajero virtual. Me complace mucho[2] que nos visites. Gracias por tu preferencia. En aquella pantalla podrás ver los destinos posibles en este momento. Selecciona lo que gustes. [...]

–Deseo visitar Machu Picchu el 25 de octubre de 1998.

Recuerdo que ese día estuve allí mismo, a mis veintitantos años. La voz digital se disculpó.

–No estamos en posibilidades de viajar en el tiempo. Solamente podemos dar una representación del lugar en la actualidad o de alguna época que esté programada de antemano[3].

Era cierto porque después de recibir su respuesta, apareció en una pantalla la ciudad sagrada y los años en que se podía "visitar", en forma virtual. Año 1100 / 1450 / 2012 / 2150. [...] La luz de la calle casi en penumbra después del ocaso del sol[4], había abierto paso a un día soleado, casi al mediodía. Machu Picchu se encontraba en su mayor esplendor.

–Es Machu Picchu del año 1450. [...]

Luego de seguir observando la ciudad sagrada por largo tiempo, no pude evitar encontrar las diferencias con la que visité personalmente. Si bien se parecían mucho en líneas generales algunos detalles, así como la exuberante vegetación y fauna de la verdadera ciudad opacaban[5] a la imitación. Pero sería muy buena para quienes no la conocían.

Rafael Martínez Chávez (escritor peruano), *El Señor del Tiempo*, 2018

1. *(ici) tableau de bord* 2. Me gusta 3. *préprogrammée*
4. *coucher de soleil* 5. *(ici) faisaient pâlir*

a ¿Qué lugar virtual desea visitar el narrador? **Indica** la época y **precisa** por qué. > EXO QUIZ

b **Di** si la experiencia le parece positiva. **Justifica** con el texto.

c ¿Te gustaría hacer turismo de esta manera? **Explica** por qué sí o por qué no.

C. Turismo en 360° en Chile

B1

VIDÉO

La *app* Chile 360° en tu móvil (https://www.appchile360.cl/)

a ¿Qué permite hacer la aplicación Chile 360°? > EXO QUIZ

b Esta aplicación permite promover el turismo en Chile. ¿Verdadero o falso? **Justifica**.

c Con aplicaciones como esta podemos visitar un lugar sin necesidad de viajar. **Di** si esta afirmación te parece correcta. **Justifica**.

Fiche de compréhension

Para expresarte

- las caminatas: *les randonnées à pied*
- distinto(a): *différent(e)*
- la herramienta: *l'outil*

- a mí (no) me gusta(n)...
- descubrir: *découvrir*
- gracias a...
- (no) basta con... : *il (ne) suffit (pas) de...*

D. Museos en Internet: ¿Para qué viajar?

B1

El arte está renovando soporte y para ello Internet ha logrado ser muy satisfactorio.

Es una alternativa cultural muy interesante que permite ampliar los conocimientos, [...] apreciar el arte de los lugares más remotos[1], y todo ello a un clic de distancia. Ya no es necesario [...] viajar a otra ciudad o país para poder pasear por las salas del Louvre o del Museo del Prado, ni siquiera hay que moverse de casa. [...]

Una ventaja relacionada con la tecnología consiste en la unificación de las obras de arte: por ejemplo, no existe ningún museo que contenga todas las obras de Picasso, sino que estas están distribuidas por todo el mundo; entonces, este sistema permite visitar virtualmente todas ellas de manera conjunta. [...]

Este panorama nos lleva entonces a preguntarnos: [...] ¿Las versiones electrónicas suplantarán la experiencia de ver la obra de arte en vivo y en directo? [...] ¿Es una obra de arte apreciada de igual manera a través de una pantalla?

Creo que las ventajas que brinda[2] Internet pueden resultar muy positivas en cuanto a la difusión y conocimiento del arte, sin embargo[3], es, a mi criterio, la experiencia de confrontarse directamente con un cuadro o una escultura, lo que provoca la sensación de mayor placer en el espectador de arte.

Arquepoetica.azc/uam.mx

1. *éloignés* 2. ofrece 3. *cependant*

a **Lista** las ventajas de Internet para acceder a la cultura y favorecer el turismo.

b **Precisa** el punto de vista del autor (l. 12 a 18) y **di** si lo compartes. > EXO QUIZ

PREPARA EL BAC escrito **Apoyándote** en los documentos, **di** si las visitas virtuales pueden realmente ayudar a conocer la realidad de un país.

Apuntes de gramática

La gramática en vídeo

- **Continuité de l'action** → Précis p. 259
  Seguir *observ**ando** la ciudad sagrada.*

- **Construction directe** → Précis p. 263
  *Una alternativa cultural que **permite ampliar** los conocimientos.*

Exercices

PROYECTO FINAL

Realiza una presentación turística para la visita virtual de un sitio hispánico emblemático.

1 Conéctate a *https://www.appchile360.cl/* y descarga la *app* Chile 360° en tu Smartphone. Elige un lugar.

2 Prepara la visita virtual:
- busca informaciones en Internet: historia, acontecimientos importantes...;
- sitúa las épocas y detalla lo que se puede descubrir y cómo;
- graba tu audioguía de presentación.

ÉPREUVE ÉCRITE
LVA > B2
LVB > B1

Analyser un texte informatif ou documentaire

Lors de l'épreuve commune de contrôle continu de fin d'année, tu seras évalué(e) sur ta compréhension de l'écrit, à partir d'un ou deux textes. Il s'agit de rendre compte de ta compréhension de ce(s) document(s), qui peuvent être des textes informatifs ou documentaires. Quelles sont les spécificités de ce type de texte ?

Compréhension de l'écrit

Diga de qué tratan los dos documentos y precise en qué son complementarios.

Étape 1 Anticiper le sens général

- Repère les mots clés de la consigne et mets au clair leurs implications.
- Lis les titres et sous-titres des documents et déduis les grandes lignes de leur contenu.
- Procède à une première lecture en repérant les mots-clés ou les passages importants.

Étape 2 Faire des repérages efficaces

- Lis chaque texte et identifie :
  - le thème général ;
  - la structure et la logique ;
  - la visée et le ton.
- Repère **les liens que tu peux faire entre les deux textes** : informations qui se complètent ou s'opposent ?
- Identifie **les deux ou trois idées principales dans chaque texte** pour t'aider à **construire ton plan**.
- Garde à l'esprit le lien avec le sujet et la problématique.

Trucos

- Organise ta réflexion sous forme de tableau ou de carte mentale. Regroupe les éléments ou les idées qui vont ensemble.

Étape 3 Construire et rédiger ton compte rendu

- Établis un plan avant de passer à la rédaction de ta synthèse : comme tu dois rendre compte de deux documents, il s'agit de **repérer les idées générales qui te permettront d'évoquer chacun des deux textes**.
- Rédige **une introduction** en présentant les deux documents et leur thématique commune. Appuie-toi pour cela sur les éléments du titre et du sous-titre.
- Organise **ton développement** à partir des éléments que tu auras extraits des textes et en montrant comment ces textes « dialoguent » (s'opposent, se complètent...).
- **Conclus** en reprenant l'idée essentielle et en mettant éventuellement en évidence le lien avec l'axe du programme.

- À partir de ton tableau ou de ta carte mentale, établis ton plan en numérotant les idées afin de définir l'ordre dans lequel tu vas les traiter.

Documento 1

Realidad virtual, una nueva forma de recorrer el mundo

Un divertido recorrido por Hollywood, Malibú, Santa Mónica, Los Ángeles y las playas californianas, sin salir de Bogotá.

Primero jugué sobre una tabla de surf entre las olas de las playas californianas [...]. Después caminé sobre algunas de las estrellas de Hollywood, justo al frente del Teatro Dolby, uno de los más grandes y glamurosos del mundo; la siguiente parada fue Malibú, a bordo de un súper deportivo con el que recorrimos una hermosa autopista hasta desembocar en el mar.

Una entretenida experiencia que no duró ni diez minutos y que transcurrió mientras estaba sentada en una silenciosa y acogedora oficina del norte de Bogotá. La realidad virtual se ha convertido en una poderosa herramienta para el sector del turismo y de la mano de la iniciativa AlmundoVR360 llegó a nuestro país para facilitar la elección de un destino.

elspectador.com, 4/10/2016

Documento 2

La realidad virtual, una nueva forma de viajar

La apuesta de empresas por recrear viajes inmersivos tecnológicamente abre nuevas posibilidades a esta industria.

Con sede en Barcelona [Omnipresenz] ofrece un programa que permite explorar los confines de la Tierra [...] con el uso de tecnología inspirada en series de ciencia ficción.

[...] La posibilidad de realizar viajes virtuales genera, sin embargo, dudas entre viajeros expertos. Steve Burgess, un escritor independiente especializado en turismo, asegura que viajar sin salir de casa "destruye la justificación de los viajes. Es como tomar un jugo de frutas sin frutas reales".

[...] Los creadores de los viajes virtuales presentan a estos programas como una herramienta complementaria para viajar más [...]. Después de experimentar Omnipresenz, se generarían más ganas de viajar", explicó Soro. [...]

"Uno de los objetivos de Omnipresenz es facilitar la experiencia de un viaje a personas que por diferentes motivos tienen dificultades temporales o crónicas de movilidad física. Ellos pueden así compartir emociones y salir del aislamiento a través de nuevas miradas a la realidad", declaró Soro.

publimetro.pe, 8/01/2015

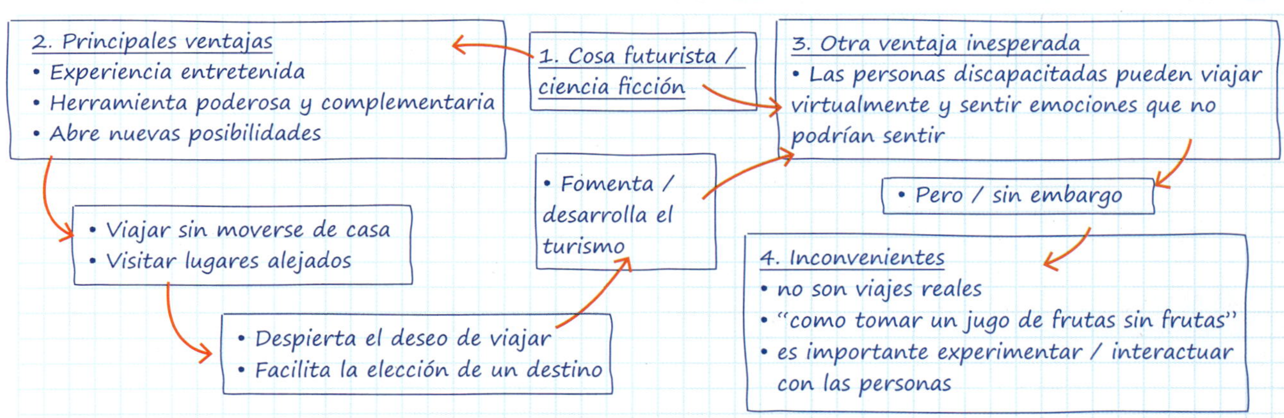

¡AHORA TÚ!

Rédige ton compte rendu en t'aidant des éléments ci-dessous.

Hoy en día la realidad virtual ...
Gracias a ella el turismo ...
Un poco como en las películas de ciencia ficción ...
Las principales ventajas son ...
Sin embargo ...
En efecto es importante ...

Trucos

- Efforce-toi de reformuler avec tes propres mots ; évite de procéder par juxtaposition d'extraits de texte.
- Comme dans toute production écrite, il convient de faciliter au maximum le travail du correcteur. La présentation, la ponctuation et la lisibilité ont donc leur importance.
- Pense à aller à la ligne. Tu peux insérer des titres pour annoncer le contenu des différentes parties de ton analyse.

Unidad
19

Identités et échanges • Diversité et inclusion

Migraciones, ¿sueños insuperables?

¿Cómo se esfuerzan los migrantes por alcanzar sus sueños?

EXO ¿Qué sabes de...?

VIDÉO

Johnny Mc Donald (pintor hondureño), *Las dos caras de la migración*, 2010

Para expresarte

- una cara: *un visage*
- un coyote: *un passeur*
- el éxito ≠ el fracaso
- las huellas: *les empreintes*
- los peligros: *les dangers*
- estadounidense(s)
- merecer: *mériter*

¡Lánzate!

1. **Describe** la pintura e **identifica** la frontera representada.
2. **Cita** tres ámbitos en los que la comunidad latina tiene influencia.
3. Léxico Con la ilustración y el vídeo, **enumera** lo positivo y lo negativo de la emigración. **Di** qué aspecto subrayan.

PROYECTO FINAL

Redacta una entrevista a un(a) migrante que ha logrado su sueño

Las razones y el deseo de los migrantes

1. No sé cómo son las cosas allá B1

Mariana es una joven guatemalteca de 14 años que quiere reunirse con su madre en Estados Unidos.

A veces trato de imaginarme a mi mamá viviendo en Estados Unidos y ahora también a mis hermanos. Pero no puedo tanto, porque no sé cómo son las cosas allá. [...] No sé cómo va a cambiar mi vida cuando me vaya a Estados Unidos, me gustaría mucho saber cómo voy a ser dentro de algunos años. [...]

Mi mami[1] ahora vive en Nueva York y ella se acompañó de otra persona y ya tuvo otros hijos con él. Antes vivía en Miami y trabajaba en un hotel, hasta que ahí conoció a este señor, que mi mami dice que cuando viva con ellos será mi padrastro[2]. El padrastro también es de Guatemala y tiene dos hijos que viven aquí. Están juntos desde hace varios años y él es el que nos manda el dinero para mantenernos, porque mi mami no trabaja todo el tiempo.

El otro día que mis hermanos llamaron por teléfono yo me pregunté cómo era el padrastro. Dijeron que los trataba bien, pero que no los dejaba ver la televisión en español, que solo veían la tele en inglés para que aprendieran el idioma más rápido. En la escuela siempre tengo las notas más altas. Me encanta la escuela, sobre todo las matemáticas. Los profesores dicen que tengo algo en la cabeza que puedo entender los números rápido. Me gustaría ser contadora[3].

Mi sueño siempre ha sido estudiar, ser alguien grande, no así famoso, pero poder sobrevivir.

Juan Pablo VILLALOBOS (escritor mexicano), *Yo tuve un sueño*, 2018

1. diminutivo afectivo de mamá 2. *beau-père* 3. *comptable*

a. **Gramática** **Identifica** a la narradora y **da** el elemento que indica que no vive con su madre.

b. **Precisa** cuál es su sueño. ¿Qué siente cuando piensa en su futuro?

c. **Relata** la vida de la madre en EE. UU. y **di** quién mantiene a la familia.

d. A la niña le preocupa la actitud del padrastro. **Explica** por qué.

Para expresarte

- audaz: *audacieux(euse)*
- inquieto(a)
- listo(a): *malin, maligne*
- nervioso(a) ≠ tranquilo(a)
- temerario(a)

- cambiar: *changer*
- intentar + *inf.*
- mejorar
- proyectar
- salir adelante: *s'en sortir*
- superarse: *se surpasser*

2. Un bici-migrante hondureño B1

Fiche de compréhension

a. **Presenta** al protagonista del vídeo. **Di** qué decisión tomó y por qué.

b. **Explica** a qué problema se enfrentó y cómo lo solucionó. > EXO QUIZ

VIDÉO

Orlando Martínez intenta recorrer 3 000 km en bicicleta para llegar a EE. UU.

PREPARA EL BAC Escrito ¿A qué aspiran los latinoamericanos que quieren llegar a EE. UU.?

Apuntes de gramática

La gramática en vídeo

Exprimer un fait à venir → Précis p. 260

*La chica imagina cómo **será** su vida **cuando esté** en EE. UU.*

Traduis les phrases suivantes.

a. Quand elle arrivera aux États-Unis, elle devra s'adapter à sa nouvelle vie.

b. Elle pourra réaliser ses rêves quand elle vivra avec sa mère.

c. Elle apprendra l'anglais quand elle sera installée avec sa mère.

Exercices

Mejora tu léxico

Asocia las palabras de manera lógica para formar expresiones.

a. aprender	1. con vivir en EE. UU.
b. soñar	2. con la familia
c. superar	3. un idioma
d. reunirse	4. obstáculos

Mil y una barreras por superar

1. ¿Va a España para trabajar? B2 AUDIO

Aurora Peralta está en el aeropuerto de Caracas a punto de volar hacia Madrid.

"Se informa a la pasajera Aurora Peralta, por favor, presentarse ante el personal de la aerolínea[1]."

Dejé mi pasaporte en el mostrador. Bajé a la pista. Obedecí la opción de los que no pueden elegir.

"Mierda", me dije mientras me ajustaba el chaleco[2] reflector que la Guardia Nacional[3] obliga a vestir a quienes tienen algo que declarar.

Era la tercera revisión, así que supuse que se trataba de la definitiva. La del te quedas o te vas. Sudaba más de lo normal y me conducía con la amabilidad exagerada que delata a los que no saben mentir o delinquir. Ahí estaba yo, de pie y sin mi pasaporte, viendo cómo un funcionario de la Guardia Nacional se daba el último gusto –al menos conmigo– de ejercer el mando[4]. Me obligó a subir la maleta a una mesa de metal. Me hizo un gesto con la mano para que no me acercara. Levantó los cerrojos[5]. Tac, tac. [...]

–¿Por qué lleva tantos libros y papeles? –increpó– ¿A qué se dedica?

–Soy cocinera. [...]

–Así que usted es cocinera. ¿Y qué comida hace? Porque para cocinar no hacen falta tantos libros, ¿no? –insistió.

–Hago pasteles y dulces, distinguidos[6]. También me gusta leer. Me aburro mientras espero a que el horno esté caliente, por eso leo tanto.

–Mmm... ¿y qué?

–No entiendo.

–Le estoy preguntando qué más va a hacer. ¿Va a España a trabajar de cocinera? Usted solo tiene pasaje de ida[7], ciudadana. Aquí yo no veo la vuelta por ningún lado. [...]

–Verá, distinguido, la mayor de mis tías está enferma. Está muy viejita –odiaba los diminutivos, pero me pareció eficaz para acentuar mi papel– y, ¿sabe?, debo cuidar de ella. Mi vuelta depende de su mejoría, por eso no he comprado el billete de regreso. [...]

–Mmm... ¿Y dónde vive su tía?

–En Madrid.

Karina Sainz Borgo (escritora venezolana), *La hija de la española*, 2019

1. *compagnie aérienne* 2. *gilet* 3. policía 4. *commandement* 5. *verrous* 6. *(ici)* señores 7. *billet aller*

Venezolanos huyendo de su país, 2019

Venezuela

Tras la muerte de Chávez en marzo de 2013, Nicolás Maduro tomó la jefatura de Estado y de Gobierno. Durante su mandato enfrentó una grave crisis social, económica y política. Desde 2019, el país conoce una gran inestabilidad que ha generado protestas y un aumento de la emigración hacia otros países, fronterizos o no.

Para expresarte

- la frialdad: *la froideur*
- la vuelta: *le retour*

- autoritario(a)
- desagradable
- desconfiado(a): *méfiant(e)*

- escapar: *échapper*
- huir: *fuir*
- sentirse acorralado(a) [ie, i]: *se sentir piégé(e)*
- temer que + *subj.*: *avoir peur de + inf.*

a. **Sitúa** la escena, **identifica** a la protagonista y **di** adónde quiere ir.
b. Gramática **Explica** qué tuvo que hacer en el aeropuerto.
c. Léxico **Comenta** la actitud del policía hacia ella.
d. ¿Qué dudas tuvo el policía? **Precisa** cómo intentó defenderse la protagonista. > EXO QUIZ

2. Latinoamericanos en España B1

VIDÉO

Fiche de compréhension

Venezolanos en la Puerta del Sol, Madrid, 2019

- currar *(fam.)* = trabajar
- panchito *et* sudaca: *surnoms péjoratifs donnés aux Latinos*

a. **Di** quiénes son las personas que aparecen en el vídeo y dónde viven.
b. ¿Qué dificultades encuentran diariamente?
c. **Precisa** la trayectoria de Lucas. > EXO QUIZ
d. Gramática **Explica** qué tienen que hacer para integrarse.

PREPARA EL BAC Oral

Explica cómo superan los emigrantes las barreras económicas, políticas o culturales.

Para expresarte

- la discriminación
- un prejuicio: *un préjugé*
- el racismo

- algo fuera de lugar: *quelque chose de déplacé*
- enriquecedor(a): *enrichissant(e)*

- demostrar [ue]: *prouver*
- molestar: *déranger*

Apuntes de gramática

La gramática en vídeo

L'obligation personnelle :
***deber* + inf. et *tener que* + inf.** → Précis p. 261

***Debo** cuid**ar** de ella.*

***Tienes que** control**ar** la situación.*

Transforme les phrases suivantes en utilisant l'obligation personnelle.
a. **Viaja** a España porque la situación en su país es difícil.
b. Los venezolanos **sobreviven** como pueden.
c. Los migrantes **se adaptan** a su nueva vida.

Exercices

Mejora tu léxico

Busca la palabra intrusa en cada lista.
a. migración • adaptación • frontera • integración
b. fracaso • éxito • dificultades • discriminación • prejuicio

¿Sueños alcanzados?

1. Acá y allá B1

Un empleado de la Cámara de Comercio de España en Nueva York recuerda su vida en Manhattan.

Al principio iba y venía del trabajo en metro con cierto resquemor[1]. Luego comprendí que los vagones iban llenos de personas como yo, que se dirigían al trabajo o a sus quehaceres[2], absortas en sus preocupaciones. [...]

Poco a poco empecé a establecer contactos humanos fuera de la oficina.

El portero de la casa donde fui a vivir se llamaba Matías y era oriundo[3] de un país centroamericano. Como a mí me hacía gracia su modo de hablar español[4] y a él el mío le hacía la misma gracia, solíamos conversar un rato cada vez que yo entraba o salía del edificio. En una ocasión le pregunté si no echaba de menos su tierra[5] y me contestó que no.

–Mire, señor, yo allá era pobre y acá sigo siendo pobre, pero la diferencia es grande. Acá un pobre no tiene nada, pero vive rodeado de comodidades. En mi tierra ese mismo pobre no tendría ninguna. En mi tierra lo peor no es la pobreza sino la privación. Acá el pobre más pobre se puede permitir un capricho de cuando en cuando: tomarse un *ice cream*, ir al cine. Allá nada de eso existe. En mi tierra el más rico se compra un gran carro, un Cadillac o un Lincoln Continental, pongamos por caso[6], ¿Y adónde va en su carro, si todo es suciedad y miseria? En cambio, acá, sin tener carro ni nada, por unos centavos[7], el metro te lleva a Coney Island, y ahí te sientes como si los ángeles te hubieran llevado en volandas[8] al Paraíso.

Eduardo Mendoza (escritor español), *El rey recibe*, 2018

a. **Identifica** al narrador, y **di** cómo es su vida.
b. **Explica** cómo se sentía al principio e **indica** qué cambió.
c. **Precisa** con quién simpatizó y por qué.
d. **Fíjate** en los adverbios que se repiten. **Di** a qué realidades corresponden. › EXO QUIZ

1. *crainte*
2. *tâches*
3. *originaire*
4. *son espagnol me faisait rire*
5. *si son pays ne lui manquait pas*
6. por ejemplo
7. *pour quelques centimes*
8. *(ici) rápidamente*

Para expresarte

- un contraste
- un(a) portavoz = un(a) representante

- aislado(a): *isolé(e)*
- angustiado(a): *angoissé(e)*
- rutinario(a)

- aprovechar: *profiter*
- compartir: *partager*
- defender [ie]
- luchar: *lutter*
- sociabilizarse

2. El camino hacia un sueño B1

Fiche de compréhension

VIDÉO

Lidieth Arévalo delante de un mural de historia chicana (California)

a. **Presenta** a Lidieth Arévalo y su trayectoria.
b. ¿En qué se ha convertido Lidieth para su comunidad y cómo lo consiguió?
c. **Gramática** Con la frase final "Así que no se desanimen [...] si se puede", Lidieth quiere que...

3. Triunfando en los negocios B1

VIDÉO

a. **Presenta** a Joyce Alarcón y **di** qué empresa creó.

b. ¿Qué tuvo que hacer para salir adelante? **Da** ejemplos. > EXO QUIZ

c. Gramática Según Lilián, ¿cuál es la fuerza de la comunidad latina en EE. UU.?

d. **Di** en qué es representativa Joyce de esta comunidad y qué hace para ella.

Fiche de compréhension

Portada de la revista *Negocios Hispanos USA*

PREPARA EL BAC Escrito ¿En qué medida los documentos estudiados muestran la cara positiva de la migración?

Para expresarte

- un(a) empresario(a): *un(e) chef d'entreprise*
- los recursos: *les moyens*
- la solidaridad
- emprendedor(a)
- ayudarse: *s'entraider*
- mudarse: *deménager*
- triunfar

Apuntes de gramática

La gramática en vídeo

Exprimer la volonté avec *querer que* + subj. → Précis p. 259

*Los padres **quieren que** los hijos **sean** ingenieros.*

Conjugue les verbes suivants selon l'exemple ci-dessus.

a. Lidieth Arévalo quiere que los emigrantes (seguir) sus sueños.

b. Algunos quieren que sus hijos (hacer) grandes estudios.

c. Los latinos estadounidenses quieren que los de su comunidad (adaptarse) lo mejor posible.

Exercices

Mejora tu léxico

Asocia las palabras siguientes con sus antónimos.

a. una dificultad
b. sociabilizarse
c. un éxito
d. ayudar

1. aislarse
2. un fracaso
3. desamparar
4. una facilidad

PROYECTO FINAL

Redacta una entrevista a un(a) migrante que ha logrado su sueño

Para la revista *Emprendedores Latinos de EE. UU.*, redacta la entrevista a un(a) migrante que ha logrado integrarse.

1 Prepara los contenidos.

a. Elige a una persona de la unidad y apunta elementos sobre su trayectoria.

b. Busca información sobre las razones por las que ha emigrado esta persona.

2 Redacta la entrevista.

c. Elabora una lista de preguntas y respuestas sobre:
–el país de origen y las causas de la migración,
–las dificultades con las que se enfrentó,
–los esfuerzos que tuvo que hacer para salir adelante.

d. Añade una introducción y/o conclusión que recuerde su situación actual.

Acuérdate de...

- Sélectionne les éléments qui te serviront d'exemples.
- Replace la trajectoire dans son contexte politique et/ou économique.

- Pour évoquer les projets, pense à utiliser des verbes de souhait : *querer que* + *subj.*, *desear que* + *subj.*
- Pour expliquer les efforts déployés, utilise l'idée d'obligation avec *tener que* + *inf.*, *deber* + *inf.*

BAC Evaluación

Autoévaluation

ÉPREUVE ÉCRITE
LVA>B2
LVB>B1

ÉPREUVE 3 3e trimestre de Terminale 1h30

Compréhension de l'oral

Documento 1 Una mano de obra indispensable

Vous rendrez compte librement en français de ce que vous avez compris du document.

- Précisez la nature du document et dites qui parle et à qui.
- Relevez les informations qui montrent l'importance des Latinos aux États-Unis (thème).
- Donnez la portée du document (son objectif).

durée : 1'30 VIDÉO

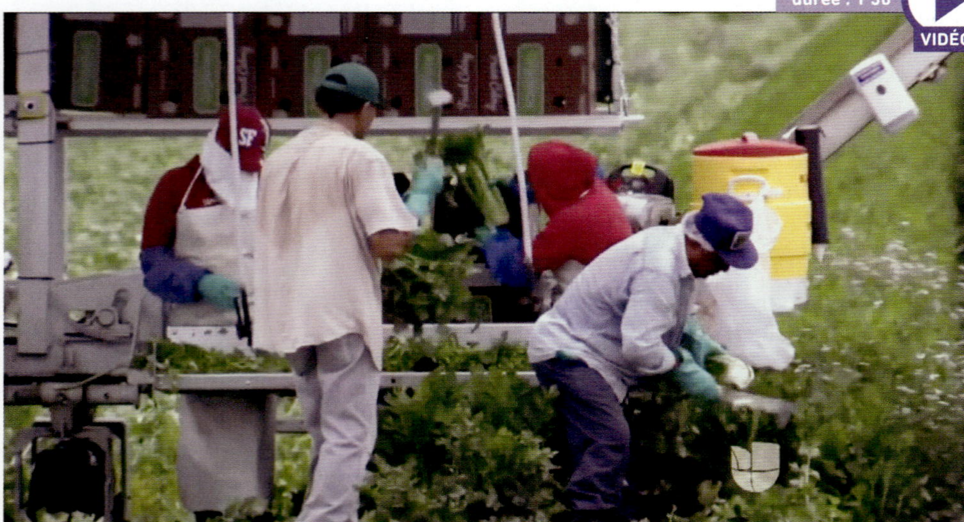

Jornaleros agrícolas mexicanos en Estados Unidos, 2016

Compréhension de l'écrit et de l'ensemble du dossier

Documento 2 La carta

Mariana, una joven guatemalteca, se reunió con su familia en Nueva York.

Era cerca de Navidad el día que mi padrastro entró a la casa y me dio la carta. Me dijo que era una carta de la universidad. Mi mami también estaba ahí y se quedó esperando a que abriera el sobre[1]. Yo todavía estoy en *High School*[2], pero voy a graduarme el año que entra.

–¿Qué esperas?, ¡ábrela! –me dijo mi mami.

Era una carta de Harvard donde me invitaban a visitar la universidad para ver si me interesaba quedarme ahí. Ellos se pusieron muy contentos, aunque saben que no voy a poder estudiar allá, porque no tengo papeles y es muy caro y no tengo seguridad social para pedir becas[3]. Mi mami me dijo que estaba muy orgullosa de todo mi esfuerzo. Yo quiero algo seguro, pero no tan caro.

Al *High School* fueron los de un *college*[4] y pidieron hablar con las veinte personas con las notas más altas y escogieron a quince. Me preguntaron si quería empezar antes la universidad. Por eso ahora, además del *High School*, estudio unos días en el *college*. Estoy estudiando para doctora. Puedo seguir ahí o usar los créditos para estudiar en otro lugar. Si puedo sacar otros dos años me quedo como enfermera o puedo seguir para doctora en general o seguir adelante si me quiero especializar.

Juan Pablo VILLALOBOS (escritor mexicano), *Yo tuve un sueño*, 2018

1. *l'enveloppe* 2. el instituto americano 3. *demander des bourses* 4. la universidad americana

Documento 3 En busca del contrato de trabajo

La escena se desarrolla en España.

–Mi mujer me ha comentado lo del contrato de trabajo. El hombre sonríe afable[1]. Está fumando un cigarrillo y sacude con los dedos un poco de ceniza, que le ha caído sobre los pantalones.

– Pero no te quedes ahí de pie. Siéntate, por favor.

–Sí, señor.

–No me llames señor. Paco, soy Paco.

–Sí, Paco.

–Eso es. No es tan difícil, ¿no? Paco. –Resopla satisfecho, como un maestro que ha conseguido ganarse a una niña testaruda[2], y sonríe–. No me mires como a un jefe. Ya tengo bastante con los gandules[3] del taller para tener que ser el jefe aquí también, en mi casa. Además, me preocupa mucho vuestra situación, ¿sabes?

–¿La de quien, señ... Paco?

–La de los inmigrantes, por supuesto. Quizá esta casa te impresione. Es un piso grande y Antonia ha conseguido llenarlo de cosas hasta arriba. Bien lo sabes tú que tienes que limpiar todos estos marquitos, cenicerítos, espejitos, cuadritos... Demasiadas chuminadas[4] para mi gusto, pero ella le chifla que luzca el dinero[5] cuando invita a las amigas. No vivimos mal, pero, ¡ojo!, que yo he sido toda mi vida un trabajador. Mira qué manos. Me ha llevado años sacarme la grasa de las uñas. Comprendo muy bien tus dificultades. Yo estoy a favor de la regulación de todos los extranjeros. De los buenos, de los que vienen a trabajar. De la gente agradecida. [...] Tú eres sudamericana, ¿verdad? No tienes acento, casi nada. Si no fuera porque eres mulatita[6], podrías pasar por ser de aquí.

–Gracias...

–Eres muy joven. ¿Cuántos años tienes?

–Veintidós. Llegué hace casi tres años.

–Ya, ya, pobrecita. Dejarlo todo atrás. Pero bueno, míralo así, eres una cría con todo por vivir. Me encantaría ayudarte. En la vida hay que saber aprovechar las oportunidades, dejarse ayudar por quien tiene poder para hacerlo.

–Entonces, ¿me harán el contrato?

–¿Por qué no? Claro, criatura[7]. Pero tú, entiende el follón que supone para mí, un montón[8] de papeles, pagar la Seguridad Social. Alyssa, no sabes lo que es en este país contratar a alguien. Te fríen a impuestos. Luego no lo puedes echar si no trabaja.

Carlos BARDEM (escritor español), *Alacrán*, 2009

1. *aimable* 2. *têtue* 3. *fainéants* 4. *(fam.) babioles* 5. *(fam.) elle adore faire étalage de l'argent*
6. *métisse* 7. *mon enfant* 8. *un tas*

Compréhension de l'écrit

Diga de qué tratan los documentos 2 y 3 y destaque las similitudes y diferencias entre ellos.

Trucos

- Compare la situation des protagonistes des deux textes.

Compréhension de l'ensemble du dossier

▶ Tras estudiar los documentos del dosier, explique el reto de la emigración para los que lo viven y el país que les acoge.

Expression écrite

Vous traiterez en espagnol l'un des deux sujets suivants au choix. Répondez en 150 mots environ.

Question A

▶ Analice el trabajo que tiene que cumplir un(a) emigrante y las dificultades a las que tiene que enfrentarse para lograr su sueño.

Question B

▶ Diga cómo se pueden relacionar estos documentos con el eje: "Identités et échanges".

Unidad Flash Citoyenneté et mondes virtuels

20 Seguridad en la red

¿Cómo hace frente a las amenazas cibernéticas la sociedad española?

EXO ¿Qué sabes de...?

A. Internet, ¿una herramienta segura?

B1 VIDÉO

El protagonista, un periodista de unos cuarenta años, trabaja desde su casa y lo hace en pijama.

Paco Roca (dibujante español), *Memorias de un hombre en pijama*, 2017

1. entregas dominicales: *(ici), mes articles du dimanche* 2. de vez en cuando: *de temps en temps*
3. sarpullidos: *des éruptions cutanées* 4. friolero: *frileux*

- **a** **Explica** cómo se da cuenta el protagonista de que su ordenador lo espía y **describe** su reacción.
- **b** Léxico **Lista** el tipo de información que le roban y **aclara** cómo lo hacen.
- **c** Al final, ¿qué influencia tienen los cibercriminales sobre el protagonista?
- **d** **Ve** el vídeo y **di** si pueden colgarse (*déposer*) datos personales en la red con toda confianza. **Justifica** con elementos concretos.
- **e** **Precisa** lo que está preocupando últimamente a los usuarios. ¿Está justificado?

Fiche de compréhension

Para expresarte

- un anuncio publicitario
- una coincidencia
- un dato = una información
- una herramienta: *un outil*
- un seudónimo: *un pseudonyme*

- deducir: *déduire*
- influir en: *influencer*
- mandar = enviar
- manipular
- dar miedo: *faire peur*
- tener planes [ie]: *avoir des projets*

B. Un *hacker* en acción

B1 AUDIO

Isabel San Martín, ministra de Economía, está hablando por teléfono con su secretaria, Estrella, tras sufrir España un ataque cibernético.

–Entonces, ¿qué ha pasado esta mañana?

–Pues que me han llamado de Moncloa[1]...

–¿Moncloa? –pregunté en un tono más agresivo.

–Sí, afirmó Estrella. [...]

–Sigue –le pedí como si se tratara de una orden. [...]

–Pues este señor, que decía que era de Moncloa, me ha dicho que tú habías decidido darme un premio[2] por mi comportamiento... Creo que ha dicho "por mi diligencia[3]" a la hora de prevenir el riesgo. [...]

–¿De cuánto dinero se trata? ¿Te han pedido el número de cuenta[4]? [...]

–Eran veinticinco mil euros... Te puedes imaginar lo contenta que me he puesto.

–¿Te los han dado? ¿Cómo? [...]

–Me pidieron mi clave de acceso al sistema. Me quedé helada. Cerré los ojos.

–¿Se la has dado? [...]

–Sí, Isabel. [...]

La ira se fue apoderando de mí y sentí una tentación muy fuerte de llamarla de todo. Pero me la imaginé compungida[5] en casa, confusa. Imaginé cómo se habrían sucedido los hechos: el *hacker* había entrado en el sistema de Estrella, que estaba conectado al mío, y desde su ordenador había enviado el correo [...] diciendo que la deuda[6] española era tres veces mayor que la cifra oficial. De hecho, Estrella solía enviar muchos correos de mi parte, desde mi dirección. La mayoría eran para dar las gracias o para aceptar o declinar invitaciones, lo que me ahorraba mucho tiempo.

–Lo siento de verdad, Isabel, ya veo que he causado un gran problema.

Elena Moya (escritora española), *La candidata*, 2015

1. Residencia oficial del presidente del gobierno español 2. una recompensa 3. *application* 4. cuenta bancaria 5. *(ici) bouleversée* 6. *la dette*

a **Presenta** a Estrella y **di** de qué fue víctima. > EXO QUIZ

b **Explica** cómo actuó el *hacker*.

c Léxico **Describe** la reacción de Isabel.

Para expresarte

- un(a) desconocido(a): *un(e) inconnu(e)*
- los ojos vendados
- los peligros: *les dangers*
- un timo: *une arnarque*
- asustado(a): *effrayé(e)*
- malintencionado(a)

- avisar: *prévenir*
- engañar : *tromper*
- fingir: *faire semblant de*

C. ¿Se esconde tu pareja en Internet ?

B1

VIDÉO

Anuncio de Orange España

Fiche de compréhension

a **Di** qué peligro ilustra la foto.

b **Ve** el vídeo y **explica** en qué participan las tres chicas.

c **Describe** su reacción cuando descubren al chico elegido.

d ¿Qué les explica el hombre?

e MÉDIATION **Aclara** el objetivo del experimento y de este *spot*. > EXO QUIZ

Apuntes de gramática

La gramática en vídeo

- **Les indéfinis** → Précis p. 253

*¿Hay **alguien** ahí?*

- **L'habitude** → Précis p. 259

*Estrella **solía** envi**ar** muchos correos de mi parte.*

Exercices

PROYECTO FINAL

Redacta un folleto informativo sobre los peligros de Internet.

1 Elige tres tipos de peligros que suelen amenazar a los usuarios de internet. Para cada uno describe cómo suelen proceder los cibercriminales. *Cualquiera puede ser víctima de... / Nadie sospecha que.../ Los cibercriminales suelen...*

2 Formula dos advertencias para no dejarse engañar. Puedes utilizar la prohibición *(no + subj., / no debes + inf.)*, la obligación *(tienes que + inf.)* o la condición real *(Si alguien te manda...)*.

ÉPREUVE ÉCRITE
LVA>B2
LVB>B1

Analyser un texte littéraire dialogué

Les épreuves communes de contrôle continu comportent une compréhension écrite. Cette évaluation peut s'appuyer sur un seul texte littéraire, dont tu devras définir le thème principal et rendre compte de l'essentiel de son contenu. Comment s'entraîner à analyser ce type de texte ?

Compréhension écrite

Diga de qué trata el documento y destaque lo esencial.

Étape 1 Chercher des indices et anticiper

- Avant de lire le texte, appuie-toi sur **le paratexte** et observe sa mise en pages. Tu pourras ainsi relever un certain nombre d'informations sur :
  – **la nature** du texte : discours, article de presse, œuvre littéraire (roman, poésie, théâtre, BD…) ;
  – **le thème** ;
  – **l'auteur(e)** et **l'époque** de publication, qui pourront éclairer ta lecture.

Trucos

- Paratexte = titre, auteur, date de publication…

Étape 2 Repérer la situation d'énonciation et/ou le contexte

- Lis le texte une première fois pour en comprendre le sens global et identifie les lieux, les personnes, les dates et le thème général : **Qui ? Quoi ? Quand ? Où ?**
- Identifie qui est le narrateur (récit à la 1re personne ? narrateur omniscient ?…)

- Pour élucider les mots inconnus, aide-toi des notes, du contexte ou des mots de même famille que tu connais pour en déduire le sens.
- Fais attention aux personnes verbales pour savoir qui parle, ou comment les personnages s'adressent les uns aux autres (tutoiement, vouvoiement).
- Pour identifier l'implicite, appuie-toi sur ce que tu sais déjà de l'époque de l'auteur, du contexte sociétal, historique et des problématiques liées à l'axe indiqué en début de sujet.

Étape 3 Identifier les réseaux de sens

- Lis le texte une deuxième fois et repère **les champs lexicaux**.
- Dégage **la structure** de l'échange entre les personnages. Appuie-toi sur les **connecteurs logiques ou chronologiques**.

- Utilise des couleurs différentes pour repérer les champs lexicaux : ils t'aideront à reconstituer les idées principales et affiner ta compréhension des enjeux du texte.

Étape 4 Construire le sens du texte et identifier les stratégies de communication

- Passe maintenant de **l'observation** à **l'interprétation**.
  Note tes observations par rapport aux différents repérages que tu as faits lors des étapes précédentes.
- Essaie enfin de définir **le ton** du document, **son intention et sa visée** : s'agit-il d'un texte ironique ? critique ? humoristique ? tragique ? Déduis-en l'intention de l'auteur.

Étape 5 Rédiger le compte rendu

- Utilise ton brouillon pour **construire ton plan** : il peut suivre la structure du texte ou en regrouper les éléments par thématique. Appuie-toi aussi sur la consigne qui peut te donner des indices.
- Dans ton introduction, présente la nature du document, sa source et sa thématique globale.
- Dans ton développement, introduis la scène (personnages, lieu, époque…) et mets en évidence le sens global du texte ainsi que l'implicite.

- Pour structurer ton compte rendu, utiliser des connecteurs logiques : *Además; en efecto; por consiguiente; en cambio…*
- S'il y a deux documents, pense à mettre en évidence les liens entre eux (complémentarité ? opposition ?).

Documento Detrás de un cibercriminal

Partie narrative

Solo hay una silla de madera en el centro de la estancia y un monitor grande en una pared tosca, de ladrillo. No hay ningún indicio de lo que va a ocurrir allí, pero, poco a poco, más y más ordenadores se irán conectando. Dentro de unos minutos serán casi cien; sus propietarios no se conocen entre ellos, aunque disfrutarán del mismo espectáculo. [...] Todos han pagado los seis mil euros que les han exigido, en bitcoins y de forma segura sin dejar huella[1].

Partie dialoguée

–¡Lo tengo!

El grito de Mariajo rompe la tranquilidad de la Brigada de Análisis de Casos[2]. Llevan dos meses esperando escucharlo.

–¿Estás segura? –pregunta Orduño.

–Completamente, la IP que teníamos bajo vigilancia está conectada, el "evento"[3] como le llaman ellos, empieza a las nueve y cuarto, nos queda un cuarto de hora. Id llamando a la gente mientras me aseguro.

Partie narrative

El operativo[4] está diseñado desde hace semanas a la espera de que Mariajo, la sexagenaria hacker de la BAC, dé la orden de ponerlo en marcha. Todos saben cuál será su función a partir de ese instante: Elena Blanco[5] y la propia Mariajo irán al lugar donde está el ordenador que tienen intervenido[6], acompañadas por un equipo de acción inmediata. [...]

Mariajo teclea a toda velocidad. Ninguno de los otros dos sabe lo que está haciendo, solo que ha encontrado algo y no va a parar hasta averiguar quién está detrás.

Partie dialoguée

–Cabrones[7]... – se lamenta–. El espectáculo de hoy es una muerte en directo.

–¿Podemos evitarlo?

–Vamos a intentarlo, hay que salir para Rivas[8].

Carmen Mola (escritora española), *La red púrpura*, 2019

1. indicios 2. *la Brigade anti-criminalité* 3. *l'événement* 4. *l'opération policière* 5. la inspectora de policía 6. sous surveillance 7. *Ces enfoirés (vulgaire)* 8. barrio residencial de Madrid

▶ **Relève des éléments sur :**
- les personnages principaux : noms, identité, fonction
- les personnages secondaires
- le/la narrateur(trice))
- le temps et le(s) lieu(x)
- le(s) temps de la narration

▶ **Relève le lexique en lien avec :**
- la police
- l'informatique
- la cybercriminalité

Trucos

- Fais une liste des éléments à repérer dont tu te serviras à chaque évaluation.
- Utilise des couleurs différentes qui t'aideront ensuite à synthétiser et à faire le lien entre les éléments repérés.
- Après la découverte du/des texte(s), n'oublie pas d'écrire tes impressions sur les personnages, leur lien, l'histoire racontée... qui t'aideront à définir le ton et la visée du document.

¡AHORA TÚ!

Rédige maintenant un compte rendu en restituant la thématique générale et les idées essentielles du texte. Aide-toi, si tu le souhaites, des amorces ci-dessous.

Este documento es un texto literario...
El(la) narrador(a) parecer ser...
Los personajes son un equipo de... entre los cuales ...
Están investigando...
En efecto...
Por fin, este texto plantea el problema de ...

Trucos

- Pour introduire ta réponse, définis le type de document, identifie l'auteur et l'œuvre.
- Puis présente les personnages, le lieu, l'époque.
- Résume brièvement l'anecdote.
- Énumère deux ou trois arguments pour démontrer la relation entre le texte et l'axe.

Muralistas comprometidos

¿En qué medida el compromiso de los muralistas impacta en la sociedad?

EXO ¿Qué sabes de...?

VIDÉO

Mural de Diego Rivera (pintor mexicano), Palacio Nacional de México (1935)

Para expresarte

- una corriente pictórica: *un courant pictural*
- el mural: *la fresque murale*
- el sufrimiento: *la souffrance*

- a favor de ≠ en contra de
- comprometido(a): *engagé(e)*

- luchar por: *lutter pour*
- reivindicar: *revendiquer*

¡Lánzate!

1. **Describe** a las personas representadas en el mural y sus actitudes. ¿Qué denuncia el muralista?
2. **Apunta** algunas características sobre los muralistas evocados en el vídeo.
3. **Di** qué elementos del vídeo pueden explicar el mural. ¿En qué es un artista comprometido Diego Rivera?

PROYECTO FINAL

Presentad una noticia sobre un mural comprometido.

Compromiso político para un arte público

1. Los Tres Grandes muralistas mexicanos B1+ AUDIO

En México, la pintura giraba en torno a los Tres Grandes. […] Me bombardeaban:

–¿No vas a pertenecer a la Escuela Mexicana?

–No.

–¡Pero cómo!

–Me es imposible; lo impide mi intuición.

–¿Por qué?

-No acepto las imposiciones, no podría pintar siguiendo formas o modelos establecidos. La Escuela Mexicana es convencional.

–Los muralistas se van a enojar contigo[1].

El muralismo era avasallador[2], atroz, dogmático, grosero, quería triturarnos. Como Atila, todo lo quemaba a su paso.

Odié[3] a los Tres Grandes, no como individuos porque tenían sus momentos de lucidez y de amistad, sino porque su pintura me pareció perversa, no decía la verdad. En cambio, su obra de caballete[4] me interesó mucho. De Diego Rivera disfruto sus retratos de niños, sus dibujos a línea; de Siqueiros, los cuadros de muy al principio de su carrera, de formato pequeño. De Orozco, sus desnudos. […] En cambio, sus conquistadores, sus franciscanos, sus Cristos destruyendo la cruz y sus Prometeos me resultaron desagradables. Pienso que los Tres Grandes se falsearon[5]. Cuando tú quieres tener éxito[6] y dar mensajes que no son de la pintura, siempre sale algo exagerado.

Elena PONIATOWSKA (escritora mexicana), *Juan Soriano, niño de mil años*, 1998

1. *vont se fâcher avec toi* 2. *accablant* 3. *Je détestai* 4. *(ici) leurs tableaux* 5. *(ici) se sont trompés* 6. *avoir du succès*

a. **Di** quiénes son los Tres Grandes y **precisa** quién es el narrador.

b. Léxico **Cita** los adjetivos que califican el estilo de los Tres Grandes. ¿Qué deduces de la opinión del joven narrador a propósito de los Tres Grandes?

c. **Indica** qué estilo de pinturas de ellos le gustaba.

d. **Explica** la frase: "Cuando tú quieres tener éxito y dar mensajes que no son de la pintura, siempre sale algo exagerado". › EXO QUIZ

Para expresarte

- la causa
- el ornato: *l'ornement*

- oprimido(a): *opprimé(e)*
- poderoso(a): *puissant(e)*
- rebelde: *rebelle*

- enfrentar(se): *(se) confronter*
- oponerse: *s'opposer*

2. Un arte tan poderoso B1+ Fiche de compréhension

a. **Di** dónde y en qué época se desarrolla la escena.

b. Gramática **Precisa** el proyecto del pintor Siqueiros.

c. Durante el discurso, ¿qué visión del arte defiende el muralista? **Califica** el tono empleado › EXO QUIZ

d. **Comenta** la reacción de la burguesía frente al pintor.

VIDÉO Fotograma de *El mural* de Héctor Olivera, 2010

PREPARA EL BAC Escrito ¿Por qué se comprometieron los muralistas mexicanos a través de su arte?

Apuntes de gramática — La gramática en vídeo

Exprimer la cause (*por*) ou le but (*para*) → Précis p. 262

*Lucha **por** las causas sociales.* *El arte **para** las masas.*

Complète les phrases avec *por* ou *para*.

a. Se comprometieron a través de sus pinturas … la justicia social.

b. Los muralistas pintaron … reivindicar un arte público.

c. Lucharon … sus ideologías … denunciar la explotación humana.

Exercices

Mejora tu léxico

Busca los adjetivos que corresponden a las palabras siguientes.

el compromiso • indignarse • el arte • la explotación • dedicarse • la revolución • la injusticia • la contradicción • el poder

Nuevos muralistas hispánicos: ¿un contrapoder?

1. Un mural colombiano como medio de denuncia B1

Mural del artista urbano Andrés Montoya en Bogotá, Colombia (2017)

a. **Sitúa** el mural y di qué llama la atención.
b. **Fíjate** en el número 31 y en las flechas y **deduce** a qué corresponden.
c. **Di** qué quiere denunciar el artista con este mural.

Para expresarte

- la calavera: *la tête de mort*
- el edificio
- el tamaño: *la taille*
- la voluntad: *la volonté*

- inmenso(a)

- concienciar
- dar visibilidad
- denunciar
- mejorar: *améliorer*
- molestar: *déranger*

2. Censura de murales en Colombia B1

En menos de un mes, en dos hechos[1] diferentes, han sido censurados en Bogotá dos murales que eran críticos con el Gobierno de Iván Duque[2] y con el Ejército colombiano. Sin embargo, la censura ha terminado por multiplicar su visibilidad. No solo ha sido respondida con más arte, sino que además, en tiempos de redes sociales, se ha convertido en un bumerán contra quienes intentaron tapar de un brochazo[3] esas expresiones.

En el último hecho, soldados de las fuerzas militares taparon con pintura blanca una imagen que mostraba a altos oficiales con un número sobre sus cabezas que correspondía a falsos positivos[4], como se conoce a los asesinatos de civiles a manos de agentes del Estado. El mural formaba parte de la Campaña por la verdad sobre las ejecuciones extrajudiciales, liderada por 11 organizaciones sociales, y se vio durante un día entero hasta que, en la noche del viernes, llegó un camión con soldados y camionetas con civiles uniformados que borraron[5] uno a uno los rostros de los militares que aparecían en él.

Catalina Oquendo (periodista española), *El País*, 23/10/2019

a. **Di** de qué hechos trata el artículo y **sitúa** la escena.
b. **Explica** qué representaba el mural. ¿Cuál era la intención del muralista?
c. Cubrir los murales impidió a los muralistas alcanzar su objetivo. ¿Sí o no? **Justifica**.

1. *à deux occasions*
2. Presidente de Colombia
3. *contre ceux qui essayèrent de couvrir d'un coup de pinceau*
4. crímenes de Estado
5. *effacèrent*

3. El arte urbano, los nuevos muralistas mexicanos

Fiche de compréhension

Mural en San Miguel de Allende, México

Para expresarte

- la identidad
- el lenguaje: *le langage*
- el mensaje
- la pared = el muro
- los valores

- ancestral
- callejero(a): *de la calle*
- contestatario(a)

- cambiar: *changer*

a. **Observa** el mural y **precisa** qué quiere valorar. PARCOURS DIFFÉRENCIÉS

Recorrido A B1+

b. ¿Cuáles son las intenciones de los muralistas al pintar los murales?

c. **Precisa** cómo los murales transforman las calles mexicanas.

d. **Di** qué espacios invaden los murales.

e. **Compara** los objetivos de los muralistas históricos con los contemporáneos.

Recorrido B B1

b. **Apunta** qué caracteriza las calles de la ciudad de México.

c. Gramática **Di** qué temas pueden ser observados pintados en los muros.

d. ¿Sí o no? Los murales se pueden ver solo en las calles de la ciudad de México. **Justifica** con el vídeo.

e. **Completa** la frase para mostrar la evolución del muralismo: Hoy en día no .... y no ... pero sí quiere ... › EXO QUIZ

PREPARA EL BAC Escrito

Explica cómo se comprometen los muralistas actuales y en qué medida tienen consecuencias sus expresiones artísticas.

Fonología

Los sonidos (j) EXO QUIZ

Apuntes de gramática

La gramática en vídeo

La tournure passive → Précis p. 267

*Otro lenguaje espera **ser** descif**rado**.*

*Los murales **han sido** censur**ados**.*

Transforme les phrases selon le modèle.

Los militares han censurado el mural. → El mural ha sido censurado por los militares.

a. Los artistas urbanos critican el abuso de poder del Gobierno. → El abuso de ...

b. Los muralistas pasan mensajes de denuncia. → Mensajes de ...

c. Las redes sociales difunden las críticas de los artistas. → Las críticas de ...

Exercices

Mejora tu léxico

Encuentra el sustantivo de los verbos siguientes.

- criticar → la ...
- expresar → la ...
- preocupar → la ...
- defender → la ...
- censurar → la ...
- cambiar → el ...
- mejorar → la ...

Arte callejero reparador en el tejido urbano

1. Valparaíso, capital del grafiti B1

Murales y grafitis de arte pop, abstracto, figurativo, ornamentan las paredes de los conglomerados de casas [...]. Es un proyecto artístico, pero también social y político, que compromete al conjunto de la ciudad y que convoca a los artistas de la pintura urbana chilena, latinoamericana y europea. [...]

Valparaíso es un buen escaparate[1]. [...] De la mano de los aerosoles, látex, tintas y rodillos[2], los barrios altos, los más pobres, emiten ahora mensajes estéticos, sociales y culturales en espacios marcados por el deterioro, el abandono, la degradación. Pero más que un lavado de cara, el arte callejero tiene aquí el efecto de rehabilitar esta urbe de 275.000 almas. [...]

Los grafitis aportan a los habitantes de Valparaíso una expresión colectiva diferente y valiosa[3], una identidad nueva que invita a salir de la abulia, la resignación y la desidia[4] para penetrar en el terreno de la creatividad, la transformación urbana y la dignificación del espacio común. Pocas veces la transgresión, consustancial a la intervención del arte callejero, tiene un impacto tan reparador, cicatrizante, en el tejido urbano[5] y en el ánimo del vecindario. [...]

El arte callejero detiene el deterioro, revaloriza los espacios, ofrece otra personalidad, abre una nueva ventana colectiva. Decidida a convertirse en una de las capitales mundiales del grafiti, la ciudad se ha entregado al arte urbano y con el cambio ha descubierto la manera de reivindicarse a sí misma con una piel nueva.

José Luis BARBERÍA, *El País Semanal*, 20/11/2017

1. *vitrine* 2. *encres et rouleaux* 3. de valor 4. *laisser aller* 5. *le tissu urbain*

Revista turística *Chile es tuyo*

a. **Describe** la calle chilena de la revista. ¿Qué sensaciones produce esta abuelita? **Justifica**.

b. **Precisa** los aspectos negativos que caracterizaban a la ciudad de Valparaíso.

c. **Presenta** el trabajo y los objetivos de los artistas callejeros. EXO QUIZ

d. ¿Qué impacto tienen los murales y grafitis sobre el estado de ánimo (*l'état d'esprit*) de los ciudadanos? **Justifica** tu respuesta. EXO QUIZ

e. **Explica** cómo, tanto el artículo como la revista *Chile es tuyo,* permiten reflejar las nuevas iniciativas artísticas y el compromiso de muralistas.

Para expresarte

- los beneficios: *les bienfaits*
- el bienestar: *le bien-être*
- el orgullo: *la fierté*

- agradable ≠ desagradable
- alegre
- animado(a)
- colorido(a)

- compartir: *partager*
- convertir [ie, i]
- embellecer: *embellir*
- influir: *influencer*
- limpiar: *nettoyer*

2. Tomasa, líder boliviana de la revolución de los colores B1

Mural típico de la cultura indígena aimara en Chua Uma, barrio de La Paz

VIDÉO

a. **Fíjate** en los colores del mural. ¿Qué mensaje(s) pueden transmitir?
b. **Indica** de qué proyecto trata el vídeo.
c. **Di** quiénes toman las brochas (*les pinceaux*) para pintar. ¿Cómo lo justifican?
d. ¿En qué medida es representativo de su identidad este proyecto?
e. **Di** qué impacto han tenido estos colores en el vecindario.

Fiche de compréhension

Para expresarte

- la alegría: *la joie*
- la felicidad: *le bonheur*
- el/la indígena
- determinado(a) = motivado(a)
- trabajador(a)
- arreglar: *réparer*
- enorgullecer: *rendre fier*
- ponerse manos a la obra: *mettre la main à la pâte*

PREPARA EL BAC Oral

Explica en qué medida los murales influyen en el estado de ánimo de los ciudadanos.

Apuntes de gramática — La gramática en vídeo

L'expression du besoin → Précis p. 261

*Las mujeres sabemos todo lo que **nos hace falta**.*

Transforme les phrases selon le modèle.

El pueblo necesita libertad. → Al pueblo le hace falta libertad.

a. Los vecinos necesitan bienestar. → A los ...
b. Los ciudadanos necesitan recursos. → A ...
c. Los habitantes necesitan representar su identidad. → A ...

Exercices

Mejora tu léxico

Asocia las palabras para formar expresiones.

• dar	• creatividad
• emitir	• una identidad
• aportar	• mensajes comprometidos
• reivindicar	• visibilidad

PROYECTO FINAL

Presentad una noticia sobre un mural comprometido para un programa artístico

Estáis invitados a un programa artístico para hablar de un mural comprometido. En grupos, preparáis la noticia.

1 Preparad los contenidos.

a. Elegid un mural comprometido, estudiado o no en la unidad.
b. Describid los diferentes elementos del mural y situadlo.
c. Redactad unas frases que anuncien este mural en el programa artístico y muestren su importancia.

2 Presentad la noticia.

d. Tomad la palabra con convicción para presentar la noticia.
e. Comentad los objetivos del muralista o colectivo de muralistas. MÉDIATION

Acuérdate de...

- Explique l'engagement des muralistes en utilisant l'expression du but et de la cause (*para* et *por*)
- Utilise la tournure passive pour montrer l'importance de cette fresque dans le projet artistique.

- Commence ta présentation en décrivant le mural. *Este mural invita a reflexionar sobre...*
- Souligne l'importance de cette fresque avec du vocabulaire adapté : *impulsar la creatividad, impresionar por...*

BAC Evaluación

Autoévaluation

ÉPREUVE ÉCRITE
LVA>B2
LVB>B1

ÉPREUVE 3 3e trimestre de Terminale 1h30

Compréhension de l'oral

Documento 1 Nuevo mural en la Comuna 13 en Medellín, Colombia

En rendant compte en français du document, vous montrerez ce que vous avez compris.

durée : 1'24
VIDÉO

Trucos

Repérez :
- le thème principal du document ;
- à qui s'adresse le document ;
- le déroulement des faits ;
- la fonction et la portée du document.

Compréhension de l'écrit et de l'ensemble du dossier

Documento 2 Buenos Aires, ciudad comprometida con el arte

Martín Ron (muralista argentino), Tortuga marina, Buenos Aires

La capital argentina facilita la actividad de los artistas callejeros permitiendo que sus calles se inunden de hermosas pinturas que embellecen la ciudad. La simbología e historia detrás de cada mural es una mirada al mundo interior del artista y al pensamiento crítico de la sociedad que marca tendencia.

Buenos Aires es una ciudad comprometida con el arte, los murales y grafitis que bañan sus edificios son un fiel reflejo[1] de esta voluntad creativa.

Pero el arte callejero no debe ser visto como un mero acto[2] para decorar las calles de la ciudad. Con estas pinturas y murales los artistas encuentran una forma mucho más bonita y diferente de dibujar, nunca mejor dicho, sus pensamientos, su visión del mundo y el sentir de la sociedad. Éste es el verdadero significado del *street art* y el motivo de su popularidad.

Un ejemplo de esta carga expresiva es el caso del pañuelo verde[3]. Desde que en 2003 la lucha por la legalización del aborto[4] comenzara en Buenos Aires utilizando como seña un pañuelo verde, éste ha evolucionado y se ha convertido en el símbolo de la lucha por la igualdad de las mujeres y los hombres. Por este motivo, es muy normal ver la imagen de un pañuelo verde representada en gran cantidad de murales en toda la ciudad en apoyo a esta causa.

Otros barrios populares como La Boca tienen una gran riqueza histórica y cultural. Por ello, un recorrido por sus calles y un vistazo a sus murales se traduce en una inmersión en la política e historia social porteña[5]. Además, siendo el barrio de La Bombonera, el estadio del Boca Juniors, no faltan los dibujos dedicados al deporte y al popular futbolista Diego Maradona. [...]

Entre los artistas más populares, destaca el gran Martín Ron. Nacido en la provincia de Buenos Aires, se le considera uno de los 10 mejores muralistas de todo el mundo. Fue uno de los primeros en pintar obras de gran dimensión y en estaciones de subte[6] porteñas. Una de sus obras más célebres es una hiperrealista tortuga marina saliendo de una tubería en 3D situada en el barrio de Barracas.

El Periódico Viajar (periódico catalán), 22 de febrero de 2019

1. *un reflet fidèle* 2. *un acte simple* 3. *un foulard vert* 4. *l'avortement* 5. de Buenos Aires 6. *du métro de Buenos Aires*

Documento 3 Arte y política en la pared

Mural de la provincia de Salta, Argentina

"Hay algunos rasgos[1], influencias claras, presencias" del muralismo mexicano, pero que "hoy la coyuntura exige otras cosas" y que "para tener la misma actitud hoy, que el muralismo mexicano cuando apareció, tenemos que subirle mucho el volumen al compromiso, a la disciplina, a la determinación". [...]

"La primera conexión que encontramos es que son obras comprometidas socialmente. Los temas que se desarrollan en los murales tienen su origen en alguna realidad social. Y la segunda conexión es que los murales están puestos en espacios públicos con el objetivo de movilizar el pensamiento de quienes interactúan con ellos". [...]

"La costumbre[2] argentina de llamar en inglés a lo que denominamos 'arte callejero' pareciera que generase menor agresión que su versión en otra lengua". Así, se promocionan tours, festivales y galerías de "street art", y existen políticas oficiales de promoción de estas experiencias. El completísimo sitio web *muralesbuenosaires.com.ar* muestra todo tipo de información de las obras hechas en la capital argentina.

Alejandro Cánepa, *Clarín* (periódico argentino), 21 de febrero de 2019

1. características 2. *l'habitude*

Compréhension de l'écrit

Diga de qué tratan los dos documentos y precise en qué son complementarios.

Compréhension de l'ensemble du dossier

▶ Explique la relación entre los documentos y el eje "Art et pouvoir".

Trucos

- Lors de vos lectures, repérez les noms de pays, quartiers, villes et n'oubliez pas de les mentionner dans votre compte rendu.
- Pour le document 3, indiquez pourquoi l'auteur parle du muralisme mexicain.

Expression écrite

Vous traiterez en espagnol l'un des deux sujets suivants au choix. Répondez en 150 mots environ.

Question A

▶ Comente qué revelan las iniciativas creativas como los murales urbanos sobre la sociedad actual.

Question B

▶ ¿Piensa usted que es necesario dar mensajes comprometidos en los murales? Explique su punto de vista.

Trucos

- Pour montrer que vous avez bien compris les termes du sujet, n'hésitez pas à reformuler la question posée.
- Dans votre conclusion, vous pouvez expliquer le lien entre les documents 2 et 3 et l'axe « Art et pouvoir ».

España en venta

¿En qué medida los españoles se ven despojados de su territorio?

EXO ¿Qué sabes de...?

A. El estallido de la burbuja inmobiliaria en Galicia

B1

Iago y su padre viven en un pueblo de Galicia.

El padre de Iago no vendría hasta por la noche y por eso el chico decidió quedar con[1] sus amigos en casa. Tomarían unas cervezas y tratarían de poner las cosas claras. [...]

Nerea fue la primera en llegar y a los cinco minutos ya estaba Roy llamando al telefonillo de ese adosado[2] de lujo en el que vivían Iago y su padre. El adosado pertenecía a una calle construida por la empresa del padre y que a duras penas habían conseguido terminar. No estaban todos vendidos, pero al menos en esta urbanización[3] habían salvado los muebles. Lo malo había ocurrido en la otra, en una de las afueras del pueblo. Se empezó a construir justo en el estallido de la burbuja inmobiliaria con consecuencias catastróficas. Los precios se desplomaron[4], no había compradores, y la empresa se fue al tacho[5]. La construcción se paró, dejando empantanados[6] a los pocos que habían pagado ya una parte. Menos mal que Tomás, el padre de Iago, tenía otro tipo de ingresos y cero escrúpulos para hacer frente a los pufos[7] que le dejó el maldito estallido de la burbuja inmobiliaria. [...]

Tomás era inteligente y sabía cómo moverse para no pillarse los dedos[8] legalmente.

Carlos Montero (escritor español), *El desorden que dejas*, 2016

1. *donner rendez-vous* 2. *maison mitoyenne* 3. *lotissement* 4. *s'effondrèrent* 5. *(fam.) fit faillite* 6. *laissant dans une situation délicate* 7. *(fam.) dettes* 8. *se coincer les doigts*

a **Identifica** a los personajes y **precisa** sus relaciones.

b ¿Quién puede ser el padre de Iago? **Entresaca** las palabras que lo muestran. › EXO QUIZ

MÉDIATION c En el pueblo había dos urbanizaciones. ¿Cuál estaba en peligro? **Explica** por qué. › EXO QUIZ

Para expresarte

- un desfase: *un décalage*
- un(a) promotor(a)

- arruinarse
- quebrar [ie]: *faire faillite*
- tener [ie] suerte: *avoir de la chance*

B. Promotores sin escrúpulos

B1 VIDÉO

Nano (dibujante español), *Constitución y vivienda*, 2008

1. *Je meurs de rire.*
2. *Je ne vois toujours pas ce qui vous fait rire.*
3. *(ici) sa luxueuse demeure*

a **Precisa** dónde se encuentran los personajes. ¿Por qué están riéndose en la segunda viñeta?

b En la última viñeta, **explica** si el promotor inmobiliario se ríe por las mismas razones.

c **Ve** el vídeo. **Sitúa** la isla y **enumera** las instalaciones y las actividades que propone. ¿Quiénes la frecuentan? › EXO QUIZ

d Esta isla es ilegal pero no va a ser demolida. ¿Sí o no? **Justifica** tu respuesta.

e **Di** qué puntos comunes ves entre la tira y el vídeo.

Fiche de compréhension

C. Se vende Barcelona

B1 AUDIO

Un emir kuwaití está hablando con la ministra española de Economía.

–Nosotros, ya le he dicho, tenemos confianza en la economía española; es más, ahora estamos interesados en una zona algo deprimida junto al puerto de Barcelona. [...]

–¿Barcelona? –pregunté [...] La ciudad catalana se había convertido en objeto de interés de multimillonarios de todo el mundo. Atraídos por su luz y su belleza, estadounidenses, asiáticos, rusos, chinos y jeques árabes[1] pagaban fortunas por comprar pisos de lujo[2] frente al mar o por estar cerca de algunos de los mejores restaurantes o de la mejor arquitectura del mundo. Barcelona se había convertido en la ciudad-juguete de la élite internacional. [...] Esa élite solo quería Barcelona como pasatiempo de fin de semana, con helipuertos privados y residencias exclusivas para disfrutar de la ciudad [...].

–¿A qué zona se refiere en concreto, y qué planes tiene?

El emir tosió ligeramente, pero enseguida se explicó:

–Es la zona de Poblenou, no muy lejos del puerto. [...] Nos gustaría desarrollar un puerto privado para barcos y yates de gama alta, con un muelle[3] repleto de restaurantes y servicios y la posibilidad de construir chalés justo detrás. [...]

–O sea[4], un puerto privado solo para ricos, casi en el centro de Barcelona.

–Bueno, está un poco alejado –apuntó el emir.

–Desde luego no está al final de las Ramblas, pero se tarda diez minutos en llegar al centro –dije.

–Sí, por eso nos interesa –apuntó al-Surdha.

Elena Moya (escritora española), *La candidata*, 2015

1. *cheiks arabes* 2. *appartements de luxe* 3. *un quai* 4. *C'est-à-dire*

a **Di** de qué estaban hablando la ministra y el emir.

b ¿Cuál es el proyecto del emir?

c **Aclara** la palabra "élite" y **precisa** por qué es tan atractiva Barcelona.

MÉDIATION d "Barcelona se había convertido en la ciudad-juguete." **Explica** la expresión.

Para expresarte

- un edificio: *un immeuble*
- el permiso: *le permis*
- una tarjeta: *une carte*
- los trámites: *les démarches*

- desconfiado(a): *méfiant(e)*
- interesado(a)

- conseguir [i] + *inf.*: *réussir à*
- invertir [ie, i]: *investir*
- solicitar: *demander*

D. Los ciudadanos chinos y la Golden visa

B1 Fiche de compréhension

De dónde son los inversores en inmuebles...	Número de inversiones	% sobre total	... y en qué provincias españolas compran	Número de inversiones
China	1.172	37,3	Barcelona	1.384
Rusia	834	26,6	Madrid	490
Ucrania	122	3,9	Málaga	473
Egipto	80	2,5	Alicante	232
Venezuela	79	2,5	Valencia	130
Arabia Saudí	73	2,3	Girona	125

Fuente: Ministerio de Economía

VÍDEO

• ubicados: *situés* • antelación: *à l'avance* • listado: *une liste*

a **Observa** la infografía. **Indica** quiénes son los inversores y en qué ciudades invierten › EXO QUIZ

b **Ve** el vídeo y **di** qué buscan algunos extranjeros en España.

c **Explica** cuáles son las condiciones para quedarse e/o invertir en España y sus consecuencias.

PREPARA EL BAC Oral **Explica** con los documentos cómo la venta del espacio público se ha vuelto una cuestión política sensible.

Apuntes de gramática La gramática en vídeo

Parler d'une évolution → Précis p. 268

***Cada vez** es más frecuente.*

Les démonstratifs → Précis p. 252

***Esa** élite solo quería...*

Exercices

PROYECTO FINAL

Debatid sobre algunas consecuencias de la llegada de los inversores extranjeros en España.

1 Unos listan ejemplos sobre la situación de la vivienda en España: dificultades para alojarse, promotores sin escrúpulos, etc.

2 Otros listan consecuencias negativas o positivas.

ÉPREUVE ORALE

LVB>B1

S'exprimer à l'oral à partir d'un document iconographique ou d'une citation

L'oral de langue a lieu en classe de terminale. L'épreuve a lieu en deux parties : l'expression orale en continu, puis l'expression orale en interaction. Comment s'entraîner au mieux pour cette épreuve ?

Étape 1 Le choix de l'axe et du document

- Lors de l'épreuve (en LVB), l'examinateur(trice) te donnera le choix entre trois axes culturels. Choisis celui sur lequel tu as le plus de connaissances et dont tu pourras donc parler le plus aisément.
- Il/elle te donnera ensuite le choix entre deux documents iconographiques ou deux citations, ou encore une citation et un document iconographique. Choisis celui qui te parle le plus et sur lequel tu pourras mettre en avant tes connaissances.

Étape 2 L'expression orale en continu

- **Ce qui t'attend :**
  - Au cours de cette première partie, tu seras le/la seul(e) à intervenir et ton interlocuteur(trice) t'écoutera.
  - Tu exposeras tes idées pendant 5 minutes en les organisant.
  - Tu traiteras de l'axe choisi en t'appuyant sur l'un des deux documents.
- **Parler et s'appuyer sur le document :**
  - Présente brièvement l'axe et les raisons de ton choix.
  - Introduis le document (source, auteur…) et décris l'image ou explique la citation. Tu pourras te contenter, dans un premier temps, de la paraphraser.
  - Extrapole à partir du document : pour l'image, pense le document comme une carte mentale animée d'où partiraient des idées et développe de manière ordonnée ; pour la citation, rassemble les idées autour d'un mot ou groupes de mots qui s'associeraient chacun à une idée différente à développer.
  - Fais référence à tes connaissances sur l'axe grâce à ce que tu as appris en cours.
- **Contrôle le temps !** Tu disposes de 5 minutes : mets-les à profit et garde un œil sur ta montre. Une prestation trop courte risquerait de donner une mauvaise image même si ce que tu as dit était juste et pertinent.

Trucos

- Pense à la correction de la langue. Fais appel au lexique approprié, utilise les connecteurs et soigne les conjugaisons. Articule et pense à bien prononcer les sons propres à la langue espagnole.

- Tu auras un plan en tête pour chaque axe avec les idées essentielles et des exemples de façon à les réinvestir rapidement.

Étape 3 L'expression orale en interaction

- **Ce qui t'attend :**
  - Il s'agit d'échanger, à l'oral, avec ton interlocuteur(trice). Cette partie durera 5 minutes et sera l'occasion de préciser ou de nuancer certains points. Cette fois, le temps sera géré par ton interlocuteur(trice).
  - Ton interlocuteur(trice) interviendra en prenant appui aussi bien sur ce que tu auras dit que sur d'autres aspects auxquels tu n'auras pas forcément pensé.
  - Il s'agit d'affiner ta prestation et de faire un état de tes connaissances sur l'axe.
- **Échanger :**
  - Écoute attentivement les questions et appuie-toi sur les mots-clés pour bâtir une réponse.
  - Réponds en organisant tes idées et en structurant ta réponse.
  - Ne réponds pas par « *sí* » ou par « *no* », mais développe ta réponse. N'hésite pas à apporter plusieurs exemples et à garder la parole.

- Pour commencer ta réponse, reprends l'énoncé de la question sous forme de phrase affirmative. Ceci te permettra d'amorcer ta réponse et… d'avoir un peu de temps pour organiser tes idées !

1 Tu as choisi l'image :

Para expresarte

Pour décrire et analyser une image
- Cerca de, al lado de, detrás de...
- La(s) línea(s) vertical(es), horizontal(es), diagonal(es)...
- El(los) color(es) que predomina(n)...
- Oscuro(a) ≠ claro(a)
- El cuadro original...
- La profundidad de campo

- Llevarse las manos a la cara
- El ambiente: violento, dramático, aterrador...
- La desesperación
- La crueldad

Pour présenter les objectifs
- Este documento (cartel, dibujo, anuncio...) me hace pensar en..., se puede comparar con...
- Podemos imaginar que..., me imagino que...
- Este documento (cartel, dibujo, anuncio...) intenta demostrar/dar a ver (que)..., pretende presentar...
- El documento denuncia..., pone de realce..., pone en escena...

Pour tirer des enseignements
- Este tema me sugiere que...
- El documento corresponde bien/bastante bien al eje... porque...
- El documento (me) permite decir (que)...
- El documento nos enseña que...

Ventura & Coromina (dibujantes españoles), *La Vanguardia*, 15/03/2012

- *Cartes postales goyesques Les expulsés*
- *Exécution hypothécaire*

Para expresarte

Pour analyser une citation
- El documento se compone de / consta de...
- Es un pasaje de...
- El título expone...
- En el texto se dice que...

Pour présenter des objectifs
- Este documento permite...
- Se trata de...
- Podemos imaginar que...
- Este documento establece...

Pour confronter les documents entre eux
- Estos documentos tienen puntos comunes... se oponen...
- La cita permite entender la imagen ya que... confirma...
- Los documentos presentan una visión opuesta... varios puntos de vista sobre...

2 Tu as choisi la citation :

Un artículo de ley → El título → Un párrafo

Artículo 47 de la Constitución Española: "El derecho a la vivienda"
"Todos los españoles tienen derecho a disfrutar de una vivienda digna y adecuada. Los poderes públicos promoverán las condiciones necesarias y establecerán las normas pertinentes para hacer efectivo este derecho, regulando la utilización del suelo de acuerdo con el interés general para impedir la especulación."

Las reglas establecidas
Las palabras clave

¡AHORA TÚ!

À toi de prendre la parole maintenant à partir de l'image ou de la citation.

Este documento es interesante ya que...
Para mí..., según mi punto de vista...
Me parece que...
Me hace pensar en...
Hemos hablado del eje... pero también podríamos hablar de... ya que...
Este tema puede relacionarse con...

Trucos
- Utilise des connecteurs et des mots structurants tels que *primero/ante todo*; *después*; *para terminar...*
- Tu peux, si besoin, poser toi aussi des questions. Elles doivent se rapporter à la thématique et permettre de faire avancer la réflexion.
N'oublie pas de remercier ton interlocuteur(trice) et de prendre congé, en espagnol !

Unidad 23

Innovations scientifiques et responsabilité • Espace privé et espace public

España 2050: ¿un futuro 100% renovable?

¿Qué posición ocupa España para lograr la transición energética?

EXO ¿Qué sabes de...?

VIDÉO

Muchacha ante una central térmica, fan art según J. López (diseñador hispanoamericano)

Salvador Dalí (pintor español), *Muchacha en la ventana*, 1925, Museo Reina Sofía

¡Lánzate!

1. **Di** qué problemas evoca la ilustración. **Explica** por qué es grave.
2. **Ve** el vídeo. ¿Quiénes son las personas y para qué se manifiestan? **Cita** los modos de acción. › EXO QUIZ
3. **Apunta** algunas soluciones que presenta el vídeo.
4. Para ti, ¿qué otra solución es posible?

Para expresarte

- un(a) activista
- el cierre: *la fermeture*
- un movimiento: *un mouvement*
- apagar: *éteindre*
- encender [ie]: *allumer*
- exigir
- quemar: *brûler*

PROYECTO FINAL

Presenta una infografía sobre las energías renovables en España.

Políticas nacionales en energías renovables

1. España, un modelo para el cambio A2

VIDÉO

España y la meta del 2035

"El Gobierno de Pedro Sánchez se ha propuesto poner a España a la cabeza de Europa en renovables. El Ejecutivo ultima su Plan Nacional de Energía y Clima, en el que se establecerá la hoja de ruta para avanzar en la transición energética y hacia un modelo económico sin emisiones de carbono a largo plazo[1]. Y ese plan pretende ser más que ambicioso.

La nueva Directiva de Energías Renovables pactada por las instituciones de la Unión Europea contempla un objetivo para toda Europa de conseguir que un 32% de la electricidad se produzca con renovables en 2030 (aunque se revisará dentro de cinco años y previsiblemente se elevará).[...] España pretende estar entre los países que más contribuyan al objetivo continental."

David Page Polo (periodista español), *elindependiente.com*, 2018

1. *à long terme*

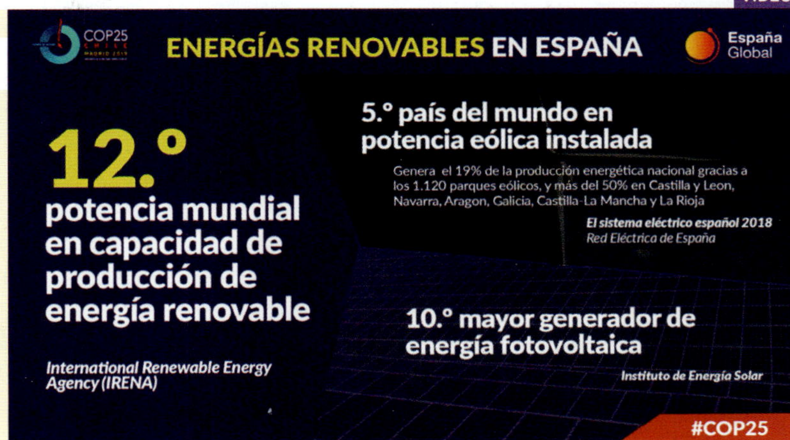

Infografía de España Global para la COP25.

"Las diferentes 14 tecnologías que producen energía en España batieron un récord en octubre pasado [...] Este incremento[1] se dio, en gran parte, gracias a las energías renovables, tecnologías en las que España es líder mundial en inversión[2].

El sistema eléctrico español es uno de los más diversificados de todo el mundo."

Euskenergy.com, 22/11/2019

1. aumento 2. *investissement*

a. **Ve** el vídeo y **cita** problemas medioambientales que ha vivido España.

b. **Enumera** las fuerzas que tiene España en materia de energías renovables presentadas en la infografía y el vídeo. > EXO QUIZ

c. **Lee** el texto y **apunta** los objetivos de transición energética de la Unión Europea y del Gobierno español. ¿Qué quiere España?

d. Con la cita, **di** qué ha permitido alcanzar esta posición.

PREPARA EL BAC Oral

Muestra que España está viviendo un cambio en el modelo energético.

Apuntes de gramática

La gramática en vídeo

Utiliser le superlatif → Précis p. 254

***La** energía **más** contaminante que existe*

***El** modo **más** limpio*

Construis des phrases suivant le modèle.

Las energías verdes/el modo/limpio/para generar electricidad
→ Las energías verdes son el modo más limpio para generar electricidad.

a. Las inversiones en energías renovables / los cambios / importantes
b. La producción energética renovable / la energía / atractiva / para trabajar
c. Los parques solares y eólicos / las plantas / relevantes / España

Exercices

Mejora tu léxico

Clasifica las palabras según se relacionen con las energías fósiles o las energías renovables.

la energía hidráulica • el petróleo • el carbón • los aerogeneradores • los hidrocarburos • la central térmica • los paneles fotovoltaicos • una planta solar • el gas • la energía mareomotriz

Empresas expertas

1. Energía para vivir B1

AUDIO

Senda es ingeniera y le está enseñando al detective Ricardo Cupido el parque eólico de la compañía Mistralia en Sierra Ufana, Gerona.

Mientras ella conducía con soltura[1], evitando los baches[2], Cupido observó la velocidad con la que giraban las aspas de los aerogeneradores en lo alto de la sierra.

–Excepto a los surfistas y a quienes invierten en energía eólica, a nadie le gusta el viento –dijo Senda–. A los agricultores, porque les seca la tierra, tira al suelo los frutos y dificulta las labores; a los conductores, porque los incomoda en los viajes; a los hosteleros, porque retiene a los turistas en sus casas...

–Tampoco a los ciclistas –dijo Cupido–. Los empuja a las cunetas[3].

Sorprendida por su comentario, Senda lo observó como si evaluara sus dotes deportivas.

–¿Y a ti te gusta? –añadió Cupido.

– A mí me gusta la forma como estamos aprendiendo a aprovecharlo.

–¿En los molinos?

–Sí. Me parece el modo más limpio y más sencillo de obtener energía: el viento mueve unas aspas que, a su vez, hacen funcionar unas turbinas que en lugar de moler trigo o extraer aceite[4], como en los tiempos de Don Quijote, generan una energía que no puede ser convertida en armamento ni aprovechada para fines militares... Hemos llenado el mundo de tantas máquinas que ya no podemos funcionar únicamente con energías fósiles, porque las reservas terminarán agotándose[5] más pronto que tarde...

Eugenio FUENTES (escritor español), *Mistralia*, 2015

1. *avec aisance* 2. *les nids-de-poule* 3. *les fossés* 4. *moudre du blé ou extraire de l'huile* 5. *finiront par s'épuiser*

Cartel de sensibilización IBERDROLA para la COP25

a. **Cita** las palabras del texto relativas a la energía eólica. › EXO QUIZ
b. **Apunta** las negaciones que emplean los protagonistas. **Indica** qué opina la gente sobre el viento. *A la gente,... porque...*
c. ¿Piensa lo mismo Senda? **Explica** por qué.

Para expresarte

- una alternativa renovable
- una hectárea

- inagotable: *inépuisable*
- sostenible = duradero(a)

- compartir: *partager*
- concienciar = sensibilizar
- contaminar: *polluer*
- desarrollar
- fomentar = favorecer

- mientras que: *tandis que*

2. Planta solar Núñez de Balboa A2+

VIDÉO

a. **Sitúa** la planta solar Núñez de Balboa.
b. **Indica** por qué es la planta solar más grande de Europa.
c. **Cita** las ventajas que presenta en materia medioambiental y laboral. › EXO QUIZ
d. **Di** cómo se llama la empresa y **precisa** su objetivo.

Fiche de compréhension

Planta Núñez de Balboa, Badajoz, 2019

3. Energía mareomotriz A2

Una empresa española ha vuelto a romper todos los moldes[1] a nivel mundial. Se trata de la gallega[2] Magallanes Renovables y ha sido la primera del planeta en conseguir que una plataforma mareomotriz (corrientes marinas) se conectara a la red con éxito y comenzara a generar electricidad. Ha ocurrido en Escocia, en las Islas Orcadas, situada a 2 millas de la zona de corrientes[3] de Fall of Warness. [...]

"Hemos inventado el aerogenerador dentro del mar, tenemos una tecnología propia, durante un año hemos demostrado que la tecnología funciona y ya hay mercado interesado en ella", añade, "desde el minuto uno que se conectó con la subestación[4] de Eday ha comenzado a generar electricidad con 1,7 MW de potencia", es decir, que tiene una capacidad para abastecer de electricidad a entre 1.000 y 1.500 viviendas[5], gracias a una inversión de 8 millones de euros.

El responsable de la compañía también confirma que hay proyectos previstos a desarrollar de entre 30-50 MW en Gales, Francia, EEUU y Canadá, "y en España tiene muchas posibilidades en el Estrecho de Gibraltar, de hecho, su potencial sería tan grande como para apagar todas las nucleares que existen en el país".

Revista RD Energía, 7 de marzo de 2019

Instalación de una plataforma flotante de energía mareomotriz en Vigo, Galicia

1. *sortir des sentiers battus*
2. de Galicia
3. *les courants*
4. *sous-station*
5. *logements*

a. **Di** en qué es innovadora la empresa Magallanes Renovables. ¿Qué ha realizado? > EXO QUIZ

b. **Muestra** que este proyecto ya es tan exitoso como rentable.

c. Gramática **Apunta** una comparación y **explica** por qué la energía mareomotriz puede ser la energía del futuro.

Para expresarte

- el desarrollo: *le développement*
- la fuerza
- las mareas: *les marées*

- aprovechar: *exploiter*
- desembocar: *déboucher sur*
- proporcionar: *fournir*

PREPARA EL BAC Escrito Empresas españolas punteras tienen un papel (*rôle*) activo en la transición energética. **Demuéstralo**.

Apuntes de gramática

La gramática en vídeo

Faire une comparaison → Précis p. 254

*Su potencial sería **tan** grande **como** para apagar todas las nucleares que existen.*

Rédige des phrases en exprimant la comparaison demandée (+ : supériorité ; - : infériorité ; = : égalité).

a. Las empresas españolas – ser – punteras – las de Europa (+)
b. La energía mareomotriz – desarrollarse – la eólica (-)
c. La producción solar – en Francia – no ser – alta – en España (=)

Exercices

Mejora tu léxico

Asocia cada adjetivo con su equivalente.

a. innovador(a)	1. fomentado(a)
b. desarrollado(a)	2. eficaz
c. sostenible	3. novedoso(a)
d. potente	4. duradero(a)

La sociedad, entre toma de conciencia y proyectos sostenibles

1. Generar electricidad juntos B1

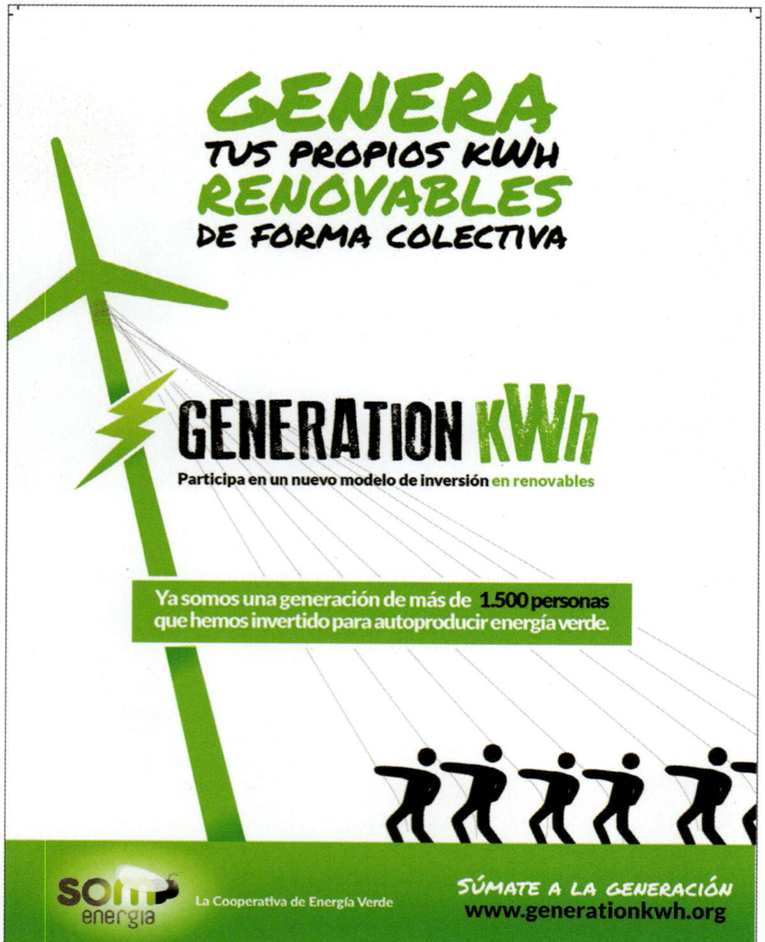

Cartel de la cooperativa Som Energía, 2015

LA DEMOCRACIA ENERGÉTICA

Para el año 2050, los ciudadanos – incluyendo las comunidades locales, escuelas y hospitales– podrían estar produciendo la mitad de la demanda de electricidad en España […] Es el camino trazado por el nuevo Paquete de Energía Limpia de la Unión Europea. Esta nueva directiva concede a comunidades e individuos el derecho a generar, almacenar[1] y vender su propia energía.

Es el principio del fin del actual modelo energético centralizado, en manos de unas pocas compañías. Es también un paso crucial para avanzar hacia un sistema energético libre de combustibles fósiles, principales culpables de la actual crisis climática. Llega lo que llaman la democracia energética.

Lorena Farràs Pérez (periodista española), *La Vanguardia*, 08/12/2019

1. *stocker*

a. **Observa** el cartel y **di** qué están haciendo las personas. ¿Para qué?
b. **Explica** qué es la Generación kWh relacionándola con el color dominante.
c. **Busca** en el artículo la frase que podría ilustrar este cartel.

Fonología

Los sonidos an - am - en - em. EXO QUIZ

2. ¿Qué es la Generación kWh? B1

VIDÉO

Fiche de compréhension

a. Léxico **Apunta** las palabras en relación con la luz e **indica** lo que muestran. ¿Qué deben hacer los ciudadanos?
b. **Presenta** el proyecto Generación kWh de Som Energía. **Precisa** en qué es una alternativa colectiva y renovable.
c. Gramática **Aclara** el mensaje de Maribel Polo. *Espera que…* **Indica** qué tiempo has utilizado en tu respuesta y por qué.
d. Apoyándote en los tres documentos, **explica** la expresión "democracia energética". › EXO QUIZ

Para expresarte

- un(a) ciudadano(a): *un(e) citoyen(ne)*
- una torre
- caro(a) ≠ barato(a)
- ser responsable

3. La energía que renueva los pueblos B1

VIDÉO

Fiche de compréhension

Aerogeneradores cerca de Fuendetodos (Aragón)

a. **Sitúa** Fuendetodos y **explica** por qué es una localidad conocida.

b. **Indica** por qué los jóvenes han abandonado el pueblo.

c. **Enumera** los impactos económicos y medioambientales que tendrá la instalación del parque eólico. › EXO QUIZ

Para expresarte

- la contaminación
- la despoblación
- el éxodo rural
- los gases de efecto invernadero
- disminuir
- hay que/ es necesario + *inf.*
- quedarse ≠ irse
- renovar [ue]

Apuntes de gramática

La gramática en vídeo

Exprimer un fait non réalisé → Précis p. 259

***Espero que** el ejemplo de unas pocas personas **contagie** al resto.*

Choisis la forme verbale correcte.

a. Se difunden informaciones sobre el autoconsumo para que la gente (genera/genere) su propia energía.

b. Generación kWh espera que muchas personas (se apunten/se apuntan) al programa.

c. Con proyectos innovadores, España está consiguiendo que las energías renovables (llegan/lleguen) a ser la solución.

Exercices

Mejora tu léxico

Completa la frase con las palabras:

innovadoras • energía eléctrica • colectivos • eficiente y sostenible • necesidades • gestionen

.... y empresas españolas proponen soluciones .... para el uso más .... de la energía. El objetivo consiste en que los consumidores .... el uso de .... de acuerdo a sus .... de consumo.

PROYECTO FINAL

Presenta una infografía sobre las energías renovables en España

COMPÉTENCES NUMÉRIQUES

Crea una infografía sobre la evolución de las energías renovables para 2035 en España.

1 Prepara los contenidos.

a. Selecciona documentos mostrando el potencial de España, los objetivos y las inversiones de las empresas para el desarrollo de las energías renovables. Organiza las ideas a partir de la problemática e ilustra con datos (cifras, porcentaje, diagramas) y fotos.

b. Redacta un texto corto sobre técnicas innovadoras y sostenibles que valoran la toma de conciencia de la sociedad subrayando la evolución.

2 Expón la infografía.

c. Prepara algunas palabras e ideas para presentar el tema y las diferentes partes precisando las ventajas para el futuro.

MÉDIATION

d. Entrénate a hablar sin leer los apuntes (*notes*).

Acuérdate de...

- Introduis le thème de l'infographie avec dynamisme.
- Attire l'attention du public sur les données et les illustrations.

- Utilise le superlatif et les comparatifs pour mettre en évidence l'évolution de la production énergétique.
- Présente le but (*para que* + subj.) de ces technologies et ce qu'on attend d'elles (*esperar que* + subj.).

BAC Evaluación

ÉPREUVE ÉCRITE
LVA > B2
LVB > B1

Autoévaluation

ÉPREUVE 3 3e trimestre de Terminale 1h30

Compréhension de l'oral

Documento 1 El futuro hacia el que vamos

Vous rendrez compte en français de ce que vous avez compris du document.

Trucos

- Repérez **les données chiffrées** (quantités, dates, pourcentages), les **répétitions**.
- Établissez **un lien** avec le titre.

VIDÉO durée : 1'17''

Compréhension de l'écrit et de l'ensemble du dossier

Documento 2 Ampliar el parque eólico

Álvaro García-Lage, responsable en Mistralia, está en su despacho y entrevista a Senda, una ingeniera de la empresa.

–Queremos hacerte una propuesta. [...] Solicitaste un cambio temporal de destino. [...]

–Sí.

–Fuera de Madrid.

–Sí.

–Tenemos un proyecto que puede interesarte. Aunque queda un poco lejos.

–Ahora mismo, cuanto más lejos, mejor –replicó.

–Sierra Ufana.

–Bueno, no está tan lejos. En Breda[1] –contuvo un estremecimiento[2].

–Hace dos años colaboraste en el proyecto de instalación.

Marcha contra los molinos en Montánchez (España), 10/08/2019

–¿Y ahora queréis que...?

–Sí. Te proponemos que ocupes el lugar de Esther. Tienes el perfil adecuado. [...]

–¿Cuáles serían mis atribuciones?

–Las mismas que las de Esther. ¡Plenos poderes! Serías la responsable de todo aquello, tendrías que tomar decisiones adecuadas en un momento delicado. Ya sabes lo importante que es este proyecto para Mistralia. Con la ampliación[3] y los nuevos prototipos pasaremos de cuarenta megas a ciento treinta. Después de dos años ya sabemos que allí el viento es muy rentable, nos da muchas horas aprovechables[4]. Es una apuesta personal del King. Y para ti, culminar con éxito la ampliación y ponerla en funcionamiento te supondrá un salto. No quiero negarte que hay algunos problemas que Esther no acababa de resolver.

–¿De qué tipo?

–Algunos de los propietarios de los terrenos necesarios para la ampliación, en el eje de la sierra, se niegan a vender.

–¿No habéis ofrecido lo suficiente? –preguntó con ironía.

–Más que suficiente. En blanco y negro.

–¿Entonces?

–Son una pareja de ecologistas –dijo con un tono de voz que lo explicaba todo.

–Creía que teníamos a los ecologistas de nuestro lado.

–No a todos y no siempre. Nunca están contentos. Ni quieren nucleares por el peligro de la energía atómica ni quieren térmicas por el humo, pero tampoco quieren aerogeneradores porque molestan a los pájaros. ¿En qué quedamos? No hay manera de convencerlos. Ya se opusieron a la instalación de la primera fase, argumentando que Sierra Ufana no era el lugar apropiado. Y ahora que tocamos sus intereses, con más motivo. Por ahí tengo un montón de cartas con sus protestas. [...] Tendrás que actuar con prudencia. Ellos saben que cualquier mínimo incidente que se produjera atraería la atención pública. Y desde la muerte de Esther la prensa está alerta esperando más carnaza[5]. Lo último que necesitamos es una campaña contra nosotros, recogida de firmas[6], manifiestos en las redes sociales y con los de Greenpeace yendo a meter las narices a ver qué está pasando por allí. Si sospecharan[7] algo raro, ¿cuánto crees que tardarían en tirarse encima en paracaídas?

–¿Pero es algo que tenemos que ocultar?

–Nada distinto de lo habitual. Sabes que a veces hay que hacer algunos regalos, digamos que para que agilicen los trámites[8]. –Esbozó una sonrisa que no obedecieron los ojos–. Hemos invertido mucho en esa planta, Senda. Dinero, tiempo y prestigio. El King no va a permitir que fracase[9]. Si tú estás dispuesta a sacarla adelante, el trabajo es tuyo.

Eugenio FUENTES (escritor español), *Mistralia*, 2015

1. pueblo de Gerona 2. *un frémissement* 3. *l'agrandissement, le développement* 4. *exploitables* 5. *d'informations en pâture* 6. *collecte de signatures* 7. *S'ils soupçonnaient* 8. *pour accélérer les procédures* 9. *que cela échoue*

Compréhension de l'écrit

Diga de qué trata el documento y precise en qué medida la foto completa el texto.

Trucos

- Lors de la première lecture, **dégagez l'idée principale**. Ecrivez au brouillon l'essentiel de ce que vous avez compris.
- Quels sont les **problèmes** rencontrés par Esther ? Repérez les éléments qui vous paraissent importants à intégrer dans la réponse.
- Dites quels **liens** vous pouvez établir entre les documents.

Compréhension de l'ensemble du dossier

▶ Tras estudiar los documentos, cite algunos problemas que plantea el camino hacia la transición energética.

Expression écrite

Vous traiterez en espagnol l'un des deux sujets suivants au choix. Répondez en 150 mots environ.

Question A

"Debemos acelerar la transición energética y los ciudadanos deben ser parte activa de ella" dijo Pedro Sánchez en un discurso durante la COP25 en Madrid en 2019.

▶ Analice y comente la declaración del presidente del Gobierno español apoyándose en los documentos del dosier y en sus conocimientos.

Trucos

- En vous basant sur vos connaissances, demandez-vous de **quelles forces** dispose l'Espagne dans ce domaine. Et les citoyens ? Comment peuvent-ils participer à cette transition énergétique ?

Question B

▶ ¿Piensa usted que será fácil llegar a una energía 100% renovable dentro de pocos años?

- Mobilisez vos connaissances et trouvez des arguments pour **défendre votre point de vue**. Vous pouvez citer des **exemples de la séquence** pour nuancer vos idées.

Unidad Flash **24** Citoyenneté et mondes virtuels

Ciudadanía digital

EXO ¿Qué sabes de...?

¿De qué manera las nuevas tecnologías favorecen la participación ciudadana?

A. Una *app* para facilitar la participación ciudadana A2+

a **Di** qué promociona este *spot* y para qué sirve el producto presentado.

b **Léxico** **Lista** las incidencias que podrán notificar los ciudadanos a través de Comunicat-i.

c **Explica** cómo participarán los ciudadanos activamente en la vida de su ciudad gracias a la aplicación. > EXO QUIZ

Fiche de compréhension

Para expresarte

- el calentamiento global: *le réchauffement climatique*
- un documental
- un problema

- comprometerse: *s'engager*
- defender [ie]
- difundir: *diffuser*
- impactar (a la gente): *toucher (les gens)*
- dar a conocer: *faire connaître*
- poner en contacto

B. Javier Bardem, embajador medioambiental A2+/B1

VOZ LIBRE • Vozlibre.com • 18 de enero de 2018

Javier Bardem ya tiene cuenta en Instagram. El actor lo ha hecho casi de incógnito y con un sólo objetivo muy claro: su viaje al océano Antártico. Será de la mano de Greenpeace y junto a su hermano, Carlos.

Poco amigo de los medios y de las redes sociales, Javier Bardem ha terminado "claudicando"[1] y abriendo una cuenta en Instagram. Sin embargo, lejos de mostrar sus rodajes[2] o día a día, como otros famosos, su objetivo es sólo uno: documentar su viaje con Greenpeace. [...]

El actor y su hermano, el también intérprete Carlos Bardem, cruzarán juntos el océano Antártico. De hecho, las cinco publicaciones de Javier en su cuenta son relativas a este viaje como embajadores[3] de la ONG medioambiental. [...]

Tras su presentación en Instagram, Javier Bardem ha compartido una foto junto a Carlos Bardem y el cineasta Álvaro Longoria. Además, comparte el *link* en el que se están recogiendo firmas[4] para convertirlo en un Santuario. [...]

Al contrario que la mayoría de actores, el español ha decidido dejar muy claro ya en su alias[5] el objetivo de su cuenta: "Bardemantartic". Todo hace indicar que, o bien le coge el gustillo[6] a las redes o bien dejará de escribir en su perfil en cuanto dé por finalizado su reto[7].

1. *(ici)* aceptando 2. *ses tournages* 3. *ambassadeurs* 4. *où l'on recueille des signatures* 5. seudónimo 6. *prend plaisir* 7. *dès qu'il aura remporté son pari*

a **Di** quién es Javier Bardem y si es un adepto de las redes sociales como otros famosos.

b **Aclara** por qué ha decidido utilizarlas. > EXO QUIZ

c **Explica** qué tipo de mensajes envía a través de sus tuits.

d ¿Qué interés puede tener el compromiso ciudadano de un famoso?

C. El poder de las redes sociales B1

Alberto Spínola, joven y brillante abogado, descubre un caso de corrupción en una petrolera española.

Un mensaje saltó en su pantalla. [...] A Alberto le llamó la atención el asunto del correo. "Has visto lo de Petrospaña?" [...] Abrió el correo. Había un *link* a un vídeo. Era una noticia del telediario de Antena 3[1] de la noche anterior. "Las redes sociales están que echan humo"[2]: los usuarios se han levantado en armas contra las petroleras españolas, a las que consideran cómplices de la subida de impuestos aprobada por el Gobierno. Ya son más de cien mil usuarios los que se han unido al grupo "No eches gasolina[3] en las petroleras españolas. Ataca su bolsillo". La propuesta invita a los españoles a reducir los ingresos[4] de estas compañías llenando los depósitos[5] en las gasolineras de marcas extranjeras. ¿Es Facebook el nuevo chapapote[6] de las petroleras?"

"Son muchas las iniciativas de este tipo que se habían puesto en marcha contra los toros, las pieles o las guerras, pero el éxito que está registrando[7] en las redes sociales el boicot a las petroleras españolas no se había registrado nunca." El vídeo seguía afirmando que más de cien mil usuarios se habían sumado ya al boicot contra las compañías.

Alberto se recostó en su silla [...]. Aquella noticia [...] se presentaba como una nueva arma que los consumidores podían utilizar contra las injusticias.

Borja MARTÍNEZ-ECHEVARRÍA (periodista y escritor español), *El bufete*, 2012

a **Destaca** el papel de las dos grandes sociedades evocadas. > EXO QUIZ

b **Aclara** qué estrategia proponen las redes sociales.

c Léxico **Destaca** las causas que las redes ya han apoyado. ¿Qué te parecen?

MÉDIATION d ¿Son las redes sociales el "nuevo chapapote de las petroleras"?

1. cadena de televisión española
2. *s'enflamment*
3. *Ne mets pas d'essence*
4. *les recettes* 5. *en faisant le plein*
6. *(ici) la bête noire* 7. teniendo

Para expresarte

- el descontento: *le mécontentement*
- la muchedumbre: *la foule*
- la venda: *le bandeau*

- machista: *machiste*
- todopoderoso(a): *tout(e) puissant(e)*

- acabar con: *mettre fin à*
- actuar: *agir*
- apoyar: *soutenir*
- apuntar con el dedo
- juntarse: *se rassembler*
- tener [ie] peso: *avoir du poids*

D. El *flashmob* feminista viral de Chile A2+/B1

Fiche de compréhension

VIDEO

Flashmob de mujeres chilenas denunciando actos de violencia

a **Describe** lo que ves en la foto, y **di** qué te llama la atención.

b **Ve** el vídeo y apunta los dos lemas de las feministas.

c **Cita** las diferentes ciudades en las que también se movilizaron las feministas. ¿Por qué ocurrió?

d **Explica** las razones que empujaron a las mujeres a salir a la calle.

PREPARA EL BAC Oral **Explica** cómo han conseguido los protagonistas de los documentos tomar el poder mediante las nuevas tecnologías.

Apuntes de gramática

La gramática en vídeo

- Exprimer un fait à venir → Précis p. 260

*Bardem **dejará** de escribir en su perfil **en cuanto dé** por finalizado su reto.*

- L'impératif (ordre et défense) → Précis p. 260

***¡Implícate** con tu municipio!*
***No eches** gasolina en las petroleras...*

Exercices

PROYECTO FINAL

Crea un tuit acerca de una noticia que te disgusta o para defender una causa.

1 Elige una causa o una noticia que denuncias. Detallarás cuáles serán las consecuencias futuras si los/las ciudadanos(as) no se movilizan.
Es necesario que... sino...

2 Redacta un texto breve en el que invitarás a los/las ciudadanos(as) a sumarse (*se joindre*) a tu denuncia o causa, utilizando el imperativo.

3 Cuelga tu mensaje en una red social.

ÉPREUVE ÉCRITE
LVA>B2
LVB>B1

Rédiger un discours

Lors de la troisième série d'épreuves communes, l'expression écrite peut consister en la rédation d'un discours, en s'appuyant parfois sur un texte étudié préalablement en compréhension de l'écrit. Comment s'entraîner pour réussir cette épreuve ?

Étape 1 Lire et analyser le sujet

- Lis attentivement le sujet en te posant des questions : quel type de discours me demande-t-on de rédiger (pour encourager, dénoncer, commémorer, souhaiter…) ?
- Identifie **ton public** pour déterminer la personne à laquelle tu vas t'adresser (*tú, vosotros/as, usted/ustedes*).

Trucos

- Identifie et surligne les mots-clés du sujet proposé.
- Dans un deuxième temps, pense à souligner ce qu'on te demande de faire (rédiger, créer, dénoncer…).

- La consigne et le texte peuvent t'aider à identifier le public auquel tu vas t'adresser.
- Garde bien en tête la personne à laquelle tu vas devoir conjuguer les verbes de ton discours.

Étape 2 Mobiliser ses connaissances

- **Choisis tes arguments**, le but de ton discours. Il doit être clair et concis de façon à ce que tu puisses l'énoncer facilement.
- Pour **défendre** quelqu'un ou quelque chose (plaidoyer), il faudra employer le lexique de **l'éloge ou des termes mélioratifs**…
- Pour **accuser**, dénoncer quelqu'un ou quelque chose (réquisitoire), il faudra employer le lexique du **blâme**, des adjectifs **péjoratifs**, le registre **polémique**…
- Pour **commémorer** (célébrer un événement passé), il faudra **comparer le présent et le passé**.
- Pour **encourager** quelque chose ou quelqu'un, il faudra employer **des tournures hypothétiques**, utiliser **le subjonctif**…

- N'oublie pas que le but d'un discours est de convaincre. Tu vas donc devoir utiliser des mots spécifiques et des tournures qui vont te permettre de donner du poids et du dynamisme à tes propos.

Étape 3 Structurer son discours

- **Ordonne tes arguments** du plus évident au plus subtil. Il vaut mieux garder les arguments percutants pour la fin, afin de marquer les esprits.
- **Structure ton discours** en faisant une introduction et en liant tes arguments avec des connecteurs logiques.
- Emploie, quand cela est possible, des chiffres, des faits indiscutables.

- Garde pour la fin l'argument le plus original/percutant de façon à « finir en beauté ».

Étape 4 Rédiger

- Lors de la rédaction, alterne **l'exclamation** (pour communiquer au public sa peine, sa colère…), **l'interrogation** (afin de faire réfléchir), **l'ordre** (dans le but de pousser les personnes à agir), ceci donnera du **dynamisme** à ton propos, ainsi que des mots spécifiques qui vont marquer la cohésion afin de fédérer ton public. **La dernière phrase** du discours est **particulièrement importante** : elle doit emporter l'adhésion du public.

- N'hésite pas à ponctuer ton discours de mots tels que « *juntos(as)* », « *todos(as) nosotros(as)* », « *la población entera* » … en faisant bien attention aux accords sujets/verbes/compléments.

Documento 1 Chile, la rebelión de las redes sociales

Analyse les termes du sujet :

1. Pense à quoi peuvent correspondre ces préoccupations, ces injustices.

2. Trouve des formulations pour lancer un appel sur les réseaux sociaux en tenant compte du public auquel tu t'adresses.

3. Invente un *hashtag* qui résume l'idée que tu veux faire passer.

4. Pense à des formules et à des arguments pour convaincre.

La manifestación que se registró el viernes pasado en todas las ciudades de Chile fue, por lejos, la mayor de la historia de nuestro sufrido país. [...]

¿Cómo fue posible que, en medio de un estado de emergencia con destrucción, represión, muertos, heridos y torturados, se movilizaran en forma pacífica y sin miedo más de un millón y medio de personas de todas las edades y condiciones sociales, sin un líder que los convocase y condujese, y sin una propuesta que canalizase sus legítimas demandas?

La respuesta, aún en estos tiempos digitales, es impactante: fue posible gracias a las redes sociales.

Facebook, Instagram y, en especial, Twitter fueron los canales mediante los cuales miles de convocantes llamaron a la movilización. El mecanismo usado: los hashtags. [...]

#Chiledespertó fue uno de los principales. Nos da cuenta de una toma de conciencia ciudadana acerca de los abusos cometidos por quienes detentan el poder político y económico. [...]

Hay que transparentar los abusos –todavía la gente no se percata[1] de los que cometen las Administradoras de Fondos de Pensiones [...], ni ha tomado conciencia de que la modernización tributaria[2] de Piñera consiste en obligar a todos los chilenos a pagar los cuantiosos servicios públicos [...] aún no se han destapado los prósperos negocios privados que subyacen casi en cada servicio público (transporte, salud, educación, medicamentos y hasta la recolección de la basura[3])– y ver la forma de ponerles atajo[4].

Sergio Fernández Figueroa, *elmostrador.cl*, 29/10/2019

1. se da cuenta 2. relativa a los impuestos 3. *collecte d'ordures* 4. *(ici)* suprimir

Expression écrite

Question A : Usted comparte las mismas preocupaciones que los chilenos y quiere convocar una manifestación por las redes sociales. Redacte el discurso. Piense en crear un *hashtag*, en denunciar las injusticias que sufren los chilenos y en convencerles para que vayan a la manifestación.

1. preocupaciones/injusticias → subida del coste de los servicios públicos, desigualdades, abusos (administradoras de Fondos de Pensiones), beneficios jugosos de los negocios privados relacionados con el sector público (transporte, salud, educación, medicamentos) ...
2. convocar una manifestación → ¿cómo dirigirse a un público? uso del imperativo, persona: vosotros, vocabulario: venir, unirse, juntarse con nosotros...
3. **hashtag** que resuma la idea principal de tu convocatoria → #chileserebela
4. convencer → con frase condicional "si compartes las mismas preocupaciones...", obligación personal (tener que/deber + inf.), imperativo.
Tenemos que reunirnos para luchar contra la subida de los precios de los transportes públicos

Recherche des idées en lien avec les mots et idées-clés relevés dans le texte et le sujet.

¡AHORA TÚ!

Rédige maintenant ton discours en t'aidant des éléments ci-dessous.

La vida para los ciudadanos chilenos es...
Es intolerable que...
¿Quieres seguir...?
Por eso tienes que/debes reunirte con... el día... en...
Juntos(as) podemos...
¡Anímate...!

Trucos

- Décris brièvement la vie des Chiliens en t'aidant du texte.
- Dénonce deux ou trois injustices auxquelles ils sont confrontés.
- Exprime ton indignation.
- Emploie la 1re personne du pluriel pour montrer que toi aussi tu te sens concerné(e).

Unidad **25**

En busca de justicia

¿Por qué es tan difícil acercarse al pasado en España y en América Latina?

EXO ¿Qué sabes de...?

Documental producido por Pedro Almodóvar, 2019

VIDÉO

¡Lánzate!

1. **Describe** el cartel y compara las actitudes de las personas.
2. **Ve** el vídeo y **apunta** elementos sobre el contexto histórico.
3. **Di** qué reclaman los ciudadanos. **Precisa** cómo luchan.
4. **Determina** por qué no se pudo condenar a los criminales franquistas después de la dictadura.

› EXO QUIZ

Para expresarte

- los crímenes
- el derecho: *le droit*
- la impunidad
- la ley: *la loi*

- acabar = terminar
- encarar los errores: *faire face aux erreurs*
- encargarse de: *se charger de*
- impedir [i]: *empêcher de*
- juzgar: *juger*
- negar [ie]: *refuser*
- olvidar: *oublier*

PROYECTO FINAL

Realizad un cartel para una manifestación que reclame justicia.

La Transición democrática en España

1. El regreso del *Guernica* B1

VIDÉO

Fiche de compréhension

Teresa entra en el museo Reina Sofía de Madrid. La escena transcurre en 2003.

Por segunda vez en su vida, [...] va a estar ante el *Guernica*. Le dan igual[1] las exposiciones temporales, solo piensa en el cuadro. Únicamente en ese cuadro. [...]

La primera vez que lo vio, acababa de llegar al Casón del Buen Retiro[2] desde el Moma[3] de Nueva York. Era el año ochenta y uno, ella tenía diecisiete y esperó [...] durante más de nueve horas, muchas bajo la lluvia del mes de noviembre, para ser de las primeras en presenciar tal acontecimiento[4]. El cuadro regresó a España acompañado por la Guardia Civil. Ella lo encontró en una sala pequeña, tras una estructura de cristal blindado. Y lloró nada más verlo. [...] La memoria de la guerra y del exilio volvía a casa. España no era una república, pero era libre y democrática, por ello la obra regresaba, tras cuarenta y cuatro años de exilio. Una ley aprobada por el Congreso norteamericano autorizaba su devolución[5], años después de las primeras elecciones en España del setenta y siete, tras la muerte de Franco. La voluntad del artista se veía así satisfecha. [...] La obra debía regresar a España, porque es de España de lo que habla.

Mercedes DE VEGA (escritora española), *Todas las familias felices*, 2018

Pablo PICASSO (1881-1973), *Guernica* (3,49 m x 7,77 m), Casón del Buen Retiro (Madrid), 1981

1. No le importan 2. Edificio situado cerca del Museo del Prado
3. Museo de Arte Moderno de Nueva York 4. *un tel événement* 5. *sa restitution*

a. **Presenta** el cuadro de la foto gracias al texto.
b. **Enumera** los lugares sucesivos en los que se expuso el lienzo y **asocia** cada lugar con una época.
c. ¿Es importante ese cuadro para Teresa? **Justifica**.
d. Con el texto y el vídeo, **di** qué grandes cambios ocurrieron después de la muerte de Franco. ¿Cómo se llama ese período?

Animation interactive

Guernica

Este inmenso mural de Picasso fue un encargo del Gobierno de la República española, en 1937, para la Exposición Internacional de París, con el fin de denunciar el bombardeo de la localidad vasca de Guernica por la aviación alemana.

PREPARA EL BAC Escrito

¿Por qué se suele considerar el regreso del *Guernica* a España como un símbolo del regreso de la democracia?

Para expresarte

- la barbarie
- una masacre
- una metáfora
- un símbolo
- atroz
- sangriento(a): *sanglant(e)*
- convertirse [ie,i] en: *devenir*
- destrozar = destruir
- sembrar [ie] el miedo: *semer la peur*

Apuntes de gramática

La gramática en vídeo

Exprimer l'obligation → Précis p. 261

*La obra **debía** regres**ar** a España.*

*La guerra civil como catástrofe que **era preciso** evitar.*

Complète les phrases suivantes avec *debe*, *debían* ou *era preciso*.

a. ... luchar para terminar con tantos años de silencio.
b. Se ... condenar a los criminales.
c. Los chicos ... ir a ver el *Guernica*.

Exercices

Mejora tu léxico

Elige los acontecimientos que tuvieron lugar durante la Transición democrática.

la abdicación del rey • el restablecimiento de las libertades fundamentales • la ausencia de elecciones • las reformas • el regreso de los exiliados • la amnistía • el intervencionismo del ejército • los atentados • el consenso

Impunidad y olvido

1. Callar y olvidar B2

Está hablando Andrés, exmilitante antifranquista, a un periodista de lo que le pasó en el verano del 71.

Después del miedo lo que llega es el olvido. Lo sé. Me ha pasado demasiadas veces en estos años para que no lo sepa. Y el silencio. Callar para que lo que pasó no lo sepa nadie. Y los primeros, nosotros. Borrar[1] de la cabeza lo que no nos gusta. Te lo habrá dicho Juan, y yo no sé si también te lo dije, que él se curó[2] de la tortura olvidándola. No existen para Juan los golpes, ni la mirada ciega y vacía[3] cuando salió del cuarto donde los guardias lo habían destrozado[4], ni las ganas de vivir que perdió para siempre aquella tarde. Todo eso se lo quitó de la cabeza [...].

Siempre me he preguntado si los verdugos[5] también tienen esa manera de vivir el pasado. Cuando detuvieron[6] a Pinochet en Londres lo primero que dijo fue que aquello de lo que le acusaban había que olvidarlo, que ya había pasado demasiado tiempo de aquellas desapariciones. Las desapariciones. Qué ironía. Vivir en la clandestinidad y morir de la misma manera. Mientras un cuerpo no aparece, está vivo. Chile. Argentina. España. Me enredo con[7] los tiempos. Las dictaduras se parecen. Olvidarlo todo, decía Pinochet. [...]

En este punto me gustaría contarte algo que me pasó hace unos años. En una calle de Valencia, cerca de la plaza de toros, me encontré con el guardia civil que me torturó en el cuartel de Patraix. Era una mala bestia. Su fama era universal [...]. Se llamaba Cebrián. Caminaba despacio, como si no pudiera con el peso de su cuerpo. Ya sé de qué te ríes, no, no sé si era el peso de la conciencia lo que le hacía andar así, como una tortuga a punto de morirse. [...] Un anciano respetable. [...] Al llegar a su altura me detuve y él se me quedó mirando. [...] ¿Le conozco a usted? [...] Lo miré como se mira lo que pasó hace mucho tiempo. Y seguí andando sin decirle nada.

Alfons CERVERA (escritor español), *Todo lejos*, 2014

1. *Effacer* 2. *il s'est guéri* 3. *aveugle et vide* 4. *(ici) frappé violemment* 5. *les bourreaux* 6. Cuando arrestaron 7. *Je m'embrouille dans*

Alfonso CASTELAO (pintor español), *La última lección del maestro*, 1945

a. **Apunta** las palabras que remiten al campo léxico de la violencia. ¿Qué les pasó a Andrés y a su amigo Juan en el verano del 71?

b. **Léxico** **Lista** las palabras que remiten al campo léxico de la memoria y **aclara** lo que quiere denunciar el autor. > EXO QUIZ

c. **Di** dónde y cuándo reconoció Andrés a su verdugo. ¿Qué retrato hace de él?

d. **Explica** qué países se parecen según Andrés.

Para expresarte

- la desmemoria = el olvido
- la negación: *le déni*

- aniquilado(a) : *anéanti(e)*

- costarle [ue] a uno(a) hacer algo: *être difficile pour qqn de faire qqch*
- detener [ie]: *arrêter*
- sacar a la luz = poner de relieve
- superar: *surmonter*
- como si nada : *comme si de rien n'était*

2. Marcha del silencio en Uruguay B1

Cartel de movilización de los ciudadanos de Montevideo (Uruguay)

Dictaduras

Durante las dictaduras militares en países como Uruguay (1973-1989) o Argentina (1976-1983), se produjeron torturas, desapariciones, asesinatos y violaciones de los derechos humanos.

a. **Cita** las características de esta marcha: nombre, número de personas, lugar y eslogan.
b. **Precisa** los objetivos de esta marcha.
c. **Di** qué rompió el silencio.
d. **Indica** quiénes organizaron la marcha y sus reivindicaciones. › EXO QUIZ

Fiche de compréhension

PREPARA EL BAC Escrito

Explica qué refleja el silencio sobre lo que pasó durante las dictaduras en España y en América Latina.

Para expresarte

- la demostración
- los manifestantes
- la voluntad: *la volonté*
- multitudinario(a): *massif(ive)*
- combatir = luchar
- en homenaje a
- nunca más: *plus jamais*

Fonología

Los sonidos [d] EXO QUIZ

Apuntes de gramática

La gramática en vídeo

Exprimer le but : *para que* + subj. → Précis p. 263

*Callar **para que** lo que pasó no lo **sepa** nadie.*
*Profundizar las investigaciones **para que** no se **olvide**...*

Conjugue les verbes au subjonctif présent.

a. Los ciudadanos se manifiestan para que ... (descubrirse) la verdad.
b. Luchan para que no ... (seguir) la impunidad.
c. Denuncian los crímenes para que los culpables ... (ser) castigados.

Exercices

Mejora tu léxico

Encuentra el sustantivo que corresponde a cada verbo.

olvidar → el ... • luchar → la ... • celebrar → la ... • desaparecer → la ... • acusar → la ... • investigar → la ... • reclamar → la ...

1. Castigar los crímenes en Chile B1 AUDIO

La escena tiene lugar en Chile, el abogado Felipe habla con Vicente Urbina.

Con su experiencia de abogado[1] iba preparado para un interrogatorio difícil, para poner al prelado[2] entre la espada y la pared[3] y obligarlo a confesar, pero nada de eso fue necesario.

–Hice lo mejor para la familia. Siempre fui muy cuidadoso[4] en la elección de los padres adoptivos. Todos eran católicos observantes -dijo Urbina.

–¿Me quiere decir que Ofelia no fue el único caso?

–Hubo muchas chicas como Ofelia, pero ninguna tan porfiada[5]. En general estaban de acuerdo con desprenderse de la criatura[6]. ¿Qué otra cosa podían hacer?

–Es decir, no tuvo que engañarlas para robarles al recién nacido[7].

–¡No te permito que me insultes, Felipe! Eran niñas de buena familia. Mi deber era protegerlas y evitar el escándalo.

–El escándalo es que usted, amparado[8] por la Iglesia, ha cometido un crimen, mejor dicho, muchos crímenes. Eso se castiga con prisión. Usted ya no tiene edad para pagar las consecuencias, pero le exijo que me diga a quién le dio la niña de Ofelia. Voy a llegar al fondo de esto.

Vicente Urbina no había llevado un registro de las parejas beneficiadas ni de los niños.

Isabel ALLENDE (escritora chilena), *Largo pétalo de mar*, 2019.

1. *avocat* 2. *(ici) l'évêque* 3. *au pied du mur* 4. *soigneux* 5. obstinada
6. *se séparer du nourrisson* 7. *leur voler le nouveau-né* 8. protegido

Marcha de protesta por los desaparecidos de la dictadura chilena, Santiago de Chile

Niños robados en Chile

No se conoce la cantidad precisa de niños robados durante la dictadura, pero se registraron más de 26 000 adopciones y varios miles de niños fueron enviados a países extranjeros con fines económicos.

- a. **Aclara** qué quería hacer Felipe. ¿Cuál era su estado de ánimo?
- b. **Precisa** a qué se dedicaba Vicente Urbina.
- c. **Deduce** quién era Ofelia. ¿De qué se enteró el abogado?
- d. ¿Compartían el mismo punto de vista Vicente Urbina y el abogado? **Explica.** › EXO QUIZ
- e. **Di** qué quería saber el abogado. ¿Tuvo las informaciones? **Justifica**.

Para expresarte

- un familiar: *un parent*
- el robo: *le vol*
- escandalizado(a)
- indignado(a)
- preocupado(a)
- castigar: *punir*
- dar en adopción
- engañar: *tromper*
- llevar a juicio: *poursuivre en justice*

Fonología

Los sonidos (r) o (rr) EXO QUIZ

2. España y su memoria histórica B1

Eneko (dibujante venezolano), 29/02/2012

VIDÉO — Fiche de compréhension

La Ley de Memoria Histórica de 2007 prohíbe hacer la apología del franquismo y prevé "una reparación moral para las víctimas de la guerra y de la dictadura".

a. **Describe** cómo va cambiando el cielo en el dibujo y **precisa** la intención del dibujante.
b. Con el vídeo, **explica** la decisión histórica que ha tomado el gobierno.
c. ¿Qué reacciones provocó esta decisión?
d. La reportera dice: "El capítulo más oscuro de la historia de España no está cerrado." **Aclara** esta afirmación con un elemento de la grabación.

Para expresarte

- el homenaje
- los huesos: *les ossements*
- las nubes: *les nuages*

- enterrado(a)
- lleno(a) de: *rempli(e) de*

- convertirse [ie, i] en: *devenir*
- cumplir (la ley) = respetar, aplicar
- dejar de = cesar de
- enjuiciar = hacer justicia
- llevar a otro sitio: *emporter ailleurs*

PREPARA EL BAC Oral

Explica lo que simboliza el Valle de los Caídos para unos españoles y para otros.

Apuntes de gramática — La gramática en vídeo

La formule de politesse avec *usted*

→ Précis p. 257

*El escándolo es que **usted ha** cometido un crimen.*

Passe du tutoiement au vouvoiement.

a. Tú impides que las víctimas sepan la verdad.
b. Estarás contento el día que enjuicien al franquismo.
c. Saliste a protestar para denunciar los crímenes de la dictadura.

Exercices

Mejora tu léxico

Asocia las palabras o expresiones equivalentes.

un dictador • hacer justicia •
una tumba • el culto • castigar •
un déspota • la apología • sancionar •
un mausoleo • juzgar

PROYECTO FINAL

Realizad un cartel para una manifestación que reclame justicia.

Con un cartel, queréis convocar una manifestación para reclamar verdad y justicia acerca de los horrores cometidos durante las dictaduras.

COMPÉTENCES NUMÉRIQUES

1 Preparad los contenidos.

a. Elegid un país hispánico donde se cometieron horrores.
b. Explicad brevemente la situación que provoca la indignación: desaparecidos, víctimas de torturas, desmemoria, impunidad...
c. Buscad una fotografía en relación con este tema.

2 Realizad el cartel.

d. Recordad la fecha, el lugar de la movilización y escribid los objetivos del evento.
e. Haced el montaje y redactad un eslogan que incite a la movilización.

Acuérdate de...

- Approfondissez le thème choisi par quelques recherches sur Internet et sélectionnez une photo marquante qui apparaîtra sur l'affiche.
- Pensez à utiliser l'expression de la volonté (*exigir que* + subj.), le but (*para que* + subj.).

BAC Evaluación

Autoévaluation

ÉPREUVE ÉCRITE
LVA > B2
LVB > B1

ÉPREUVE 3 — 3e trimestre de Terminale — 1h30

Compréhension de l'oral

Documento 1 Juicio histórico en Argentina

En rendant compte en français du document, vous montrerez que vous avez compris :

- le thème principal du document ;
- le contexte historique évoqué ;
- la fonction et la portée du document.

VIDÉO durée : 1'30

Manifestación para reclamar un juicio, Argentina, 2017

Trucos

- Repérez les chiffres et associez-les aux faits évoqués. Faites ensuite le lien avec le contexte historique.

Compréhension de l'écrit et de l'ensemble du dossier

Documento 2 Si los detuvieron, por algo será

La escena transcurre en Argentina en 1983. Laura es la hija de un general que apoya a la Junta militar en el poder.

Todo estuvo bien en el cumpleaños de Laura, hasta que a Carola Luccini se le ocurrió hablar del secuestro de sus amigos. [...]

–Los chicos no tenían nada que ver con nada.

–¿Y cómo sabés[1]? –la interrumpió Mariana, impertinente.

–Porque los conocía mucho, desde chicos. Nuestras madres eran amigas. Ella trabajaba en un colegio y nunca se metió en nada raro[2]. Y su hermano ¿qué pudo haber hecho? Tenía diecisiete años cuando lo chuparon.

–¿Cuándo qué? –reaccionó Mariana–. No te entiendo. Alberto Luccini le hizo una seña a su mujer, que a Eduardo no le pasó inadvertida.

–Cuando lo secuestraron. Fue un error y no aparecieron nunca. La madre está destruida. Cartas, hábeas corpus, entrevistas con militares, con marinos, con obispos[3]. La policía, la Iglesia. Nadie sabe nada, como si se los hubiera tragado la tierra. Lo más seguro es que los hayan matado.

–Si los detuvieron, por algo será. Vos qué sabés[4]. Que los conocieras de chica no tiene nada que ver. Pueden haber cambiado. A lo mejor eran chicos bien, pero les lavaron el cerebro los comunistas y se metieron en la guerrilla. La madre debe ser una de esas que ni miran lo que hacen los hijos, no tiene ni idea, y ahora llora, demasiado tarde. Haberlos controlado un poco antes. [...]

–Él no hizo nada, te dije –y parecía que le iba a pegar–, y le cortaron la vida y sus padres no tienen ni una explicación. Detenidos decís vos[5], ¿dónde? A ver, decíme, dónde, porque su familia lo ignora. ¿Te gustaría que te pasara algo así con tu hija?

–A mí no me pasaría nunca. Yo la voy a educar bien.

Alberto quiso detenerla, pero Carola se había puesto de pie y con el dedo extendido le gritaba:

–Estás diciendo cualquier cosa, Mariana. Aquí hace años que desaparece gente sin ninguna razón, y no sólo se los llevan, les roban todo, y los hacen...

Elsa Osorio (escritora argentina), *A veinte años, Luz*, 1998

1. sabes 2. *elle n'a jamais été mêlée à quoique ce soit de louche* 3. *des évêques* 4. Tú qué sabes 5. dices tú

Documento 3 Nunca más

Se expresa Baltasar Garzón, juez[1] español, quien llevó a juicio a varios militares en el poder en tiempos de la dictadura argentina (1976-1983).

Madres y Abuelas de Plaza de Mayo mostraron al mundo entero no solo el coraje de unas mujeres que, con su pañuelo de paz anudado a sus cabezas, se enfrentaron a una dictadura, sino que también dibujaron el camino de la justicia [...]. Su esfuerzo, su valor, su sacrificio han hecho menores y apenas perceptibles los que otros han realizado para que la justicia y la reparación no pasaran al olvido ni aquí ni en cualquier otro país. Pueden pasar setenta años, como en España, pero mientras exista alguien que denuncie el olvido y la ausencia de justicia, siempre habrá esperanza de que esta se materialice haciendo realidad el derecho humano de las víctimas a [...] la verdad (que incluye la memoria) y a la reparación. El desprecio por los verdugos[2], por todos aquellos que han masacrado a millones de personas por razones ideológicas o políticas, por razones de raza, religión o género, es solo comparable al que debe sentirse por los que guardan silencio frente a esos crímenes, mostrando con su indiferencia su complicidad con los perpetradores. [...]

Las voces de miles de víctimas [...] que tantas veces en la plaza de Mayo gritaron "NUNCA MÁS", tampoco consentirán que la vergüenza[3] y la impunidad aniden en los corazones del pueblo. Argentina fue ejemplo de rebeldía a través de un grupo de héroes que semana tras semana, en aquella plaza emblemática, a las 15.30 de la tarde, cada jueves denunciaban la injusticia y exigían –y aún exigen– a las instituciones que no olviden su responsabilidad. Argentina abordó y realizó un juicio ejemplar a las Juntas Militares, [...] pero después la noche oscura de la impunidad se extendió por casi veinte años, hasta que un presidente, Néstor Kirchner, asumió la responsabilidad histórica de acabar con esa lacra[4]. [...] Doy las gracias a las Madres y Abuelas de Plaza de Mayo, y a todas las víctimas en general, porque ellas me han enseñado a comprender y a aplicar la justicia de otra forma y a que no me importe asumir los riesgos que toda empresa difícil comporta. [...] Quizá entre todos hayamos conseguido aunar[5] los sueños y la realidad.

Baltasar Garzón (juez español), *La fuerza de la razón*, 2011

1. *juge* 2. *bourreaux* 3. *honte* 4. *fléau* 5. reunir

Compréhension de l'écrit

Diga de qué tratan los dos textos y destaque las similitudes y diferencias entre ellos.

Trucos

- Lisez bien les chapeaux avant de commencer la lecture des textes. Ils sont porteurs d'informations essentielles pour une bonne compréhension.

Compréhension de l'ensemble du dossier

▶ Comente la imagen que se da de Argentina a través de los distintos documentos y diga si podría servir de modelo para España.

Expression écrite

Vous traiterez en espagnol l'un des deux sujets suivants au choix. Répondez en 150 mots environ.

Sujet A : Dé su opinión sobre la necesidad de luchar contra la impunidad en un país como Argentina.

Sujet B : Va a ser el aniversario del comienzo de la lucha de Madres y Abuelas de Plaza de Mayo. Escriba un artículo para el periódico del instituto en el que hará un retrato de una de las mujeres de la asociación.

Trucos

- Rattachez le contenu de la question au contexte historique et géographique évoqué dans le texte et pensez aussi à un autre contexte dictatorial que vous connaîtriez.

- Repérez les éléments du document 3 permettant de montrer où, quand et comment ces femmes ont lutté pour dénoncer les crimes de la dictature.

Unidad Flash

26

Art et pouvoir

Arte en femenino

¿De qué manera las artistas hispánicas se comprometen en las luchas sociales y políticas?

EXO ¿Qué sabes de...?

A. La pintora que hay que conocer B1

AUDIO

La pintora Helena Guerrero vuelve a Madrid en avión.

–¡Mamá! ¡Bienvenida! ¡Qué bien te veo!

Se abrazaron unos segundos. [...].

–Me ha dicho un pajarito[1] –comenzó en cuanto hubieron salido del aparcamiento– que el Reina Sofía[2] va a montar una retrospectiva tuya.

–Ese pajarito no está bien informado. Aún no hay nada definitivo.

–Pero tienen interés.

–Digamos que en principio sí. Pero entre el primer interés y la exposición pueden pasar muchas cosas, y muchos años.

–Tú te la mereces, mamá.

–Indudablemente.

Álvaro le echó una mirada de reojo[3] por si se trataba de un comentario jocoso y tocaba sonreír[4].

–No es ironía, querido. Lo digo en serio. Llevo casi cuarenta años de profesión, he expuesto en las galerías y museos más prestigiosos del planeta, hay cuadros míos en los mejores museos de arte moderno, cobro casi tanto como un artista varón[5], soy un referente en la pintura moderna y, si hablamos de pintura femenina moderna, Helena Guerrero es "la" pintora que hay que conocer. Son datos objetivos. Y sin embargo... en España da la sensación de que con Picasso y Dalí se les paró el reloj[6], y que el hecho de ser mujer sigue siendo un inconveniente insalvable[7], de modo que... no hay que hacerse muchas ilusiones. Ya veremos.

Elia Barceló (escritora española), *El color del silencio*, 2017

1. *Mon petit doigt m'a dit* 2. museo de Arte Contemporáneo en Madrid 3. *il la regarda discrètement* 4. *qu'il fallait sourire* 5. *un artiste homme* 6. *le temps s'est arrêté* 7. muy grande

a **Sitúa** el lugar e **identifica** a los protagonistas. > EXO QUIZ

b Léxico **Apunta** palabras y expresiones relacionadas con el mundo de la pintura. ¿Qué evento se está preparando?

c Este evento ha sido definitivamente anulado. ¿Verdadero o falso? **Justifica** con el texto.

d "No hay que hacerse muchas ilusiones." ¿Qué revela esta frase de su situación con respecto al mundo artístico?

Para expresarte

- una discriminación
- una recompensa
- una visión crítica

- comprometido(a): *engagé(e)*
- famoso(a): *célèbre*

- no estar seguro(a): *ne pas être sûr(e)*

B. El arte de hacerse famosa: Lita Cabellut B1

VIDÉO

Lita Cabellut delante de uno de sus trípticos, Londres (2019)

a **Identifica** a la artista y **cita** la obra que la impactó de niña.

b **Precisa** las circunstancias en que nació su vocación: edad, lugar, obra....

c Léxico **Apunta** expresiones relacionadas con lo que la pintura le inspira a esta artista.

> EXO QUIZ

d **Di** qué artista famoso es su fuente de inspiración. **Precisa** por qué.

Fiche de compréhension

C. Icíar Bollaín: el cine para sensibilizar a los demás B1

En su noveno largometraje, la directora se zambulle[1] en la biografía del bailarín cubano Carlos Acosta. *Yuli* está escrita por su pareja y padre de sus hijos, el guionista escocés Paul Laverty. [...]

¿Qué le interesó más de las memorias de Carlos Acosta, su condición de bailarín cubano o de bailarín negro?

Que era un bailarín cubano, conocía un poco el país por la Escuela de Cine de San Antonio de los Baños. Fui varias veces como alumna y profesora, y entendía lo que contaba Carlos de su extrañeza[2] ante todo cuando salió la primera vez de Cuba.

¿Y en el cine qué queda por hacer?

Hay que normalizar la presencia de mujeres y ver historias con mujeres diferentes en la pantalla[3]. No se trata de tener una mirada femenina o masculina, es que a las mujeres nos pasan cosas diferentes y queremos contar las historias desde otra experiencia, la nuestra.

Usted es madre de tres varones. ¿Cómo educa hoy una feminista?

Los hijos aprenden mucho de lo que ven en casa, y si ven a su madre deslomarse[4] sola, por mucho que les digas[5] que eres igual, lo que están viendo es otra cosa. Yo me voy a trabajar y Paul los cuida. Y viceversa. Si estamos los dos y hay que ir al médico o a una tutoría[6], repartimos. Yo me alegro infinito de que estén viendo a su padre cuidarlos. Así aprenderán a hacerlo ellos.

Elsa Fernández Santos (periodista española), *El País Semanal*, 17/12/2018

1. *la réalisatrice se plonge* 2. *son étonnement* 3. *à l'écran* 4. *se démener* 5. *on a beau leur dire* 6. *un rendez-vous avec les professeurs principaux*

- a **Explica** cómo nació el proyecto de la película *Yuli*. > EXO QUIZ
- b Para Icíar Bollaín, es necesario hacer evolucionar el papel de las mujeres en el cine. **Cita** la frase que lo indica.
- c La directora piensa que las mujeres hacen el mismo tipo de cine que los hombres. ¿Verdad o mentira? **Justifica**.
- d ¿De qué manera compagina su carrera profesional con su vida privada?

Para expresarte

- la complicidad
- el feminismo
- el papel: *le rôle*
- una película biográfica: *un biopic*
- el realismo social

- alentar [ie] : *encourager*
- compaginar: *concilier*
- comprometerse: *s'engager*
- superar: *dépasser*

D. Una película para denunciar el racismo B1

Carlos Acosta (bailarín), Icíar Bollaín y Keyvin Martínez (el actor), Festival de Cine de San Sebastián (2019)

Fiche de compréhension

- a **Resume** el argumento de la película de Icíar Bollaín.
- b **Identifica** las injusticias que evoca esta película. ¿En qué medida muestran que la directora es una artista comprometida? > EXO QUIZ
- c **Di** si te gustaría ir a verla. **Justifica** tu respuesta.

PREPARA EL BAC escrito

"Hay que normalizar la presencia de mujeres y ver historias con mujeres diferentes en la pantalla". A partir de esta cita de Icíar Bollaín, **muestra** que la directora está comprometida con las luchas sociales de su época.

Apuntes de gramática

La gramática en vídeo

L'obligation impersonnelle

*No **hay que** hac**er**se muchas ilusiones.*

→ Précis p. 261

Le subjonctif d'éventualité

*Por mucho **que** les **digas**.*

→ Précis p. 259

Exercices

PROYECTO FINAL

Prepara una entrevista a una artista hispánica para conocer sus dificultades, sus logros y sus proyectos como mujer artista.

1. Elige y busca información sobre una mujer artista: Rosalía (cantante), Icíar Bollaín (directora de cine), Lita Cabellut (pintora), Quan Zhou (dibujante), Almudena Grandes (novelista)...
2. Lista las preguntas sobre su forma de expresión artística, sus obras importantes y compromisos sociales o intelectuales. Imagina sus respuestas.

ÉPREUVE ÉCRITE
LVA>B2
LVB>B1

Analyser et commenter des citations à l'écrit

Lors des épreuves communes de contrôle continu, le sujet d'expression écrite est constitué d'une ou deux questions au choix. L'une des deux peut s'appuyer sur une citation. Comment s'entraîner au mieux pour cette épreuve ?

Expression écrite

Analice y comente esta cita:

"Ser mujer artista es casi una heroicidad. El problema de las artistas ha sido siempre su escasa visibilidad, su práctica ausencia frente a los hombres en exposiciones, museos, premios, ferias y en galerías."

Pilar Serra (galerista de arte contemporáneo), *Expansión.com*, 2018

Étape 1 Examiner les éléments de la citation choisie

- Identifie l'auteur(e) de la citation : personnalité politique, écrivain(e) ou artiste engagé(e) ou connu(e)…
- Prends note de la source de la citation : extrait d'un essai, d'un roman, d'un discours, d'un article de presse.
- Repère le contexte de la citation : date, événement, contexte historique…
- Souligne les mots-clés à définir.

Étape 2 Analyser les éléments-clés

- Identifie le point de vue adopté par l'auteur(e) : prise de position, critique, constat…
- Commente le ton employé : sérieux, ironique, humoristique, sentencieux…
- Explicite les termes qui nécessitent un commentaire, ce seront les parties du développement.

Trucos

- Attention à "la paraphrase", sans apporter les éléments d'analyse nécessaire.
- Pense toujours à rattacher une citation à un contexte de production.

Étape 3 Rédiger un paragraphe argumenté

- Rédige l'introduction en présentant l'auteur(e) et les éléments de contextualisation.
- Organise ton développement autour de deux ou trois idées fortes.
- Pense bien à intégrer les remarques concernant le lexique, le ton, le point de vue…
- Conclus en rappelant le lien avec l'axe du programme choisi.

- Pense à soigner l'écriture et la présentation afin que ton écrit soit lisible pour faciliter la compréhension.
- Pense à aller à la ligne et n'oublie pas la ponctuation.

Para expresarte

- un(a) autor(a)
- una cita: *une citation*
- un contexto
- el humor
- la ironía
- un(a) periodista
- un punto de vista: *un point de vue*
- la sentencia
- el tono/la tonalidad

- comentar
- comprometerse: *s'engager*
- criticar
- denunciar
- desarrollar: *développer*
- justificar

Connecteurs logiques

- Primero… / en primer lugar…
- Luego: *ensuite*
- Sin embargo: *cependant, pourtant*
- A pesar de que: *malgré le fait que*
- El hecho de que…: *le fait que…*
- Cabe recordar que… / Es de notar que…
- Poner de relieve / de manifiesto / de realce
- Por consiguiente: *par conséquent*
- A modo de conclusión… / Por último…

> *"Ser mujer artista es casi una heroicidad. El problema de las artistas ha sido siempre su escasa visibilidad, su práctica ausencia frente a los hombres en exposiciones, museos, premios, ferias y en galerías."*
>
> Pilar Serra (galerista de arte contemporáneo), *Expansión.com*, 2018

Pars du contexte pour interpréter la citation et élargir l'analyse à une situation que tu peux illustrer avec des exemples de l'unité (Texte A. *La pintora que hay que conocer*) ou de tes connaissances.

Évite la paraphrase

Étape 1	Étape 2	Étape 3
-Pilar Serra - Galerista de arte contemporáneo -Mujer comprometida en el empoderamiento de las mujeres artistas -mots clés: mujer / artista / heroicidad	-declaración en una entrevista -tono polémico -voluntad de denunciar una injusticia -el punto de vista: se compromete con la visibilización de las mujeres artistas -mujer + artista = heroína, ¿por qué? -el techo de cristal para las mujeres en general y las mujeres artistas en particular, su reconocimiento...	-Primera parte: Presentación de la persona entrevistada -Segunda parte: a pesar de los avances, siguen existiendo luchas sociales para mejorar la visibilidad de las mujeres en el mundo de las artes...

- Pense à utiliser des connecteurs logiques pour construire un développement argumenté.
- N'oublie pas de bien mettre en lien la citation avec l'axe culturel du sujet.

¡AHORA TÚ!

Rédige maintenant ton analyse en espagnol en t'aidant des éléments ci-dessous.

Esta cita es un extracto de... Fue publicado en...
Hoy en día las mujeres artistas... Las mujeres no pueden...
Con esta frase afirma que...
Desgraciadamente, hoy en día...
En el mundo del arte una mujer tiene que...

Trucos

- Ne te limite pas à juxtaposer des remarques sans suite.
- Construis ton raisonnement en veillant à enchaîner les idées de façon ordonnée et logique.

Para entrenarte

> *"Partiendo de la premisa de que no todas las mujeres somos iguales ni todas las mujeres somos feministas ni tenemos la misma estrategia, se ha producido, sin embargo, en los últimos años un gran cambio porque nos hemos mirado unas a otras y hemos reconocido un territorio común de conflictos."*
>
> Ángeles González Sinde, exdirectora de la Academia de Cine y Ministra de Cultura entre 2009 y 2011

Unidad **27**

Fictions et réalités • Territoire et mémoire

Entre ficción y realidad

¿En qué medida figuras emblemáticas españolas se han vuelto fuente de inspiración?

EXO ¿Qué sabes de...?

VIDÉO

Fernando VICENTE (ilustrador español), *Leyendo el Quijote*, 2016

¡Lánzate!

1. **Describe** la escena y **presenta** al lector.
2. **Imagina** lo que está leyendo. ¿De qué género literario se trata? › EXO QUIZ
3. **Ve** el vídeo. A tu parecer, ¿la ficción puede influenciar la realidad? ¿O es lo contrario?

Para expresarte

- la armadura
- un caballero: *un chevalier*
- el despacho: *le bureau*
- la espada: *l'épée*
- un monstruo

- apilado(a): *empilé(e)*
- enfrascado(a) en: *absorbé(e) dans*

- alzar: *soulever*
- identificarse con

PROYECTO FINAL

Presenta una historia de ficción.

El Quijote, un referente con el que identificarse

1. Don Quijote ya no está loco B1+ AUDIO

Grabado, siglo XIX

–¿Por eso estás tan triste?

–¿Qué?... ¿Te parece que estoy triste? Bueno, tal vez –reflexionó un momento antes de añadir–: Me siento un poco como don Quijote antes de morir.

–¿Don Quijote se muere? –soltó Tina sorprendida.

Rodrigo se rio.

–¿Has leído el libro?

–Algunos trozos, en clase de lengua. Como todos, supongo. Pero pensaba que al final volvía a su casa después de vivir tantas aventuras.

–Se muere en la segunda parte. [...]

–No lo sabía –reconoció Tina–. [...]

Rodrigo sonrió. Por un momento, la chispa[1] regresó a sus ojos.

–El caso es que don Quijote sale en busca de aventuras porque quiere defender a los débiles y ayudar a los desvalidos –prosiguió–. Se cree que es un caballero andante[2] y que puede arreglar el mundo. La gente se ríe de él porque resulta estrafalario[3], pero no le importa. Probablemente porque no es consciente de ello. –Su rostro se ensombreció, y Tina adivinó que ya no estaba hablando solo de un personaje literario–. Y entonces, al final de la segunda parte, después de muchas peripecias, don Quijote cae enfermo y recupera la cordura[4]. Se da cuenta de que ha hecho el ridículo, de que no ha salvado al mundo y de que ni siquiera es un caballero andante. Y después, se muere.

–Qué triste –murmuró Tina. [...]

–Pero entonces llegué a ese final de la segunda parte... y bueno... Si al menos hubiese muerto durante una batalla, de forma heroica... Pero no: Don Quijote reconoce que estaba equivocado. Que no va a salvar el mundo. Que es inútil. Que él es solo un pobre viejo demasiado idealista y fantasioso que tuvo el atrevimiento de creerse un valiente caballero andante.

A Tina la estremeció el tono amargo de sus palabras.

–Rodrigo...

Él tenía los ojos húmedos. Se los secó casi con rabia antes de concluir:

–Así me siento yo hoy, Tina. Como el don Quijote cuerdo. Tanto tiempo pensando que hago lo que es correcto, tratando de encontrar la verdad, de poner mi granito de arena[5] para que el mundo sea un sitio un poco mejor... y tal vez lo único que estoy haciendo es el ridículo.

Laura GALLEGO (escritora española), *Cuando me veas*, 2017

1. *l'étincelle* 2. *chevalier errant* 3. extravagante 4. *la raison* 5. *petit grain de sable*

El ingenioso hidalgo don Quijote de la Mancha, novela de **Miguel de Cervantes** (1547-1616), es la obra más famosa de la literatura española. Sus protagonistas son don Quijote, un hidalgo modesto, y Sancho Panza, un campesino pobre.

a. **Di** en qué estado de ánimo se encuentra Rodrigo y **explica** con quién se compara.

b. **Apunta** los elementos que hacen de don Quijote un héroe de ficción. > EXO QUIZ

c. **Explica** cómo le afecta a Rodrigo el final de la obra.

d. Gramática ¿Por qué se siente humillado? Tal vez...

PREPARA EL BAC Escrito

¿Cómo pueden alimentar la realidad los personajes de ficción?

Para expresarte

- el héroe ≠ el antihéroe
- cuerdo(a): *sain(e) d'esprit*
- decepcionado(a)
- heroico(a)
- parecerse a: *ressembler à*

Apuntes de gramática

La gramática en vídeo

Exprimer l'hypothèse → Précis p. 261

A lo mejor *viene...* ***Tal vez*** *lo único que estoy haciendo...*

Conjugue le verbe de chaque phrase.

a. A lo mejor Tina (estar) conmovida.

b. Tal vez Rodrigo (tener) demasiadas ilusiones.

c. A lo mejor Tina (pensar) que leer esta historia es ridículo.

Exercices

Mejora tu léxico

Redacta una frase con adjetivos que caracterizan al antihéroe.

joven • viejo • torpe • guapo • humano • débil • generoso • inteligente • valiente

Creaciones originales para contar la historia de España

1. El encuentro entre Goya y Cayetana B1

El pintor Francisco de Goya y Cayetana están visitando el Capricho, el futuro palacio de Pepa, la Duquesa de Osuna.

Pepa los había invitado a los dos a conocer el parque en el que empezaba a levantarse un magnífico palacio al que la duquesa quería bautizar con el nombre de El Capricho. "... Y para que sea eso exactamente, un gran capricho, uno de fábula[1], lo necesito a usted, don Fancho. Murales, cuadros, estatuas, frescos y hasta fuentes y los laberintos, todo ha de llevar su sello[2]".

Eso le había dicho la de Osuna señalando las desnudas paredes. [...] Pero Don Fancho sólo tenía ojos para Cayetana. "¿A usted qué le gustaría que pintara aquí, señora?", le había preguntado obviando la presencia de su anfitriona[3]. Otra mujer de miras más estrechas[4] que Pepa seguramente se habría molestado por la descortesía[5]. Ella, en cambio, se unió a la pregunta: "Sí, Tana, necesito, por ejemplo, dos grandes cuadros que presidan la entrada. ¿Qué te gustaría que pintara don Fancho en ellos?".

Cayetana había fruncido un poquito el ceño[6] como si se encontrara ante una pregunta muy difícil. "Un columpio[7] –dijo al fin–, o tal vez un paseo en burro, no sé, algo muy cotidiano y campestre. Pero sobre todo, lo que más quiero, es que, un día, me pinte a mí".

"Claro –se había apresurado a responder él–, será para mí un honor poder hacerle un retrato[8]".

Carmen Posadas (escritora española), *La hija de Cayetana*, 2016

1. *(ici) fabuleux* 2. su estilo 3. Pepa 4. *(ici)* caracter tradicionalista 5. *impolitesse* 6. *avait froncé un peu les sourcils* 7. *balançoire* 8. *portrait*

Francisco de Goya, *Retrato de la duquesa de Alba de blanco*, 1795, Palacio de Liria (Madrid)

a. **Observa** el retrato y **describe** la escena pintada. › EXO QUIZ

b. Léxico **Lista** palabras sobre el arte. **Explica** para qué ha invitado Pepa a Francisco de Goya y a Cayetana.

c. **Indica** quién habla en cada réplica y **muestra** el interés de Goya por Cayetana.

d. **Precisa** lo que quería la duquesa de Alba. **Aclara** en qué se convirtió la relación con el pintor.

Francisco de Goya y Lucientes

Pintor español (1746-1828) en la corte de Carlos IV. Goya retrató a la nobleza española, pero es también famoso por sus escenas campestres y realistas. Sus obras maestras son *El 2 de mayo de 1808* y *Los fusilamientos del 3 de mayo*.

Para expresarte

- el maestro: *le maître*
- la musa
- agradecido(a): *reconnaissant(e)*
- hermoso(a) = bello(a)
- enamorarse: *tomber amoureux(euse)*
- encargarse: *se charger de*
- pedir [i] que + *subj.*: *demander*

2. Pintando a su musa B1+

Fiche de compréhension

El Torres (guionista español) y Fran Galán (dibujante), *Goya. Lo sublime terrible*, 2018

VIDÉO

a. **Lee** el cómic y **describe** la primera viñeta. ¿Cómo es la Duquesa de Alba? › EXO QUIZ

b. Gramática **Apunta** verbos en subjuntivo. **Precisa** lo que quiere la Duquesa.

c. **Ve** el vídeo y **explica** la relación con los documentos anteriores.

MÉDIATION d. **Aclara** a qué cuadros verdaderos hace referencia esta ficción.

Para expresarte

- la hermosura = la belleza
- el pincel
- un primer plano
- el semblante = la cara

- suelto(a): *lâché(e)*

- posar
- retratar: *faire le portrait de*

PREPARA EL BAC Oral

Precisa por qué estos documentos sobre Goya son referentes culturales para la historia de España en el siglo XIX.

Apuntes de gramática

La gramática en vídeo

La concordance des temps → Précis p. 261

*Lo que más **quiero**, es que, un día, me **pinte** a mí.*

*¿Qué le **gustaría** que **pintara**?*

Choisis le verbe conjugué au temps qui convient.

a. La duquesa le pidió a Goya que la (retrate / retratase) con su perro.

b. Los aristócratas querían que los artistas les (hagan / hicieran) cuadros de familia.

c. Se exponen obras de Goya para que (se difunda / se difundiera) su genio mundialmente.

Exercices

Mejora tu léxico

Completa las frases a partir de los elementos. Con la palabra intrusa, busca una obra de Goya.

obra de arte • Goya • vestida • de carne y hueso • desnuda • el vello

La maja ..., el cuadro de Goya, no es una venus sino una mujer ... y de hecho, es la primera ... que representa ... púbico femenino. Esto le trajo problemas a ... que fue llevado a juicio.

La ficción sirviendo de modelo

EXPRÉSATE CON UN VÍDEO

El laberinto de las tortugas

Objectif B2 Comprendre une bande-annonce d'un film d'animation.

VIDÉO

1 Mira y escucha. Fiche de compréhension

a. **Observa** el cartel. **Describe** la situación en la que se encuentra Buñuel.

b. **Ve** el vídeo y **di** qué es lo que no va a dejar indiferente a nadie. **Precisa** por qué.

c. **Explica** esta cita: "Esto no es una película convencional, Ramón. Esto es la realidad pura, desnuda."

2 Exprésate.

MÉDIATION d. **Define** los objetivos del documental para Buñuel y los de la película de animación para la sociedad actual.

Luis Buñuel (1900-1983)
Es considerado el padre del surrealismo en el cine. Estudió en París y junto a Dalí realizó el famoso corto *Un perro andaluz* (1928). Su documental *Las Hurdes, tierra sin pan* es un homenaje a los habitantes de una región miserable.

Cartel de la película de animación *Buñuel en el laberinto de las tortugas* (2019)

Para expresarte

- la fantasía = la imaginación
- un genio
- el rodaje: *le tournage*
- atractivo(a): *attirant(e)*
- extravagante
- viajar por

CREA CON LAS TIC

Una exposición sobre la película de animación

Objectif B1 Réaliser une exposition à partir d'une sélection de photos.

PRENSA — COMPÉTENCES NUMÉRIQUES

1 Preparad la exposición de la película *Buñuel en el laberinto de las tortugas*.

a. Después de leer parte del artículo, **elegid** una de las tiras presentadas:
- los habitantes de Las Hurdes;
- la figura de Luis Buñuel;
- el rodaje de *Tierra sin pan;*
- la tortuga.

b. **Buscad** fotografías del documental de Luis Buñuel correspondientes a la tira.

c. **Comparad** las fotos con las viñetas.

d. **Explicad** el título *Buñuel en el laberinto de las tortugas*.

2 Mostrad el arte de Buñuel a través de la exposición.

1. El rodaje que humanizó a Buñuel B1

En Zaragoza, Ramón Acín le había prometido a un amigo que, si le tocaba la lotería, destinaría parte del premio a producirle un documental sobre una comarca pobre del norte de Extremadura. Aquel amigo era Luis Buñuel, el dinero fueron 20.000 pesetas y aquella película, *Las Hurdes. Tierra sin pan*.

De aquella historia de amistad y del rodaje posterior del filme se quedó enganchado[1] Fermín Solís. [...]

Porque tanto *Tierra sin pan* como *Buñuel en el laberinto de las tortugas* hablan de dos relaciones profundas: las de ambos creadores y la que sintió el cineasta cuando conoció Las Hurdes. En sus memorias, *Mi último suspiro*, escribe: "Aquellas montañas desheredadas[2] me conquistaron enseguida. Me fascinaba el desamparo[3] de sus habitantes, pero también su inteligencia y apego[4] a su remoto país, a su 'tierra sin pan'. Por lo menos en una veintena de pueblos se desconocía el pan tierno". Buñuel, aún sin la financiación cerrada, ya había viajado por la zona en septiembre de 1932. Retornó durante un mes, de finales de abril a finales de mayo de 1933, para filmar en Las Hurdes Altas, donde había más miseria [...] "De aquella filmación", cuenta Fermín Solís, "había muy poca información y eso me permitió fantasear".

Gregorio BELINCHÓN (periodista español), *El País*, 25 de abril de 2019

1. adicto 2. *déshéritées* 3. *la détresse* 4. *l'attachement*

El pueblo de Las Hurdes, 1935

a. **Precisa** la relación entre Ramón Acín y Luis Buñuel.

b. **Cita** los elementos de Las Hurdes que fascinaban al cineasta e **indica** lo que quería filmar.

c. **Gramática** "De aquella filmación, había muy poca información y eso me permitió fantasear."
Di lo que reemplaza "eso" y **explica** la cita.

PREPARA EL BAC Escrito

Muestra cómo una obra (de cine, de pintura) puede inspirar otra ficción en la actualidad.

Para expresarte

- el compromiso: *l'engagement*
- el/la director(a)
- la falta de: *le manque de*
- la pobreza
- rodar [ue] = filmar

Apuntes de gramática

La gramática en vídeo

Valeur des démonstratifs → Précis p. 252

Esto *es un escándalo.* ***Aquellas*** *montañas desheredadas.*

Complète les phrases à l'aide du démonstratif correspondant.

Luis Buñuel rodó ... documental en 1933. En ... época, le encantaba ... porque Las Hurdes eran ... región atrasada. En ... paisaje de casas el director imaginaba un laberinto de tortugas.

Exercices

Mejora tu léxico

Busca los tres sinónimos del verbo *fantasear* y da los sustantivos.

imitar • soñar • copiar • imaginar • inventar • desilusionar • plagiar

PROYECTO FINAL

Presenta una historia de ficción

Para el vlog *Adivina quién está detrás de...*, imagina y presenta una historia de ficción.

1 Prepara los contenidos.

a. Elige a un personaje que te inspire asociándolo con el lugar correspondiente.

b. Apunta elementos de su historia o vida e imagina una situación inédita precisando su personalidad.

2 Graba el vídeo.

c. Crea una ilustración con una persona de carne y hueso (fotomontaje, etc.) que se identifique con el personaje del relato. > EXO QUIZ

MÉDIATION d. Presenta y cuenta tu ficción explicando tu punto de vista sobre el personaje y la imagen realizada.

Acuérdate de...

- Décris les traits principaux de ton personnage ainsi que le lieu de l'histoire.
- Pour décrire ton personnage, utilise *ser* et *estar* (+ adjectif).

- Argumente ton point de vue en utilisant l'hypothèse (*Tal vez, a lo mejor...*).
- Respecte la concordance des temps pour le récit au passé et mets en valeur certains aspects de la situation (*aquel/ese*).

Autoévaluation

ÉPREUVE ÉCRITE
LVA > B2
LVB > B1

ÉPREUVE 3 3e trimestre de Terminale 1h30

Compréhension de l'oral

Documento 1 Mi Picasso

Vous rendrez compte en français de ce que vous avez compris du document.

Trucos

- Observez bien les images pour faire le lien avec le titre.
- Repérez le lexique en relation avec la fiction.
- Appuyez-vous sur certaines répétitions pour rendre compte de son témoignage.
- Qu'explique le dessinateur quand il parle de « *responsabilidad muy grande* » ?

VIDÉO durée : 1'18

Compréhension de l'écrit et de l'ensemble du dossier

Documento 2 Detrás de la pantalla está nuestra vida

Entre otras muchas cosas, Julia me ha enseñado a apreciar el cine español. Cuando nos conocimos yo era una amante de las sagas de ciencia ficción y fantasía y las series americanas y no teníamos en absoluto los mismos gustos cinematográficos. Pero nos dimos la oportunidad de compartir nuestra película favorita la una con la otra. La primera vez fuimos a un cinefórum donde proyectaban una de las "intocables"[1] para Julia. Antes de llegar, me avisó con tono aleccionador[2]:

–Salir de tu mundo de ciencia ficción va a ser difícil, lo sé. Pero quiero que durante esta hora y media no esperes un gran reparto[3], ni los mejores efectos especiales. Solo me gustaría que te sintieras parte de la película. En una película española puedes ser protagonista, hablan como tú, pasean por calles donde puedes hacerlo tú, o incluso tal vez cuenten la historia de tu familia. Lo que más me gusta de estas películas es que detrás de la pantalla está nuestra vida. Nunca podré volar en una nave de *La guerra de las galaxias* o pelear con hobbits[4], Carla, pero esta historia que vas a ver pudieron vivirla tus abuelos en primera persona. Sabes que no soy muy patriota, pero, con este cine siento aún más que el presente que vivimos algún día será historia, y que siempre hay que aprender de esta para no volver a cometer los mismos errores.

Era una apasionada.

La proyección fue en la facultad de Comunicación; aquella tarde estaba programada *La lengua de las mariposas*. Me absorbió la relación entre un niño y su maestro durante los meses previos al golpe de Estado en España de julio de 1936 que desencadenó la Guerra Civil. Cuando acabó la película, Julia se volvió y me vio emocionada: había conseguido que cayera en las redes[5] del cine español. Después de aquella sesión, empezamos a recomendarnos títulos y llegó a reconocerme que alguna "americanada", como las llamaba, le gustó más de lo que esperaba. Desde que me había mudado a Madrid éramos fieles a nuestra sesión de los miércoles para ver ese programa.

Adriana MORAGUES (cantautora española), *Lo que no pude contarte*, 2018

1. *(ici)* preferidas 2. moralizante 3. *distribution* 4. pueblo de ficción 5. *les filets*

Documento 3 Una novela siempre miente

Desde que escribí mi primer cuento me han preguntado si lo que escribía "era verdad". [...]

En efecto, las novelas mienten –no pueden hacer otra cosa– pero ésa es sólo una parte de la historia. La otra es que, mintiendo, expresan una curiosa verdad, que sólo puede expresarse disimulada y encubierta, disfrazada de lo que no es. Dicho así, esto tiene el semblante de un galimatías[1]. Pero, en realidad, se trata de algo muy sencillo. Los hombres no están contentos con su suerte y casi todos –ricos o pobres, geniales o mediocres, célebres u oscuros– quisieran una vida distinta de la que viven. Para aplacar[2] –tramposamente– ese apetito nacieron las ficciones. Ellas se escriben y se leen para que los seres humanos tengan las vidas que no se resignan a no tener. En el embrión de toda novela bulle una inconformidad, late un deseo[3]. [...]

No se escriben novelas para contar la vida sino para transformarla, añadiéndole algo.

Mario Vargas LLOSA (escritor hispanoperuano), *La verdad de las mentiras*, 1990

1. la apariencia de un discurso confuso 2. *apaiser, satisfaire* 3. *bat un souhait*

Compréhension de l'écrit

Diga de qué tratan los dos documentos y precise en qué son complementarios.

Compréhension de l'ensemble du dossier

▶ Tras leer y ver los documentos, comente la importancia de la ficción como fuente de inspiración en la vida o/y en otras obras.

Trucos

- Déterminez la thématique de chacun des textes en relevant par exemple les mots qui se répètent.
- Demandez-vous qui est le(la) narrateur(trice) et ce qu'il/elle nous raconte.
- Pour parler de la complémentarité entre les deux textes, tracez deux colonnes sur votre brouillon et reportez les informations dans chacune d'elles. La mise en évidence des similitudes et différences sera plus aisée.
- Lors de la rédaction de la réponse, n'oubliez pas d'organiser ces informations en tenant compte de la logique de chaque texte.

Expression écrite

Vous traiterez en espagnol l'un des deux sujets suivants au choix. Répondez en 150 mots au moins.

Sujet A : En su opinión, ¿puede una ficción reflejar la realidad histórica?

Trucos

- Adoptez un point de vue et organisez vos arguments à partir des mots-clés. Vous illustrerez votre propos avec des exemples de la séquence étudiée et vos connaissances.

Sujet B : Analice y comente esta cita de Mario Vargas Llosa. Apóyese en los documentos del dosier y en sus conocimientos.

- Relevez les oppositions de la citation puis, en vous appuyant sur le dossier et vos connaissances, demandez-vous si un bon roman est soit une œuvre de pure fiction soit une œuvre adaptée de faits réels. De même, pourquoi un roman peut-il être qualifié de mauvais ?

"Si las novelas son ciertas o falsas importa a cierta gente tanto como que sean buenas o malas y muchos lectores, consciente o inconscientemente, hacen depender lo segundo de lo primero".

Unidad Flash **Territoire et mémoire**

28 ¿Autonomías o independencia?

¿Pueden las reivindicaciones independentistas romper la convivencia entre españoles?

EXO ¿Qué sabes de...?

A. La España de las comunidades A2

VIDÉO

ⓐ **Indica** el número de comunidades y ciudades autónomas en España. > EXO QUIZ

ⓑ Todas las comunidades autónomas se componen de varias provincias. ¿Verdadero o falso? **Justifica** tu respuesta.

ⓒ **Di** cómo se gobiernan los municipios.

Fiche de compréhension

Jóvenes españoles durante las manifestaciones en contra de la independencia, Barcelona, 2017

B. Diferenciar el bien del mal B2 AUDIO

Conversan tres curas: Ovidio, Santiago y Mikel.

–No sé de qué habláis. ¿De lo mismo que antes? quiso saber Ovidio [...]

–Sí. Te lo explico en dos palabras. Hoy ha venido a vernos una chica del instituto asustada porque un grupo de chavales[1] de bachillerato vienen amenazando a su hermano porque no se une a ellos en la kale borroka[2]. Le llaman cobarde, español, perro, etcétera. Ayer les tiraron un cóctel molotov en la terraza de su casa, afortunadamente no había nadie en ese momento. Pero hoy en el patio le han rodeado y le han dado una paliza[3]. Nadie ha movido un dedo, nadie ha visto nada. Solo su hermana ha intentado ayudarle y esos bestias le han puesto un ojo morado[4]. Ella teme que la cosa vaya a más[5]; teme por la vida de su hermano y ha venido a pedirnos ayuda, porque conocemos a esos bárbaros, y cree que podemos tener alguna influencia en ellos si les hablamos. Yo creo que además de hablarles debemos decirles que si vuelven a tocar un pelo a ese muchacho, si vuelven a lanzar un cóctel molotov a su casa, les llevaremos de la oreja ante la Ertzaintza[6]. Por eso nos peleamos[7] Mikel y yo. Él no está de acuerdo con esto último. [...]

–¡Pero no podemos denunciarles! ¡Si lo hacemos no volverán a confiar en nosotros! –protestó el padre Mikel.

–Y si miramos hacia otro lado, esa chica, su hermano y muchos como ellos tampoco confiarán en nosotros –afirmó con rotundidad[8] el padre Santiago.

–Las cosas no son tan simples, por lo menos aquí. Este pueblo ha sufrido mucho –dijo el padre Mikel. [...]

–Esos chicos tienen que aprender a diferenciar el bien del mal. No podemos ser cómplices en el mal, no podemos decirles que porque quieren la independencia del País Vasco están legitimados a hacer cualquier cosa para conseguirla.

Julia Navarro (escritora española), *La sangre de los inocentes*, 2007

1. *gamins* 2. guerrilla urbana (en lengua vasca) 3. *une raclée* 4. *œil au beurre noir* 5. *elle craint que cela ne s'aggrave* 6. cuerpo de policía del País Vasco 7. *nous nous disputons* 8. categóricamente

Para expresarte

- el alcalde: *le maire*
- el ayuntamiento: *la mairie*
- la delincuencia
- una desgracia: *un malheur*
- la violencia

- oponerse

ⓐ **Di** de qué están hablando Santiago y Mikel.

ⓑ Léxico **Apunta** elementos relacionados con la violencia. **Explica** por qué la situación es muy peligrosa.

ⓒ ¿Qué deben hacer los curas según el padre Santiago? > EXO QUIZ

ⓓ **Comenta** la última frase del texto.

C. ¿Se rompe España? B1

Fiche de compréhension

VIDÉO

a **Aclara** dónde y con quién se hicieron estas entrevistas.

b Léxico **Anota** palabras a favor o en contra de la independencia de Cataluña.

c Las personas favorables a la independencia de Cataluña solo ven consecuencias positivas. ¿Verdadero o falso? **Justifica** tu respuesta. › EXO QUIZ

- el *Parlament:* parlamento de Cataluña
- Carles Puigdemont: Presidente del *Parlament* (01/2016 – 10/2017)
- proceso: *processus*

CAUCA: LA TORMENTA PERFECTA
Semana
¿SE ROMPE ESPAÑA?
Ante la declaración de independencia del Parlamento catalán, se abre un periodo de incertidumbre de consecuencias insospechadas.

Portada de la revista colombiana *Semana*, noviembre 2017

D. Hacer cumplir la ley B2

Discusión entre el sargento Blai, Melchor y Salom, tres Mossos d'Esquadra (policías catalanes) en la comisaría de la Terra Alta.

Cuando el Tribunal Constitucional suspendió la consulta[1], los jueces ordenaron a los *Mossos d'Esquadra* que impidieran la votación y [...] los mandos del cuerpo[2] dieron a sus subordinados instrucciones soterradas[3], pero suficientes de que no obedecieran a los jueces, o no demasiado, o no del todo. Esta discrepancia entre las órdenes explícitas de la judicatura[4] y las órdenes implícitas de los mandos provocó tensiones en casi todas las comisarías del cuerpo; también en la de la Terra Alta. Quien más las padeció fue el sargento Blai, que se enzarzó en varios altercados verbales[5] con compañeros [...] partidarios de facilitar la celebración del referéndum. [...]

–Me cago en Dios[6], Salom [...] yo soy independentista desde que mi madre me parió[7] [...]. Pero antes que independentista soy policía, y los policías estamos para hacer cumplir la ley, o sea para hacer lo que digan los jueces. Y si los putos jueces me ordenan que cierre los colegios[8], yo cierro los colegios y en paz. ¿Ha quedado claro?

Salom mostró las palmas de las manos en señal de aquiescencia. No contento con ello, Blai se volvió hacia Melchor:

–¿Ha quedado claro, sí o no? –preguntó.

Javier CERCAS (escritor español), *Terra Alta*, 2019

1. el referéndum sobre la independencia de Cataluña 2. los superiores jerárquicos de los *Mossos d'Esquadra* 3. ocultas 4. el poder judicial 5. *qui s'était empêtré dans diverses disputes* 6. exclamación muy vulgar 7. desde que nací 8. *bureaux de vote*

Para expresarte

- enfadarse: *se fâcher*
- estar a favor de ≠ estar en contra de
- estar equivocado(a): *avoir tort*
- ser consciente de
- tener [ie] razón
- por una parte... pero por otra...

a Léxico **Apunta** elementos relacionados con la idea de mandar y obedecer.

b **Explica** por qué hubo "tensiones en casi todas las comisarías". › EXO QUIZ

c **Muestra** que la comisaría de la Terra Alta es reveladora de estas tensiones.

d **Di** en qué se distingue el sargento Blai de sus compañeros.

e ¿Qué opinas de su punto de vista?

PREPARA EL BAC Oral Apoyándote en los documentos, **explica** si las reivindicaciones independentistas favorecen o rompen la convivencia entre españoles.

Apuntes de gramática La gramática en vídeo

L'expression de la condition
Si *lo hacemos no volver**án** a confiar.*
→ Précis p. 266

L'emploi de ser → Précis p. 267
*Yo **soy** independentista.*

Exercices

PROYECTO FINAL

Debatid por parejas sobre las maneras de conseguir la independencia.

1 Elegid una comunidad autónoma donde existen fuertes tendencias al independentismo.

2 Buscad en Internet o en la unidad argumentos a favor y en contra de la independencia. Debatid sobre las maneras posibles de conseguirla.

ÉPREUVE ORALE
LVA>B2
LVB>B1

S'exprimer à l'oral sur des citations

L'épreuve orale en classe de Terminale se déroule en deux parties : expression orale en continu puis expression orale en interaction. L'expression orale peut porter sur le commentaire d'une citation à relier avec l'axe culturel. Comment s'entraîner pour réussir cette épreuve ?

Expression orale

"Nada de lo que hemos hecho es delito, absolutamente nada. Votar no es un delito, impedirlo por la fuerza, sí. Trabajar pacíficamente por la independencia de Cataluña no es delito."

Oriol JUNQUERAS, ex-vicepresidente del Parlamento catalán.

Étape 1 Identifier et analyser

- Identifie **l'auteur(e)** de la citation : personnalité politique, artiste engagé… ?
- Remarque **la source** de la citation : extrait d'un discours, d'une interview, d'un article… ?
- Repère **le contexte** de la citation : date, événement, contexte politique, juridique… ?
- Fais **le lien** avec ce que tu as vu en cours.

Trucos

- Rappelle-toi que tu ne disposes pas de temps de préparation pour cette épreuve. Il faut donc t'entraîner à réaliser ces opérations « mentalement ».

Étape 2 Interpréter la citation

- Identifie **le point de vue adopté** par l'auteur(e) : revendication, critique, rejet, condamnation…
- Repère **les mots-clés** sur lesquels tu vas t'appuyer pour ta démonstration.
- Explicite les termes qui feront l'objet d'un commentaire.

Étape 3 L'expression orale en continu

- Tu disposes de 5 minutes pour faire ton exposé.
- Dans ton introduction, évoque l'axe et explique en quoi la citation choisie l'illustre selon toi.
- Organise ton développement autour de **deux ou trois idées fortes** (les mots-clés que tu auras repérés) que tu pourras illustrer par des exemples.
- Conclus en donnant **un avis personnel** sur la citation ou en évoquant d'autres contextes.

- Entraîne-toi à parler en t'appuyant sur les mots-clés de la citation.
- Ordonne tes idées en prenant appui sur ces mots-clés et en mettant en évidence les termes qui se complètent ou qui s'opposent (exemple : *votar / pacíficamente* vs *impedir por la fuerza*).
- Tu dois gérer ton temps : parler assez longtemps mais sans dépasser les 5 minutes.

Étape 4 L'expression orale en interaction

- Cette partie de l'épreuve dure 5 minutes maximum.
- Tu vas échanger avec l'examinateur(trice) qui s'appuiera sur ce que tu auras dit pour te demander de préciser, nuancer ou reformuler certaines de tes remarques.
- Sois bien attentif(ve) aux questions ou demandes, notamment quand on t'interrogera sur des aspects que tu n'auras pas évoqués ou que l'on te suggérera des pistes de réflexion.

- Tu peux demander à l'examinateur(trice) de répéter ou reformuler la question si tu n'as pas bien compris.
- Prends ensuite le temps de répondre, par exemple en reprenant les termes de la question, ce qui te permettra d'amorcer la réponse tout en te donnant un peu de temps pour réfléchir à ce que tu vas dire.

Étape 1

Afirmación categórica →

"Nada de lo que hemos hecho es delito, absolutamente nada. Votar no es un delito, impedirlo por la fuerza, sí. Trabajar pacíficamente por la independencia de Cataluña no es delito."

Oriol JUNQUERAS, Ex-vicepresidente del Parlamento catalán.

← Repetición de la palabra "delito" para insistir: palabra clave

Appuie-toi sur la source pour définir le contexte : *un político / autonomía catalana / referéndum del 1 de octubre de 2017*

Étape 2

- **Le contexte en lien avec l'axe :** *Cataluña y su deseo de independencia basado en su identidad, su cultura*
- **Ce que Oriol Junqueras commente :** *el responsable de la situación = el Estado español que ha impedido el referéndum por la fuerza → cf. texto p. 193 doc D. Hacer cumplir la ley: papel de las fuerzas del orden, cumplimiento de la ley, hacer lo que digan los jueces, o sea cerrar los colegios.*

Étape 3

- **Exprime une opinion sur la question :** *La violencia del Estado es delito, o sea inaceptable. Los independentistas son pacíficos entonces no han cometido delito. Pero hay un problema: el referéndum estaba prohibido, o sea que era ilegal.*

Para expresarte

Pour analyser une citation et en parler
- El documento se compone de / consta de...
- Es un pasaje de...
- Podemos leer que...
- El título expone...
- En el texto se dice que...

Pour présenter des objectifs
- Este documento permite...
- Se trata de...
- Podemos imaginar que..., me imagino que...
- Este documento establece...

¡AHORA TÚ!

À toi de prendre la parole en t'appuyant sur tes notes ou sur la carte mentale que tu auras élaborée en t'aidant des éléments suivants.

Esta cita es de... Fue pronunciada durante...
Se relaciona con el eje... porque...
Puedo decir que el tono... Está claro que rechaza...
Considera que los independentistas... Mientras que el Estado...
El independentismo reivindica... Por eso se ha organizado...
Pero el problema es que...
Para concluir diría que... En mi opinión...

Trucos

- Utilise les connecteurs et les mots structurants pour ton oral.
- Tu peux, si besoin, poser toi aussi des questions. Elles doivent se rapporter à l'axe et permettre de faire avancer la réflexion.

Para entrenarte

"No hay una soberanía catalana, hay una soberanía del pueblo español. El derecho a decidir corresponde a todo el pueblo español. No pueden unos pocos decidir sobre lo que es de todos."

Fidel CADENA, fiscal (*procureur*) en el juicio al proceso en contra de la independencia de Cataluña, 13/02/2019

Unidad

29

Diversité et inclusion • Identités et échanges

Las minorías en el mundo hispánico

Sociedades multiétnicas: ¿cómo se construye la convivencia?

EXO ¿Qué sabes de...?

VIDÉO

Cartel de la Asociación SOS Racismo España

¡Lánzate!

1. **Describe** la composición del cartel y **explica** el mensaje.
2. A partir del cartel y del vídeo, **identifica** los cambios que ha conocido la sociedad española.
3. Léxico **Apunta** las palabras que más repite la persona entrevistada.
4. **Di** qué actitud de la sociedad está denunciando.

Para expresarte

- un altavoz: *un haut-parleur*
- la inmigración
- el respeto: *le respect*
- la tolerancia

- fomentar: *encourager*
- tomar conciencia: *prendre conscience*

PROYECTO FINAL

Preparad un cartel para el Día Internacional contra el Racismo y la Xenofobia.

España se ha vuelto multicultural

1. Yo también soy español B1

Fiche de compréhension

VIDÉO

a. **Presenta** a las dos jóvenes entrevistadas e **identifica** los elementos que tienen en común.

MÉDIATION b. *"Yo le llamo estar entre dos aguas"*: **explica** qué revela esta frase sobre el conflicto vivido por Quan.

c. **Di** por qué según Janice: *"España está cambiando"*.

• caboverdiana: *capverdienne = Du Cap Vert (ancienne colonie portugaise)*

Para expresarte

- de segunda generación
- el origen: *l'origine*

- lleno(a): *plein(e)*
- multicultural

- cabrearse: *s'énerver*
- echar fuera: *mettre dehors*
- juntar = reunir
- rebosar: *déborder*

2. El buzón de Ana María B2

El buzón[1] de Ana María contiene: facturas. Publicidad de restaurantes chinos que sirven comida a domicilio y de un kebab nuevo que han abierto en la esquina, publicidad de peluquerías que no aplican la subida del 21% de IVA[2], publicidades de clínicas dentales y de ópticas. Una postal de su hermana Lulita que se ha ido de viaje cultural a Salamanca. Escribe Lulita con caligrafía inglesa: "El precio no incluye la comida. Salamanca es preciosa pero hace un frío de la leche. Te quiere. Lu". Publicidad de una academia de idiomas.

El buzón de Ana María es el que queda más cerca del portal. Los repartidores[3] llenan de publicidad su buzón antes de que un vecino[4], ocioso y malhumorado, los eche a la calle. Los repartidores cada vez disimulan peor. A través del telefonillo dicen: "Caltelo"[5]. Ana María les abre la puerta porque le hace gracia lo mal que se disfrazan los chinos buzoneros[3] cuando fingen ser el cartero oficial del barrio. Ana María no cree que llegue a oír nunca la frase "Le tlaigo un celtificado"[5]. Pero abre a los buzoneros porque le dan lástima[6]. "¿Y si nos entra a robar una banda de albanokosovares?", los vecinos afean[7] la conducta liberal de Ana María en las reuniones de la comunidad[8]. Menos Matilde. Porque Matilde hace más o menos lo mismo y las dos saben que los repartidores de publicidad no son albanokosovares sino chinos. Rechinos[9].

Marta Sanz (escritora española), *Retablo* (Voces / Literatura 2019)

a. **Identifica** a la protagonista. **Di** qué molestia principal soporta.

b. Léxico **Apunta** elementos relacionados con la idea de personas extranjeras. ¿Qué deduces del entorno en el que vive la protagonista?

c. **Di** si a todos los vecinos les molesta mucho la situación. **Justifica** con el texto. > EXO QUIZ

PREPARA EL BAC Oral **Di** en qué medida estas anécdotas revelan que la España de hoy es una sociedad multiétnica.

1. *la boîte aux lettres* 2. *la TVA* 3. *les distributeurs* 4. *habitant de l'immeuble* 5. (imitaciones del acento chino) cartero: *facteur* / le traigo un certificado: *je vous apporte un recommandé* 6. *ils lui font de la peine* 7. critican 8. *la copropriété* 9. *(fam.)* chinos auténticos

Apuntes de gramática

La gramática en vídeo

Les tournures impersonnelles → Précis p. 266

*Un kebab nuevo que **han abierto** en la esquina*

Transforme les phrases en utilisant la tournure impersonnelle.

a. (Llamar) con el telefonillo durante todo el día.

b. (Poner) un cartel para anunciar la marcha contra el racismo.

c. (Contar) que hay muchos vecinos que se quejan de las molestias.

Exercices

Mejora tu léxico

Ordena los elementos para formar una frase.

la puerta • a los buzones • les abran • los repartidores • para que los vecinos • por el cartero • se hacen pasar • y puedan acceder

Gitanos y payos: venciendo prejuicios desde ambos lados

1. Hacia una educación inclusiva en España B1

Fiche de compréhension

VIDÉO

- encajar = integrarse
- vuestro entorno = vuestra comunidad
- los payos = los que no son gitanos

Para expresarte

- la condescendencia
- la hipocresía
- el rechazo: *le rejet*
- la tez: *le teint*

- acercar : *rapprocher*
- empujar: *pousser*

a. **Describe** la composición del cartel. ¿Qué te llama la atención?

b. Léxico **Fíjate** en los elementos textuales del cartel y **compáralos** con lo que hacen los niños. ¿Qué conclusión puedes sacar?

c. En el vídeo **describe** lo que hacen los adultos y **analiza** su actitud. > EXO QUIZ

d. **Di** a qué corresponden las frases que aparecen en pantalla y **explica** lo que significan.

2. Querer integrarse o no... B1

Fiche de compréhension

Moisés visita a su primo Capi, dueño de una tienda de antigüedades.

Moisés encuentra a su primo barnizando un taquillón. Al verle entrar, Capi deja oír un chasquido[1] característico que hace con la lengua.

–Dichosos los ojos[2], gitano.

No se levanta para saludarle. Moisés traga saliva, se siente agobiado[3] en ese lugar.

–¿Podemos hablar?

Capi deja el pincel en la mesa y comprueba el efecto del barniz. Lo da por bueno. Se pone de pie y abraza a Moisés. Un abrazo sentido, que adorna con fuertes palmadas[4]. Después le da un beso en la mejilla.

–Vamos dentro, gitano. [...]

–¿Has leído la prensa?

Capi asiente.

–Me la han traído. Sabía que venías por eso.

–Van a soltar al asesino de mi hija.

–Confías demasiado en la justicia de los payos, te lo he dicho siempre.

Moisés no quiere entrar en esa conversación. Se separó de su familia porque no le gustaba el camino que tomaban. [...] Está convencido de que los gitanos tienen que ser más escrupulosos que los demás en el respeto de la ley, pues solo así se conseguirá algún día la integración real de su etnia en la sociedad. Pero Capi es cínico, está amargo, no cree en más ley que la gitana. No le interesa la integración, mira a los payos con indiferencia y con desprecio[5].

Carmen Mola (escritora española), *La novia gitana*, 2018

1. *claquement* 2. *Enfin te voilà* 3. se siente incómodo 4. *tapes dans le dos* 5. *mépris*

VIDÉO

Mar de Plástico, serie española, Antena 3, 2015

a. **Lee** el texto, **ve** el vídeo y **presenta** el contexto en que se desarrollan ambas escenas.

b. **Precisa** la situación de Moisés en el texto y la de Lola en el vídeo. ¿En qué son similares?

c. Léxico **Apunta** expresiones del texto que traducen sentimientos. **Di** si se manifiestan en el vídeo. **Justifica**.

d. ¿Tiene Lola posibilidades de reconciliarse con su familia? **Explica** por qué.

PREPARA EL BAC Oral

Muestra que tanto para los gitanos como para los payos existen dificultades o reticencias para conseguir "*la integración real de [los gitanos] en la sociedad*" (doc. 2).

Para expresarte

- un conflicto
- la tensión
- el vínculo: *le lien*

- resentido(a): *rancunier(ère)*
- roto(a) (v. romper): *rompu(e), brisé(e)*

- decir, pedir [i] que... + subj.: *dire, demander de... + inf.*
- echar de: *chasser de*
- renegar [ie] de algo o alguien: *renier qch ou qqn*

Apuntes de gramática

La gramática en vídeo

Utiliser *ser* ou *estar* avec un adjectif. → Précis p. 267

*Capi **es** cínico, **está** amargo.*

Complète les phrases avec *ser* ou *estar*.

a. Lolo ... furioso contra su hermana.

b. Piensa que ella ... peor que todos los guardias.

c. Nosotros ... seguros de que los gitanos pueden integrarse en la sociedad.

Exercices

Mejora tu léxico

Relaciona las palabras o expresiones con su definición.

a. un payo
b. renegar de su sangre
c. despreciar
d. un prejuicio

1. rechazar sus orígenes
2. una idea preconcebida
3. que no forma parte de la comunidad gitana
4. considerar a los demás como inferiores

América Latina: el reto del mestizaje

VIDÉO

1. Mestizajes B2

AUDIO **La balada de los dos abuelos**

Sombras que sólo yo veo,
me escoltan[1] mis dos abuelos.
Lanza con punta de hueso[2],
Tambor de cuero y madera:
mi abuelo negro.
Gorguera[3] en el cuello ancho,
gris armadura guerrera:
mi abuelo blanco.
África de selvas húmedas
y de gordos gongos sordos[4].
¡Me muero!
(dice mi abuelo negro.)
Aguaprieta[5] de caimanes,
verdes mañanas de cocos...
¡me canso!
(dice mi abuelo blanco.) [...]
Sombras que sólo yo veo,
me escoltan mis dos abuelos.
Yo los junto[6].
¡Federico!
¡Facundo! los dos se abrazan.
Los dos suspiran. Los dos
las fuertes cabezas alzan[7];
los dos del mismo tamaño[8],
bajo las estrellas altas;
los dos del mismo tamaño,
ansia[9] negra y ansia blanca,
los dos del mismo tamaño,
gritan, sueñan, lloran, cantan.
Sueñan, lloran, cantan.
Lloran, cantan.
¡Cantan!

Nicolás GUILLÉN (escritor cubano), *West Indies Ltd*, 1934

1. *me font escorte* 2. *lance avec pointe en os*
3. *gorgerin (partie de l'armure qui protège le cou)* 4. *de gongs grands et sourds*
5. *(ici)* Agua llena de 6. los reúno
7. *ils dressent leurs têtes imposantes*
8. *de la même taille* 9. *angoisse*

El mestizaje (Edad de la ternura), Oswaldo Guayasamín (pintor ecuatoriano), 1998

PARCOURS DIFFÉRENCIÉS

Recorrido A

a. A partir de elementos sacados del poema, **determina** el origen de los dos "abuelos" del poeta. > EXO QUIZ

b. Versos 9 a 16. **Compara** la vida de ambos abuelos. ¿Cuál de ellos tiene la vida más difícil?

c. **Muestra** cómo evoluciona su relación a lo largo del poema.

d. **Léxico** **Fíjate** en las repeticiones del final del poema. ¿Qué efecto producen?

e. **Muestra** que en este poema Nicolás Guillén rinde homenaje a sus dos antepasados.

Recorrido B

a. **Observa** los colores del cuadro. **Di** qué te llama la atención.

b. **Fíjate** ahora en las formas de la cara, del cuello y de las manos: ¿qué sentimientos expresan?

c. **Ve** el vídeo y **cita** las tres etapas de la carrera del pintor. ¿Qué significa cada una?

d. **Explica** cómo ilustra este cuadro el mestizaje en Hispanoamérica.

Fiche de compréhension

Nicolás Guillén

Poeta cubano (1902-1989) considerado como Poeta Nacional de la Isla, siempre reivindicó la cultura negra dentro de los procesos de mestizaje en su obra poética.

Para expresarte

- la ambivalencia
- los colores cálidos: *les couleurs chaudes*
- un conquistador
- la esclavitud: *l'esclavage*
- las figuras geométricas: *les formes géométriques*
- la herencia: *l'héritage*
- la ira: *la colère*
- el llanto: *les pleurs*
- el orgullo: *la fierté*
- la paz: *la paix*
- descarnado(a): *décharné(e)*

2. Una mulata blanconaza B2

De niña le dijeron a la narradora que era una mestiza «blanconaza».

Cuando me dijeron por primera vez que no era blanca, yo me ofendí. [...] El "blanconaza"[1] significaba que podía pasar por blanca, que parecía blanca, pero que no lo era [...].

Mi piel era un engaño, una estafa[2], y mi pelo contaba la verdad: yo tenía sangre de negra. Por supuesto, también tenía sangre de blanco, pero eso no era relevante[3]. [...]

Reivindicar hoy mi mestizaje significa reivindicar mi historia de vida. Cuando digo que soy mestiza pretendo decir, sobre todo, que mis orígenes son una mezcla de elementos culturales más poderosa que cualquier mezcla de genes.

¿Cuántas cosas no debieron enfrentar mis tatarabuelas[4] solo por ser negras y mujeres? [...] Yo quisiera parecerme a ellas. Ser ese tipo de mujer que no está en el mundo por azar sino porque luchó y no se rindió ante las circunstancias que no pudo controlar o cambiar. Tener su coraje, su resistencia, su dignidad. Quisiera saber cómo es posible perderlo todo, o nacer con tan poco, y seguir.

Desde hace años, no riño con mi pelo[5]. A veces lo estiro[6], otras veces lo rizo[7], otras veces lo trenzo[8], según mi ánimo, no mis complejos. No siento que mi pelo defina quién soy ni mi lugar en la sociedad.

Mónica Baró (periodista cubana), *Revista El Estornudo*, 15/05/2018

1. *très claire de peau*
2. *une escroquerie*
3. no era importante
4. *arrière-arrière-grands-mères*
5. *mes cheveux*
6. *je les tire en arrière*
7. *je les boucle*
8. *je les tresse*

Para expresarte

- una esclava
- una humillación
- crespo(a): *crépu(e)*
- enorgullecerse: *être fier(ère) de*
- heredar: *hériter*

a. **Explica** qué fue lo que ofendió a la narradora de pequeña.
b. ¿Qué rasgo físico evidencia sus orígenes mestizos?
c. **Precisa** si, de adulta, se enorgullece de su herencia cultural. **Justifica** con el texto.

PREPARA EL BAC escrito **Muestra** cómo promueven estos documentos una visión positiva del mestizaje cultural en América Latina.

Apuntes de gramática

La gramática en vídeo

Les pronoms personnels → Précis p. 257

***Yo** quisiera parecer**me** a **ellas**.*

Complète les phrases avec le(s) pronom(s) personnel(s) qui convien(nen)t.

a. Mis amigas ... llamaban blanconaza porque ... parecía blanca, pero no ... era.
b. A ... me molestaba pero ahora ya no ... doy importancia.
c. Mi pelo es lo que más ... ha costado convertir en una decisión estética.

Exercices

Mejora tu léxico

Busca el intruso en cada lista.

a. mestizo • azul • mulato • negro
b. heredar • herencia • herida • heredero
c. los prejuicios • los estereotipos • un tópico • el respeto

PROYECTO FINAL

Preparad un cartel para el Día Internacional contra el Racismo y la Xenofobia.

Vais a realizar un cartel en grupo y presentarlo a la clase.

1 Preparad los contenidos.

a. Buscad y seleccionad elementos que ilustren el tema.
b. Preparad un texto corto que explique la importancia de este día.

2 Realizad el cartel.

c. Seleccionad imágenes representativas y organizadlas. Presentad el cartel oralmente a la clase.

Acuérdate de...

- Pour dénoncer la discrimination, utilise : *(no) hay que..., nunca se debe...*
- Réemploie les tournures impersonnelles (*dicen que..., no se puede...*).
- Pour présenter les personnes, utilise le verbe *ser*. Pour les situer, utilise le verbe *estar*.

BAC Evaluación

ÉPREUVE ÉCRITE
LVA > B2
LVB > B1

Autoévaluation

ÉPREUVE 3 3e trimestre de Terminale 1h30

Compréhension de l'oral

Documento 1 Comunidad de Madrid: los emigrantes se sienten integrados

En rendant compte en français du document, vous montrerez que vous avez compris :

- le thème principal du document ;
- l'événement et les situations évoqués ;
- le point de vue de la personne qui s'exprime ;
- la fonction et la portée du document.

VIDÉO durée : 1'30

Año nuevo chino en el barrio de Lavapiés, Madrid

Compréhension de l'écrit et de l'ensemble du dossier

Documento 2 La comunidad magrebí de El Ejido, Almería (España)

Acompañada por su amigo Adrián, Meryem busca a su padre.

–¿Así que tú eres la hija del tuareg?

Asentí moviendo la cabeza.

Volvió a contemplarme de arriba abajo y seguidamente volvió la cabeza hacia Adrián.

–Y éste, ¿quién es? –preguntó. [...]

–Soy el hijo del profesor Pablo Orellana –se adelantó Adrián.

El viejo achicó la mirada[1] y movió la cabeza afirmativamente.

–Conozco a tu padre –dijo–. Un gran hombre. Está luchando mucho por los emigrantes en Almería. Tomad asiento, en seguida vendrán los otros.

–¿Quiénes son los otros? –pregunté.

Cuando el viejo iba a responder [...] empezaron a desfilar varios ancianos hasta un total de cinco que tomaron asiento en silencio. El viejo se dirigió a ellos en árabe para explicarles quiénes éramos. Luego se dirigió a mí.

–Nosotros representamos a la comunidad magrebí de El Ejido. Hace ya varios años, tras unos incidentes graves ocurridos con la población española, decidimos formar esta especie de consejo para atender los problemas de nuestra comunidad y tratar de darles solución. [...] Tu padre, aunque mucho más joven, también formó parte de este consejo. Lo necesitábamos para luchar contra Abdel Azid y por nuestra culpa ahora está en la cárcel.

–Pero... ¿quién es Abdel Azid? ¿Por qué todos le tenéis tanto miedo?

–Un malvado[2] –contestó mi interlocutor–. Cuando llegan las partidas[3] de emigrantes les busca trabajo y les hace pagar por ello. Los obliga a entregarle un diez por ciento de lo que ganan durante dos años. El único que ha sido capaz de enfrentarse a él ha sido Yunan y por eso ahora está en la cárcel. Tu padre le pagó la primera vez, pero se negó a seguir pagando durante dos años...

–Pero me han dicho que mi padre pegó a...

–Tú padre no ha sido. El día que encontraron al dueño de la finca herido, tu padre ni siquiera estaba en El Ejido. Todo fue amañado[4], preparado. Se la tenía jurada[5] y al final cumplió su palabra.

–Pero ¿por qué no...?

–Porque nadie nos escucha. En primer lugar, la policía asegura que nuestro consejo carece de legalidad y, además, nos ha prohibido reunirnos. Tenemos que hacerlo en secreto. Y en segundo lugar, los brazos de Abdel Azid son muy largos. Tiene amigos en la policía, en los juzgados y hasta en la política. ¿Quién va a escuchar a un puñado de viejos como nosotros? Tu padre fue el único que consiguió detener esta atrocidad durante un tiempo. Prohibió a todos los trabajadores de los invernaderos que pagaran un solo euro a ese canalla hasta que llevó a cabo su plan y lo quitó de en medio. Ahora la comunidad de emigrantes está más asustada que nunca y Abdel Azid ha consumado su liderazgo[6]. Todos le temen y harán cualquier cosa para no enfrentarse a él.

Francisco DÍAZ VALLADARES (escritor español), *La hija del tuareg*, 2011

1. *plissa les yeux* **2.** *un scélérat* **3.** *des bandes* **4.** *truqué* **5.** *il avait promis de se venger* **6.** *est devenu le chef*

Documento 3 Las minorías étnicas más grandes en España

España es un país europeo con una población de 46.4 millones. Aproximadamente 89.9% de la población es de origen étnico español y 10.1% pertenece a una etnia extranjera. Muchas de estas minorías étnicas han venido recientemente a España durante un período de mayor inmigración. Otros han estado en el país por varias generaciones. [...]

Rumanos

Dos grupos están vinculados[1] como los grupos étnicos minoritarios más grandes de España, los rumanos y los marroquíes. Cada uno de ellos representa el 1.7% de la población. La mayoría de los rumanos llegaron a España desde Rumania, un país del este de Europa, en busca de oportunidades económicas. Por 2010, la población había llegado a 900,000. [...]

Marroquíes

España una vez tuvo una política de inmigración de puertas abiertas con Marruecos. A tal, los ciudadanos marroquíes no requieren[2] una visa para ingresar[3] al país. Muchos marroquíes vinieron por trabajo estacional[4], particularmente en agricultura e industria. Sin embargo, esa relación cambió en 1985 cuando España implementó una nueva ley de visa. [...] La política fue infructuosa y, en lugar de disminuir, la población marroquí en realidad aumentó 8.8% por 2011.

https://es.ripleybelieves.com/largest-ethnic-minorities-in-spain-2615

1. relacionados **2.** no necesitan **3.** entrar **4.** *saisonnier*

Compréhension de l'écrit

Diga de qué tratan los dos textos.
Precise en qué son complementarios.

Compréhension de l'ensemble du dossier

▶ Tras leer y observar los tres documentos, muestre que España es un país que acoge a muchos inmigrantes y explique qué factores favorecen su integración.

Expression écrite

Vous traiterez en espagnol l'un des deux sujets suivants.
Répondez en 150 mots environ.

Question A

▶ Explique por qué vivir en una sociedad multicultural y multiétnica puede ser una fuente de enriquecimiento mutuo.

Question B

"[Abdel Azid] los obliga a entregarle un diez por ciento de lo que ganan durante dos años. El único que ha sido capaz de enfrentarse a él ha sido Yunan y por eso ahora está en la cárcel."

▶ Meryem visita a su padre en la cárcel. Basándote en este extracto del **documento 2**, escriba el diálogo.

30

Territoire et mémoire

PUERTAS DEL TIEMPO

¿Han llegado a superar las dictaduras los latinoamericanos?

TU MISIÓN

VIDÉO

Bienvenido(a) al Parque de la Memoria. Descubre fotos y documentos sobre lo que pasó durante las dictaduras en América Latina. Tu misión es investigar en un país del Cono Sur para completar la línea del tiempo y recordar los acontecimientos importantes de este período.

MISIÓN

Grafiti en una pared de Buenos Aires (Argentina)

Tiempo de resistencias

La Escuela de Mecánica de la Armada, Buenos Aires (Argentina)

FINAL

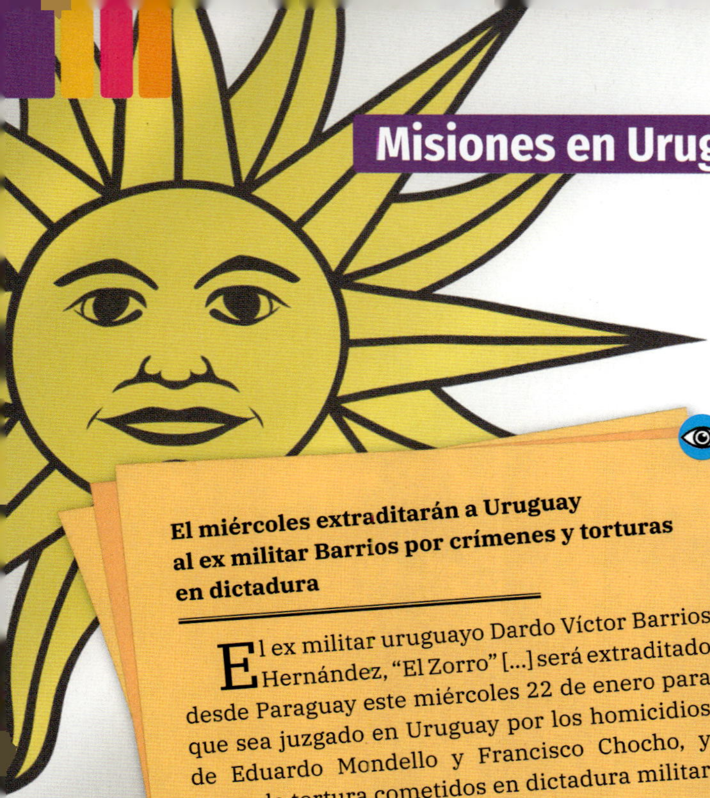

Misiones en Uruguay

Dictaduras militares en Latinoamérica

En Uruguay el político ultraderechista Juan María Bordaberry implanta una dictadura con el apoyo del Ejército en 1973. Ese mismo año, el general Augusto Pinochet da un golpe de Estado que le permite asumir todo el poder en Chile. Sigue el ejemplo establecido por el general Hugo Banzer, dictador en Bolivia desde 1971. En Paraguay sin embargo el general Alfredo Stroessner ejerce una dictadura personal desde 1954.

Almudena GRANDES (escritora española), *Los pacientes del doctor García*, 2017

El miércoles extraditarán a Uruguay al ex militar Barrios por crímenes y torturas en dictadura

El ex militar uruguayo Dardo Víctor Barrios Hernández, "El Zorro" [...] será extraditado desde Paraguay este miércoles 22 de enero para que sea juzgado en Uruguay por los homicidios de Eduardo Mondello y Francisco Chocho, y casos de tortura cometidos en dictadura militar entre los años 1972 y 1976.

En el 2011, la fiscal Ana María Tellechea había pedido la captura a nivel internacional de Barrios por secuestros, asesinatos y desapariciones forzadas en el marco del proceso militar, ya que era encargado de los interrogatorios en el Batallón.

www.lr21.com.uy, 21/01/2020

VÍDEO

Marcha del Silencio, Montevideo, 2019

"Mañana "festejo" dos años de calabozo, de los cuales 23 meses pasé completamente sola. Pero me siento muy bien. [...] Una cosa que siento es que "necesito" estar entre cuatro paredes, encerrada, eso hace como que me sienta más segura... ¡También pienso que ya estoy harta de mí misma! Pienso que voy a hacer como Miguelito (de Mafalda) y a través de un golpe de estado, derrocar mi vieja personalidad...
(Flavia Schilling, 02/1975)

Homenaje a los desaparecidos,
Museo de la Memoria, Montevideo

"Estoy bien, bien cansada, como pueden imaginar. Tengo un millón de cosas para contar, porque en la carta anterior, si es que la recibieron, fue solo un divague. [...] Y aquí estoy. El calabozo es pequeño, calculo que 1.5m por 2.5mt. Tengo una cama, un armario pequeño que sirve de mesa y una silla. Hay espacio para caminar (cinco pasos ida y vuelta, cinco pasos) Las paredes están pintadas de azul, techo blanco, una ventanita con ocho vidrios pequeños, cubiertos con tinta blanca por los cuales juego a adivinar cómo está el día, qué color tiene el cielo. Entre dos vidrios veo un árbol... No tenemos recreo, y salimos solamente para ir al baño."
(Flavia Schilling, 3/07/1973)

"Nos tocó pelear con la locura, porque más bien, en ese tipo de prisión, buscaron que quedáramos lelos. Y triunfamos: no quedamos lelos", declaró Mujica en una rueda de prensa el martes en Buenos Aires para presentar "La noche de 12 años", del director uruguayo Álvaro Brechner.

El filme, coproducción de Uruguay, España y Argentina y que tuvo su estreno mundial este mes en el Festival de Venecia, narra el cautiverio entre 1973 y 1985 de José Mujica, Mauricio Rosencof y Eleuterio Fernández Huidobro, miembros del Movimiento de Liberación Nacional Tupamaros.

Es, en palabras de Brechner ("Kaplan", 2014), "una exploración hacia los límites" de la supervivencia y un relato sobre cómo, en circunstancias extremas, una persona no pierde la libertad de decidir cómo afrontar esas vicisitudes.

El Periódico/EFE, 19/09/2018

VIDÉO

VIDÉO

“Quisiera saber la verdad porque para mí es la mayor de las justicias.”

CANCIÓN

Luisa Cuesta, histórica embajadora de la militancia por los derechos humanos, es la protagonista del mural que José Gallino pintó en la plaza de la Aguada que lleva su nombre. Buscó a su hijo Nebio detenido desaparecido durante la dictadura sin encontrarlo y murió en 2018.

Misiones en Chile

Patrulleros: leed esta carta que acaba de daros vuestro jefe del Ministerio del Tiempo. Hay muchas preguntas pendientes en cuanto al futuro político de Chile.

VIDÉO

SIGUE INQUIETUD EN CHILE
Por John Nitsch corresponsal

Chile es un caldero hirviendo. La división política es el centro de la vida en este pequeño país que soñó con una vía institucional hacia el socialismo. El desabastecimiento provocado por el paro de camioneros solo agrava la situación. *Claudia dice que la gente se está organizando para resistir. ¿Cuántos son? ¿Dónde están? ¿Claudia irá con José?*

Encendidos discursos, ~~tiroteos~~ y manifestaciones contra y a favor del gobierno de la Unidad Popular se suceden en cada esquina con inusitada violencia. En las familias y universidades, en las calles y en las fábricas, en el Parlamento y en el mercado, todos se preguntan qué va a pasar. La palabra Golpe resuena en muchas mentes. 14?

Los últimos días han sido especialmente tensos. Las Fuerzas Armadas están en alerta. Un posible desafuero del socialista Carlos Altamirano, quien junto a Oscar Guillermo Garretón del MAPU y Miguel Enríquez del MIR, acusaron a la Armada de intentar derrocar al gobierno de Salvador Allende, es un hecho que puede traer importantes repercusiones. *el Golpe podría ayudar a dar un avance más radical en la toma del poder popular…*

Por su parte, fuentes cercanas indican que el Presidente insiste en una salida institucional al conflicto y sigue intentando lograr un acuerdo con la Democracia Cristiana, presidida por Patricio Aylwin. Un miembro de su grupo de asesores incluso señaló que Allende llamaría en estos días a plebiscito. *Confirmar*

Según sus últimas declaraciones, continúa creyendo en la tradición republicana de Chile y en la lealtad de los uniformados, en especial del Ejército y de la policía, conocidos aquí como Carabineros. *Prats: nuevo comandante en Jefe, Augusto Pinochet, es leal ¿¿¿Qué piensa Allende*

CORREOS Y TELEGRAFOS
TELEGRAMA
PREAMBULO
NEW YORK. DIA 08.SEP. 18:00 h
INDICACIONES, DESTINATARIO
Señor John NITSCH
TEATINOS 380, DEPTO 52. SANTIAGO.CHILE
TEXTO
Será una semana decisiva. No pint
bien. Gente cercana a K. me lo di
Ten cuidado
Harry.

La personificación de la Dictadura

CANCIÓN

Los cuatro generales de la Junta Militar que regía los destinos de la patria, con uniforme de combate, enmarcados por la bandera y el escudo nacional, entre acordes de himnos militares, aparecían varias veces al día en la televisión con sus bandos y proclamas. Toda la información estaba controlada. Dijeron que Salvador Allende se suicidó en el Palacio en llamas y Víctor sospechó que lo habían matado, como a tantos otros. Recién entonces comprendió la gravedad definitiva de lo ocurrido. No había vuelta atrás. Los ministros fueron encarcelados, el Congreso declarado en receso indefinido, los partidos políticos prohibidos, la libertad de prensa y los derechos ciudadanos suspendidos hasta nueva orden. En los cuarteles arrestaron a quienes vacilaron en sumarse al golpe y fusilaron a muchos, pero eso no se supo hasta después, porque las Fuerzas Armadas debían dar la impresión de ser monolíticas e indestructibles. […]

El General Augusto Pinochet encabezó una Junta Militar y pronto habría de convertirse en la personificación de la dictadura. La represión fue instantánea, fulminante y a fondo. Anunciaron que no quedaría piedra sin remover, extraerían a los marxistas de sus guaridas dondequiera que se escondieran, limpiarían la patria del cáncer comunista a cualquier precio.

Isabel ALLENDE (escritora chilena), *Largo pétalo de mar*, 2019

VIDÉO

El Muro de los Nombres, Villa Grimaldi, Santiago de Chile

Carlos Reyes y Rodrigo Elgueta,
Los años de Allende (novela gráfica) 2015

VIDÉO

1973

"No me acuerdo, pero no es cierto.
No es cierto y si fuera cierto, no me acuerdo".

Augusto Pinochet (2012)

Misiones en Argentina

Dictaduras militares en Latinoamérica

En marzo de 1976, Argentina es el único país del Cono Sur que conserva un régimen democrático. En Uruguay el político ultraderechista Juan María Bordaberry implanta una dictadura con el apoyo del Ejército en 1973. Ese mismo año, el general Augusto Pinochet da un golpe de Estado que le permite asumir todo el poder en Chile. [...]

Entre la primavera de 1976 y el otoño de 1982, la dictadura argentina es culpable de la desaparición forzada de miles de personas. *Aunque* las cifras varían, *se estima* la suma de las víctimas en: treinta mil.

Almudena GRANDES (escritora española), *Los pacientes del doctor García*, 2017

VIDÉO

Marie ORENSANZ (artista francoargentina), *Pensar es un hecho revolucionario*, Parque de la Memoria, Buenos Aires

VIDÉO

VIDÉO

Asociación HIJOS, Buenos Aires

Juan CARRÁ (periodista argentino) e Iñaki ECHEVARRÍA (ilustrador argentino), *ESMA* (novela gráfica), 2019

María Eugenia: Creo que comprenderás por qué no inicio esta carta con "querida mamá", como cuando lo hacía desde la lejanía de mis antiguas vacaciones. A esta altura, vos y yo sabemos (vos lo supiste siempre; yo, tan sólo hace tres años) que no sos mi mamá, como tampoco Pedro Luis es mi padre. Ahora que él murió, me da un poco de pena saber que has quedado irremediablemente sola. Pero mucha más pena me dan mis padres verdaderos. Sé de buena fuente, como vos, que desde un avión los arrojaron al mar y que los arrojaron vivos. Ahora es casi imposible que alguien pueda demostrar que sí o que no, pero yo me inclino a creer que sí, ya que la comprobada saña de los amigos de Pedro Luis, aunque todavía nos desconcierte y nos repugne, fue algo real.

Mario BENEDETTI (escritor uruguayo). *El buzón de tiempo*, 1999

Nicolás PASSARELLA (muralista argentino), *Secuestro*, 2014

Lluvia de ideas

IDENTIDADES E INTERCAMBIOS

¿Cómo se exporta la identidad española al mundo?

- ➜ Personalidades del mundo del deporte se "exportan" fuera de España (cualidades reconocidas de los españoles).
- ➜ Homenaje a varios artistas españoles en el mundo entero.
- ➜ El flamenco, símbolo emblemático de las tradiciones españolas (fama en Japón).

¿En qué medida Nueva York sigue siendo tierra de oportunidades para los españoles?

- ➜ La inmigración española forma parte de la historia de la ciudad de Nueva York.
- ➜ La creación de un mercado "*Little spain*" (éxito del chef José Andrés).
- ➜ Nueva York sigue siendo una ciudad atractiva para los españoles (ofertas de trabajo).

¿Cómo se reinventa el turismo español?

- ➜ Poniendo en valor su patrimonio histórico y cultural (como Granada).
- ➜ Fomentando la "turismofilia" y combatiendo la "turismofobia".
- ➜ Con el desarrollo del "turismo naranja", participativo y creativo (talleres creativos).

¿En qué medida no quieren perder los migrantes su identidad al migrar?

- ➜ Las causas de la emigración (motivos familiares, políticos y/o económicos).
- ➜ Enfrentamiento de culturas en el proceso de integración (latinos en España).
- ➜ Los migrantes que han triunfado y que quieren ayudar a su comunidad (Lidieth Arévalo o Joyce Alarcón).

Hablando de...

▶ En parejas, observad el mapa mental e intercambiad ideas. Las preguntas os ayudarán a organizar vuestra reflexión sobre el eje "Identidades e intercambios". Las respuestas os permitirán completar y matizar vuestras ideas. Podréis utilizar otros ejemplos del área hispánica.

Para expresarte

Sustantivos

- el desarrollo sostenible: *le développement durable*
- las barreras
- la discriminación
- una empresa: *une entreprise*
- el entorno: *l'environnement*
- el éxito: *le succès*
- gente emprendedora
- la globalización
- la pobreza ≠ la riqueza
- un(a) portavoz = un(a) representante
- un prejuicio: *un préjugé*
- el racismo
- los recursos: *les moyens*
- la solidaridad
- el sueño americano
- el turismo de masas
- un(a) turista

Adjetivos

- abarrotado(a): *bondé(e)*
- angustiado(a): *angoissé(e)*
- aislado(a): *isolé(e)*
- cotizado(a) = valorado(a)
- enriquecedor(a): *enrichissant(e)*
- excepcional
- rutinario(a)

Verbos

- apostar [ue] (por): *parier (sur)*
- apreciar = valorar
- aprovechar: *profiter*
- ayudarse: *s'entraider*
- cambiar: *changer*
- compartir: *partager*
- crecer = aumentar
- dar a conocer: *faire connaître*
- dar ganas de: *donner envie de*
- demostrar [ue]: *prouver*
- emprender: *entreprendre*
- huir de: *fuir*
- luchar: *lutter*
- sensibilizar = concienciar
- sociabilizarse
- triunfar

ÉPREUVE ORALE
LVB > B1

ÉPREUVE 3 **3e trimestre de Terminale**

Expression orale 5 min.

Sujet 1 Observe la fotografía y el dibujo. Elija uno de los dos documentos y explique su elección. Precise en qué corresponde mejor a lo que ha entendido del eje "Identidades e intercambios". Dé ejemplos utilizando lo que ha estudiado en clase y sus propios conocimientos.

Carteles de protesta en contra de los turistas, barrio de la Barceloneta, Barcelona, 2016

Martín FERRÁN (dibujante español), *La República.com*, agosto 2017

Trucos

- Observe ces deux visuels et lis leurs légendes pour en identifier la nature et la source.
- Appuie-toi également sur les textes présents à l'intérieur de ces documents : tu pourras t'en servir lors de ta prise de parole.

Sujet 2 Lea las dos citas. Elija una y explique su elección. Precise en qué corresponde mejor a lo que ha entendido del eje "Identidades e intercambios". Dé ejemplos utilizando lo que ha estudiado en clase y sus propios conocimientos de la identidad hispana.

"El turismo es una industria de futuro que no teme a los cambios".

Michelle BACHELET, presidenta de Chile (2006-2010 y 2004-2018)

"El turismo representa el medio por excelencia para preservar la identidad y poner en justo valor el patrimonio nacional."

Enrique DE LA MADRID (Secretario de Turismo de México), 2017

Trucos

- Si on te propose deux citations, fais ton choix sans te précipiter en privilégiant la citation qui se rapproche le plus de ce que tu as vu lorsque tu as étudié l'axe. N'oublie pas que, pour une citation, tu peux t'appuyer sur les mots, contrairement à une image.

ÉPREUVE ORALE LVB>B1

Expression orale

Sujet 3 Observe las dos imágenes. Elija una y explique su elección. Precise en qué corresponde mejor a lo que ha entendido del eje "Identidades e intercambios". Dé ejemplos utilizando lo que ha estudiado en clase y sus propios conocimientos.

Trucos

- Rapidement, identifie la nature des images, leur auteur, leur époque.
- Réfléchis au type de lexique que tu auras à mobiliser pour parler de chacune.

Cartel de *Olive Oils Spain* del Ministerio de Agricultura, Alimentación y Medio Ambiente en Times Square, Nueva York, 2016

ICEX e Interiors From Spain acompañan a 20 empresas españolas del hábitat a la feria Boutique Design de Nueva York

Sujet 4 Observe la imagen y lea la cita. Precise en qué corresponde mejor a lo que ha entendido del eje "Identidades e intercambios". Dé ejemplos utilizando lo que ha estudiado en clase y sus propios conocimientos de la identidad hispana.

Las dificultades de la integración para los inmigrantes latinoamericanos

> *"Vamos a trabajar en Europa por una Política Migratoria Común que garantice derechos, genere alternativas y diluya riesgos."*
>
> Mariano Rajoy, presidente del Gobierno español (2011-2018)

Trucos

- Si on te propose une image et une citation, suis les conseils donnés précédemment.
- Mobilise tes connaissances et cherche les éléments qui font référence à l'axe. Tu peux t'aider de l'autre document pour étayer tes arguments.

Enseignement technologique en espagnol

LVA > B2 — 5 min.

ALGUNAS IDEAS SOBRE EL EJE IDENTIDADES E INTERCAMBIOS

STMG
- Presente las condiciones laborales de los trabajadores latinos en las empresas en Estados Unidos.

STD2A STI2D
- Presente un proyecto que fomente el "turismo naranja" en España, subrayando las ventajas de este tipo de turismo.

ST2S
- Explique las acciones que desarrollan las comunidades latinas en EU. UU. para ayudar a los migrantes recién llegados al país.

STHR
- Presente un proyecto de un complejo hotelero en el extranjero que tiene como particularidad la temática de la identidad española.

Trucos

- Sers-toi des documents étudiés en cours pour commencer à traiter les sujets et ainsi trouver des pistes pour tes recherches sur différents exemples d'associations ou entreprise et/ou tes arguments pour expliquer des actions.

BAC Oral

Lluvia de ideas

¿Pueden llegar a confundirse espacio público y espacio privado?

- ➜ El espacio público puede llegar a ser íntimo y acogedor (los bares en España, la vida en el barrio con la *app* "¿Tienes sal?" o la iniciativa "La escalera").
- ➜ Algunos barrios ultraprotegidos se convierten en espacios infranqueables y herméticos (Puerto Madero en Buenos Aires).
- ➜ El espacio público puede ser factor de socialización (el metrocable en Medellín).

¿En qué medida puede ser el espacio público el espejo de una sociedad?

- ➜ En el espacio público se cristalizan más las tensiones (manifestaciones del 8 de marzo en España).
- ➜ Los barrios dan a ver su poder económico separando a ricos y pobres (urbanizaciones en los alrededores de grandes ciudades).
- ➜ Puede ser el lugar donde se dan a ver injusticias (el "muro de la vergüenza" en Lima, la Isla de Valdecañas en Cáceres).

ESPACIO PRIVADO Y ESPACIO PÚBLICO

¿En qué medida son el espacio público y el espacio privado antagonistas?

- ➜ La gente puede querer aislarse en barrios protegidos (*sécurisés*) en América Latina.
- ➜ Muchos españoles huyen de las ciudades masificadas e impersonales para refugiarse en los alrededores, en urbanizaciones más asequibles y acogedoras.

¿Es el espacio público el mejor espacio para reivindicar?

- ➜ Las mujeres se hacen con el espacio público, dejando el hogar por el mundo laboral.
- ➜ El espacio público puede plasmar los logros de algunas mujeres en política, deporte, negocios... (Michelle Bachelet en Chile).
- ➜ Es el lugar en el que las minorías se hacen oír (huelga de las mujeres, ley para la igualdad).

Hablando de...

▶ En parejas, observad el mapa mental e intercambiad ideas. Las preguntas os ayudarán a organizar vuestra reflexión sobre las relaciones entre el espacio público y el espacio privado. Las respuestas os permitirán completar y matizar vuestras ideas. Podréis utilizar otros ejemplos del área hispánica.

Para expresarte

Sustantivos

- un chalé: *une villa*
- un chalé adosado: *une maison mitoyenne*
- un desfase: *un décalage*
- las desigualdades: *les inégalités*
- un edificio: *un immeuble*
- la mayor parte: *la plupart*
- las medidas: *les mesures*
- una multitud
- el permiso: *le permis*
- una propiedad privada
- un(a) promotor(a)
- los trámites: *les démarches*
- la urbanización: *le lotissement*
- un(a) vecino(a): *un(e) habitant(e)*

Adjetivos

- acogedor(a): *accueillant(e)*
- ambicioso(a): *ambitieux(euse)*
- amontonado(a): *entassé(e)*
- apacible: *paisible*
- comprometido(a): *engagé(e)*
- desfavorecido(a): *défavorisé(e)*
- hermoso(a) = bello(a)
- humilde: *modeste*
- lujoso(a): *luxueux(se)*
- rico(a) ≠ pobre
- seguro(a) ≠ inseguro(a)

Verbos

- acabar con: *en finir avec*
- apostar [ue] por: *miser sur*
- apoyar = respaldar = ayudar
- carecer de: *manquer de*
- compartir: *partager*
- conseguir [i] + inf.: *réussir à*
- convivir
- dividir
- empobrecerse: *s'appauvrir*
- enriquecerse: *s'enrichir*
- invertir [ie, i]: *investir*
- luchar = afrontar = combatir
- parar: *arrêter*
- reformar: *rénover*
- renunciar

ÉPREUVE ORALE
LVB>B1

ÉPREUVE 3 3e trimestre de Terminale

Expression orale 5 min.

Sujet 1 Observe las dos imágenes. Elija una y explique su elección. Precise en qué corresponde mejor a lo que ha comprendido del eje "Espacio privado y espacio público". Dé ejemplos utilizando lo que ha estudiado en clase y sus propios conocimientos.

Viñeta cómica de Mavel (dibujante español), *La Voz de Galicia*

Construcción en Murcia, Andalucía

Trucos

- Identifie la nature des images, leur auteur(e), leur époque.
- Observe rapidement chaque image et choisis celle qui fait le plus écho à ce que tu as appris en cours.

Sujet 2 Lea las dos citas. Elija una y explique su elección. Precise en qué corresponde mejor a lo que ha comprendido del eje "Espacio privado y espacio público". Dé ejemplos utilizando lo que ha estudiado en clase y sus propios conocimientos de los países hispanohablantes.

"Es una cárcel sin barrotes".

Miguel Ballesteros sobre la urbanización en la que vive en Madrid

"Dicen que Rivas-Vaciamadrid, pese a su desagradable nombre, es uno de los pueblos con mejor calidad de vida de la Comunidad de Madrid -el séptimo más rico de España, el cuarto con menor cantidad de población en riesgo de pobreza-: un paraíso en el que no debería haber problemas".

Carmen Mola (escritora española)

Trucos

- Si on te propose deux citations, fais ton choix sans te précipiter mais en choisissant la citation qui se rapproche le plus de ce que tu as vu en cours.
- N'oublie pas que, pour une citation, tu peux t'appuyer sur les mots employés : n'hésite pas à les utiliser à l'oral !

ÉPREUVE ORALE LVB>B1

Expression orale

Sujet 3 Observe las dos imágenes. Elija una y explique su elección. Precise en qué corresponde mejor a lo que ha comprendido del eje "Espacio privado y espacio público". Dé ejemplos utilizando lo que ha estudiado en clase y sus propios conocimientos.

Campaña del Ayuntamiento (*mairie*) de Medellín (Colombia), 2017

Trucos

- Observe ces deux visuels et lis leurs légendes pour en identifier la nature et la source.
- Réfléchis au type de lexique que tu auras à mobiliser pour parler de chacun d'eux. Par exemple : les chiffres et le vocabulaire de la publicité pour le premier ; la description et le comparatif pour le second.

La 31, de Villa Miseria a Nuevo Barrio de Buenos Aires, *El País*, 30 de agosto de 2016

Sujet 4 Observe la imagen y lea la cita. Elija una y explique su elección. Precise en qué corresponde mejor a lo que ha comprendido del eje "Espacio privado y espacio público". Dé ejemplos utilizando lo que ha estudiado en clase y sus propios conocimientos de los países hispanohablantes.

Cartel del Ministerio de Igualdad español, 2007

"Porque todos somos hijos de hombre y mujer y recibimos por igual las dos partes de nuestro ser".

Clara Campoamor (diputada española), discurso en las Cortes, 1931

Trucos

- Si on te propose une image et une citation, fais ton choix sans te précipiter sur l'image mais en choisissant le document qui se rapproche le plus de ce que tu as vu en cours.
- N'oublie pas que, pour une citation, tu peux t'appuyer sur les mots, contrairement à une image.

Enseignement technologique en espagnol

LVA > B2 — 5 min.

ALGUNAS IDEAS SOBRE EL EJE ESPACIO PRIVADO Y ESPACIO PÚBLICO

STMG

- Compare una misma organización presente en varios países hispánicos en cuanto a su política de recursos humanos respecto a las mujeres.

STI2D STD2A STL

- Presente el proyecto de una ciudad para organizar el espacio público y mejorar las condiciones de vida.

ST2S

- Explique cómo las acciones sociales desarrolladas en Medellín han permitido mejorar la cohesión social y el bienestar de los ciudadanos.

STHR

- Presente un complejo hotelero comprometido en proyectos sociales en un barrio desfavorecido de una ciudad latinoamericana. Explique su proyecto.

Trucos

- Compare ton cas d'étude à d'autres réalités. Renseigne-toi sur différentes entreprises ou associations spécialisées dans le sujet que tu traites.
- Compare ton cas et la manière dont d'autres compagnies procèdent.

→ Con método p. 244-248

Lluvia de ideas

ARTE Y PODER

¿En qué medida tiene el arte influencia en la gente?

- Dando la opinión de un artista (compromiso de los muralistas como Rivera, Orozcco, Siqueiros).
- Denunciando, señalando con el dedo mediante imágenes (Icíar Bollaín y sus películas comprometidas).

¿Cómo enlaza el arte a los hombres?

- Contando la historia de todos, su pasado, su presente.
- Siendo dinámico, ya que evoluciona con las épocas para responder mejor a sus esperas y gustos (muralistas que pintan en la calle para todos, cine).
- Preservando y valorizando obras piezas de arte para las generaciones futuras (mecenazgo cultural).

¿De qué manera los hombres instrumentalizan el arte?

- Lo utilizan como vector de ideas, ideologías políticas, sociales, identitarias... (misiones pedagógicas bajo la Segunda República, NO-DO bajo el franquismo).
- Se sirven del arte como un contrapoder, como Picasso durante la Guerra Civil, o los muralistas.
- Lo aprovechan para ganar dinero, o para su propio prestigio.

¿Por qué tiene el arte un poder de atracción?

- Por las formas múltiples que tiene (cuadros, imágenes, *collages*...).
- Por los diferentes mensajes que transmite: políticos, sociales, críticos....
- Porque tiene peso en la sociedad, tanto desde un punto de vista económico como intelectual.

Hablando de...

▶ Observad y leed el mapa mental. Por parejas, intercambiad ideas. Las pistas indicadas os ayudarán a organizar vuestra reflexión sobre el eje "Arte y poder". Podéis añadir ideas sacadas de las unidades estudiadas en clase para completar vuestra reflexión.

Para expresarte

Sustantivos
- la alegría: *la joie*
- un(a) artista
- el compromiso
- la donación
- la estética
- la exaltación
- la identidad
- el involucramiento: *l'implication*
- el lenguaje: *le langage*
- el mensaje: *le message*
- la mirada
- el papel: *le rôle*
- el patrimonio cultural
- el pensamiento: *la pensée*
- los valores: *les valeurs*

Adjetivos
- callejero(a): de la calle
- comprometido(a): *engagé(e)*
- contestatario(a)
- famoso(a): *célèbre*
- majestuoso(a)
- orgulloso(a): *fier(ère)*
- rico(a)
- sobrio(a)

Verbos
- cambiar: *changer*
- compaginar: *concilier*
- comprometerse: *s'engager*
- convertir [ie]
- denunciar: *dénoncer*
- donar dinero
- embellecer: *embellir*
- enorgullecer: *rendre fier(ère)*
- fomentar: *encourager*
- influir: *influencer*
- interesarse por
- involucrarse: *s'impliquer*
- mejorar: *améliorer*
- oponerse a: *s'opposer à*
- proteger = conservar
- protestar
- rebelarse
- restaurar
- superar: *dépasser*
- tomar conciencia

ÉPREUVE ORALE LVB>B1

ÉPREUVE 3 3e trimestre de Terminale

Expression orale 5 min.

Sujet 1 Observe las dos imágenes. Elija una de las dos y explique su elección. Precise en qué corresponde mejor a lo que ha comprendido del eje "Arte y poder". Dé ejemplos utilizando lo que ha estudiado en clase y sus propios conocimientos.

Obra de Antonio de Felipe (corriente pop art español) que utiliza *Las meninas* de Velázquez

Escultura de una menina en la entrada de las Ventas (*les arènes*) de Madrid

Trucos

- Lis bien la légende : elle te permettra d'identifier rapidement la nature des images et le thème.
- Explique le côté inattendu du document que tu as choisi avant de le mettre en relation avec tes connaissances et avec l'axe.

Sujet 2 Lea las dos citas. Elija una y explique su elección. Precise en qué corresponde mejor a lo que ha comprendido del eje "Arte y poder". Dé ejemplos utilizando lo que ha estudiado en clase y sus propios conocimientos.

"La música y el arte son las luces que guían el mundo."
Pablo PICASSO (artista espanol)

"La temática del arte debe consistir en el hombre y sus problemas."
David ALFARO SIQUEIROS

Trucos

- Lis attentivement les deux citations et choisis celle qui correspond le mieux à ce que tu as étudié en cours.
- Opte pour un regard objectif, puis donne ton point de vue sur la question.

ÉPREUVE ORALE
LVB>B1

Expression orale

Sujet 3 Observe la imagen y la fotografía. Elija una y explique su elección. Precise en qué corresponde mejor a lo que ha comprendido del eje "Arte y poder". Dé ejemplos utilizando lo que ha estudiado en clase y sus propios conocimientos.

Cartel para promocionar el Día Internacional de los Monumentos y Sitios

Trucos

- Observe les images et vérifie laquelle correspond le mieux aux thématiques que tu as étudiées en cours et dont le champ lexical sera plus en adéquation avec tes connaissances sur l'axe.
- Emploie des connecteurs pour donner ton opinion personnelle et nuancer tes propos.

Exposición de reproducciones de obras prestigiosas del Museo del Prado en el centro de Lima (Perú) en 2016.

Sujet 4 Observe la fotografía y lea la cita. Elija una de las dos y explique su elección. Precise en qué corresponde mejor a lo que ha comprendido del eje "Arte y poder". Dé ejemplos utilizando lo que ha estudiado en clase y sus propios conocimientos.

"En todo gran arte no hay noble forma sin noble contenido."
José Clemente OROZCO, muralista mexicano

Trucos
- Observe bien la photo et lis attentivement la citation pour déterminer laquelle tu te sens plus à l'aise de commenter.
- Aide-toi du document écarté pour prendre des idées d'argumentation.

Pablo Picasso trabajando en el *Guernica*, foto de Dora MAAR, 1937

Enseignement technologique en espagnol

LVA > B2 — 5 min.

ARTE Y PODER

STMG
- Presente las iniciativas institucionales que ayudan a promocionar el arte.

STD2A STI2D
- Explique cómo se plasma el arte en la construcción del urbanismo.

ST2S
- Precise cómo el arte describe la cohesión social de cada época.

STHR
- Aclare en qué medida el arte puede contribuir a la promoción de un producto.

STL
- ¿Cuáles son las diferentes técnicas de conservación del arte?

Trucos
- Essaie de varier les exemples dont tu te sers et utilise tes connaissances sur le sujet. Cela donnera plus de spontanéité et de personnalité à ton travail.
- Pense à évoquer différentes époques ou zones géographiques.

→ Con método p. 244-248

Lluvia de ideas

¿Cómo han modificado las nuevas tecnologías la manera de relacionarse?

- Los ciudadanos suelen utilizar las redes sociales para comunicarse, expresarse e informarse (*WhatsApp* para conversar o difundir información, *Facebook* o *Twitter* para expresar sus ideas...).
- La vida en las ciudades puede mejorarse gracias a la colaboración de los ciudadanos (desarrollo de *apps* para poner en contacto ciudadanos y Ayuntamientos).

¿Dan más libertades las nuevas tecnologías?

- Las redes sociales permiten denunciar casos de corrupción, de abusos que pueden hacerse virales y dar la vuelta al mundo.
- Es posible tener más voz para defender diferentes causas (*flashmob* viral).
- Permiten a todos dar su opinión sobre cualquier tema.

CIUDADANÍA Y MUNDOS VIRTUALES

¿Cuáles son los límites al uso masivo de estas nuevas tecnologías?

- La difusión de bulos puede contribuir a la desinformación y a la manipulación de los ciudadanos.
- Los ciudadanos pueden ser víctimas de engaño, de robo de datos o pueden ver su derecho a la privacidad vulnerado.
- El uso excesivo de las nuevas tecnologías puede ensimismar a los individuos.

¿Cómo se puede prevenir el mal uso de las nuevas tecnologías?

- Las instituciones intentan avisar a los ciudadanos y en particular a los jóvenes (campañas de sensibilización).
- Es necesario desarrollar el sentido crítico a través de la educación (centros escolares desarrollan programas para aprender a detectar bulos).

Hablando de...

- Leed el mapa mental. Elegid una pregunta e intercambiad vuestro punto de vista sobre el eje "Ciudadanía y mundos virtuales". Podéis ilustrar vuestra reflexión con elementos sacados de las unidades estudiadas con vuestro(a) profesor(a) o vuestros conocimientos personales del mundo hispánico.

Para expresarte

Sustantivos
- un arma
- un bulo = una información falsa
- el correo electrónico
- una cuenta
- los datos personales
- la fuente : *la source*
- una herramienta : *un outil*
- un link = un enlace
- los medios (de comunicación)
- un mensaje
- los peligros : *les dangers*
- la piratería
- la privacidad
- las redes sociales
- el respeto
- un timo : *une arnaque*
- los usuarios

Adjetivos
- consciente
- desconocido(a) : *inconnu(e)*
- malintencionado(a)
- participativo(a)
- plagado(a) = lleno(a)
- privado(a)
- prudente = cauteloso(a)
- responsable
- seguro(a)

Verbos
- actuar : *agir*
- almacenar datos : *stocker des données*
- averiguar = verificar
- colgar [ue] (en la red)
- difundir
- engañar
- espiar: *espionner*
- fiarse de : *avoir confiance en*
- influir en : *avoir de l'influence sur*
- juntarse : *se rassembler*
- manipular
- mentir [ie, i] ≠ desmentir
- movilizarse
- navegar = surfear por la web
- proteger
- reflexionar
- dar a conocer
- no hacer caso = no escuchar
- prevenir [ie] el riesgo

ÉPREUVE 3 3e trimestre de Terminale

ÉPREUVE ORALE

LVB>B1

Expression orale

5 min.

Sujet 1 Observe la imagen y lea la cita. Entre las dos opciones propuestas, ¿cuál le parece mejor corresponder al eje "Ciudadanía y mundos virtuales"? Apóyese en otros ejemplos estudiados en clase y en sus propios conocimientos.

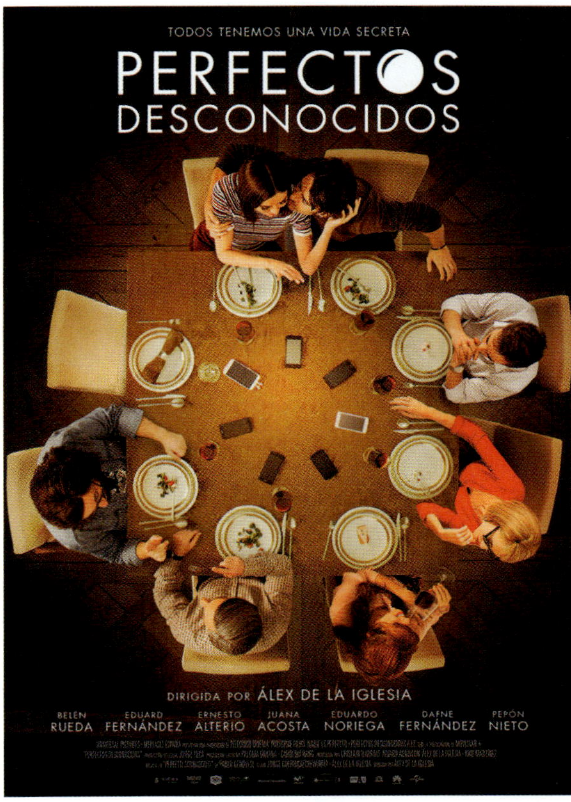

Cartel de la película *Perfectos desconocidos*, Álex de la Iglesia, 2017

"Cuando estamos conectados en nuestro smartphone, ¿nos estamos desconectando de la gente que nos rodea?"

Octopus.mx, 11/11/2015

Trucos

- Assure-toi de bien avoir compris l'essentiel des deux documents avant de faire ton choix.
- Choisis celui que tu pourras mettre le plus facilement en lien avec tes connaissances.

Sujet 2 Lea las dos citas. Entre las dos, elija la que corresponde mejor a lo que ha comprendido del eje "Ciudadanía y mundos virtuales". Ilustre su argumentación utilizando ejemplos sacados de lo estudiado en clase o de sus propios conocimientos.

"Además de ser un divertimento, una forma de estar conectados o incluso informados, las redes sociales se convirtieron en una herramienta para difundir causas solidarias."

infobae.com, 2014

"Las redes sociales se han convertido en la mayor y más importante plataforma de comunicación de la sociedad actual. La opinión de la gente es importante, pero también implica una responsabilidad."

elperuano.pe, 28/05/2017

Trucos

- Identifie très rapidement la thématique des citations pour mobiliser tes idées.
- Une citation longue n'est pas forcément plus difficile ; elle peut alimenter davantage ta réflexion.

ÉPREUVE ORALE
LVB>B1

Expression orale

Sujet 3 Observe la imagen y lea la cita. Entre las dos opciones propuestas, ¿cuál le parece mejor corresponder al eje "Ciudadanía y mundos virtuales"? Apóyese en otros ejemplos estudiados en clase y en sus propios conocimientos.

Cartel del Ayuntamiento de Alicante para incentivar la participación ciudadana

Trucos

- Lis bien la légende de l'image : elle te donne déjà beaucoup d'informations quant à l'objectif du document.
- Réfléchis aux exemples du même type d'initiative ou de campagne que tu as pu étudier pendant l'année.

Trucos

- Lis la citation et identifie le point de vue défendu. Es-tu d'accord avec ce point de vue ? Pense à des exemples pour illustrer tes arguments.

"Las redes sociales han modificado la forma de comunicarse y son un espacio en el que la participación ciudadana se desarrolla y crece más día a día."

iebschool.com

Sujet 4 Observe las dos imágenes. Elija la que mejor ilustra el eje “Ciudadanía y mundos virtuales” y explique su elección. Para ilustrar su argumentación, utilice ejemplos estudiados en clase y sus propios conocimientos. Esta fase dura 5 minutos.

Campaña de sensibilización sobre nuevas tecnologías de la Junta de Castilla y León, 2016

Trucos

- Identifie rapidement le type d’iconographie (dessin humoristique, affiche, publicité...).
- Lis le plus vite possible le texte contenu dans chaque document.
- Choisis le document avec lequel tu te sens le plus à l’aise et sur lequel tu auras le plus d’éléments à apporter par rapport à l’axe proposé.

BBCmundo
@bbcmundo

#Santiago Una multitud de mujeres se autoconvocaron para interpretar #UnVioladorEnTuCamino que también se ha replicado en varios países, ideada por el colectivo chileno “Las Tesis”.
#ElVioladorEnTuCamino #CentroHistórico

4:27 PM 19/12/2019 Twitter for Android
1000 Retweets **768** Like

Tuit del himno feminista nacido en Chile que ha recorrido el mundo (2019)

Enseignement technologique en espagnol

LVA > B2 — 5 min.

ALGUNAS IDEAS SOBRE EL EJE CIUDADANÍA Y MUNDOS VIRTUALES

STMG
- Explique cómo pueden influir las informaciones falsas en el comportamiento de los consumidores.

STD2A STI2D
- Demuestre cómo pueden contribuir las aplicaciones para móviles al desarrollo de ciudades inteligentes.

ST2S
- Imagine cómo pueden protegerse los datos personales de los pacientes en el ámbito de la salud o en los hospitales.

STHR
- Explique cómo los actores del sector de la hostelería pueden gestionar los comentarios que dejan los clientes en las plataformas como *TripAdvisor* o *Booking*.

Trucos

- Compare ton cas d’étude à d’autres réalités. Si tu as en tête un exemple précis d’entreprise spécialisée dans le sujet que tu traites, c’est l’occasion de faire part de tes connaissances.

→ Con método p. 244-248

Lluvia de ideas

FICCIONES Y REALIDADES

¿Cómo transforma la ficción a la realidad?

➜ La realidad virtual nos enseña la Historia (La realidad aumentada y el pasado de Sevilla).

➜ Obras de arte pueden idealizar la realidad (Goya y la Duquesa de Alba).

➜ La ficción interpreta la realidad (El personaje de Don Quijote, *El laberinto de las tortugas*).

¿La ficción al servicio de la realidad?

➜ La visita virtual para descubrir sitios y monumentos (viaje a Machu Picchu y turismo en Chile).

➜ Los documentales muestran hechos reales (El rodaje de *Las Hurdes, Tierra sin pan*).

➜ El cine como instrumento de propaganda política (el cine al servicio de la imagen del dictador Franco).

¿En qué medida obras de ficción reflejan la realidad?

➜ Películas que respetan la cultura de un pueblo (*Coco*).

➜ Series que promueven espacios naturales y salvajes (*Hierro*).

➜ Series para contar cambios importantes de la sociedad (*Las chicas del cable*).

¿En qué medida refuerza la ficción los estereotipos?

➜ La imagen estigmatiza a unas minorías (los latinos en el cine o las series de Hollywood).

➜ Obras que tienen éxito con los estereotipos (las series y películas sobre el narcotráfico).

Hablando de...

▶ Observad y leed el mapa mental. Por parejas, elegid una pregunta. Las pistas indicadas os ayudarán a organizar vuestra reflexión sobre el eje "Ficciones y realidades". Podéis añadir ideas sacadas de las unidades estudiadas con vuestro(a) profesor(a) o ejemplos del área hispánica que conozcáis para completar vuestra ponencia.

Para expresarte

Sustantivos

- un cómic
- una creencia: *une croyance*
- un cuadro: *un tableau*
- el director de cine
- un documental: *un documentaire*
- un estereotipo
- la fantasía = la imaginación
- un héroe
- la leyenda
- la musa
- la novela: *le roman*
- el papel: *le rôle*
- una película
- la propaganda
- un reflejo
- una similitud
- la verdad

Adjetivos

- estrafalario(a)
- extravagante
- falso(a)
- fantástico(a)
- imaginado(a)
- imaginario(a)
- increíble: *incroyable*
- real
- similar
- soñado(a): *imaginé(e), rêvé(e)*
- verdadero(a)
- (in)verosímil: *(in)vraisemblable*

Verbos

- dibujar: *dessiner*
- evadirse
- fantasear: *fantasmer*
- identificarse con
- (des)ilusionar
- imitar
- interpretar
- inventar
- mostrar [ue]
- representar
- pintar
- ponerse en escena
- retratar: *faire un portrait*
- rodar [ue] : *tourner (cinéma)*
- soñar [ue] con : *rêver*

ÉPREUVE ORALE
LVB>B1

ÉPREUVE 3 **3e trimestre de Terminale**

Expression orale 5 min.

Sujet 1 Observe las dos imágenes. Elija la que mejor ilustra el eje "Ficciones y realidades" y explique su elección. Dé ejemplos estudiados en clase que ilustren este eje y sus propios conocimientos.

Cartel de la obra de teatro *En un lugar del Quijote*, 2013

Concurso escolar de lectura de la AEM (Asociación de Editores de Madrid), 2017-2018

Trucos

- À l'aide de la légende, identifie la nature des images et détermine le type de plan (général, d'ensemble, moyen...).
- Choisis l'image qui te permet de mobiliser le lexique le plus varié pour parler de l'axe.

Sujet 2 Lea las dos citas. Entre las dos, elija la que corresponde mejor a lo que ha comprendido del eje "Ficciones y realidades". Dé ejemplos utilizando lo que ha estudiado en clase y sus propios conocimientos.

> *"Hollywood lamentablemente ha encasillado a los actores latinos a interpretar personajes estereotipados que no representan la realidad."*
>
> Eugenio Derbez (actor mexicano), 9/08/2019

> *"Me ofrecían hacer un narcotraficante mexicano y no quería hacer ese papel. ¿Todos los narcotraficantes son latinoamericanos? Si Estados Unidos es el país con mayor consumo que tiene en la faz de la tierra..."*
>
> Ricardo Darín (actor argentino), *El Día*, 31/08/2019

Trucos

- La découverte et la lecture de citations nécessitent quelques secondes. Tu dois, en un temps très court, identifier la thématique et mobiliser des idées.
- Une citation longue n'est pas forcément plus difficile et peut être plus explicite qu'un visuel.
- Demande-toi quels sont les points communs entre les deux citations. Cela t'aidera à trouver des arguments.

Expression orale

Sujet 3 Observe las dos imágenes. Elija la que mejor ilustra el eje "Ficciones y realidades" y explique su elección. Dé ejemplos estudiados en clase que ilustren este eje y sus propios conocimientos. Esta fase dura 5 minutos.

Trucos

- Dès que le jury te présente les documents, demande-toi de quel type de document il s'agit (photographie, affiche, dessin...).
- Lis le contenu le plus rapidement possible.
- Choisis le document que tu défendras comme étant celui qui illustre le mieux l'axe.

Las chicas del cable según Moderna de pueblo (dibujante española), 2018

Cartel de la película *Dora, la ciudad perdida*, 2019

Sujet 4 Observe la imagen y lea la cita. Entre las dos opciones propuestas, ¿cuál le parece mejor corresponder al eje "Ficciones y realidades"? Apóyese en otros ejemplos estudiados en clase y en sus propios conocimientos.

"¿Qué está haciendo esta pareja con estas gafas puestas en el vestíbulo del hotel? Mientras algunos leen las noticias, ¡están visitando la pirámide de Kheops! ¿Y esta mujer? durante 20 minutos admira el "Guernica"? ¡Las lentes te permiten sumergirte en medio de la guerra española, junto a Picasso!

https://pxcom.media/es/blog/realidad-virtual-aumentada-experiencia-viaje-inmersiva/

Cartel promocional del turismo virtual, Universidad de Sevilla, 2017

Trucos

- Lorsque tu vas choisir entre les deux documents, ne te précipite pas sur le visuel sans prêter attention à la citation.
- Mobilise rapidement tes connaissances sur l'axe et la(les) thématique(s) qu'abordent les documents.

Enseignement technologique en espagnol

LVA > B2 — 5 min.

ALGUNAS IDEAS SOBRE EL EJE FICCIONES Y REALIDADES

STMG
- Presente los impactos económicos en España generados por las series de ficción famosas y/o las grandes superproducciones rodadas en España.

STD2A STI2D
- Demuestre que la realidad aumentada es un valor añadido importante en el turismo y en la promoción del territorio.

ST2S
- Explique cómo se representa al personal médico y sanitario en las ficciones hispánicas, a partir de ejemplos de series y/o de la televisión.

STHR
- Demuestre cómo pueden la hostelería y la restauración inspirarse en la ficción para renovarse y así crear beneficios.

Trucos

- Si tu as en tête un exemple précis d'entreprise, de fiction espagnole ou hispano-américaine, c'est l'occasion de faire part de tes connaissances.

→ Con método p. 244-248

Lluvia de ideas

¿Cómo utilizar mejor los recursos naturales para adaptarse al cambio climático?

➜ Desarrollar la producción de energías verdes para sustituir las energías fósiles (empresas punteras españolas).

➜ Encontrar soluciones y luchar para preservar los recursos del agua (los ríos voladores).

➜ Producir productos ecológicos y/o sostenibles con iniciativas innovadoras (las uvas del Penedès, la papa en el Perú).

¿Qué medidas para responsabilizar a los consumidores?

➜ Incitar a consumir de manera responsable (el autoconsumo de las energías verdes).

➜ Disminuir el consumo de plástico (ejemplos de Costa Rica y Panamá).

➜ Fomentar medidas nacionales para las energías renovables (Plan nacional español) y para la gestión colaborativa en España.

INNOVACIONES CIENTÍFICAS Y RESPONSABILIDAD

¿En qué medida incitan las innovaciones a comprometerse?

➜ La ciencia aparece como una solución (The Circular Lab, la inteligencia artificial).

➜ Incitar al reciclaje de plástico mediante proyectos y promover una moda más responsable con residuos (ECOALF).

➜ Creación de *apps* para relacionar productores y consumidores responsables (Ethical Times).

¿Qué técnicas existen para aprovechar los recursos naturales?

➜ El desarrollo tecnológico de energías renovables (la energía mareomotriz, la energía solar).

➜ Es necesario respetar los suelos para aprovecharse de los recursos (semillas de calidad).

➜ Recuperar las técnicas ancestrales (las *amunas*).

➜ Promover técnicas para abastecer de agua potable (filtro de cáscaras de quinua).

Hablando de...

▶ Observad y leed el mapa mental. Por parejas, elegid una pregunta. Las pistas indicadas os ayudarán a organizar vuestra reflexión sobre el eje "Innovaciones científicas y responsabilidad". Podéis añadir ideas sacadas de las unidades estudiadas con vuestro(a) profesor(a) para completar vuestra ponencia.

Para expresarte

Sustantivos

- una acequia: *un canal*
- un aerogenerador: *une éolienne*
- un avance
- el consumo: *la consommation*
- la contaminación: *la pollution*
- un desafío = un reto: *un défi*
- la economía circular
- la empresa: *l'entreprise*
- la inteligencia artificial
- el medio ambiente: *l'environnement*
- los organismos modificados genéticamente
- una planta solar: *une installation solaire*
- los recursos: *les ressources*
- los residuos: *les déchets*
- la seguridad
- la semilla: *la graine*

Adjetivos

- contaminante
- ecológico(a): *biologique*
- escaso(a): *rare*
- fotovoltaico(a)
- hidráulico(a)
- limpio(a): *propre*
- reciclado(a)
- renovable: *renouvelable*
- saludable: *sain(e)*
- sostenible: *durable*
- sucio(a): *sale*

Verbos

- abastecer: *distribuer*
- ahorrar: *économiser*
- aprovecharse de
- comprometerse: *s'engager*
- concienciar: *sensibiliser*
- derretirse [i]: *fondre*
- derrochar: *gaspiller*
- desarrollar
- fomentar: *encourager*
- luchar por
- potabilizar: *rendre potable*
- producir
- reciclar
- recolectar: *collecter*
- tirar: *jeter*

ÉPREUVE ORALE

LVB>B1

ÉPREUVE 3 3e trimestre de Terminale

Expression orale 5 min.

Sujet 1 Observe las dos imágenes. Elija una y explique su elección. Precise en qué corresponde mejor a lo que ha comprendido del eje "Innovaciones científicas y responsabilidad". Dé ejemplos utilizando lo que ha estudiado en clase y sus propios conocimientos.

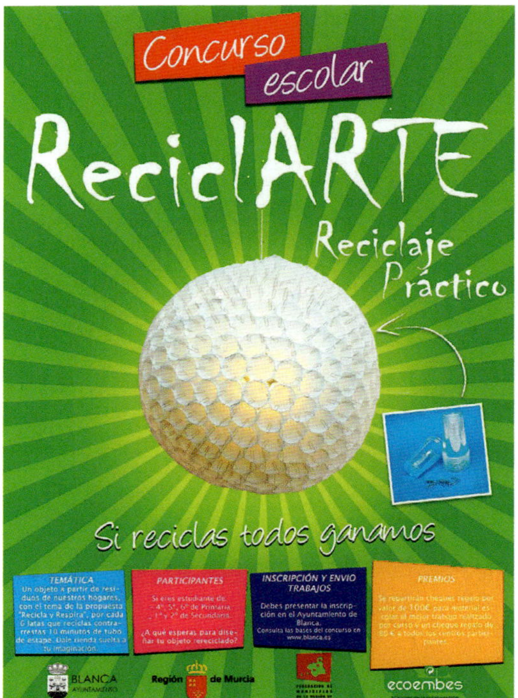

Cartel del Concurso Ecoembes, 2018

MALAGÓN (dibujante español), *El País*, 23/06/2019

Trucos

- À l'aide de la légende, identifie la nature des images et détermine le type de plan.
- Choisis l'image qui te permet de mobiliser le lexique le plus varié pour parler de l'axe.

Sujet 2 Lea las dos citas. Elija una y explique su elección. Precise en qué corresponde mejor a lo que ha comprendido del eje "Innovaciones científicas y responsabilidad". Dé ejemplos utilizando lo que ha estudiado en clase y sus propios conocimientos.

> "La adaptación al cambio climático es posible, pero cuesta dinero, a las empresas y a todos."
>
> Miguel A. TORRES, Presidente de Familia Torres (empresa española de vinos)

> "El liderazgo (le leadership) de empresas punteras y una fuerte intervención de los gobiernos son clave para adoptar nuevos modelos de negocios sostenibles."
>
> Erik SOLHEIM, Director Ejecutivo de ONU Medio Ambiente, 18/06/2018

Trucos

- Lis attentivement les deux citations et choisis celle qui correspond le mieux aux documents étudiés en cours.
- Opte pour un regard objectif, puis donne ton point de vue sur la question.

ÉPREUVE ORALE
LVB>B1

Expression orale

Sujet 3 Observe las dos imágenes. Elija una y explique su elección. Precise en qué corresponde mejor a lo que ha comprendido del eje “Innovaciones científicas y responsabilidad”. Dé ejemplos utilizando lo que ha estudiado en clase y sus propios conocimientos.

Trucos

- Observe les images et fais le lien avec les thématiques que tu as étudiées en cours et dont le champ lexical sera plus en adéquation avec tes connaissances sur l’axe.
- Emploie des connecteurs pour donner ton opinion et nuancer tes propos.

Cartel del Día mundial del ahorro de energía, 2017

Campaña de Campus Iberus, Universidad del Valle del Ebro, 03/2019

Sujet 4 Observe la imagen y lea la cita. Elija una de las dos y explique su elección. Precise en qué corresponde mejor a lo que ha comprendido del eje "Innovaciones científicas y responsabilidad". Dé ejemplos utilizando lo que ha estudiado en clase y sus propios conocimientos.

La *app* de consumo responsable, CoCo, 2019

> *"Estamos viviendo un gran cambio. El paso de una economía lineal a una economía circular, en el que las nuevas tecnologías y la innovación son una herramienta clave para el cuidado del medio ambiente."*
>
> The Circular Lab Ecoembes, 2019

Trucos

- Observe bien la photo et lis attentivement la citation pour déterminer lequel des deux documents te semble le plus facile à commenter.
- Aide-toi du document écarté pour te donner des idées d'argumentation et cite d'autres exemples.

Enseignement technologique en espagnol

LVA > B2 — 5 min.

ALGUNAS IDEAS SOBRE EL EJE INNOVACIONES CIENTÍFICAS Y RESPONSABILIDAD

STMG
- Presente las consecuencias sociales de la producción de energía renovable de autoconsumo.

STD2A STI2D
- Ante la mala práctica en materia de reciclaje en España, explique cómo un proyecto de rediseño de los símbolos identificativos puede mejorar el reciclaje por parte de los usuarios.

ST2S
- En grandes ciudades de América Latina, desde México hasta Chile, demuestre cómo la contaminación medioambiental puede tener consecuencias graves sobre la salud de sus habitantes.

STL
- Explique qué responsabilidad pueden tener los científicos al promover avances tecnológicos que generan consecuencias nefastas para el medio ambiente.

STHR
- Los expertos prevén que glaciares en la región tropical de los Andes podrían llegar a perder más del 80 % de su tamaño actual para el 2100. Demuestre cómo el cambio climático afectará al turismo y al patrimonio cultural de algunos países.

→ Con método p. 244-248

Lluvia de ideas

DIVERSIDAD E INCLUSIÓN

¿Cómo conviven varios idiomas en España?

→ Multilingüismo o plurilingüismo institucional (la Constitución de 1978).

→ Practicar los idiomas regionales (el catalán, el euskera, el gallego) para conservar y transmitir un patrimonio cultural (tener un Cervantes en euskera).

→ La pluralidad lingüística como instrumento de reivindicación (nacionalismos catalán y vasco).

¿En qué medida se incluye a las personas con discapacidades en España?

→ La ciudadanía y los políticos se comprometen en la inclusión social, educativa y laboral (acciones de la ONCE).

→ Se desarrollan ejemplos de superación e integración que promueven los valores de la solidaridad y la educación (el actor Pablo Pineda y la modelo Marian Ávila).

→ En el ámbito cultural existen iniciativas nacionales y locales que fomentan la inclusión social (flamenco o deporte inclusivo).

¿Cómo se vive la integración lingüística de las minorías indígenas?

→ La recuperación de las lenguas indígenas: existen más de 500 lenguas indígenas en Latinoamérica (el quechua, el maya y el guaraní son las principales).

→ El Perú, según el artículo 48 de su Constitución, es un país multilingüe (no sólo se habla español, sino que se hablan el quechua y el aimara).

→ La cohabitación de diferentes idiomas: el *spanglish* en Estados Unidos.

¿Cómo se fomenta la convivencia en las sociedades multiétnicas?

→ Convivencia de culturas con una inmigración que se desarrolla en España (fenómeno reciente con inmigrantes de Marruecos, Rumania y América Latina).

→ Ciertas comunidades todavía deben luchar contra la discriminación e invisibilización en el área hispánica (comunidades indígena y afrolatina).

Hablando de...

▸ Por parejas, observad el mapa mental e intercambiad ideas. Las preguntas os ayudarán a organizar vuestra reflexión sobre las relaciones entre diversidad e inclusión.

▸ Las respuestas os permitirán completar y matizar vuestras ideas. Podréis utilizar otros ejemplos del área hispánica.

Para expresarte

Sustantivos

- la asimilación
- la convivencia
- la discapacidad: *le handicap*
- la discrimación
- la emancipación
- la exclusión ≠ la inclusión
- los idiomas
- la igualdad
- la integración
- los jóvenes ≠ la gente mayor
- el mestizaje: *le métissage*
- las minorías étnicas
- la pobreza
- el plurilingüismo
- el racismo
- la solidaridad
- la xenofobia

Adjetivos

- bilingüe
- capacitado(a)
- cooficial
- inclusivo(a)
- mestizo(a)
- multicultural
- solidario(a)
- tolerante

Verbos

- acabar con: *en finir avec*
- afectar a: *toucher*
- aprobar [ue] leyes: *voter des lois*
- carecer de: *manquer de*
- defender [ie] sus derechos
- desarrollar
- discriminar a
- emanciparse
- enriquecerse: *s'enrichir*
- fomentar
- incluir a
- integrar a
- luchar por
- promulgar
- reivindicar

ÉPREUVE 3 **3e trimestre de Terminale** 5 min.

ÉPREUVE ORALE LVB>B1

Expression orale

Sujet 1 Observe las dos imágenes. Elija una y explique su elección. Precise en qué corresponde mejor a lo que ha comprendido del eje "Diversidad e inclusión". Dé ejemplos utilizando lo que ha estudiado en clase y sus propios conocimientos.

Niños en clase de catalán en un colegio público de Barcelona

Presentación de material educativo a estudiantes de lengua indígena (Ministerio de Educación de Perú, 23/05/2018)

Trucos

- Rapidement, identifie la nature des images, le contexte, l'époque… Appuie-toi sur les légendes.
- Choisis l'image qui te paraît la plus appropriée pour parler de l'axe.

Sujet 2 Lea las dos citas. Elija una y explique su elección. Precise en qué corresponde mejor a lo que ha comprendido del eje "Diversidad e inclusión". Dé ejemplos utilizando lo que ha estudiado en clase y sus propios conocimientos de los países hispanohablantes.

"No es la discapacidad lo que hace difícil la vida, sino los pensamientos y acciones de los demás."
Yadiar Julián (doctor en Pedagogía, México)

"Donde hay educación, no hay distinción de clases."
Fernando Savater (filósofo español)

Trucos

- Fais ton choix selon ce qui se rapproche le plus de ce que tu as vu en cours.
- N'oublie pas de t'appuyer sur les mots-clés afin de construire ton discours.

BAC Oral

ÉPREUVE ORALE LVB>B1

Expression orale

Sujet 3 Observe las dos imágenes. Elija una y explique su elección. Precise en qué corresponde mejor a lo que ha comprendido del eje "Diversidad e inclusión". Dé ejemplos utilizando lo que ha estudiado en clase y sus propios conocimientos.

El futbolista internacional Renato Tapia se compromete para luchar contra el racismo en Perú

Cartel del Ministerio de Educación sobre el reconocimiento de la cultura gitana

Trucos

- Appuie-toi sur les textes présents dans chaque image pour en identifier rapidement la thématique.
- Choisis l'image qui va le mieux te servir d'appui pour parler de l'axe.

Sujet 4 Observe la imagen y lea la cita. Elija una y explique su elección. Precise en qué corresponde mejor a lo que ha comprendido del eje "Diversidad e inclusión". Dé ejemplos utilizando lo que ha estudiado en clase y sus propios conocimientos de los países hispanohablantes.

> *"Yo creo firmemente que el respeto a la diversidad es un pilar fundamental en la erradicación del racismo, la xenofobia y la intolerancia."*
>
> Rigoberta Menchú, lideresa activista indígena guatemalteca, defensora de los Derechos Humanos, Premio Nobel de la Paz 1992

Manifestación en recuerdo a Lucrecia Pérez, asesinada hace 25 años (crimen racista), Madrid

Trucos

- Si on te propose une image et une citation, ne choisis pas systématiquement l'image mais le document qui se rapproche le plus de ce que tu as vu en cours.
- Pour la citation, n'oublie pas de t'appuyer sur les mots-clés afin de construire ton exposé.

Enseignement technologique en espagnol

LVA > B2 — 5 min.

ALGUNAS IDEAS SOBRE EL EJE DIVERSIDAD E INCLUSIÓN

STMG
- Presente varios ejemplos de políticas de inclusión de personas con discapacidad en grandes empresas hispánicas.

STI2D STD2A STL
- Muestre ejemplos de dispositivos técnicos para favorecer la cohabitación intergeneracional en países hispánicos.

ST2S
- Explique cómo se puede incluir a los niños con discapacidades en las escuelas hispánicas.

STHR
- Presente un evento en el que se va a celebrar el multiculturalismo en una sociedad hispánica a través de su gastronomía.

Trucos

- Renseigne-toi sur différentes entreprises ou associations spécialisées dans le sujet que tu traites.
- Compare ton étude de cas à d'autres réalités et à la manière dont d'autres grandes entreprises procèdent.

Lluvia de ideas

TERRITORIO Y MEMORIA

¿Cómo puede ser testigo el territorio de un acontecimiento pasado?

- ➜ Existen huellas visibles en la cultura de un país (en Andalucía, los esclavos negros y la música).
- ➜ Lugares que se conservan intactos (el pueblo de Belchite desde el final de la Guerra Civil).
- ➜ Se realizan investigaciones para buscar pecios (los galeones durante la colonización).

¿De qué manera se conserva la memoria de una nación?

- ➜ Cuidando los elementos que la simbolizan (se expone el *Guernica* a todos).
- ➜ Reviviendo la historia de manera colectiva y festiva (fiesta de los Indianos en Ribadeo o Santa Cruz de La Palma).
- ➜ Quitándole al lugar su función y transformándolo para otro uso (Iglesia Skate).
- ➜ Movilizándose para tener visibilidad, para recordar, para denunciar (marcha en Uruguay).

¿En qué medida el patrimonio cultural cuenta la historia del pasado?

- ➜ Elementos culturales que reflejan la historia de un país (coches cubanos como huella de la historia conflictiva con los EE. UU).
- ➜ Guardianes de la memoria (el *Guernica* para la Guerra Civil española).
- ➜ Las piezas arqueológicas nos ayudan a comprender las civilizaciones precolombinas y dan cuenta de las riquezas de antaño.

¿Para qué preservar la memoria?

- ➜ Existe un deber de memoria para pedir justicia (dictaduras en América Latina).
- ➜ Deber de transmisión de la memoria colectiva para no reproducir los errores del pasado (Belchite).
- ➜ Deber de educación para conservar la especificidad de su territorio (deseos de independencia de ciertas autonomías españolas).

Hablando de...

▶ Observad y leed el mapa mental. Por parejas, intercambiad ideas. Las pistas indicadas os ayudarán a organizar vuestra reflexión sobre el eje “Territorio y memoria”. Podéis añadir ideas sacadas de las unidades estudiadas en clase para completar vuestra reflexión.

Para expresarte

Sustantivos

- una caja fuerte
- la conservación del patrimonio: *la sauvegarde du patrimoine*
- el deber de memoria
- un(a) esclavo(a)
- el expolio: *la spoliation*
- una fragata
- la huella = el vestigio
- un monumento conmemorativo
- un pecio: *une épave*
- el peligro
- una potencia marítima: *une puissance maritime*
- el saqueo: *le pillage*
- el tesoro submarino
- el testimonio: *le témoignage*
- la vuelta: *le retour*
- sin escrúpulos

Adjetivos

- asombroso(a): *étonnant(e)*
- aterrorizado(a) = asustado(a)
- codiciado(a): *convoité(e)*
- estupendo(a)
- horroroso(a) = horrible
- orgulloso(a): *fier(ère)*
- preocupado(a): *inquiet(ète)*
- triangular

Verbos

- compartir: *partager*
- enfrentar: *opposer*
- estallar: *éclater*
- hundirse: *couler*
- interesarse por
- lamentar: *regretter*
- luchar por= combatir
- rechazar: *rejeter*
- rendir [i] homenaje
- rescatar = recuperar
- tener [ie] éxito: *réussir*
- tener [ie] miedo: *avoir peur*

ÉPREUVE 3 — 3e trimestre de Terminale

ÉPREUVE ORALE LVB>B1

Expression orale

5 min.

Sujet 1 Observe las dos imágenes. Elija la que mejor ilustra el eje "Territorio y memoria" y explique su elección. Dé ejemplos estudiados en clase que ilustren este eje y sus propios conocimientos.

Cartel Tarragona Mecenazgo

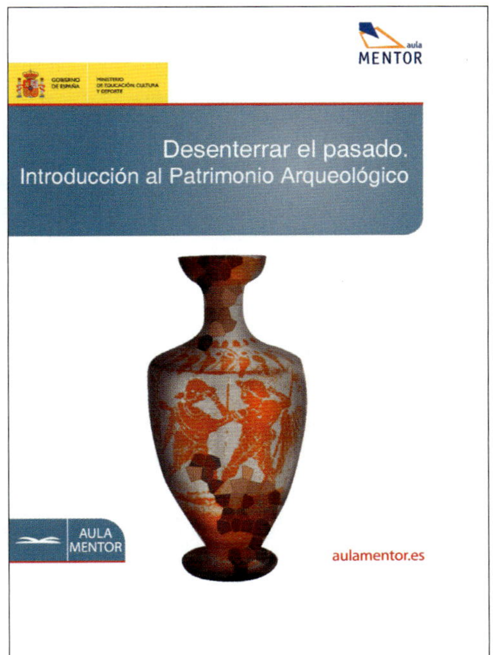

Catálogo de publicaciones del Ministerio de Educación español, 2020

Trucos

- À l'aide de la légende, identifie la nature des images et détermine leur thème.
- Choisis l'image qui te permet de mobiliser le lexique le plus varié pour parler de l'axe.

Sujet 2 Lea las dos citas. Elija una y explique su elección. Precise en qué corresponde mejor a lo que ha comprendido del eje "Territorio y memoria". Dé ejemplos utilizando lo que ha estudiado en clase y sus propios conocimientos.

"La muerte no existe, la gente sólo muere cuando la olvidan; si puedes recordarme siempre estaré contigo."

Isabel Allende (escritora chilena), *Eva Luna*, 1987

«Resolver adecuadamente las cuentas pendientes en materia de Memoria Histórica no solo es una cuestión de justicia sino también de dignidad de un pueblo."

la-politica.com/la-memoria-historica-dignidad/

Trucos

- Lis attentivement les deux citations et choisis celle qui correspond le mieux aux documents étudiés en cours.
- Opte pour un regard objectif puis donne ton point de vue sur la question.

ÉPREUVE ORALE
LVB>B1

Expression orale

Sujet 3 Observe la fotografía y la viñeta. Elija una y explique su elección. Precise en qué corresponde mejor a lo que ha comprendido del eje "Territorio y memoria". Dé ejemplos utilizando lo que ha estudiado en clase y sus propios conocimientos.

Manifestación a favor de la independencia de Cataluña, septiembre 2017

Trucos

- Observe les images et vérifie laquelle correspond le mieux aux thématiques que tu as étudiées en cours et dont le champ lexical sera plus en adéquation avec tes connaissances sur l'axe.
- Emploie des connecteurs pour donner ton opinion personnelle et nuancer tes propos.

FARO (dibujante español), *Independencia*, 2012

Sujet 4 Observe la imagen y lea la cita. Elija una y explique su elección. Precise en qué corresponde mejor a lo que ha comprendido del eje "Territorio y memoria". Dé ejemplos utilizando lo que ha estudiado en clase y sus propios conocimientos.

Mural en homenaje a las Madres de la Plaza de Mayo, madres de desaparecidos durante la dictadura que desfilan cada año pidiendo justicia y verdad, Buenos Aires (Argentina)

"Doy las gracias a las Madres y Abuelas de Plaza de Mayo, y a todas las víctimas en general, porque ellas me han enseñado a comprender y a aplicar la justicia."

Baltasar GARZÓN (juez español), La fuerza de la razón, 2011

Trucos

- Observe bien la photo et lis attentivement la citation pour déterminer quel document tu te sens le plus à l'aise de commenter.
- Aide-toi du document écarté pour te donner des idées d'argumentation solide à ton expression.

Enseignement technologique en espagnol

LVA > B2 — 5 min.

ALGUNAS IDEAS SOBRE EL EJE TERRITORIO Y MEMORIA

STMG
- Presente las iniciativas institucionales para la conservación del patrimonio cultural.

STD2A STI2D
- Explique cómo los cuadros, dibujos, códices ayudan a comprender el pasado y a transmitir la memoria colectiva.

ST2S
- Precise cómo la apertura de algunos lugares identitarios así como las fiestas culturales conmemorativas influyen en la cohesión social y el bienestar colectivo.

STHR
- Aclare en qué medida los lugares patrimoniales son propicios para el turismo y el desarrollo hotelero.

Trucos

- Essaie de varier les exemples dont tu te sers, et utilise tes connaissances sur le sujet. Cela donnera plus de spontanéité et de personnalité à ton travail.
- Tu peux aussi comparer les spécificités du monde hispanique en distinguant l'Espagne de l'Amérique latine.

Con método

STL
STI2D
ST2A

Présenter un projet technologique ou scientifique

Lors de ta présentation d'ETLV, tu auras 5 minutes pour présenter un projet scientifique ou technologique conduit en enseignement de spécialité. Pour cela, tu vas pouvoir t'appuyer sur un support que tu projetteras au jury.

Trucos

- Tout au long du cycle terminal, entraîne-toi afin d'être capable d'**utiliser un lexique technologique précis**, pertinent, et de le prononcer correctement.

Paso 1

DÉFINIR SON PROJET ET SA PROBLÉMATIQUE

- Ton projet et sa problématique sont définis avec les camarades de ton groupe et ton enseignant. Il s'agit d'une question ouverte qui sera le fil conducteur du projet et la base de vos hypothèses. Elle donne du sens à votre travail de recherche.
- La problématique doit également permettre de faire le lien entre une démarche scientifique et le monde hispanique.

Paso 2

PRÉPARER SA PRÉSENTATION

Introduction

- Annonce le thème de ton projet, sa problématique et ses enjeux socio-culturels (questions liées au développement durable, à la sécurité, à la santé publique...).
- N'oublie pas de mettre en lien ta problématique avec le programme d'espagnol et celui de ta spécialité.

STL

Contexto → Desde 2018, varios estados mexicanos han prohibido el uso de ustensilios y bolsas de plástico.
Pregunta → ¿Puede ser una alternativa el plástico biodegradable fabricado a partir de semillas de aguacate (avocat) para evitar la contaminación?
Eje → Innovaciones científicas y responsabilidad

STI2D

Contexto → El incendio del vertedero de Zaldibar (Vizcaya) en febrero de 2020 y la contaminación atmosférica de la zona.
Pregunta → ¿Existen soluciones arquitectónicas para proteger a la población de los altos niveles de contaminación provocados por los incendios?
Eje → Innovaciones científicas y responsabilidad

STD2A

Contexto → Cada año en España, millones de personas acuden a locales de hostelería y entre ellos, las personas con discapacidad que deben superar barreras arquitectónicas y superar las de la comunicación.
Pregunta → ¿Qué proyecto puede mejorar la accesibilidad y el diseño de edificios para los clientes en la hostelería?
Eje → Diversidad e inclusión

Développement

- Explique quelles étaient vos hypothèses de départ et quel protocole vous avez mis en place pour les vérifier.
- Décris ensuite précisément la démarche scientifique : liste les expériences menées en les justifiant et en citant les techniques et matériaux utilisés.
- Présente et interprète les résultats des expériences.

Conclusion

Synthétise en indiquant si les résultats confirment ou infirment les hypothèses de départ, puis donne une réponse nuancée à la problématique de départ.

Paso 3

PRÉSENTER À L'ORAL

- Entraîne-toi à parler à partir de ton support pour savoir à quel moment passer les diapositives et t'assurer que toutes les informations nécessaires sont présentes.
- Utilise des structures correctes pour formuler tes hypothèses : *a lo mejor* + ind., *puede que* + subj., *es posible que* + subj., *es probable que* + subj. ...

Trucos

Prépare un support concis et efficace en utilisant un logiciel de diaporama :
• Pour une présentation orale de 5 minutes, crée entre 5 et 10 diapositives maximum.
• Ne rédige pas de textes trop longs : ta présentation doit rester visuelle et dynamique ; elle complète ce que tu vas dire à l'oral.
• Pense à illustrer ta démarche avec des photos et des schémas, et fais apparaître tes résultats grâce à un tableau, un diagramme...

Paso 4

INTERAGIR AVEC LE JURY

À l'issue de ta présentation, le jury va **te poser quelques questions**. Ces questions peuvent t'amener à corriger ou préciser certains points ou à élargir la réflexion. Pour te préparer au mieux à cette partie, anticipe les questions :
- assure-toi de pouvoir décrire précisément certaines tâches que tu aurais choisies de ne pas présenter initialement ;
- envisage d'autres manipulations te permettant d'affiner les résultats.

Trucos

Le jury est composé d'un professeur spécialiste de la discipline et d'un professeur d'espagnol non spécialiste. Il faut donc penser à **rendre ton propos accessible**.

Mejora tu léxico

STL

- el análisis
- un antibiótico
- la bacteria
- la bioquímica
- la biotecnología
- la célula
- la cirugía : *la chirurgie*
- el código genético
- los cuidados : *les soins*
- la curación : *la guérison*
- la discapacidad, la minusvalidez : *le handicap*
- la dosis
- la enfermedad : *la maladie*
- el escáner
- un gen
- la higiene
- una hipótesis
- el laboratorio
- la medicina
- un microscopio
- una muestra : *un échantillon*
- un órgano
- la pastilla, el comprimido
- la probeta : *l'éprouvette*
- una prueba : *un test*
- el riesgo de transmisión
- la salud
- la sangre
- el suero : *le sérum*
- el TAC : *l'IRM*
- la vacuna : *le vaccin*
- un virus

- ácido(a)
- estéril
- sano(a) : *sain(e)*

- diagnosticar
- investigar : *faire des recherches*
- manipular
- medir (i) : *mesurer*
- remover (ue) : *remuer*

STI2D

- el agotamiento : *l'épuisement*
- el ahorro energético : *l'économie d'énergie*
- el aprovechamiento : *l'exploitation*
- la calidad ambiental
- la contaminación
- la ciencia
- las cualidades técnicas : *les performances*
- el desarrollo sostenible : *le développement durable*
- la energía
- la inteligencia artificial
- el invento : *l'invention*
- la investigación : *la recherche*
- el medio ambiente : *l'environnement*
- los recursos : *les ressources*
- un robot
- una técnica puntera
- la transición energética

- biodegradable
- eléctrico(a)
- fósil
- fotovoltaico(a)
- nuclear
- químico(a)
- respetuoso(a)
- solar

- concienciar, sensibilizar
- contemplar el futuro : *envisager le futur*
- diversificar
- impactar : *affecter*
- mejorar : *améliorer*

STD2A

- los accesorios
- la arquitectura
- el arte
- el cuero : *le cuir*
- el diseño : *le design*
- la escultura
- la física
- el grafismo
- la innovación
- los materiales
- el mobiliario : *l'ameublement*
- el proceso, el método : *la démarche*
- la renovación
- la restauración
- el textil
- un vehículo
- la vivienda : *l'habitat, le logement*

- arquitectónico(a)
- creativo(a)

- construir, edificar
- crear
- realizar
- rehabilitar, reformar : *aménager*

Con método

Présenter une organisation ou un fait social

STMG

ST2S

Lors de ta présentation d'ETLV, tu auras 5 minutes pour présenter une organisation (STMG) ou un fait social touchant à la santé ou au bien-être des populations (ST2S). Tu pourras t'appuyer sur un document support préparé par tes soins.

Paso 1

CHOISIR SON SUJET ET FAIRE DES RECHERCHES

- Pour choisir ton sujet, appuie-toi sur ce que tu as vu dans le cadre de l'ETLV. L'organisation ou le fait social que tu vas présenter doit bien permettre de faire le lien entre le programme de ta spécialité et l'espagnol : il faut donc qu'il soit **ancré dans la culture hispanique**.
- Fais ensuite des recherches sur ton sujet pour répondre aux questions suivantes qui te serviront à l'introduire.

STMG

Type d'organisation : entreprise, administration ou association ?
Secteur privé ou public ?
Nombre de personnes ?
Objectif de l'organisation ?
Date de création ?
Entreprise locale ou internationale ?

ST2S

Type de fait social (ex. : les problèmes de santé mentale) ?
Contexte ?
Comment cette question a évolué et quel impact cela a sur le contexte/la société ?

Paso 2

DÉFINIR UNE PROBLÉMATIQUE

- La problématique est généralement une question ouverte qui donne le fil conducteur de la réflexion. Elle donne du sens à ton travail de recherche et doit également montrer en quoi le sujet abordé est spécifique à un pays de l'aire hispanophone.
- Attention : il ne suffit pas de faire un exposé sur ton sujet. Ta problématique doit être suffisamment précise pour faire une analyse de l'organisation ou du fait social que tu présentes.

STMG

¿Qué estrategia de marketing lleva a Zara al éxito?
→ *Modalités de développement économique (Modalidades de desarrollo económico)*
→ *Identités et échanges (Identidades e intercambios)*

ST2S

¿Qué impactos tienen las políticas de igualdad de género en la sociedad española?
→ Problématiques sociales et reconnaissance des problèmes sociaux (*Problemas sociales y reconocimiento de problemas sociales*)
→ *Espace privé et espace public (Espacio privado y espacio público)*

Paso 3

PRÉPARER LA PRÉSENTATION

- À partir de tes recherches, dégage deux ou trois grandes idées pour répondre à ta **problématique** :
  – pour chaque idée, fais une liste des **arguments** que tu vas mettre en avant, en illustrant avec des **exemples précis** tirés des documents que tu as consultés ;
  – rédige une **conclusion** qui permette de **répondre à la problématique** de manière nuancée et de prendre position.
- Construis ton **support** en t'appuyant sur ce plan :
  – prépare une diapositive support pour ton introduction (présentation de l'organisation ou du fait social, annonce de la problématique et liens avec les programmes) ;
  – fais ensuite une diapositive par partie, avec des mots-clés. Pense à illustrer avec des éléments visuels (schémas, photographies...) ;
  – termine avec une diapositive résumant la conclusion.

Trucos

- Utilise un logiciel de création de diaporama (*PowerPoint, Genially, Prezi*...).
- Pour une présentation orale de 5 minutes, crée entre 5 et 10 diapositives maximum.

Paso 4

PRÉSENTER A L'ORAL

Entraîne-toi à parler en t'appuyant sur ton support afin de savoir à quel moment passer les diapositives et t'assurer que toutes les informations nécessaires sont présentes.

Paso 5

- Lors de la partie entretien, le jury peut te poser des questions sur ta présentation afin de préciser ou corriger certains points.
- Les questions peuvent également aborder d'autres éléments non mentionnés lors de ta présentation. Pour te préparer au mieux à cette partie, anticipe les questions :

– réfléchis à d'autres exemples d'organisation ou de fait social qui illustrent le mieux l'axe étudié ;
– tente de relier l'organisation ou le fait social présenté à un autre axe.

Trucos

5 minutes de présentation = 800 mots environ. Entraîne-toi avec une montre pour vérifier que tu es dans le timing !

- Prête attention à ta voix :
  - Le **volume** : entraîne-toi à parler de manière suffisamment audible.
  - Le **débit** : le rythme de ta prise de parole influera sur la qualité de sa réception par le jury.
  - L'**intonation** : entraîne-toi à bien l'adapter aux différents contenus et surtout à varier pour éviter la monotonie.
- Sois vigilant également sur ta posture : tiens-toi droit, regarde tes interlocuteurs et souris !

Trucos

- Le jury est composé d'un professeur spécialiste de la discipline et d'un professeur d'espagnol non spécialiste. Il faut donc penser à **rendre ton propos accessible**.

Trucos

- Rappelle-toi qu'on a le droit d'hésiter (*Ehh... Pues...*), de se corriger ou de revenir sur ce qu'on a dit dans un entretien, ce n'est pas un problème !
- N'hésite pas à faire répéter une question (*¿Podría repetir, por favor?*) ou à demander des précisions (*No estoy seguro/a de haber entendido bien...¿Quiere decir que...? ¿A qué se refiere cuando dice...? ¿Me podría precisar...?*).

Mejora tu léxico

STMG

- un(a) asalariado(a) : *un(e) salarié(e)*
- una campaña de promoción
- los costes : *les coûts*
- el desempleo = el paro : *le chômage*
- el (la) empresario(a) : *le (la) chef d'entreprise*
- una ETT : una empresa de trabajo temporal
- las ganancias : *les profits*
- El IVA : el Impuesto sobre el Valor Añadido
- los lazos comerciales : *les liens commerciaux*
- la mano de obra : *la main d'oeuvre*
- el mercado laboral
- una multinacional
- el patrocinio, la esponsorización : *le sponsoring*
- el personal directivo : *le personnel de direction*
- el PIB : producto Interior Bruto
- el proveedor : *le fournisseur*
- PYMES : Pequeñas y Medianas Empresas
- el salario
- los sectores : primario, secundario, terciario

- cualificado(a)
- líder

- contratar : *embaucher*
- cualificar
- invertir (ie/i) : *investir*
- patrocinar : *sponsoriser*
- remunerar
- triunfar : *réussir*

ST2S

- el bienestar
- la calidad de vida
- una campaña se sensibilización
- la cohesión social
- el contraste
- los derechos
- la diversidad
- la igualdad ≠ la desigualdad
- el impacto en
- las medidas de prevención
- los modos de intervención
- las normas sociales
- la política sanitaria
- la precariedad
- la protección social
- la protección de datos
- la salud : *la santé*
- la seguridad alimentaria
- el sistema sanitario
- la seguridad social
- una situación de riesgo social
- la socialización

- atender (ie) a : *s'occuper de*
- curar : *guérir*
- prevenir (ie)
- proteger
- sensibilizar
- superar : *surmonter*

Con método

Présenter un projet technologique

STHR

Lors de ta présentation d'ETLV, tu devras, en 5 minutes, présenter un projet technologique conduit en sciences et technologies des services. Pour cela, tu pourras t'appuyer sur un support que tu projetteras au jury.

Trucos

- Tout au long du cycle terminal, entraîne-toi afin d'être capable d'**utiliser un lexique précis, pertinent**, et de le prononcer correctement.

Paso 1 CHOISIR SON PROJET

- Appuie-toi sur ce que tu as étudié en ETLV pour choisir ton projet : il s'agit d'un cas concret qui va te permettre de faire le lien entre ton enseignement de spécialité et un axe culturel du programme d'espagnol.
- Définis une problématique pour montrer les enjeux socio-culturels du monde hispanique dans lesquels ce projet s'inscrit et/ou les problèmes auxquels il apporte une solution.

Paso 2 PRÉPARER SA PRÉSENTATION

Introduction

- Annonce le thème de ton projet, sa problématique et le contexte hispanique dans lequel il s'inscrit.

Proyecto → Convertir un pueblo abandonado en complejo hotelero.
Contexto → La despoblación y los pueblos abandonados.
Pregunta → ¿Cómo puede la hostelería resucitar a un pueblo abandonado de la España vaciada?
Eje → Espacio privado y espacio público

Développement

- À partir de tes notes de cours et de recherches complémentaires, dégage **deux ou trois grandes idées** pour répondre à ta problématique :
  – pour chaque idée, fais une liste des **arguments** que tu vas mettre en avant, en illustrant avec des exemples précis ;
  – rédige une **conclusion** qui permette de répondre à la problématique de manière nuancée et de prendre position.
- Construis ton support en t'appuyant sur ce plan :
  – prépare une diapositive support pour ton introduction (présentation du projet technologique, annonce de la problématique et liens avec les programmes) ;
  – fais ensuite une diapositive par partie, avec des mots-clés. Pense à illustrer avec des éléments visuels (schémas, photographies...) ;
  – termine avec une diapositive résumant la conclusion.

Conclusion

Conclus en donnant ton avis sur la pertinence de la réponse apportée par le projet aux enjeux.

Trucos

- Prépare un support concis mais précis et efficace en utilisant un logiciel de diaporama :
  – Pour une présentation orale de 5 minutes, crée entre 5 et 10 diapositives maximum.
  – Ne rédige pas de textes trop longs : ta présentation doit rester visuelle et impactante ; elle complète ce que tu vas dire à l'oral.
  – Pense à illustrer avec des photos, des schémas...
- Entraîne-toi à parler à partir de ton support pour savoir à quel moment passer les diapositives et t'assurer que toutes les informations nécessaires sont présentes.

Paso 3 INTERAGIR AVEC LE JURY

À l'issue de ta présentation, le jury va **te poser quelques questions**. Ces questions peuvent t'amener à corriger ou préciser certains points ou à élargir la réflexion.
Pour te préparer au mieux à cette partie, anticipe les questions :
– réfléchis à d'autres exemples de projets technologiques en lien avec ton sujet ;
– identifie des liens possibles avec d'autres axes du programme d'espagnol.

Mejora tu léxico

- el acondicionamiento : *l'aménagement*
- la cadena hotelera
- un(a) camarero(a) : *un(e) serveur(euse)*
- la capacidad de recepción : *la capacité d'accueil*
- la competencia : *la concurrence*
- el consumidor
- la exigencia de calidad
- el folleto : *la brochure*
- la gastronomía
- la hostelería
- un hotel de categoría : *un hôtel de standing*
- un hotel de cuatro estrellas
- la industria hotelera
- la infraestructura hotelera
- la oferta ≠ la demanda
- el personal
- la planta hotelera : *le parc hôtelier*
- un precio asequible
- la prestación de servicios
- la red hotelera : *le réseau hôtelier*
- la restauración
- la tarifa
- el trato con el cliente : *le contact avec le client*

- estacional : *saisonnier(e)*
- limpio(a) ≠ sucio(a)
- lujoso(a) : *luxueux(euse)*
- todo incluido : *tout compris*

- acoger : *accueillir*
- atender (ie) a : *s'occuper de*
- enfocar una clientela : *cibler une clientèle*
- pernoctar : *passer la nuit*

Précis grammatical

1 L'accentuation

A L'accent tonique

Tous les mots espagnols portent un accent tonique.

- Lorsqu'ils se terminent par **une voyelle**, un **n** ou un **s**, ils sont accentués sur **l'avant-dernière syllabe**.

→ el a**mi**go / los a**mi**gos →**can**tan

- Lorsqu'ils se terminent par **une consonne sauf n** ou **s**, ils sont accentués sur **la dernière syllabe**.

→ escri**bir** → la ciu**dad**

B L'accent écrit

Les mots qui ne se conforment pas à cette règle portent un accent écrit.

→ **fá**cil → la situa**ción** → el peri**ó**dico

⚠ Le passage du singulier au pluriel peut entraîner l'apparition ou la disparition de l'accent écrit pour que l'accentuation du mot ne soit pas modifiée.

→ el **jo**ven / los **jó**venes → el fran**cés** / los fran**ce**ses

Accent grammatical

On utilise un accent écrit dit « grammatical » pour distinguer deux mots de même forme, mais de sens et/ou de nature différente.

- **de** (préposition) ≠ **dé** (verbe **dar**)
  → Es la bici **de** Clara. *(C'est le vélo de Clara.)*
  → ¿Quieres que se lo **dé**? *(Tu veux que je le lui donne ?)*
- **el** (article) ≠ **él** (pronom personnel)
  → Es **el** director. *(C'est le directeur.)*
  → **Él** me lo ha dicho. *(Il me l'a dit.)*
- **mi** (adjectif possessif) ≠ **mí** (pronom personnel)
  → Es **mi** libro. *(C'est mon livre.)*
  → Es para **mí**. *(C'est pour moi.)*
- **se** (pronom personnel) ≠ **sé** (verbe **saber**)
  → **Se** nota. *(Cela se voit.)*
  → Ya lo **sé**. *(Je le sais.)*
- **si** (conjonction / note de musique) ≠ **sí** (adverbe / pronom personnel)
  → Saldré **si** no llueve. *(Je sortirai s'il ne pleut pas.)*
  → Dime que **sí**. *(Dis-moi oui.)*
- **te** (pronom personnel) ≠ **té** (nom)
  → **Te** acompaño. *(Je t'accompagne.)*
  → Me encanta el **té**. *(J'adore le thé.)*

⚠ Tous les mots introduisant une exclamation ou une interrogation (directe ou indirecte) portent également un accent écrit. → 12, 13

→ ¿**Dónde** está? *(Où est-il ?)* → Me pregunto **dónde** está. *(Je me demande où il est.)*

2 Le genre et le nombre des noms et adjectifs

A Le genre

Le **-o** est la marque du masculin, le **-a** la marque du féminin.

- Les noms terminés par **-o** ou **-e** et les adjectifs terminés par **-o** → féminin terminé par **-a**.

→ un chico listo / un**a** chic**a** list**a** → el jefe / la jef**a**
→ el presidente / la president**a**

⚠ Les adjectifs terminés par **-e** sont presque toujours invariables au féminin.

→ la faun**a** salvaj**e** → la comid**a** calient**e**

- Les noms ou adjectifs terminés par une consonne → on ajoute un **-a**.

→ el director / la director**a** → el profesor / la profesor**a**

B Le nombre

Le **-s** est la marque du pluriel.

- Les mots terminés par une voyelle → on rajoute un **-s**.

→ el año / los año**s**

- Les mots terminés par une consonne → on rajoute **-es**.

→ el mes / los mes**es**

⚠ Modification orthographique : les mots terminés par **-z** font leur pluriel en **-ces**.

→ la lu**z** / las lu**ces**

⚠ Modification d'accent : pour les mots terminés par **-n** ou **-s** qui sont accentués sur la dernière syllabe, l'accent écrit disparaît au pluriel. → 1

→ el ba**lón** / los ba**lones** → el auto**bús** / los auto**buses**

3 La suffixation

A Les diminutifs

Pour former les diminutifs, les suffixes les plus courants sont : **-ito**/**-ita**, **-illo**/**-illa**, **-uelo**/**-uela**.
→ la cas**ita** *(la maisonnette)*
→ el gitan**illo** *(le petit gitan)*
→ el riach**uelo** *(le ruisseau)*

Les formes diminutives ont souvent une valeur affective :
→ mam**ita** *(ma petite maman chérie)*
Elles peuvent aussi avoir une valeur d'intensification :
→ un poqu**ito** = muy poco

⚠ L'ajout d'un suffixe entraîne parfois des modifications orthographiques.
→ un bar**c**o (*un bateau*) / un bar**qu**ito (*un petit bateau*)
→ un po**c**o (*un peu*) / un po**qu**ito (*un petit peu*)
→ lar**g**o(a) (*long, longue*) / lar**gu**ísimo(a) (*très long, très longue*)
→ la lu**z** (*la lumière*) / la lu**c**ecilla (*la petite lumière*)

B Les augmentatifs

Pour former les augmentatifs, les suffixes les plus courants sont **-ón**/**-ona**, **-ote**/**-ota**.
→ el caser**ón** *(la grande maison)*
→ una palabr**ota** *(un gros mot)*

C Autres suffixes

- À partir du radical d'un verbe, les suffixes **-ador(a)**, **-edor(a)**, **-idor(a)** indiquent l'agent, que ce soit une personne ou une machine.
→ el nad**ador** *(le nageur)* → la bati**dora** *(le mixer)*
- Les suffixes **-or(a)**, **-ero(a)**, **-ista** renvoient à la personne qui exerce un métier et le suffixe **-ería** au lieu concerné.
→ el pastel *(le gâteau)*
→ el/la pastel**ero**(**a**) *(le/la pâtissier[ère])*
→ la pastel**ería** *(la pâtisserie)*

4 Les articles

A Les articles définis

1. Les formes

	Masculin	Féminin	Neutre
Singulier	el	la	lo
Pluriel	los	las	Ø

- Il existe des formes contractées dont l'emploi est obligatoire : **a + el** → **al** / **de + el** → **del**.
→ ¿Vas **al** parque **del** centro?
(Tu vas au parc du centre ?)

⚠ L'article **la** est remplacé par **el** devant un nom qui commence par **a-** ou **ha-** accentué.
→ **el** agua fría, **las** aguas frías

2. Les emplois

- **L'heure :** → Son **las** seis y veinte.
(Il est six heures vingt.)
→ Viene a **las** seis y media.
(Il vient à six heures et demie.)
- **Le jour :** → **el** sábado próximo
(samedi prochain)
→ **Los** domingos no trabaja.
(Il ne travaille pas le dimanche.)
- **L'âge :** → a **los** treinta años *(à trente ans)*

3. La substantivation

- L'article **el** permet de substantiver en particulier un infinitif.
→ **el** ir y venir *(les allées et venues)*
- L'article neutre **lo** permet de substantiver un adjectif qualificatif ou un participe passé.
→ **lo** interesante *(ce qui est intéressant)*
→ **lo** ocurrido *(ce qui est arrivé)*
- **lo que** = ce qui, ce que
→ **Lo que** yo pretendía era vincular su mundo al mío.
(Ce que je voulais c'était relier leur monde au mien.)

4. Le partitif

L'espagnol n'utilise pas d'article partitif.
→ Andaban buscando Ø oro, Ø frijoles...
(Ils cherchaient de l'or, des haricots...)

B Les articles indéfinis

1. Les formes

	Masculin	Féminin
Singulier	un	una
Pluriel	Ø / unos	Ø / unas

→ **un** cuadro *(un tableau)* → Ø cuadros *(des tableaux)*

L'article indéfini pluriel est beaucoup moins employé qu'en français. Il indique un nombre restreint, et il équivaut à l'indéfini **algunos(as)**. →8
→ Desde hace **unos** años somos muchas las mujeres en el mundo de la judicatura.
(Depuis quelques années, nous sommes de nombreuses femmes dans le milieu de la magistrature.)

2. Les emplois

Les formes du pluriel, **unos/unas**, peuvent signifier « quelques ».
→ **unos** vecinos *(quelques voisins)*

⚠ On emploie **unos/unas** pour désigner deux objets qui forment une paire ou certaines parties du corps.
→ **unas** zapatillas de deporte
(une paire de chaussures de sport)
→ **unos** ojos azules *(des yeux bleus)*

3. Omission de l'article indéfini

On n'emploie pas d'article indéfini devant les adjectifs **otro**, **medio**, **tal**, **tanto**.
→ Dame Ø otro ejemplo. *(Donne-moi un autre exemple.)*
→ Ha dormido Ø media hora. *(Il/Elle a dormi une demi-heure.)*
→ Nunca he visto Ø tal cosa. *(Je n'ai jamais vu une telle chose.)*

5 Les nombres

A Cardinaux

Les nombres cardinaux permettent de chiffrer une quantité.

0 cero – **1 uno** – **2 dos** – **3 tres** – **4 cuatro** – **5 cinco** – **6 seis** – **7 siete** – **8 ocho** – **9 nueve** – **10 diez** –
11 once – **12 doce** – **13 trece** – **14 catorce** – **15 quince** – **16 dieciséis** – **17 diecisiete**...
20 veinte – **21 veintiuno(a)** – **22 veintidós**...
30 treinta – **31 treinta y uno(a)**...
40 cuarenta – **50 cincuenta** – **60 sesenta** – **70 setenta** – **80 ochenta** – **90 noventa**
100 ciento (cien) – **200 doscientos(as)**...
1 000 mil – **2 000 dos mil**...
⚠ **500 quinientos(as) 700 setecientos(as) 900 novecientos(as)**

→ En 2017 se realizaron **5 261** (cinco mil doscientas sesenta y una) intervenciones.
(En 2017 ont été réalisées 5 261 interventions.)

⚠ On met un article (défini ou indéfini) devant les pourcentages.
→ **Un** 6,4 % (**un seis coma cuatro por ciento**) de la población habla inglés en casa.
(6,4 % de la population parle anglais à la maison.)

B Ordinaux

Les nombres ordinaux indiquent le rang à l'intérieur d'une série.

1° primero (primer)(a), primeros(as) – **2° segundo(a), segundos(as)** – **3° tercero (tercer)(a), terceros(as)** –
4° cuarto(a), cuartos(as) – **5° quinto(a), quintos(as)** – **6° sexto(a), sextos(as)** – **7° séptimo(a), séptimos(as)**
– **8° octavo(a), octavos(as)** – **9° noveno(a), novenos(as)** – **10° décimo(a), décimos(as)**

Ils s'emploient couramment jusqu'à **décimo**. Ensuite, on a plutôt recours aux cardinaux correspondants.
→ Vive en el **quinto** piso. *(Il vit au cinquième étage.)*
→ Trabaja en la planta **veintiséis**. *(Il travaille au vingt-sixième étage.)*

⚠ → Felipe VI (**sexto**) de España *(Philippe VI (six) d'Espagne)*

6 Les possessifs

A Les adjectifs possessifs

Ils s'accordent en genre et en nombre avec le nom auquel ils se rapportent.

La forme accentuée est toujours placée après le nom, précédé ou non de l'article défini ou indéfini. Elle insiste sur l'idée de possession.

	Formes inaccentuées				Formes accentuées			
	Masculin		Féminin		Masculin		Féminin	
	Singulier	Pluriel	Singulier	Pluriel	Singulier	Pluriel	Singulier	Pluriel
1e p. sg.	mi	mis	mi	mis	mío	míos	mía	mías
2e p. sg.	tu	tus	tu	tus	tuyo	tuyos	tuya	tuyas
3e p. sg.	su	sus	su	sus	suyo	suyos	suya	suyas
1e p. pl.	nuestro	nuestros	nuestra	nuestras	nuestro	nuestros	nuestra	nuestras
2e p. pl.	vuestro	vuestros	vuestra	vuestras	vuestro	vuestros	vuestra	vuestras
3e p. pl.	su	sus	su	sus	suyo	suyos	suya	suyas

→Es **mi** hija Natalia. *(C'est ma fille Nathalie.)*

→¡Hija **mía**! *(Ma fille !)*

⚠ En espagnol, les adjectifs possessifs sont moins utilisés qu'en français. L'idée de possession est souvent exprimée par :

- L'article défini quand le contexte est clair :

→**Me** pondré **la** chamarra negra.
Je mettrai ma veste noire.

- Un pronom personnel :

→Se **les** caían de **las** botas [...] las palabras.
(Les mots tombaient de leurs bottes.) →7

B Les pronoms possessifs

Les pronoms possessifs ont **la même forme que les adjectifs accentués**. Ils sont **précédés de l'article défini**.

→Mi hijo ya está en «Wekids». ¿Y **el tuyo**?
(Mon fils est déjà sur « Wekids ». Et le tien ?)

7 Les démonstratifs

Les démonstratifs (adjectifs et pronoms) servent à désigner, à montrer une personne ou un objet. Les adjectifs s'accordent en genre et en nombre avec le nom auquel ils se rapportent. Les pronoms remplacent un nom.

A Les formes

Singulier		Pluriel		Neutre	Lieu	Personne
este	esta	estos	estas	esto	**aquí** *(ici)*	**yo** *(moi)*
ese	esa	esos	esas	eso	**ahí** *(là)*	**tú** *(toi)*
aquel	aquella	aquellos	aquellas	aquello	**allí** *(là-bas)*	**el otro** *(l'autre)*

B Les emplois

- **La valeur personnelle :**

→**este** barrio *(ce quartier* = mon quartier*)*
→**ese** libro *(ce livre* ≈ le tien*)*

- **La valeur spatiale :**

→**esta** mesa *(cette table-ci)*
→**esa** mesa *(cette table-là)*
→**aquella** mesa *(cette table là-bas)*

- **La valeur temporelle :**

→**estos** días *(ces jours-ci* ≈ maintenant*)*
→en **aquellos** tiempos
(en ce temps-là ≈ il y a longtemps*)*

- **La valeur subjective :**

→**esa** película tan aburrida
(ce film si ennuyeux = valeur péjorative)
→**aquellos** paisajes impresionantes de los Andes *(ces paysages impressionnants des Andes* = valeur laudative*)*

8 Les indéfinis

Les indéfinis servent à donner des informations sur l'identité ou la quantité du nom auquel ils font référence mais d'une manière vague, imprécise.
La plupart des formes variables sont soit pronoms, soit adjectifs. Quand il s'agit de pronoms, ils s'accordent avec le nom qu'ils remplacent. Quand il s'agit d'adjectifs, ils s'accordent avec le nom auquel ils se rapportent.

1. Formes invariables

Identité	**alguien** *(quelqu'un)* **nadie** *(personne)* **cualquier(a)** *(n'importe quel[le], n'importe lequel/laquelle)*	→ ¿Hay **alguien**? *(Il y a quelqu'un?)* → No hay **nadie**. *(Il n'y a personne.)* → cualquier **cosa** *(n'importe quoi)*
Quantité	**algo** *(quelque chose)* **nada** *(rien)* **cada** *(chaque)*	→ ¿Sabes **algo**? *(Tu sais quelque chose ?)* → No sé **nada**. *(Je ne sais rien.)* → **cada** día *(chaque jour)*

2. Formes variables

Identité	**cierto(a)**, **ciertos(as)** *(certain[e], certain[e]s)* **mismo(a)**, **mismos(as)** *(même[s])* **otro(a)**, **otros(as)** *(autre[s])*	→ durante **cierto** tiempo *(pendant un certain temps)* → Es la **misma** idea. *(C'est la même idée.)* → Iré **otro** día. *(J'irai un autre jour.)*
Quantité	**algún(o)(a)**, **algunos(as)** *(quelque[s])* **ningún(o)(a)** *(aucun[e], aucun[e])* **poco(a)**, **pocos(as)** *(peu de)* **bastante(s)** *(assez de)* **varios(as)** *(plusieurs)* **mucho(a)**, **muchos(as)** *(beaucoup de)* **demasiado(a)**, **demasiados)(as)** *(trop de)* **todo(a)**, **todos(as)** *(tout[e], tous, toutes)* **tanto(a)**, **tantos(as)** *(autant de)*	→ Hace **algún** tiempo. *(Il y a quelque temps.)* → **ninguna** idea *(aucune idée)* → **poca** gente *(peu de monde)* → **bastante** dinero *(assez d'argent)* → **varias** veces *(plusieurs fois)* → ¡**Muchas** gracias! *(Merci beaucoup !)* → **demasiado** ruido *(trop de bruit)* → **todas** las noches *(toutes les nuits)* → No tomes **tanto** café. *(Ne bois pas autant de café.)*

Contrairement à tous les autres indéfinis, qui peuvent être adjectifs ou pronoms, **alguien**, **nadie**, **algo**, **nada** ont uniquement une fonction de pronoms.
Les formes **cualquiera**, **alguno** et **ninguno** s'apocope devant un nom. → 9

⚠ Pour l'emploi des formes négatives → 16

9 L'apocope

L'apocope est la perte de la voyelle finale ou de la dernière syllabe d'un mot.

A Devant un nom masculin singulier

- bueno → **buen**
→ un **buen** libro (*mais* un libro bueno) *(un bon livre)*
- malo → **mal**
→ un **mal** consejo *(un mauvais conseil)*
- primero → **primer**
→ el **primer** piso *(le premier étage)*
- tercero → **tercer**
→ el **tercer** grupo *(le troisième groupe)*
- alguno → **algún**
→ **algún** día *(un jour)*
- ninguno → **ningún**
→ **ningún** problema *(aucun problème)*

B Devant un nom masculin ou féminin singulier

- grande → **gran**
→ una **gran** casa (*mais* una casa grande) *(une grande maison)*
→ un **gran** hombre *(un grand homme)*
- cualquiera → **cualquier**
→ **cualquier** cosa *(n'importe quoi)*
→ **cualquier** instrumento *(n'importe quel instrument)*

C Devant un nom masculin ou féminin pluriel

- ciento → **cien**

→ **cien** euros *(cent euros)*

⚠ Il s'apocope également devant **mil** et **millones**.

→ **cien millones** de habitantes *(cent millions d'habitants)*

Mais :

→ **ciento** veinte millones *(cent vingt millions)*

D Devant un adjectif ou un adverbe

- tanto → **tan**

→ **tan** interesante *(si [tellement] intéressant)*

→ **tan** rápidamente *(si rapidement)*

10 Le comparatif

A Le comparatif de supériorité

más +	adjectif adverbe nom	+ **que**

→ Hoy Gaudí es **más** conocido **que** sus mecenas.
(De nos jours, Gaudí est plus connu que ses mécènes.)

B Le comparatif d'infériorité

menos +	adjectif adverbe nom	+ **que**

→ La casa Milà es **menos** bonita **que** la casa Batlló.
(La maison Milà est moins jolie que la maison Batlló.)

C Le comparatif d'égalité

Le premier terme du comparatif d'égalité est introduit, suivant le cas, par **tan** ou par **tanto**, alors que le second est toujours amené par **como**.

tan + { adjectif / adverbe } + **como**	**tanto(a)/tantos(as)** + nom + **como**	verbe + **tanto como**

→ Esas sirenas no son **tan** bellas **como** las de Horacio. *(Ces sirènes ne sont pas aussi belles que celles d'Horace.)*
→ Funcionan **tanto** de día **como** de noche. *(Ils fonctionnent de jour comme de nuit.)*
→ Las mujeres trabajan **tanto como** los hombres. (*Les femmes travaillent autant que les hommes*).

D Les comparatifs irréguliers

Certains adjectifs ont, en plus de la forme normale moins utilisée, une forme irrégulière plus couramment employée.

- bueno → **mejor** *(meilleur[e])*
- malo → **peor** *(pire)*
- grande → **mayor** *(majeur[e])*
- pequeño → **menor** *(mineur[e])*

11 Le superlatif

A Le superlatif relatif

Supériorité	**el**/**la**, **los**/**las**, **lo** + **más** + adjectif	**el**/**la**, **los**/**las** + nom + **más** + adjectif
Infériorité	**el**/**la**, **los**/**las**, **lo** + **menos** + adjectif	**el**/**la**, **los**/**las** + nom + **menos** + adjectif

⚠ En espagnol, contrairement au français, l'article défini n'est pas répété devant **más** ou **menos**.
→ Es **la** obra Ø **más** emblemática del autor. *(C'est l'œuvre la plus emblématique de l'auteur.)*

B Le superlatif absolu

- **muy + adjectif ou adverbe**
→ Éramos **muy** pocas. *(Nous étions très peu nombreuses.)*
- **adjectif + suffixe -ísimo/a/os/as**
→ calles estrech**ísimas** *(des rues très étroites)*

La forme diminutive en **-ito** peut avoir la valeur superlative :
→ despac**ito** *(tout doucement)*

12 L'interrogation

Il existe des adverbes, des pronoms et des adjectifs interrogatifs.

A Les adverbes interrogatifs

- **¿cómo?** *(comment ?)*
- **¿cuándo?** *(quand ?)*
- **¿dónde?** *(où ?)*
- **¿adónde?** *(où ? –* mouvement*)*

→ **¿Cómo** vas a ir vestido? *(Comment seras-tu habillé ?)*

B Les pronoms interrogatifs

- **¿quién?**/**¿quiénes?** *(qui ?)*
- **¿cuál?**/**¿cuáles?** *(quel[s] ? / quelle[s] ?)*
- **¿qué?** *(quoi ? qu'est-ce que ?)*
- **¿por qué?** *(pourquoi ? pour quelle raison ?)*
- **¿para qué?** *(pourquoi ? dans quel but ?)*

→ **¿Quién** es el autor del cuadro?
(Qui est l'auteur du tableau ?)
→ **¿Cuáles** son tus razones?
(Quelles sont tes raisons ?)

C Les adjectifs interrogatifs

- **¿qué?** *(quel[s] ?/ quelle[s] ?)*
- **¿cuánto(a)?**/**¿cuántos(as) ?** *(combien ?)*

→ **¿Cuántas mujeres** erais entonces?
(Combien de femmes étiez-vous à cette époque ?)

⚠ L'interrogation est encadrée par des points d'interrogation, le premier, à l'envers et le second, à l'endroit.

⚠ Tous les mots interrogatifs portent un accent écrit, qu'ils introduisent une interrogation directe ou une interrogation indirecte :

→ **¿De qué** quieres que hablemos?
(De quoi veux-tu que nous parlions ?)
→ No sé **cómo** decirte eso.
(Je ne sais pas comment te dire ça.)

13 L'exclamation

Il existe des adverbes, des pronoms et des adjectifs exclamatifs.

A Les adverbes exclamatifs

- **¡cómo!** *(comment !)*
→ **¡Cómo** corren! *(Comme ils courent !)*
- **¡cuánto!** + verbe *(comme... !)*
→ **¡Cuánto** has crecido! *(Comme tu as grandi !)*
- **¡qué!** +adjectif (+ verbe) *(comme... !)*
→ **¡Qué** graciosos! *(Comme ils sont drôles !)*

B Les adjectifs exclamatifs

- **¡qué!** *(quel[s]/ quelle[s] !)*
→ **¡Qué** vergüenza! *(Quelle honte !)*
- **¡cuánto(a)!/¡cuántos(as)!** *(que de... !)*
→ ¡Cuánt**os** tópic**os** sobre España!
(Que de clichés sur l'Espagne !)

14 Les conjonctions de coordination

A La conjonction *y*

⚠ Elle se transforme en **e** devant un mot commençant par **-i** ou **-hi** :

→ Hay negativos de mano derecha **e** izquierda.
(Il y a des négatifs de main droite et gauche.)

B La conjonction *o*

⚠ Elle se transforme en **u** devant un mot commençant par **-o** ou **-ho** :

→ Buscaban plata **u** oro.
(Ils cherchaient de l'argent ou de l'or.)

C Autres conjonctions

- **ni** = **y no**
→ No habla español ni inglés.
(Il ne parle pas espagnol, ni anglais.)

- **pero** *(mais)*
→ No habla español **pero** lo entiende.
(Il ne parle pas espagnol mais il le comprend.)

- **sino** oppose deux termes qui s'excluent et dont le premier est négatif.
→ **No** es español **sino** colombiano. *(Il n'est pas Espagnol mais Colombien.)*

Pour d'autres conjonctions de subordination :
→ 26, 27, 29, 30, 32

15 Les relatifs

Les relatifs permettent de relier deux propositions d'une même phrase. Quand le relatif est complément, il peut être précédé d'une préposition.

- **que** *(qui, que)* : peut représenter soit une personne, soit une chose. C'est le plus employé.
→ Son las pinturas **que** podemos observar.
(Ce sont les peintures que nous pouvons observer.)

- **quien(es)** *(qui, celui [celle] qui, ceux [celles] qui)* : ne peut représenter que des personnes.
→ Es el famoso arquitecto con **quien** hablé.
(C'est le célèbre architecte avec lequel j'ai parlé.)

- **el/la que, los/las que, lo que** *(celui [celle] qui, ceux [celles] qui, ce qui/ce que) :* peuvent représenter soit une personne, soit une chose.
→ Estamos con G. Muguruza, **la que** acaba de triunfar en Wimbledon. *(Nous sommes avec G. Muguruza, qui vient de gagner à Wimbledon.)*

- **el/la cual, los/las cuales, lo cual** *(celui [celle] qui, ceux [celles] qui, ce qui/ce que)* : peuvent représenter soit une personne, soit une chose.
→ Están en orden cronológico, **lo cual** invita a leerlos como crónicas reales. *Ils sont en ordre chronologique, ce qui invite à les lire comme de vraies chroniques.*

- **cuyo(s)/ cuya(s)** *(dont le, dont la, dont les) :* indique l'appartenance et s'accorde avec le mot qui suit.
→ Había un cacique **cuya** vestimenta era de oro.
(Il y avait un chef dont les habits étaient en or.)

- **donde** *(où) :* fait référence au lieu dont on a parlé.
→ Era la aldea china **donde** sus padres sobrevivían.
C'était le village chinois où ses parents survivaient

16 La négation

- Pour exprimer la négation, on fait précéder le verbe d'un mot négatif : **no** *(non)*, **nadie** *(personne)*, **nunca**, **jamás** *(jamais).*
→ **No** dormimos la siesta a diario.
(Nous ne faisons pas la sieste tous les jours.)
→ **Nadie** desea tópicos para su región.
(Personne ne souhaite de clichés pour sa région.)

⚠ Dans une phrase négative, quand on oppose deux éléments qui s'excluent l'un l'autre, on utilise la conjonction **sino** à la place de **pero** pour traduire « mais ».
→ Macondo **no** es un lugar **sino** un estado de ánimo.
(Macondo n'est pas un lieu mais un état d'esprit.)

- Pour exprimer l'idée de **restriction** (*ne... que*), l'espagnol utilise l'adverbe **solo** placé devant le verbe.
→ **Solo** piensan en no ser discriminados.
(Ils ne pensent qu'à ne pas être discriminés.)

La double négation

- Dans le cas de la **double négation**, **no** est placé devant le verbe et l'autre mot négatif est placé après.
→ **No** he engañado a **nadie.** *(Je n'ai trompé personne.)*

- C'est le cas aussi pour **nada** :
→ **No** han encontrado **nada**. *(Ils n'ont rien trouvé.)*

- L'adverbe **tampoco** (*non plus*) se construit de deux façons :
→ **No** es argentino, **tampoco** es peruano. = **No** es argentino, **no** es peruano **tampoco**.
(Il n'est pas Argentin, il n'est pas non plus Péruvien.)

17 Les pronoms personnels

A Les formes

	Sujet	COD	COI	Réfléchi	Avec préposition
1e p. sg.	yo	me	me	me	mí
2e p. sg.	tú	te	te	te	ti
3e p. sg.	él ella usted	lo/le la lo/la/le	le	se	él ella usted sí
1e p. pl.	nosotros nosotras	nos	nos	nos	nosotros nosotras
2e p. pl.	vosotros vosotras	os	os	os	vosotros vosotras
3e p. pl.	ellos ellas ustedes	los/les las los/las/les	les	se	ellos ellas ustedes sí

⚠ La préposition **con** se combine de façon particulière avec les pronoms **mí**, **ti**, **sí** : **conmigo**, **contigo**, **consigo**.

→ Compartimos **contigo** una realidad impensable no hace tanto. *(Nous partageons avec toi une réalité impensable il y a peu.)*

B Les emplois

1. Les pronoms sujets

Ils ne sont pas habituellement utilisés car la terminaison du verbe suffit pour indiquer la personne. Ils sont employés :

- Pour marquer une insistance et peuvent être placés soit devant, soit après le verbe.
→ **Yo** hablo. = Hablo **yo.** *(C'est moi qui parle.)*
- Pour différencier la 1e et la 3e personne du singulier à certains temps comme l'imparfait de l'indicatif ou le présent du subjonctif.
→ **Estaba yo** en la Nueve y él en la división Leclerc al final de la guerra. *(À la fin de la guerre, j'étais dans la "Nueve" et lui dans la division Leclerc.)*

2. Les pronoms compléments

- Lorsque deux pronoms compléments se rapportent au même verbe, le premier est le COI et le second est le COD
→ **Te lo** digo. *(Je te le dis.)*
- Si les deux pronoms (COI et COD) sont de la 3e personne, les formes **le** ou **les** (COI) sont remplacées par **se**.
→ **Se lo** digo (a Pedro) *(Je le lui dis [à Pierre].)*

C L'enclise

Elle consiste à souder, à la fin de la forme verbale, un ou deux pronoms personnels, compléments directs ou indirects.

- Elle est **obligatoire**, lorsque le verbe est à l'infinitif, à l'impératif ou au gérondif.
→ sentar**se** *(s'asseoir)*
→ lánza**te** *(lance-toi)*
→ levantándo**nos** *(en nous levant)*
- Lorsque deux pronoms compléments sont rattachés à la forme verbale, on commence par le COI suivi du COD.
→ para dár**melos** *(pour me les donner)*
→ dá**melos** *(donne-les-moi)*
→ dándo**melos** *(en me les donnant)*

⚠ Qu'il y ait enclise ou non, la forme verbale doit rester accentuée de la même façon. S'il le faut, on utilise un accent écrit.

D La traduction de « vous »

Le « vous » français correspond à trois situations différentes pour lesquelles l'espagnol utilise trois formulations différentes :

- Vous = tu + tu →**vosotros(as)** + 2e pers. pl.
→ ¿De qué la conoc**éis**? ¿Es amiga **vuestra**? *(D'où la connaissez-vous ? C'est une amie à vous ?)*
- Vous = singulier + politesse →**usted** + 3e pers. sg.
→ ¿**Le** gusta a **usted** Picasso, señor Almirante? *(Vous aimez Picasso, monsieur l'Amiral ?)*

- Vous = pluriel + politesse → **ustedes** + 3e pers. pl.

→**Ustedes** tien**en** un patrimonio extraordinario.
(Vous avez là un patrimoine magnifique.)

⚠ Lorsqu'on utilise **usted**/**ustedes**, les pronoms personnels et les adjectifs ou pronoms possessifs sont ceux de la 3e personne du singulier ou du pluriel.
→¿Cuál es **su** opinión, señora?
(Quel est votre avis, madame ?)

En Argentine, on utilise la forme **vos** (et pas **vosotros**) à la place du tutoiement, et la forme verbale est modifiée :
→**Vos** pod**é**s. *(Tu peux.)*
Dans de nombreux pays d'Amérique latine, on utilise **ustedes** pour s'adresser à plusieurs personnes qu'on tutoie individuellement.

18 Exprimer un fait réel

A Au présent

Le présent de l'indicatif

En espagnol, le présent de l'indicatif a les mêmes valeurs qu'en français. Il peut exprimer l'habitude, une vérité générale.
→**Llueve** mucho en otoño.
(Il pleut beaucoup en automne.)

⚠ Cependant quand il s'agit d'une action en train de se dérouler, l'espagnol préfère utiliser la forme progressive. →18.D
→Ahora **está lloviendo**. *(Maintenant, il pleut.)*

B Au passé

1. Le passé composé

Il sert à exprimer une action passée encore en relation avec le présent et/ou dont les conséquences se font encore sentir dans le présent. Il s'utilise également pour parler d'un fait qui s'est produit à un moment indéterminé du passé.
→En los últimos años **han surgido** en Cuba muchos medios independientes. *(De nombreux medias indépendants sont apparus à Cuba ces dernières années.)*
→Nunca **he ido** a América.
(Je ne suis jamais allé en Amérique.)

2. L'imparfait

Il a les mêmes valeurs qu'en français. Il exprime la durée ou l'habitude dans un passé proche ou lointain.
→En el siglo XIX Argentina **necesitaba** mano de obra para desarrollarse. *(Au XIXe siècle, l'Argentine avait besoin de main d'œuvre pour se développer.)*

3. Le passé simple

Il est beaucoup plus utilisé qu'en français qui lui préfère, de loin, le passé composé. Il exprime des actions ponctuelles terminées dans une période révolue. Il s'oppose alors à l'imparfait dans un contexte passé.
→**Escribí** mi primer « post » en 2007.
(J'ai écrit mon premier "post" en 2007.)

C L'antériorité

Les temps composés

Chaque temps composé marque l'antériorité par rapport à l'action exprimée par le temps simple correspondant :

Temps simples	Temps composés
Présent	Passé composé
Imparfait	Plus-que-parfait
Passé simple	Passé antérieur

→Piensa Fonsi que la mezcla de culturas **se ha convertido** en su misión.
(Fonsi pense que le mélange des cultures est devenu sa mission.)

⚠ Tous les temps composés sont formés à l'aide de l'auxiliaire **haber** suivi du participe passé qui reste invariable et qui ne doit pas en être séparé.
→La prensa <u>siempre</u> **ha sido** un sector muy controlado.
(La presse <u>a toujours été</u> un secteur très contrôlé.)

⚠ Le plus-que-parfait, dans un contexte au passé, peut indiquer l'antériorité par rapport à un fait exprimé à l'imparfait ou au passé simple.
→El hotel Rotonda **se había construido** para acoger a los extranjeros que **llegaban** a miles.
(L'hôtel Rotonda avait été construit pour accueillir les étrangers qui arrivaient par milliers.)

D Les aspects de l'action

Contrairement au temps du verbe qui indique **quand** se déroule l'action, l'aspect indique **comment** se déroule cette action.

1. Action à venir

- **ir a + infinitif**

→¿Cuándo nos **vamos a conocer**?
(Quand allons-nous faire connaissance ?)

2. Début d'une action

- **empezar a** / **ponerse a** + **infinitif**
→ La mujer de Marcelino **se puso a llorar**.
(La femme de Marcelino se mit à pleurer.)

- **empezar por** + **infinitif** / **empezar** + **gérondif** : première étape d'une suite d'actions.
→ Paula **empezó defendiendo** mujeres en casos de divorcio. *(Paula débuta en défendant des femmes dans des procédures de divorce.)*

3. Déroulement d'une action

- **estar** + **gérondif** : exprime une action en cours de réalisation.
→ ¡Te **estoy hablando** en serio! *(Je te parle sérieusement !)*

- **ir** + **gérondif** : exprime une action en cours de réalisation en insistant sur la progression.
→ Con cada viaje la leyenda **se iba enriqueciendo**.
(La légende s'enrichissait à chaque voyage.)

- **seguir** + **gérondif** : indique qu'une action continue à se dérouler ou exprime une étape intermédiaire dans une série d'actions.
→ No podemos **seguir aceptando** tales discriminaciones. *(Nous ne pouvons pas continuer à accepter de telles discriminations.)*

- **llevar** /**pasarse** + **indication d'une durée** + **gérondif** : précise la durée de l'action.
→ **Se había pasado la tarde estudiando**.
(Elle avait passé son après-midi à étudier.)

4. La répétition

- **volver a** + **infinitif**
→ **Volvemos a tener** una influencia fuerte en China.
(Nous avons à nouveau une forte influence en Chine.)

5. L'habitude

- **soler** + **infinitif**
→ Era el apodo que **solían dar** a los españoles.
(C'est le surnom qu'ils avaient l'habitude de donner aux Espagnols.)

6. Le passé immédiat

- **acabar de** + **infinitif** : l'action vient de se produire.
→ ¡**Acaba de estallar** la guerra!
(La guerre vient d'éclater !)

7. Aboutissement d'une action

- **acabar por** + **infinitif** / **acabar** + **gérondif** : dernière étape d'une suite d'actions.
→ Paula **acabó siendo** una abogada conocida.
(Paula finit par devenir une avocate connue.)

8. Interruption d'une action

- **dejar de** + **infinitif** : indique qu'on arrête une action.
→ Lamentaron mucho **dejar de verlas**.
(Ils regrettèrent beaucoup de ne plus les voir.)

19 Exprimer un fait non réalisé

A Au présent

1. Le présent du subjonctif

Le subjonctif étant le mode de l'irréel, le présent indique qu'une action, même réalisable, n'est pas concrétisée au moment où l'on parle.
→ Prefiero que me lo **expliques**.
(Je préfère que tu me l'expliques.)

Il s'utilise en particulier :

- Quand un fait est mis en doute par avance.
→ **No pienso** que **puedas** hacerte rico en Argentina.
(Je ne pense pas que tu puisses t'enrichir en Argentine.)

- Dans la subordonnée introduite par **que** après des verbes exprimant la volonté (**querer**), l'ordre (**mandar**, **pedir**, **ordenar**), le conseil (**aconsejar**), le souhait (**esperar**, **desear**), la prière (**rogar**), l'interdiction (**impedir**, **prohibir**).
→ ¿De qué **quieres** que **hablemos**?
(De quoi veux-tu que nous parlions ?)
→ **Pedimos** que **dejen** de discriminar a las mujeres.
(Nous demandons que l'on cesse de discriminer les femmes.)

- Pour exprimer le **but** dans une subordonnée introduite par **para que** :
→ **Para que** el público se **entere**, Medina Azahara es el Nueva York de la época. *(Pour que le public le sache, Medina Azahara est le New York de l'époque.)*

- Pour exprimer l'**opposition** dans une subordonnée introduite par **aunque** :
→ **Aunque** las sirenas **cambien** de forma, su leyenda permanece. *(Même si les sirènes changent de forme, leur légende demeure.)*

2. Le présent du conditionnel

Le conditionnel est utilisé dans la principale pour :

- Formuler un désir de façon atténuée
→ Le **gustaría** conocer Macondo.
(Il aimerait connaître Macondo.)

- Formuler un conseil, une suggestion, une hypothèse
→ ¿**Comerías** esta carne?
(Tu mangerais de cette viande ?)
- Formuler poliment une demande
→ ¿**Te importaría** ayudarme en la escalerita con el sillón? *(Ça t'ennuierait de m'aider avec mon fauteuil dans les escaliers ?)*

Le conditionnel du verbe **querer** (**querría**) est presque toujours remplacé par la forme de l'imparfait du subjonctif imparfait **quisiera**.
→ **Quisiera** saber si a ti te gusta cocinar.
(Je voudrais savoir si tu aimes cuisiner.)

B Au passé

L'imparfait du subjonctif

Il a la même valeur et les mêmes emplois dans un contexte au passé que le présent du subjonctif dans un contexte au présent.
→ No pensaba que una mujer **pudiera** entrar en la Guardia Civil.
*(Il ne pensait pas qu'une femme **puisse** entrer dans la Garde Civile.)*

20 Exprimer un fait à venir

A Exprimer un fait certain

1. Le futur de l'indicatif

Contrairement aux autres temps de l'indicatif, le futur exprime un fait non encore réalisé mais déjà considéré comme certain, dans la principale comme dans la subordonnée.
→ Si llegan los Internacionales no se **tomará** Madrid.
(Si les Brigades Internationales arrivent, Madrid ne tombera pas.)

2. Le futur proche (= *ir* + *a* + infinitif)

→ ¡**Van a tomar** el poder por la fuerza!
(Ils vont prendre le pouvoir par la force !)

B Exprimer un fait incertain

Le présent du subjonctif

Dans de nombreux cas, pour exprimer un fait à venir dans une subordonnée, l'espagnol utilise le subjonctif présent.
→ Cuanto antes **empieces**, más oportunidades **tendrá** tu hijo. *(Plus tu commenceras tôt, plus ton fils aura de chances de réussir.)*

21 Exprimer un ordre ou une défense

A L'ordre

L'impératif

En espagnol, il comporte cinq personnes, la 3e personne du singulier correspondant a **usted** et la 3e personne du pluriel à **ustedes**.
→ ¡**Observe** usted! *(Observez, Monsieur !)*

Il n'existe que deux formes spécifiques d'impératif :

(tú) : ¡**Habla**! *(Parle !)*

(vosotros) : ¡**Hablad**! *(Parlez !)*

Les formes des autres personnes (**usted**, **nosotros**, **ustedes**) sont empruntées au subjonctif.

⚠ Les pronoms compléments se mettent en enclise. → 17.C
→ ¡Siénten**se** ustedes! *(Asseyez-vous !)*
→ ¡Déjame**lo**! *(Prête-le moi !)*

On peut également exprimer un ordre à toutes les personnes avec **a + infinitif**.
→ **¡A trabajar!** *(Au travail !)*

B La défense (l'interdiction)

Pour exprimer une interdiction, on utilise, à toutes les personnes, les formes du **subjonctif présent** précédées de **no**. On ne fait pas l'enclise.
→ ¡**No te rindas** nunca! *(N'abandonne jamais !)*

On peut également exprimer une interdiction en utilisant à l'impératif **dejar de + infinitif**.
→ ¡**Deja de preguntar** estupideces!
(Arrête de poser des questions stupides !)

22 La concordance des temps

Lorsque le subjonctif est nécessaire dans une subordonnée, le temps auquel le verbe doit être employé dépend du temps du verbe de la proposition principale. C'est ce qu'on appelle **la concordance des temps**, qui n'est plus appliquée en français dans la langue courante.

Principale	Subordonnée au subjonctif
Temps du présent	
Présent de l'indicatif Passé composé Futur simple Impératif	Présent du subjonctif Passé composé du subjonctif
Temps du passé	
Imparfait de l'indicatif Plus-que-parfait Passé simple Conditionnel	Imparfait du subjonctif Plus-que-parfait du subjonctif

→ **Luchamos** para que no **ocurra**. *(Nous luttons pour que cela n'arrive pas.)*
→ **Luchábamos** para que no **ocurriera**. *(Nous luttions pour que cela n'arrive pas.)*
→ Me **alegro** mucho de que **hayas venido** a vernos. *(Je suis très content que tu sois venu(e) nous voir.)*
→ Te **llamaré** para que **podamos** vernos. *(Je t'appellerai pour que nous puissions nous voir.)*
→ Me **habría** apenado que **hubieras fracasado**. *(J'aurais été peiné que tu échoues.)*
→ **Preferiría** que aquello no **hubiera ocurrido** nunca. *(Je préférerais que cela ne soit jamais arrivé.)*

23 Exprimer une hypothèse

Il existe plusieurs façons d'exprimer une hypothèse, soit à l'indicatif, soit au subjonctif (le subjonctif renforce le caractère hypothétique du fait envisagé) :

- **acaso**, **a lo mejor**, **quizás**, **tal vez** + indicatif
- **futur de l'indicatif** (= futur d'hypothèse)
- **quizás**, **tal vez** + **subjonctif**
- **puede que**, **es posible que** + **subjonctif présent**
- **deber de** + **infinitif**

→ **A lo mejor** antes no **tenían** tanto interés.
(Peut-être qu'avant ça ne les intéressait pas autant.)
→ ¿De dónde **habrá** salido? *(D'où peut-elle bien sortir ?)*
→ **Quizás no seas** la persona que esperan.
(Peut-être n'es-tu pas la personne qu'ils attendent.)

24 Exprimer l'obligation

A L'obligation personnelle

L'obligation personnelle s'adresse à une ou à plusieurs personnes en particulier. Elle s'exprime à l'aide de :

- **tener que** + **infinitif**
- **deber** + **infinitif**
- **ser necesario que** + **subjonctif**
- **hacer falta que** + **subjonctif**

→ **Tenemos que seguir** juntos.
(Nous devons continuer ensemble.)
→ Siempre **debemos** favorecer la inclusión.
(Nous devons toujours favoriser l'inclusion.)

B L'obligation impersonnelle

L'obligation impersonnelle ne s'adresse à personne en particulier donc à tous de manière générale. Elle s'exprime à l'aide de :

- **hay que** + **infinitif**
- **hacer falta** + **infinitif**
- **ser necesario** + **infinitif**

→ **Había que entrar** en la capital.
(Il fallait entrer dans la capitale.)

25 Les prépositions

A Les formes

a	*(à)*	**desde**	*(depuis)*	**para**	*(pour)*
ante	*(devant)*	**durante**	*(pendant)*	**por**	*(par)*
bajo	*(sous)*	**en**	*(dans, en)*	**según**	*(selon)*
con	*(avec)*	**entre**	*(entre, parmi)*	**sin**	*(sans)*
contra	*(contre)*	**hacia**	*(vers)*	**sobre**	*(sur)*
de	*(de)*	**hasta**	*(jusqu'à)*	**tras**	*(après)*

B Les emplois

1. La préposition *A*

- Précède un COD de personne ou animal familier.
→ Me imagino **a** un señor con toga.
(J'imagine un monsieur en toge.)
- Indique le lieu où l'on va.
→ Juan Chion emigró **a** Argentina.
(Juan Chion émigra en Argentine.)
- Introduit le complément d'attribution.
→ Quiero premios **a** las mejores artistas.
(Je veux des prix pour les meilleures artistes.)

2. La préposition *CON*

- Permet de caractériser.
→ Hay un caserío **con** ese nombre.
(Il y a un hameau de ce nom.)
- Indique le moyen.
→ Macondo se hizo famoso **con** aquella novela.
(Macondo devint célèbre grâce à ce roman.)
- Indique la manière.
→ Los miraban **con** gesto de sorpresa.
(Elles les regardaient d'un air surpris.)
- Indique l'accompagnement.
→ Pigafetta viajó **con** Magallanes en su primer viaje alrededor del mundo.
(Pigafetta accompagna Magellan dans son premier voyage autour du monde.)

3. La préposition *DE*

- Indique l'origine ou le lieu d'où l'on vient.
→ G. García Márquez es **de** Aracataca.
(G. García Márquez est d'Aracataca.)
- Indique la matière
→ Se encontraban piedrecitas **de** oro.
(On trouvait de petites pierres en or.)
- Indique une qualité essentielle.
→ Esas sirenas eran criaturas **de** piel gris.
(Ces sirènes étaient des créatures à la peau grise.)
- Elle apparaît dans l'expression de la date.
→ Recuerdo aquel abril **de** 2007.
(Je me rappelle ce mois d'avril 2007.)

4. La préposition *EN*

- Indique le lieu où l'on est.
→ "Juego de tronos" se rodó **en** España.
(« Game of Thrones » a été tourné en Espagne.)
- Indique le temps
→ El mito se hizo realidad **en** 1545.
(Le mythe devint réalité en 1545.)
- Indique la manière
→ Arantxa se desplaza **en** sillón de ruedas.
(Arantxa se déplace en fauteuil roulant.)

5. La préposition *PARA*

- Exprime le but.
→ Inventaron el mito **para** alejar a los intrusos.
(Ils inventèrent le mythe pour éloigner les intrus.)
- Exprime un point de vue.
→ **Para** A. Grandes, hay que apoyar la huelga.
(Pour A. Grandes, il faut soutenir la grève.)
- Indique le temps.
→ ¿**Para** cuándo piensas tener hijos?
(Les enfants, c'est pour quand ?)
- Exprime l'attribution.
→ Las *apps* SAI han sido ideadas **para** las comunidades indígenas.
(Les « apps » SAI ont été conçues pour les communautés indigènes.)

6. La préposition *POR*

- Indique un déplacement à l'intérieur d'un même lieu.
→ Lo persiguieron **por** las selvas del Amazonas.
(Ils le cherchèrent dans les forêts amazoniennes.)
- Indique le lieu par où on passe.
→ La Ruta de Sur pasa **por** Sevilla.
(Le Parcours du Sud passe par Séville.)
- Indique le temps.
→ Era allá **por** los años 70.
(C'était dans les années 70.)
- Introduit le complément d'agent dans une tournure passive.
→ Fueron vencidos **por** el hambre.
(Ils furent vaincus par la faim.)
- Indique la cause, le motif.
→ Sufría *bullying* **por** mi acento.
(J'étais harcelé à cause de mon accent.)
- Indique l'échange.
→ Lo hacían **por** un salario ínfimo.
(Elles le faisaient pour un salaire de misère.)

7. Les prépositions *DESDE, HASTA*

Ces prépositions ont un sens spatial et/ou temporel.
→La guerra duró **desde** 1936 **hasta** 1939
(La guerre a eu lieu de 1936 à 1939.)
→**Desde** Madrid **hasta** Alicante fui en tren.
(Depuis Madrid jusqu'à Alicante j'ai pris le train.)

C La construction directe

Contrairement au français, certains verbes sont directement suivis de l'infinitif comme **permitir**, **aconsejar**, **decidir**, **intentar**, **lograr**, **pedir**, **prohibir**, **proponer**.
→Les **permite Ø aprender** a la vez que se divierten.
(Cela leur permet d'apprendre en s'amusant.)
→Te **propongo Ø ir** al cine el viernes.
(Je te propose d'aller au cinéma vendredi.)

26 L'expression de la cause

La cause peut être indiquée par des mots de nature différente :

Interrogatifs	**¿por qué?** *(pourquoi [pour quelle raison])*
Prépositions	**por** *(pour)*, **de**
Conjonctions de subordination	**porque** *(parce que)* **ya que**, **puesto que** *(puisque, étant donné que)* **como**, lorsque la subordonnée de cause précède la principale

→**Como** no oye ni ve, Daniel se comunica con el mundo mediante un código.
(Comme il ne voit ni n'entend, Daniel communique avec le monde au moyen d'un code.)

Dans la langue parlée, **que** remplace souvent **porque**.
→¡Date prisa, **que** solo tenemos conexión por una hora! *(Dépêche-toi, nous n'avons qu'une heure de connexion.)*

27 L'expression du but

Le but peut être indiqué par des mots de nature différente :

Interrogatifs	**¿para qué?** *(pourquoi ? dans quel but ?)*
Prépositions	**para + nom** ou **infinitif** **a + infinitif** *(pour)*
Conjonctions de subordination	**para que + subjonctif** *(pour que)*

→Se fueron a América **a** buscar oro.
(Ils partirent pour l'Amérique pour chercher de l'or.)

⚠ Si le sujet du verbe de la subordonnée est différent de celui de la principale, on emploie **para que** + subjonctif.
→Luchamos **para defender** la República.
(Nous luttons pour défendre la République.)
→Luch**amos para que** eso no **ocurra**.
(Nous luttons pour que cela n'arrive pas.)

28 L'expression de la conséquence

La conséquence peut être indiquée par les locutions suivantes :

A Les formes

Locutions conjonctives	**así que** *(si bien que)*, **de modo que** *(de telle sorte que)* **tan… que** *(si, tellement… que)*, **tanto(a)/tantos(as) que** *(tant de, tellement de… que)*, **tal(es) que** *(tel/telle/tels/telles que)*

B Les emplois

→Medina Azahara era **tan** moderna y tan rica **que** atraía a los máximos científicos de la época.
(Medina Azahara était si moderne et si riche qu'elle attirait les meilleurs scientifiques de l'époque.)
→Cantabria está llena de cuevas, **así que** muchísimos espeleólogos vienen a visitarla.
(La Cantabrie est pleine de grottes, si bien que de très nombreux spéléologues viennent la visiter.)

29 L'expression de la manière

La manière peut être indiquée par des mots de nature différente :

Interrogatifs	**¿cómo?** *(comment ?)*, **¿de qué manera?** *(de quelle manière ?)*
Adverbes	**así** *(ainsi)*, **deprisa** *(vite)*, **bien** *(mal)*, **mal** *(mal)*, **más bien** *(plutôt)*, **solo** *(seulement)* **Adverbes** en **-mente**
Prépositions	**en** *(en)*, **de** *(de)*, **con** *(avec)*, **sin** *(sans)*
Conjonctions de subordination	**como** *(comme)*
Autres	**Le gérondif** **con solo + infinitif** *(rien qu'en)*

→ Dio cuatro vueltas **royéndose** las uñas. *(Elle fit trois tours en se rongeant les ongles.)*
→ **Con solo pulsar** esta tecla, me llamas y te respondo. *(Rien qu'en appuyant sur cette touche, tu m'appelles et je te réponds.)*

▪ Les adverbes de manière se forment avec le **féminin** de l'adjectif auquel on ajoute le suffixe **-mente**.
→ tranquil**o** → tranquil**a** → tranquila**mente** *(tranquillement)*
→ amabl**e** → amabl**e** → amable**mente** *(aimablement)*

⚠ Si deux ou plusieurs adverbes en **-mente** se suivent, seul le dernier prend la terminaison **-mente**.
→ Paseaba lenta y tranquila**mente**. *(Elle se promenait lentement et tranquillement.)*

30 Indiquer le temps

Le temps peut être indiqué par des mots de nature différente :

Interrogatifs	**¿cuándo?** *(quand ?)*, **¿desde cuándo?** *(depuis quand ?)*, **¿hasta cuándo?** *(jusqu'à quand ?)* **¿cuánto tiempo?** *(combien de temps ?)* **¿a qué hora?** *(À quelle heure ?)*
Adverbes	**ayer** *(hier)*, **hoy** *(aujourd'hui)*, **mañana** *(demain)*, **ahora** *(maintenant)* **anoche** *(hier soir)*, **anteayer** *(avant-hier)*, **pasado mañana** *(après-demain)* **antes** *(avant)*, **después** *(après)*, **luego** *(ensuite)*, **entonces** *(alors)*, **aún** *(encore)* **por fin** *(enfin)*, **nunca/jamás** *(jamais)*, **siempre** *(toujours)*, **a menudo** *(souvent)* **tarde** *(tard)*, **temprano** *(tôt)*, **pronto** *(vite, tôt)*, **en seguida** *(tout de suite)* **de nuevo / otra vez** *(de nouveau)*, **todavía** *(encore)*, **a veces** *(quelquefois)* **ya** *(déjà)*, **ya no** *(ne... plus)*, **mucho tiempo** *(longtemps)*
Prépositions	**a** *(à)*, **en** *(en)*, **de** *(de)*, **desde** *(depuis)*, **entre** *(entre)*, **hacia** *(vers)*, **hasta** *(jusqu'à)*, **antes de** *(avant)*, **después de** *(après)*, **durante** *(pendant)*, **a lo largo de** *(tout au long de)*, **al cabo de** *(au bout de)*, **a punto de** *(sur le point de)*
Conjonctions de subordination	**cuando** *(quand, lorsque)*, **mientras** *(pendant que)*

→ Se conocieron **durante** una fiesta, un día **después de** la Liberación de París. *(Ils se sont connus pendant une fête, un jour après la Libération de Paris.)*

Emplois particuliers

▪ **al + infinitif :** indique, comme **mientras**, la simultanéité de deux actions.
→ **Al entrar**, un mensaje le llamó la atención. *(Quand elle entra, un message attira son attention.)*
→ **Mientras** ella estaba leyendo, escuchó la señal. *(Pendant qu'elle lisait, elle entendit le signal.)*

▪ **de + adjectif** = **cuando + imparfait**
→ **De pequeño**, Fonsi se mudó a Florida. *(Quand il était petit, Fonsi déménagea en Floride.)*

⚠ Pour exprimer la durée, l'espagnol n'utilise pas **siempre** *(« toujours »)* mais **todavía** ou **aún** *(« encore »)*.
→ **Todavía** vive en Madrid. *(Il vit toujours à Madrid.)*

31 Indiquer le lieu

Le lieu peut être indiqué par des mots de nature différente, des interrogatifs, des adverbes, des prépositions, des relatifs.

Interrogatifs	**¿dónde?**, **¿adónde?** *(où ?)*, **¿de dónde?** *(d'où ?)*, **¿desde dónde?** *(depuis où ?)* **¿por dónde?** *(par où ?)*, **¿hacia dónde?** *(vers où ?)*, **¿hasta dónde?** *(jusqu'où ?)* **¿delante de qué?** *(devant quoi, devant quel(s)quelle(s) ?)...*
Adverbes	**aquí**/**acá** *(ici)*, **ahí** *(là)*, **allí**/**allá** *(là-bas)*, **adelante** *(en avant)*, **atrás** *(en arrière)* **abajo** *(en bas)*, **delante** *(devant)*, **detrás** *(derrière)*, **enfrente** *(en face)* **arriba** *(en haut)*, **encima** *(au-dessus)*, **debajo** *(en-dessous)*, **cerca** *(près)*, **lejos** *(loin)* **dentro** *(dedans)*, **fuera** *(dehors)* **a la izquierda** *(à gauche)*, **a la derecha** *(à droite)*, **en medio** *(au milieu)* **alrededor** *(autour)*, **al lado** *(à côté)*
Prépositions	**a** *(à, en)*, **en** *(en, à)*, **de** *(de)*, **desde** *(depuis)*, **por** *(par)*, **sobre** *(sur)*, **entre** *(entre)* **hacia** *(vers)*, **hasta** *(jusqu'à)*
Locutions prépositives	Elles se forment à partir de la plupart des adverbes auxquels on rajoute la préposition **de** : **debajo de** *(sous)*, **a la izquierda de** *(à gauche de)...*
Relatifs	**donde**, **en que**, **en el(la) cual**/**que**, **en los(las) cuales**/**que** *(où)* **adonde** *(où)*, **por donde** *(par où)*, **hasta donde** *(jusqu'où)*, **hacia donde** *(vers où)* Avec les autres prépositions ou locutions, on forme le relatif à partir de **el(la) cual**/**que, los(las) cuales**/**que** : **sobre el que** *(sur lequel)...*

→ Es a este lado **donde** quiero estar. *(C'est de ce côté que je veux être.)*
→ Se paseó **desde** el Arco de Triunfo **hasta** la tumba del Soldado desconocido.
(Il se promena depuis l'Arc de Triomphe jusqu'à la tombe du Soldat Inconnu.)
→ Lo miraba **de arriba abajo**. *(Il le regardait de haut en bas.)*
→ ¡**Aquí** estoy! *(Je suis ici ! / Me voici !)*
→ ¡Ven **acá**! *(Viens par ici !)*

⚠ L'espagnol fait la différence entre le lieu où l'on est (sans déplacement), le lieu d'où l'on vient, le lieu où l'on va et le lieu par où l'on passe (avec déplacement).

→ Matías estaba **en** París y no quiso volver **a** España. *(Matías était à Paris et ne voulut pas rentrer en Espagne.)*

32 L'expression de l'opposition et de la concession

L'opposition peut être indiquée par des mots de nature différente :

Adverbes et locutions adverbiales	**sin embargo** *(pourtant)*, **en cambio** *(par contre)* **aun** *(même)*, **no... sino** *(non seulement... mais)*
Conjonctions	**pero** *(mais)*, **aunque** *(bien que, même si)*
Locutions conjonctives	**a pesar de + nom ou infinitif** *(malgré)*, **a pesar de que + verbe** *(bien que)*

Ces mots introduisent une opposition par rapport à l'idée exprimée dans la principale.
→ Está lloviendo mucho, **sin embargo**, tengo que salir.
(Il pleut beaucoup, pourtant je dois sortir).

- Si l'opposition marquée dans la subordonnée porte sur un fait réel, **aunque est suivi de l'indicatif** et correspond au français « bien que ».
→ **Aunque** me **llaman** "la bloguera", en realidad **dirijo** un periódico digital. *(Bien qu'on m'appelle « la blogueuse », en réalité je dirige un journal en ligne.)*

- Si l'opposition marquée dans la subordonnée porte sur un fait hypothétique, **aunque est suivi du subjonctif** et correspond au français « même si ».
→ **Aunque tenga** dinero para eso, Conde nunca se **comprará** un móvil. *(Même un jour il a l'argent pour cela, Conde ne s'achètera jamais un portable.)*

⚠ La concordance des temps s'applique.
→ **Aunque tuviera** dinero para eso, Conde nunca se **compraría** un móvil. *(Même s'il avait l'argent pour cela, Conde ne s'achèterait jamais un portable.)*

33 L'expression de la condition

A La condition est réalisable

Il s'agit d'une condition réalisable au moment où l'on parle.

Subordonnée	Principale
si + présent de l'indicatif	présent/futur/impératif

→ Si **llegan** a Madrid las Brigadas, el plan de Franco **fracasará**.
(Si les Brigades arrivent à Madrid, le plan de Franco échouera.)

B La condition n'est pas réalisée

- Si la condition n'est pas réalisée au moment où l'on parle (irréel du présent) :

Subordonnée	Principale
si + imparfait du subjonctif	conditionnel

→ Si **conociera** su origen, te lo **diría**.
(Si je savais d'où elle vient, je te le dirais.)

- S'il s'agit d'une condition non réalisée dans le passé :

Subordonnée	Principale
si + plus-que-parfait du subjonctif	Conditionnel passé

→ **Si** me **hubierais preguntado**, os lo **habría dicho**.
(Si vous me l'aviez demandé, je vous l'aurais dit.)

Dans la principale, le conditionnel passé est presque toujours remplacé par le plus-que-parfait du subjonctif.

⚠ **Como si** est toujours suivi de l'imparfait ou du plus-que-parfait du subjonctif.

→ Es **como si estuviéramos** en la Prehistoria. *(C'est comme si nous étions à la Préhistoire.)*

Il est possible de remplacer la subordonnée conditionnelle par **de + infinitif**.
→ **De habér**melo preguntado, os lo **habría** dicho.
(Si vous me l'aviez demandé, je vous l'aurais dit.)

34 Les équivalents de « on »

Le pronom indéfini « on » a plusieurs équivalents en espagnol, en fonction de la / des personne(s) qu'il représente.

- **se + 3e personne singulier ou du pluriel** est la tournure la plus souvent utilisée.

« On » = « tout le monde en général »

→ En este barrio chino de La Habana, **se juega** al mahjong. *(Dans ce quartier chinois de La Havane, on joue au mahjong.)*
→ En Hialeah **se** oy**en** mucha**s** conversacion**es** en español. *(A Hialeah, on entend beaucoup de conversations en espagnol.)*

- **Verbe à la 3e personne** du **pluriel** utilisé sans sujet exprimé quand on ne sait pas qui fait l'action, et/ou qu'il s'agit d'un fait accidentel.

« On » = « quelqu'un, des gens » (sauf celui qui parle)

→ ¿Qué habl**an** en Guinea Ecuatorial?
(Quelle langue parle-t-on en Guinée équatoriale ?)

- **uno** ou **una** + **3e personne du singulier** est utilisé quand le verbe est pronominal et/ou quand le locuteur s'implique personnellement.

« On » = « je »

→ Cuando **uno** camin**a** en Chan Chan, **uno se** sient**e** pequeñito.
(Quand on marche à Chan Chan, on se sent tout petit.)

- **nosotros(as)** + **1e personne du pluriel** indique que le locuteur s'inclut.

« On » = « nous »

En français, « on » signifie très souvent « nous » (surtout dans la langue parlée). Dans ce cas, l'espagnol utilise toujours la 1re personne du pluriel.
→ En los bares ¡sí que grit**amos**!
(Dans les bars, oui, on crie !)

Dans la langue parlée, la 2e personne du singulier a souvent la même valeur que l'indéfini « on » ; c'est une façon de généraliser une expérience personnelle, et non un tutoiement.
→ Si uno encuentra el oro, ¿qué hac**es** con eso?
(Si on trouve l'or, qu'est-ce qu'on en fait ?)

35 Les équivalents du verbe « être »

Le verbe « être » a deux équivalents en espagnol, **ser** et **estar**.

A SER

On utilise toujours le verbe **ser** quand l'attribut est :

- **un nom :** → **Soy** cantante. *(Je suis chanteuse.)*
- **un pronom :** → Conde, **¿eres tú**? *(C'est toi, Conde ?)*
- **un infinitif :** → Lo importante **es** trabajar. *(Ce qui est important, c'est de travailler.)*
- **un nombre :** → **Son** cien euros. *(Ça fait cent euros.)*

On utilise toujours le verbe **ser** pour exprimer :

- **l'origine :** → Mi padre **es** árabe. *(Mon père est Arabe.)*
- **la matière :** → Su vestimenta **es** de oro. *(Son vêtement est en or.)*
- **l'appartenance :** → El celular **es** de Yoyi. *(Le portable est à Yoyi.)*
- **l'insistance :** → **Es** a este lado **donde** quiero estar. *(C'est de ce côté-ci que je veux être.)*
- **l'heure :** → **Es** la una, **son** las dos… *(Il est une heure, il est deux heures…)*

B ESTAR

On utilise toujours le verbe **estar** pour situer :

- **dans l'espace :** → **Estamos** en La Habana. *(Nous sommes à La Havane.)*
- **dans le temps :** → **Estamos** en el siglo XXI. *(Nous sommes au XXIe siècle.)*

- On utilise le verbe **estar** suivi du gérondif pour exprimer une action en train de se dérouler. → 18.D
- On utilise toujours le verbe **estar** dans certaines expressions courantes.
→ **estar de vacaciones** *(être en vacances)*
→ **estar bien**, **estar mal** *(être bien, être mal…)*

C SER ou ESTAR ?

1. Employés avec un adjectif

ser indique :

- **une caractéristique essentielle**
→ Fonsi **era** morenito y tímido.
(Fonsi était un petit brun timide.)
→ Esta carne **es** buena porque reduce el impacto ambiental. *(Cette viande est bonne car elle limite l'impact sur l'environnement.)*

estar indique :

- **un état** passager ou non, lié aux circonstances
→ **Estoy** contenta de verte.
(Je suis contente de te voir.)
→ La clienta del Taco Bell **estaba** furiosa.
(La cliente du Taco Bell était furieuse.)
- **une valeur subjective**
→ Esta carne **está** buena.
(Cette viande est bonne (je l'ai goûtée).)

L'emploi de **ser** ou de **estar** change le sens de certains adjectifs :

Avec *SER*	Adjectifs	Avec *ESTAR*
attentionné(e)	**atento(a)**	*attentif(ive)*
fou, folle (malade)	**loco(a)**	*fou, folle (extravagant[e])*
beau, belle	**guapo(a)**	*bien mis(e), bien habillé(e)*
méchant(e)	**malo(a)**	*malade*
malin(e)	**listo(a)**	*prêt(e)*
brun(e)	**moreno(a)**	*bronzé(e)*
bon(nne), gentil(le)	**bueno(a)**	*en bonne santé*
vert(e)	**verde**	*pas mûr(e)*

2. Employés avec un participe passé

- **ser forme la voie passive**. Le sujet subit l'action effectuée par le complément d'agent qui est introduit par la préposition **por**. Ce dernier peut ne pas être exprimé.
→ La empleada **fue despedida**. *(L'employée fut renvoyée.)*

- **estar indique le résultat d'une action.**
→ Riveiro **estaba asombrado**. *(Riveiro était étonné.)*

36 Exprimer ses goûts, ses sentiments, ses sensations

- Pour exprimer des goûts, on emploie en espagnol les verbes **gustar**, **encantar**. Ils se conjuguent à la 3e personne du singulier ou à la 3e personne du pluriel selon que leur sujet (qui est généralement placé après le verbe) est singulier ou pluriel.

→ A Helia **le** gust**an** lo**s** ciel**os** estrellad**os**. *(Helia aime les ciels étoilés. = Les ciels étoilés plaisent à Hélia.)*

→ **Les gustó** mucho el Alcázar de Sevilla. *(Ils ont beaucoup aimé l'Alcazar de Séville.)*

- Les verbes **do<u>l</u>er**, **apetecer**, **c<u>o</u>star** se construisent comme **gustar**.

→ Me **duelen** los ojos. *(J'ai mal aux yeux.)*

→ ¿Os **apetece** probar esta carne artificial? *(Vous avez envie de goûter cette viande artificielle ?)*

→ Al Comandante le **cuesta** creer que Silvia Gil sea teniente de la Guardia Civil. *(Le Commandant a du mal à croire que Silvia Gil soit lieutenant de la Garde Civile.)*

37 Les équivalents de « devenir »

Il existe en espagnol plusieurs équivalents du verbe français « devenir ».

- **hacerse + adjectif ou nom**

C'est le verbe le plus neutre, utilisable dans la plupart des cas. Il exprime un changement volontaire qui s'inscrit dans une certaine durée.

→ Tenía una sola idea: **hacerse** rico. *(Il n'avait qu'une idée : devenir riche.)*

- **volverse + adjectif**

Ce verbe indique un changement plus radical et souvent définitif.

→ El vídeo **se volvió** viral. *(La vidéo est devenue virale.)*

- **convertirse en + nom**

Ce verbe indique un changement important.

→ Argentina pretendía **convertirse en** una nación importante. *(L'Argentine voulait devenir une nation importante.)*

- **ponerse + adjectif**

Ce verbe exprime un changement passager et subi par le sujet.

→ La duquesa **se puso** pálida al ver el cuadro de Goya. *(La duchesse devint pâle en voyant le tableau de Goya.)*

- **llegar a ser + adjectif ou nom**

Cette expression indique un changement progressif dont le résultat est définitif.

→ Los chinos **llegaron a ser** parte de la sociedad cubana. *(Les Chinois sont devenus des Cubains à part entière.)*

38 Tournure d'insistance

1. Accord du verbe

Pour insister, le français emploie la formule **c'est... qui /que**, ou **ce sont... qui/que**. En espagnol, le verbe **ser** s'accorde avec le sujet (**soy yo, eres tú**...) et avec le temps du verbe de la principale.

→ **Fueron** los republicanos **los que** perdieron la Guerra Civil. *(<u>Ce sont</u> les républicains <u>qui</u> ont perdu la Guerre Civile.)*

2. Choix du relatif

- Pour insister sur une/des choses ou des personnes : **quien**/**quienes** (pour des personnes), **el**/**la**/**los**/**las que** (personnes ou choses).

→ **Son** ellas mismas **las que** han dado las clases. *(Ce sont elles qui ont donné les cours.)*

→ **Son** estas clases **las que** les han permitido conocer mejor su lengua. *(Ce sont ces cours qui leur ont permis de mieux connaître leur langue.)*

- Pour insister sur le complément de lieu : **donde**

→ **Fue** en Macondo **donde** nació G. García Márquez. *(C'est à Macondo que G. García Márquez est né.)*

- Pour insister sur le complément de temps : **cuando**

→ **Fue** en abril de 2007 **cuando** escribí mi primer "post". *(C'est en avril 2007 que j'ai écrit mon premier « post ».)*

- Pour insister sur le complément de manière : **como**

→ **Fue** tocando música **como** Fonsi logró salir de su timidez. *(C'est en jouant de la musique que Fonsi réussit à sortir de sa timidité.)*

Cette tournure d'insistance, moins simple à utiliser qu'en français, est aussi moins employée. En espagnol, il suffit parfois de mettre en tête l'élément sur lequel on insiste, ou d'exprimer le pronom sujet (qui est habituellement omis). → 17.B

→ **Limitando** la contaminación lumínica podremos seguir observando el cielo. *(**C'est** en limitant la pollution lumineuse **que** nous pourrons continuer à observer le ciel.)*

→ **Yo** lo he dicho. / Lo he dicho **yo**. *(**C'est** moi **qui** l'ai dit.)*

39 Les équivalents de « il y a »

« il y a » = hay

Cette forme invariable de **haber** est la plus fréquemment utilisée pour traduire « il y a ».

→¿**Hay** ascensor? ¿**Hay** aseos? *(Il y a un ascenseur ? Il y a des toilettes ?)*

→No **había** nadie que hablara inglés. *(Il n'y avait personne qui parle anglais.)*

« il y a » = hace

L'utilisation de **hacer** à la 3e personne du singulier est obligatoire lorsqu'il y a une indication de durée.

→La novela "Cien años de soledad" se publicó **hace** unos cincuenta años.
(Le roman « Cent ans de solitude » a été publié il y a une cinquantaine d'années.)

40 Style direct / style indirect

Le style indirect permet de rapporter des propos entendus dans un dialogue ou une conversation. Ces propos sont rapportés dans une **subordonnée**, au moyen d'un **verbe introducteur** :

- **decir**, **explicar**, **afirmar**, **declarar** + **que**, pour une phrase déclarative.
- **preguntar** + **si** ou **qué**, **quién**, **dónde**, **cuándo**, **cómo**, pour une phrase interrogative.
- **decir**, **pedir**, **mandar**, **ordenar** + **que**, pour une phrase à l'impératif.

Le passage au style indirect entraîne des changements de personne, de temps et de mode.

1. Changement de personne

Le verbe, le pronom, les adjectifs possessifs sont à la 3e personne.

→En **mi** perfil del foro no lo **pongo**. →Adela dice que en **su** perfil del foro no lo pon**e**.
*(Sur **mon** profil du forum, **je** ne le me**ts** pas. →Adela dit que sur **son** profil, **elle** ne le **met** pas.)*

2. Changement de temps

Si le verbe introducteur est au présent, pas de changement ; s'il est au **passé**, on respecte la cohérence des temps dans la subordonnée.

Style direct	Style indirect (subordonnée)
Présent	**Imparfait ou passé simple**
→¿Os apete**ce** jugar? →La profesora les pregunt**ó** a los alumnos si les apetec**ía** jugar. *(Vous **avez** envie de jouer ? →La professeure demand**a** aux élèves s'ils av**aien**t envie de jouer.)*	
Passé simple ou passé composé	**Passé simple ou plus que parfait**
→¿Qué se te **ha perdido** allí? →Le pregunt**aban** qué se le **había perdido** allí. *(Qu'**es-tu** allé faire là-bas ? →On lui demand**ait** ce qu'il **était allé** faire là-bas.)*	
Futur	**Conditionnel**
→**Nos veremos** en el Parque del Centro. →Le **dijo** que **se verían** en el Parque del Centro. *(On se retrouve**ra** au Parc du Centre. →Il lui **dit** qu'ils se retrouve**raien**t au Parc du Centre.)*	

3. Changement de mode

Style direct	Style indirect
impératif	**subjonctif**
→¡**Llamad** al Almirante y **decidle** que son sirenas! →Les pide que llam**en** al Almirante y le **digan** que son sirenas. *(**Appelez** l'Amiral et **dites-lui** que ce sont des sirènes ! →Il leur demande d'appeler l'Amiral et de lui dire que ce sont des sirènes.)*	

⚠ Si le verbe introducteur est au passé, il faut appliquer la concordance des temps.
→Les **pidió** que llam**aran** al Almirante y le **dijeran** que eran sirenas.
(Il leur demanda d'appeler l'Amiral et de lui dire que c'étaient des sirènes.)

FORMATION DES VERBES RÉGULIERS

Présent de l'indicatif	Présent du subjonctif
AR radical + **-o, -as, -a, -amos, áis, -an** **ER** radical + **-o, -es, -e, -emos, -éis, -en** **IR** radical + **-o, -es, -e, -imos, -ís, -en**	**AR** radical + **-e, -es, -e, -emos, éis, -en** **ER** radical + **-a, -as, -a, -amos, áis, -an** **IR** radical + **-a, -as, -a, -amos, áis, -an**

Impératif

AR / **ER** / **IR** →
- la 2e p. sg. de l'indicatif sans **-s**
- la 2e p. pl. = infinitif moins le **-r**, plus le **-d**
- la 3e p. sg., 1re p. pl. et 3e p. pl. = les personnes correspondantes du présent du subjonctif

Imparfait	Participe passé	Gérondif
AR radical + **-aba, -abas, -aba, -ábamos, -ábais, -aban** **ER** radical + **-ía, -ías, -ía, -íamos, -íais, -ían** **IR** radical + **-ía, -ías, -ía, -íamos, -íais, -ían**	**AR** radical + **-ado** **ER** radical + **-ido** **IR** radical + **-ido**	**AR** radical + **-ando** **ER** radical + **-iendo** **IR** radical + **-iendo**

Futur	Conditionnel
AR / **ER** / **IR** infinitif + **-é, -ás, -á, -emos, -éis, -án**	**AR** / **ER** / **IR** infinitif + **-ía, -ías, -ía, -íamos, -íais, -ían**

Passé simple	Imparfait du subjonctif
AR radical + **-é, -aste, -ó, -amos, -asteis, -aron** **ER** radical + **-í, -iste, -ió, -imos, -isteis, -ieron** **IR** radical + **-í, -iste, -ió, -imos, -isteis, -ieron**	**AR** radical + **-ara, -aras, -ara, -áramos, -arais, -aran** **ER** radical + **-iera, -ieras, -iera, -iéramos, -ierais, -ieran** **IR** radical + **-iera, -ieras, -iera, -iéramos, -ierais, -ieran**

Verbes à diphtongue

e → **ie** / **o** → **ue** / **u** → **ue** →
- aux 3 personnes du sg. et à la 3e p. pl. du présent de l'indicatif
- aux 3 personnes du sg. et à la 3e p. pl. du présent du subjonctif
- aux 2e et 3e personnes du sg. et à la 3e p. pl. de l'impératif

Verbes à affaiblissement

e → **i** →
- aux 3 personnes du sg. et à la 3e p. pl. du présent de l'indicatif
- à toutes les personnes du présent du subjonctif
- à toutes les personnes de l'imparfait du subjonctif
- aux 2e et 3e personnes du sg. et à la 1er et 3e p. pl. de l'impératif
- au gérondif
- à la 3e personne du sg. et du pl. du passé simple

Verbes à alternance

e → **ie** / **o** → **ue** →
- aux 3 personnes du sg. et à la 3e p. pl. du présent de l'indicatif
- aux 3 personnes du sg. et à la 3e p. pl. du présent du subjonctif
- aux 2e et 3e personnes du sg. et à la 3e p. pl. de l'impératif

e → **i** / **o** → **u** →
- à la 1re p. pl. de l'impératif
- à la 3e p. sg. et à la 3e p. pl. du passé simple
- aux 1re et 2e p. pl. du présent du subjonctif
- à toutes les personnes de l'imparfait du subjonctif
- au gérondif

FORMATION DES VERBES IRRÉGULIERS

	Présent indicatif	Présent du subjonctif	Imparfait de l'indicatif
Verbes en -GO			
Caer	caigo	→ caig-a, -as, -a...	**Ir** → iba, ibas, iba...
Decir	digo	→ dig-a, -as, -a...	**Ser** → era, eras, era...
Hacer	hago	→ hag-a, -as, -a...	**Ver** → veía, veías, veía...
Oir	oigo	→ oig-a, -as, -a...	
Poner	pongo	→ pong-a, -as, -a...	
Salir	salgo	→ salg-a, -as, -a...	
Tener	tengo	→ teng-a, -as, -a...	
Traer	traigo	→ traig-a, -as, -a...	
Valer	valgo	→ valg-a, -as, -a...	
Venir	vengo	→ veng-a, -as, -a...	
Verbes en -ACER, -ECER, -OCER, -DUCIR, -UIR			
Nacer	nazco	→ nazc-a, -as, -a...	
Parecer	parezco	→ parezc-a, -as, -a...	
Conocer	conozco	→ conozc-a, -as, -a...	
Conducir	conduzco	→ conduzc-a, -as, -a...	
Concluir	concluyo	→ concluy-a, -as, -a...	
Autres verbes			
Dar	doy	→ d-é, -és, -é...	
Estar	estoy	→ est-é, -és, -é...	
Haber	he	→ hay-a, -as, -a...	
Ir	voy	→ vay-a, -as, -a...	
Saber	sé	→ sep-a, -as, -a...	
Ser	soy	→ se-a, -as, -a...	
Ver	veo	→ ve-a, -as, -a...	

	Futur	Conditionnel
Decir	diré	→ diría
Haber	habré	→ habría
Hacer	haré	→ haría
Poder	podré	→ podría
Poner	pondré	→ pondría
Querer	querré	→ querría
Saber	sabré	→ sabría
Salir	saldré	→ saldría
Tener	tendré	→ tendría
Valer	valdré	→ valdría
Venir	vendré	→ vendría

	Passé Simple	Imparfait du subj.
Andar	anduve	→ anduviera
Dar	di	→ diera
Decir	dije	→ dijera
Estar	estuve	→ estuviera
Haber	hube	→ hubiera
Hacer	hice (hizo)	→ hiciera
Poder	pude	→ pudiera
Poner	puse	→ pusiera
Querer	quise	→ quisiera
Saber	supe	→ supiera
Ser /Ir	fui	→ fuera
Tener	tuve	→ tuviera
Traer	traje	→ trajera
Venir	vine	→ viniera
-ducir	-duje	→ -dujera

Impératif (2e sg)		Participe passé	
Decir → di	**Ir** → ve (vamos)	**Abrir** → abierto	**Morir** → muerto
Hacer → haz	**Salir** → sal	**Cubrir** → cubierto	**Poner** → puesto
Poner → pon	**Ser** → sé	**Decir** → dicho	**Romper** → roto
Tener → ten	**Venir** → ven	**Escribir** → escrito	**Ver** → visto
		Hacer → hecho	**Volver** → vuelto

MODIFICATIONS ORTHOGRAPHIQUES : le changement de la voyelle de terminaison entraîne des modifications orthographiques pour conserver **la même prononciation.**

- **c** + o/a → **qu** + e — **Buscar** : busco, busque, busqué (= explicar, sacar, colocar...)
- **g** + o/a → **gu** + e — **Llegar** : llegamos, lleguemos... (= negar, pegar, apagar...)
- **z** + o/a → **c** + e — **Empezar** : empiezas, empiece... (= lanzar, avanzar, analizar...)
- **g**+ e/i → **j** + o/a — **Coger** : cojo, coges, coja... (= proteger, surgir...)
- **i** entre deux voyelles → **y** — **Leer** : leyó, leyeron, leyera... (= tous les verbes dont le radical est terminé par une voyelle).

Conjugaison

A Les verbes réguliers

		Prés. de l'ind.	Prés. du subj.	Impératif	Futur	Conditionnel
1	**Hablar** Gérondif : habl-ando Participe passé : habl-ado	habl-o habl-a-s habl-a habl-a-mos habl-á-is habl-a-n	habl-e habl-e-s habl-e habl-e-mos habl-é-is habl-e-n	... habl-a habl-e habl-e-mos habl-a-d habl-e-n	hablar-é hablar-á-s hablar-á hablar-e-mos hablar-é-is hablar-á-n	hablar-ía hablar-ía-s hablar-ía hablar-ía-mos hablar-ía-is hablar-ía-n
2	**Comer** Gérondif : com-iendo Participe passé : com-ido	com-o com-e-s com-e com-e-mos com-é-is com-e-n	com-a com-a-s com-a com-a-mos com-á-is com-a-n	... com-e com-a com-a-mos com-e-d com-a-n	comer-é comer-á-s comer-á comer-e-mos comer-é-is comer-á-n	comer-ía comer-ía-s comer-ía comer-ía-mos comer-ía-is comer-ía-n
3	**Vivir** Gérondif : viv-iendo Participe passé : viv-ido	viv-o viv-e-s viv-e viv-i-mos viv-í-s viv-e-n	viv-a viv-a-s viv-a viv-a-mos viv-á-is viv-a-n	... viv-e viv-a viv-a-mos viv-i-d viv-a-n	vivir-é vivir-á-s vivir-á vivir-e-mos vivir-é-is vivir-á-n	vivir-ía vivir-ía-s vivir-ía vivir-ía-mos vivir-ía-is vivir-ía-n

B Les verbes à diphtongue

		Prés. de l'ind.	Prés. du subj.	Impératif	Futur	Conditionnel
4	**Querer** Gérondif : quer-iendo Participe passé : quer-ido	quier-o quier-e-s quier-e quer-e-mos quer-é-is quier-e-n	quier-a quier-a-s quier-a quer-a-mos quer-á-is quier-a-n	... quier-e quier-a quer-a-mos quer-e-d quier-a-n	querr-é querr-á-s querr-á querr-e-mos querr-é-is querr-á-n	querr-ía querr-ía-s querr-ía querr-ía-mos querr-ía-is querr-ía-n
5	**Volver** Gérondif : volv-iendo Participe passé : vuelto	vuelv-o vuelv-e-s vuelv-e volv-e-mos volv-é-is vuelv-e-n	vuelv-a vuelv-a-s vuelv-a volv-a-mos volv-á-is vuelv-a-n	... vuelv-e vuelv-a volv-a-mos volv-e-d vuelv-a-n	volver-é volver-á-s volver-á volver-e-mos volver-é-is volver-á-n	volver-ía volver-ía-s volver-ía volver-ía-mos volver-ía-is volver-ía-n

C Les verbes à affaiblissement

		Prés. de l'ind.	Prés. du subj.	Impératif	Futur	Conditionnel
6	**Vestir** Gérondif : vist-iendo Participe passé : vest-ido	vist-o vist-e-s vist-e vest-i-mos vest-í-s vist-e-n	vist-a vist-a-s vist-a vist-a-mos vist-á-is vist-a-n	... vist-e vist-a vist-a-mos vest-i-d vist-a-n	vestir-é vestir-á-s vestir-á vestir-e-mos vestir-é-is vestir-á-n	vestir-ía vestir-ía-s vestir-ía vestir-ía-mos vestir-ía-is vestir-ía-n

D Les verbes à alternance

		Prés. de l'ind.	Prés. du subj.	Impératif	Futur	Conditionnel
7	**Dormir** Gérondif : durm-iendo Participe passé : dorm-ido	duerm-o duerm-e-s duerm-e dorm-i-mos dorm-í-s duerm-e-n	duerm-a duerm-a-s duerm-a durm-a-mos durm-á-is duerm-a-n	... duerm-e duerm-a durm-a-mos dorm-i-d duerm-a-n	dormir-é dormir-á-s dormir-á dormir-e-mos dormir-é-is dormir-á-n	dormir-ía dormir-ía-s dormir-ía dormir-ía-mos dormir-ía-is dormir-ía-n
8	**Sentir** Gérondif : sint-iendo Participe passé : sent-ido	sient-o sient-e-s sient-e sent-i-mos sent-í-s sient-e-n	sient-a sient-a-s sient-a sint-a-mos sint-á-is sient-a-n	... sient-e sient-a sint-a-mos sent-i-d sient-a-n	sentir-é sentir-á-s sentir-á sentir-e-mos sentir-é-is sentir-á-n	sentir-ía sentir-ía-s sentir-ía sentir-ía-mos sentir-ía-is sentir-ía-n

Imparf. de l'ind.	Passé composé	Plus-que-parfait	Passé simple	Imparf. du subj.
habl-aba habl-aba-s habl-aba habl-ába-mos habl-aba-is habl-aba-n	he habl-ado has habl-ado ha habl-ado hemos habl-ado habéis habl-ado han habl-ado	había habl-ado habías habl-ado había habl-ado habíamos habl-ado habíais habl-ado habían habl-ado	habl-é habl-aste habl-ó habl-a-mos habl-aste-is habl-aro-n	habl-ara habl-ara-s habl-ara habl-ára-mos habl-ara-is habl-ara-n
com-ía com-ía-s com-ía com-ía-mos com-ía-is com-ía-n	he com-ido has com-ido ha com-ido hemos com-ido habéis com-ido han com-ido	había com-ido habías com-ido había com-ido habíamos com-ido habíais com-ido habían com-ido	com-í com-iste com-ió com-i-mos com-iste-is com-iero-n	com-iera com-iera-s com-iera com-iéra-mos com-iera-is com-iera-n
viv-ía viv-ía-s viv-ía viv-ía-mos viv-ía-is viv-ía-n	he viv-ido has viv-ido ha viv-ido hemos viv-ido habéis viv-ido han viv-ido	había viv-ido habías viv-ido había viv-ido habíamos viv-ido habíais viv-ido habían viv-ido	viv-í viv-iste viv-ió viv-i-mos viv-iste-is viv-iero-n	viv-iera viv-iera-s viv-iera viv-iéra-mos viv-iera-is viv-iera-n

quer-ía quer-ía-s quer-ía quer-ía-mos quer-ía-is quer-ía-n	he quer-ido has quer-ido ha quer-ido hemos quer-ido habéis quer-ido han quer-ido	había quer-ido habías quer-ido había quer-ido habíamos quer-ido habíais quer-ido habían quer-ido	quis-e quis-iste quis-o quis-i-mos quis-iste-is quis-iero-n	quis-iera quis-iera-s quis-iera quis-iéra-mos quis-iera-is quis-iera-n
volv-ía volv-ía-s volv-ía volv-ía-mos volv-ía-is volv-ía-n	he vuelto has vuelto ha vuelto hemos vuelto habéis vuelto han vuelto	había vuelto habías vuelto había vuelto habíamos vuelto habíais vuelto habían vuelto	volv-í volv-iste volv-ió volv-i-mos volv-iste-is volv-iero-n	volv-iera volv-iera-s volv-iera volv-iéra-mos volv-iera-is volv-iera-n

vest-ía vest-ía-s vest-ía vest-ía-mos vest-ía-is vest-ía-n	he vest-ido has vest-ido ha vest-ido hemos vest-ido habéis vest-ido han vest-ido	había vest-ido habías vest-ido había vest-ido habíamos vest-ido habíais vest-ido habían vest-ido	vest-í vest-iste vist-ió vest-i-mos vest-iste-is vist-iero-n	vist-iera vist-iera-s vist-iera vist- iéra-mos vist- iera-is vist- iera-n

dorm-ía dorm-ía-s dorm-ía dorm-ía-mos dorm-ía-is dorm-ía-n	he dorm-ido has dorm-ido ha dorm-ido hemos dorm-ido habéis dorm-ido han dorm-ido	había dorm-ido habías dorm-ido había dorm-ido habíamos dorm-ido habíais dorm-ido habían dorm-ido	dorm-í dorm-iste durm-ió dorm-i-mos dorm-iste-is durm-iero-n	durm-iera durm-iera-s durm-iera durm-iéra-mos durm-iera-is durm-iera-n
sent-ía sent-ía-s sent-ía sent-ía-mos sent-ía-is sent-ía-n	he sent-ido has sent-ido ha sent-ido hemos sent-ido habéis sent-ido han sent-ido	había sent-ido habías sent-ido había sent-ido habíamos sent-ido habíais sent-ido habían sent-ido	sent-í sent-iste sint-ió sent-i-mos sent-iste-is sint-iero-n	sint-iera sint-iera-s sint-iera sint-iéra-mos sint-iera-is sint-iera-n

Conjugaison

E Les verbes irréguliers

		Prés. de l'ind.	Prés. du subj.	Impératif	Futur	Conditionnel
1	Caer Gérondif : ca-yendo Participe passé : ca-ído	caig-o ca-e-s ca-e ca-e-mos ca-é-is ca-e-n	caig-a caig-a-s caig-a caig-a-mos caig-á-is caig-a-n	… ca-e caig-a caig-a-mos ca-e-d caig-a-n	caer-é caer-á-s caer-á caer-e-mos caer-é-is caer-á-n	caer-ía caer-ía-s caer-ía caer-ía-mos caer-ía-is caer-ía-n
2	Conocer Gérondif : conoc-iendo Participe passé : conoc-ido	conozc-o conoc-e-s conoc-e conoc-e-mos conoc-é-is conoc-e-n	conozc-a conozc-a-s conozc-a conozc-a-mos conozc-á-is conozc-a-n	… conoc-e conozc-a conozc-a-mos conoc-e-d conozc-a-n	conocer-é conocer-á-s conocer-á conocer-e-mos conocer-é-is conocer-á-n	conocer-ía conocer-ía-s conocer-ía conocer-ía-mos conocer-ía-is conocer-ía-n
3	Dar Gérondif : d-ando Participe passé : d-ado	doy d-a-s d-a d-a-mos d-a-is d-a-n	d-é d-e-s d-é d-e-mos d-e-is d-e-n	… d-a d-é d-e-mos d-a-d d-e-n	dar-é dar-á-s dar-á dar-e-mos dar-é-is dar-á-n	dar-ía dar-ía-s dar-ía dar-ía-mos dar-ía-is dar-ía-n
4	Decir Gérondif : dic-iendo Participe passé : dicho	dig-o dic-e-s dic-e dec-i-mos dec-í-s dic-e-n	dig-a dig-a-s dig-a dig-a-mos dig-á-is dig-a-n	… di dig-a dig-a-mos dec-i-d dig-a-n	dir-é dir-á-s dir-á dir-e-mos dir-é-is dir-á-n	dir -ía dir -ía-s dir -ía dir -ía-mos dir -ía-is dir -ía-n
5	Estar Gérondif : est-ando Participe passé : est-ado	est-oy est-á-s est-á est-a-mos est-á-is est-á-n	est-é est-é-s est-é est-e-mos est-é-is est-é-n	… est-á est-é est-e-mos est-a-d est-é-n	estar-é estar-á-s estar-á estar-e-mos estar-é-is estar-á-n	estar-ía estar-ía-s estar-ía estar-ía-mos estar-ía-is estar-ía-n
6	Haber Gérondif : hab-iendo Participe passé : hab-ido	h-e h-a-s h-a h-e-mos hab-é-is h-a-n	hay-a hay-a-s hay-a hay-a-mos hay-á-is hay-a-n		habr-é habr-á-s habr-á habr-e-mos habr-é-is habr-á-n	habr-ía habr-ía-s habr-ía habr-ía-mos habr-ía-is habr-ía-n
7	Hacer Gérondif : hac-iendo Participe passé : hecho	hag-o hac-e-s hac-e hac-e-mos hac-é-is hac-e-n	hag-a hag-a-s hag-a hag-a-mos hag-á-is hag-a-n	… haz hag-a hag-a-mos hac-e-d hag-a-n	har-é har-á-s har-á har-e-mos har-é-is har-á-n	har-ía har-ía-s har-ía har-ía-mos har-ía-is har-ía-n
8	Ir Gérondif : yendo Participe passé : ido	v-oy v-a-s v-a v-a-mos v-a-is v-a-n	v-ay-a v-ay-a-s v-ay-a v-ay-a-mos v-ay-á-is v-ay-a-n	… v-e v-aya v-aya-mos (v-a-mos) i-d v-aya-n	ir-é ir-á-s ir-á ir-e-mos ir-é-is ir-á-n	ir-ía ir-ía-s ir-ía ir-ía-mos ir-ía-is ir-ía-n
9	Oír Gérondif : o-yendo Participe passé : o-ído	oig-o oy-e-s oy-e o-í-mos o-ís oy-e-n	oig-a oig-a-s oig-a oig-a-mos oig-á-is oig-a-n	… oy-e oig-a oig-a-mos o-í-d oig-a-n	oir-é oir-á-s oir-á oir-e-mos oir-é-is oir-á-n	oir-ía oir-ía-s oir-ía oir-ía-mos oir-ía-is oir-ía-n

Imparf. de l'ind.	Passé composé	Plus-que-parfait	Passé simple	Imparf. du subj.
ca-ía ca-ía-s ca-ía ca-ía-mos ca-ía-is ca-ía-n	he ca-ído has ca-ído ha ca-ído hemos ca-ído habéis ca-ído han ca-ído	había ca-ído habías ca-ído había ca-ído habíamos ca-ído habíais ca-ído habían ca-ído	ca-í ca-iste ca-yó ca-i-mos ca-iste-is ca-yero-n	ca-yera ca-yera-s ca-yera ca-yéra-mos ca-yera-is ca-yera-n
conoc-ía conoc-ía-s conoc-ía conoc-ía-mos conoc-ía-is conoc-ía-n	he conoc-ido has conoc-ido ha conoc-ido hemos conoc-ido habéis conoc-ido han conoc-ido	había conoc-ido habías conoc-ido había conoc-ido habíamos conoc-ido habíais conoc-ido habían conoc-ido	conoc-í conoc-iste conoc-ió conoc-i-mos conoc-iste-is conoc-iero-n	conoc-iera conoc-iera-s conoc-iera conoc-iéra-mos conoc-iera-is conoc-iera-n
d-aba d-aba-s d-aba d-ába-mos d-aba-is d-aba-n	he d-ado has d-ado ha d-ado hemos d-ado habéis d-ado han d-ado	había d-ado habías d-ado había d-ado habíamos d-ado habíais d-ado habían d-ado	d-i d-iste d-io d-i-mos d-iste-is d-iero-n	d-iera d-iera-s d-iera d-iéra-mos d-iera-is d-iera-n
dec-ía dec-ía-s dec-ía dec-ía-mos dec-ía-is dec-ía-n	he dicho has dicho ha dicho hemos dicho habéis dicho han dicho	había dicho habías dicho había dicho habíamos dicho habíais dicho habían dicho	dij-e dij-iste dij-o dij-i-mos dij-iste-is dij-ero-n	dij-era dij-era-s dij-era dij-éra-mos dij-era-is dij-era-n
est-aba est-aba-s est-aba est-ába-mos est-aba-is est-aba-n	he est-ado has est-ado ha est-ado hemos est-ado habéis est-ado han est-ado	había est-ado habías est-ado había est-ado habíamos est-ado habíais est-ado habían est-ado	estuv-e estuv-iste estuv-o estuv-i-mos estuv-iste-is estuv-iero-n	estuv-iera estuv-iera-s estuv-iera estuv-iéra-mos estuv-iera-is estuv-iera-n
hab-ía hab-ía-s hab-ía hab-ía-mos hab-ía-is hab-ía-n			hub-e hub-iste hub-o hub-i-mos hub-iste-is hub-iero-n	hub-iera hub-iera-s hub-iera hub-iéra-mos hub-iera-is hub-iera-n
hac-ía hac-ía-s hac-ía hac-ía-mos hac-ía-is hac-ía-n	he hecho has hecho ha hecho hemos hecho habéis hecho han hecho	había hecho habías hecho había hecho habíamos hecho habíais hecho habían hecho	hic-e hic-iste hiz-o hic-i-mos hic-iste-is hic-iero-n	hic-iera hic-iera-s hic-iera hic-iéra-mos hic-iera-is hic-iera-n
i-ba i-ba-s i-ba í-ba-mos i-ba-is i-ba-n	he ido has ido ha ido hemos ido habéis ido han ido	había ido habías ido había ido habíamos ido habíais ido habían ido	fu-i fu-iste fu-e fu-i-mos fu-iste-is fu-ero-n	fu-era fu-era-s fu-era fu-éra-mos fu-era-is fu-era-n
o-ía o-ía-s o-ía o-ía-mos o-ía-is o-ía-n	he o-ído has o-ído ha o-ído hemos o-ído habéis o-ído han o-ído	había o-ído habías o-ído había o-ído habíamos o-ído habíais o-ído habían o-ído	o-í o-íste o-yó o-í-mos o-íste-is o-yero-n	o-yera o-yera-s o-yera o-yéra-mos o-yera-is o-yera-n

Conjugaison

		Prés. de l'ind.	Prés. du subj.	Impératif	Futur	Conditionnel
1	Poder Gérondif : pud-iendo Participe passé : pod-ido	pued-o pued-e-s pued-e pod-e-mos pod-é-is pued-e-n	pued-a pued-a-s pued-a pod-a-mos pod-á-is pued-a-n	… pued-e pued-a pod-a-mos pod-e-d pued-a-n	podr-é podr-á-s podr-á podr-e-mos podr-é-is podr-á-n	podr-ía podr-ía-s podr-ía podr-ía-mos podr-ía-is podr-ía-n
2	Poner Gérondif : pon-iendo Participe passé : puesto	pong-o pon-e-s pon-e pon-e-mos pon-é-is pon-e-n	pong-a pong-a-s pong-a pong-a-mos pong-á-is pong-a-n	… pon pong-a pong-a-mos pon-e-d pong-a-n	pondr-é pondr-á-s pondr-á pondr-e-mos pondr-é-is pondr-á-n	pondr-ía pondr-ía-s pondr-ía pondr-ía-mos pondr-ía-is pondr-ía-n
3	Saber Gérondif : sab-iendo Participe passé : sab-ido	sé sab-e-s sab-e sab-e-mos sab-é-is sab-e-n	sep-a sep-a-s sep-a sep-a-mos sep-á-is sep-a-n	… sab-e sep-a sep-a-mos sab-e-d sep-a-n	sabr-é sabr-á-s sabr-á sabr-e-mos sabr-é-is sabr-á-n	sabr-ía sabr-ía-s sabr-ía sabr-ía-mos sabr-ía-is sabr-ía-n
4	Salir Gérondif : sal-iendo Participe passé : sal-ido	salg-o sal-e-s sal-e sal-i-mos sal-í-s sal-e-n	salg-a salg-a-s salg-a salg-a-mos salg-á-is salg-a-n	… sal salg-a salg-a-mos sal-i-d salg-a-n	saldr-é saldr-á-s saldr-á saldr-e-mos saldr-é-is saldr-á-n	saldr-ía saldr-ía-s saldr-ía saldr-ía-mos saldr-ía-is saldr-ía-n
5	Ser Gérondif : s-iendo Participe passé : s-ido	soy eres es somos sois son	se-a se-a-s se-a se-a-mos se-á-is se-a-n	… sé se-a se-a-mos s-e-d se-a-n	ser-é ser-á-s ser-á ser-e-mos ser-é-is ser-á-n	ser-ía ser-ía-s ser-ía ser-ía-mos ser-ía-is ser-ía-n
6	Tener Gérondif : ten-iendo Participe passé : ten-ido	teng-o tien-e-s tien-e ten-e-mos ten-é-is tien-e-n	teng-a teng-a-s teng-a teng-a-mos teng-á-is teng-a-n	… ten teng-a teng-a-mos ten-e-d teng-a-n	tendr-é tendr-á-s tendr-á tendr-e-mos tendr-é-is tendr-á-n	tendr-ía tendr-ía-s tendr-ía tendr-ía-mos tendr-ía-is tendr-ía-n
7	Traer Gérondif : tra-yendo Participe passé : tra-ído	traig-o tra-e-s tra-e tra-e-mos tra-é-is tra-e-n	traig-a traig-a-s traig-a traig-a-mos traig-á-is traig-a-n	… tra-e traig-a traig-a-mos tra-e-d traig-a-n	traer-é traer-á-s traer-á traer-e-mos traer-é-is traer-á-n	traer-ía traer-ía-s traer-ía traer-ía-mos traer-ía-is traer-ía-n
8	Venir Gérondif : vin-iendo Participe passé : ven-ido	veng-o vien-e-s vien-e ven-i-mos ven-í-s vien-e-n	veng-a veng-a-s veng-a veng-a-mos veng-á-is veng-a-n	… ven veng-a veng-a-mos ven-i-d veng-a-n	vendr-é vendr-á-s vendr-á vendr-e-mos vendr-é-is vendr-á-n	vendr-ía vendr-ía-s vendr-ía vendr-ía-mos vendr-ía-is vendr-ía-n
9	Ver Gérondif : v-iendo Participe passé : visto	ve-o v-e-s v-e v-e-mos v-e-is v-e-n	ve-a ve-a-s ve-a ve-a-mos ve-á-is ve-a-n	… v-e ve-a ve-a-mos v-e-d ve-a-n	ver-é ver-á-s ver-á ver-e-mos ver-é-is ver-á-n	ver-ía ver-ía-s ver-ía ver-ía-mos ver-ía-is ver-ía-n

Imparf. de l'ind.	Passé composé	Plus-que-parfait	Passé simple	Imparf. du subj.
pod-ía	he pod-ido	había pod-ido	pud-e	pud-iera
pod-ía-s	has pod-ido	habías pod-ido	pud-iste	pud-iera-s
pod-ía	ha pod-ido	había pod-ido	pud-o	pud-iera
pod-ía-mos	hemos pod-ido	habíamos pod-ido	pud-i-mos	pud-iéra-mos
pod-ía-is	habéis pod-ido	habíais pod-ido	pud-iste-is	pud-iera-is
pod-ía-n	han pod-ido	habían pod-ido	pud-iero-n	pud-iera-n
pon-ía	he puesto	había puesto	pus-e	pus-iera
pon-ía-s	has puesto	habías puesto	pus-iste	pus-iera-s
pon-ía	ha puesto	había puesto	pus-o	pus-iera
pon-ía-mos	hemos puesto	habíamos puesto	pus-i-mos	pus-iéra-mos
pon-ía-is	habéis puesto	habíais puesto	pus-iste-is	pus-iera-is
pon-ía-n	han puesto	habían puesto	pus-iero-n	pus-iera-n
sab-ía	he sab-ido	había sab-ido	sup-e	sup-iera
sab-ía-s	has sab-ido	habías sab-ido	sup-iste	sup-iera-s
sab-ía	ha sab-ido	había sab-ido	sup-o	sup-iera
sab-ía-mos	hemos sab-ido	habíamos sab-ido	sup-i-mos	sup-iéra-mos
sab-ía-is	habéis sab-ido	habíais sab-ido	sup-iste-is	sup-iera-is
sab-ía-n	han sab-ido	habían sab-ido	sup-iero-n	sup-iera-n
sal-ía	he sal-ido	había sal-ido	sal-í	sal-iera
sal-ía-s	has sal-ido	habías sal-ido	sal-iste	sal-iera-s
sal-ía	ha sal-ido	había sal-ido	sal-ió	sal-iera
sal-ía-mos	hemos sal-ido	habíamos sal-ido	sal-i-mos	sal-iéra-mos
sal-ía-is	habéis sal-ido	habíais sal-ido	sal-iste-is	sal-iera-is
sal-ía-n	han sal-ido	habían sal-ido	sal-iero-n	sal-iera-n
era	he s-ido	había s-ido	fu-i	fu-era
era-s	has s-ido	habías s-ido	fu-iste	fu-era-s
era	ha s-ido	había s-ido	fu-e	fu-era
éra-mos	hemos s-ido	habíamos s-ido	fu-i-mos	fu-éra-mos
era-is	habéis s-ido	habíais s-ido	fu-iste-is	fu-era-is
era-n	han s-ido	habían s-ido	fu-ero-n	fu-era-n
ten-ía	he ten-ido	había ten-ido	tuv-e	tuv-iera
ten-ía-s	has ten-ido	habías ten-ido	tuv-iste	tuv-iera-s
ten-ía	ha ten-ido	había ten-ido	tuv-o	tuv-iera
ten-ía-mos	hemos ten-ido	habíamos ten-ido	tuv-i-mos	tuv-iéra-mos
ten-ía-is	habéis ten-ido	habíais ten-ido	tuv-iste-is	tuv-iera-is
ten-ía-n	han ten-ido	habían ten-ido	tuv-iero-n	tuv-iera-n
tra-ía	he tra-ído	había tra-ído	traj-e	traj-era
tra-ía-s	has tra-ído	habías tra-ído	traj-iste	traj-era-s
tra-ía	ha tra-ído	había tra-ído	traj-o	traj-era
tra-ía-mos	hemos tra-ído	habíamos tra-ído	traj-i-mos	traj-éra-mos
tra-ía-is	habéis tra-ído	habíais tra-ído	traj-iste-is	traj-era-is
tra-ía-n	han tra-ído	habían tra-ído	traj-ero-n	traj-era-n
ven-ía	he ven-ido	había ven-ido	vin-e	vin-iera
ven-ía-s	has ven-ido	habías ven-ido	vin-iste	vin-iera-s
ven-ía	ha ven-ido	había ven-ido	vin-o	vin-iera
ven-ía-mos	hemos ven-ido	habíamos ven-ido	vin-i-mos	vin-iéra-mos
ven-ía-is	habéis ven-ido	habíais ven-ido	vin-iste-is	vin-iera-is
ven-ía-n	han ven-ido	habían ven-ido	vin-iero-n	vin-iera-n
ve-ía	he visto	había visto	v-i	v-iera
ve-ía-s	has visto	habías visto	v-iste	v-iera-s
ve-ía	ha visto	había visto	v-io	v-iera
ve-ía-mos	hemos visto	habíamos visto	v-i-mos	v-iéra-mos
ve-ía-is	habéis visto	habíais visto	v-iste-is	v-iera-is
ve-ía-n	han visto	habían visto	v-iero-n	v-iera-n

Index grammatical

→ Les renvois de cet index correspondent aux numéros des fiches du précis grammatical.

Mercado de Pochutla, Oaxaca, México

Paisaje de la provincia de Zaragoza, España

Crédits photographiques

Couverture:(m) AGE FOTOSTOCK / Wolf Winter ; (ht)AGE FOTOSTOCK/ Jose Fuste Raga, (bas): ISTOCK / Getty images - Garrett Andrew Chong

20h SHUTTERSTOCK / katerinarspb ; **20b** © Rmn GP 2019 / DR ; **21** Ayuntamiento de Jerez / DR ; **22** © Atresmedia; **24** CHRISTOPHE L COLLECTION @ pantelion Films/3Pas Studios/ Lionsgate ; **25** © Miller Jackson Digital / DR ; **26** CHRISTOPHE L COLLECTION @Telemundo ; **27** SIPA PRESS / Newscom-Hutchins Photo-2019 Kathy Hutchins ; **28** CHRISTOPHE L COLLECTION @ The Walt Disney Company ; **29** PANORAMIC / Imago ; **30** © Agencia EFE ; **31** BESTIMAGE / Backgrid USA ; **32** AGE FOTOSTOCK / Fotosearch LBRF ; **33** © Clara Jiménez Cruz / DR ; **34** Carlos Requena, requena.org.mx / DR ; **35** Carlos Requena, requena.org.mx / DR ; **36** Alejandro Discórides ; **38** Editorial Dibbuks, 2015 / DR ; **39** "Ribadesella te queremos", Chanclas ; **40** © Turismo Asturias / DR ; **41** Gardel Bertrand / hemis.fr ; **42** HEMIS / Gardel Bertrand ; **44** CHRISTOPHE L COLLECTION @ Movistar+/Arte ; **44h** ADOBE STOCK PHOTO / BillionPhotos.com ; **45h** GETTY IMAGES / Europa Press Entertainment ; **45b** CHRISTOPHE L COLLECTION @Nova Veranda ; **47** **©** Netflix / DR ; **48** © Paco Roca ; **49** © Paco Roca ; **50** PHOTO12.COM / ALAMY ; **51** AKG-Images / Album / Oronoz ; **52** PHOTO12.COM / ALAMY ; **53** PHOTO12.COM / ALAMY ; **54** SIPA PRESS /EFEVISUAL-EFE-Miguel Calero ; **56h** GETTY IMAGES /Marco Bottigelli **56** Tom Bojarczuk / DR ; **57** hidráulica inca / DR ; **58** NATURIMAGES / David Greyo ; **60** AKG-Images /Album-J. Enrique Molina; david Alfaro Siqueiros @ Adagp, Paris 2020 ; **61** Ayuntamiento de Valencia / DR ; **62** Ministerio de Igualdad español / DR ; **63** GETTY IMAGES /Medios y Media - Victor Chavez ; **64** © AHIGE ; **65** © Anna Gener / DR ; **66h** GETTY IMAGES /Medios y Media - Victor Chavez ; **66b** SIPA PRESS / EFE-Lafototeca.com-MARISCAL ; **69** CHRISTOPHE L COLLECTION @ Movistar +/ Veranda TV ; **72** Leemage / Photo Josse; **73** Jose Val del Omar@ADAGP, Paris 2020 ; **74** BRIDGEMAN IMAGES @ Succession Picasso, 2020 ; **75** AGE FOTOSTOCK / Image Broker / Karl F. SchÖfmann ; **77** © Generalitat Valenciana / DR ; **78** AGE FOTOSTOCK / Sergio Pitamitz ; **80h** PHOTO12.COM / ALAMY ; **80m** AFP / Getty Images-Getty Images Europe-David Ramos ; **81h** MAGNUM / Thomas Hoepker ; **81b** HEMIS / Guillaume Soularue ; **84** Fundación Once / DR ; **85** © Guada TV / DR ; **86hg** © Solidarios Canal Sur / DR ; 86b © Promico Imagen / DR ; **86bd** CHRISTOPHE L COLLECTION @ Alicia Produce / Promico Imagen ; **87** Pablo Pineda es, ademas del primer europero diplomado con sindrome de down, consultor en diversidad de Fundacion Adecco ; **88** Ayuntamiento Alcalá de Henares / DR ; **89** SIPA PRESS / EFEVISUAL-EFE-Daniel Pérez ; **90** GETTY IMAGES / Europa Press Entertainment ; **92** SHUTTERSTOCK / Maxx -Studio ; **92b** Droits Réservés/ elmundo.es ; **93hg** CHRISTOPHE L COLLECTION / @ MGM ; **93hd** CHRISTOPHE L COLLECTION /@ MGM ; **95** DR ; **96** © Ecoembes ; **97** DR ; **98** © ecoinclusion ; **99 © Ecoalf project** ; **100** DR ; **101** AGE FOTOSTOCK / Chico Sanchez ; **102** PHOTO12.COM / ALAMY-Charles O. Cecil ; **104** Antonio Álvarez Pérez, Miñón S.A. Valladolid, 1965 / DR ; **105b** SHUTTERSTOCK / Nikolai Titov ; **106hg** Droits Réservés / Archivo Municipal de Vitoria-Gasteiz ; **106b** PHOTO12.COM / ALAMY ; **107hd** Fernando Vicente ; **107g** © Mod Producciones / DR **;** **107b** AKG-Images ; **108hd** David Ouro, ¿Qué fue la guerra civil?, Editorial Akal, 2017 / DR ; **108b** BRIDGEMAN IMAGES / MEPL ; **108b** MAGNUM / Robert Capa @ International Center of Photography **109g** AKG-Images/ Pictures From History ; **109d** BRIDGEMAN IMAGES/ Photo Josse ; **110hd** AKG-Images/ WHA / World History Archive ; **110h** AKG-Images / Ullstein bild **110bd** © Jesus Fraiz Paco Roca / DR ; **111h** © Paco Roca / DR ; **112 hg** GAMMA RAPHO / Keystone France- J. P. Couau **;** **112mg** Leemage / @ FineArtImages **;** **112m** CHRISTOPHE L COLLECTION / Werner Forman Archives -N.J.Saunders- Heritage Image ; **112mb** Rue des Archives /RDA **;** **112bg** CHRISTOPHE L COLLECTION @ the Granger Collection, New York ; **113hg** ABACA PRESS / World History Archive; **113hd** AKG-Images **;** **113bg** SIPA PRESS / EFE-Lafototeca.com ; **113bd** AFP / Juan Naharro Gimenez-Getty Images **;** **120** Droits Réservés/ Foto cortesia del Centro espanol (la Nacional) ; **120h** SHUTTERSTOCK / blvdone ; **121** REA /REDUX-The New York Times / Ellen Silverman ; **122** © Telemundo / DR ; **124** GETTY IMAGES / Fitopardo.com **;** **125** ANDIA / ABC/ D'Orlando ; **126** AGE FOTOSTOCK / Sami Sarkis **;** **127** SHUTTERSTOCK / Pawel Kazmierczak ; **128** © **¿Tienes sal?** / DR ; **129** AGE FOTOSTOCK / CAMARA LUCIDA-PILAR ; **130** © Imás Televisión / DR; **132h** ADOBE STOCK PHOTO / franz12 ; **132** Civitatis / DR ; **133** https://www.appchile360.cl / DR ; **136** Johnny Mcdonald ; **137** © Univision / DR ; **138** REA / Zuma Press/ Benjamin Rojas ; **139** PHOTO12.COM / ALAMY ; **140** SIPA PRESS / EFE-Lafototeca.com-Felipe Chacon ; **141** Negocios hispanos magazine / DR ; **142** © Univision / DR; **144h** GETTY IMAGES / Westend61 ; **144** © Paco Roca / DR ; **145** © Orange España / DR ; **148** 2020 Banco de Mexico Diego Rivera Frida Kahlo Museums trust, Mexico, D.F./ADAGP, Paris ; **149** © Aries Cinematográfica Argentina / DR ; **150** SIPA PRESS / EFE-Juan Carlos Gomi ; **151** PHOTO12.COM / ALAMY ; **152** Servicio Nacional de Turismo de Chile / DR ; **153** REUTERS / Davide Mercado ; **154h** © Hora 13 Noticias / DR **;** **154b photo** ; **155** HEMIS / Christian Guy ; 156h SHUTTERSTOCK /Lisa Kolbasa ; **156** © Nano www.nanocartoon.es ; **157** SHUTTERSTOCK /Lisa Kolbasa ; **159** © Ventura & Coromina, 2012 / DR ; **160g** idea por Jherlyn Lopez, un nuevo mundo ; **162hd** Iberdrola/ DR ; **160d** Leemage/Aisa @Salvador Dali, Fundacio Gala-Salvador Dali/Adagp, Paris 2020 ; **161** @Salvador Dali, Fundacio Gala-Salvador Dali/ADAGP, Paris 2020 ; **162h** © Iberdrola / DR ; **162b** © Iberdrola; **163** SIPA PRESS /Lafototeca.com/ EFE/ Salvador Sas ; **164** © Som energía ; **165** Ayutamiento de Fuendetodos / DR ; **166h** DR ; **166b** DR ; **168h** © Comunicat-i / DR ; **168b** SHUTTERSTOCK / aelitta ; **169 capture** ; **172** CHRISTOPHE L COLLECTION , real:Robert Bahar et Almudena Carracedo @ Semilla Verde Productions / Lucernam Films ; **173** CHRISTOPHE L COLLECTION , real:Robert Bahar et Almudena Carracedo @ Semilla Verde Productions / Lucernam Films ; **174** photo ; **175** Madres y familiares de detenidos desaparecidos ; **176** SIPA PRESS/ AP-Santiago Llanquin ; **177** © ENEKO ; **178** © euronews / DR ; **180h** © Roca Editorial, 2019 ; **180b** PHOTO12.COM / ALAMY **;** Santiago Llanquin ; **180h** SHUTTERSTOCK / Notion Pic ; 180 **181** MAXPPP / EPA- Juan Herrero ; **184** Fernando Vicente, Quijote: Cartel para la Feria del libro de otoño del libro viejo y antiguo 2016 ; **185** AKG-Ima ; **186** AKG-Images ; **187** Editorial Dibbuks / DR ; **188** Property of their owners: Sygnatia, Glow, Submarine B.V. & Hampa Studio ; **189** RMN / Eli Lotar ; **190** Norma Editorial / DR **;** **192hg** ADOBE STOCK PHOTO / alexlmx ; **192hd** ADOBE STOCK PHOTO / Oleskii ; **192hm** SHUTTERSTOCK / Olga Koronyevska ; **192m** LE PICTORIUM / Sadak Souici ; **193hg** ADOBE STOCK PHOTO / Oleskii ; **193hd** ADOBE STOCK PHOTO / Alexey Novikov ; **193** ADOBE STOCK PHOTO / Oleskii ; **193** PUBLICACIONES SEMANA S.A / DR ; **196** Federación S.O.S. Racismo ; **197** HEMIS / Westend 61 ; **198** Fundación secretariado Gitano / DR ; **199** Antena 3 ; **200** PHOTO12.COM / Agefotostock- Alfredo Maique, Osvaldo Guayasamin- Tous Droits Réservés ; **201** ADOBE STOCK PHOTO / kmiragaya ; **202** REA /Mario Fourmy **;** **204 bas g**: REA / Reporters-Ezequiel Scagnetti ; **204** : ANDIA / Duffour ; **206 bas**: ANDIA / Duffour ; **206h** SIPA PRESS / AP-Matilde Campodonico ; **206bg** ANDIA / Duffour ; **207h** DR ; **207b** © José Gallino ; **208-209** © Hueders, 2019 / DR ; **208b** MAGNUM Photos / Patrick Zachmann **;** **210bd** MAGNUM / Patrick Zachmann ; **210bg** REA / Haytham-Martin Barzilai ; **210h** DR ; 211h © EvaristoEditorial ; **211b** © Nicolás Passarella / DR ; **213hg** © REA :Christian Franz Tragni –REDUX ; **214b** © ICEX / DR ; **215** Red de socioligia juridica en America Latina y en el Caribe / DR ; **217** Manel Fontdevila ; **217b** : © Adobe Stock Photo / jan Marot ; **218b** © Ricardo Ceppi ; **218h** Ayuntamiento de Medellín / DR ; **219** Ministerio de Igualdad español / DR ; **221bg** © Shutterstock / Muddy Ignace – Dyppa ; **221h** © Antonio de Felipe / DR ; **222b** © SIPA / Ernesto Arias-EFE- Lafototeca.com ; **222h** Universidad de Valladolid / DR ; **223** © Centre Pompidou MNAM-CCI, dist. RMN-Grand –Palais ;Pablo Picasso © Succession Picasso 2020 ; Photo Dora Maar© Adagp, Paris 2020 ; **225** CHRISTOPHE L COLLECTION @ Cineapolis Producciones ; **226** Ayuntamiento de Alicante / DR ; **227** SIPA PRESS / Lafototeca.com- Elvis Gonzalez ; **227b** Ministerio de tecnologías de la información y comunicación de Paraguay / DR ; **227h** Asociación Colectivo para el Desarrollo Rural de Tierra de Campos / DR ; **228hd** https://www.appchile360.cl / DR ; **228hg** Property of their owners: Sygnatia, Glow, Submarine B.V. & Hampa Studio ; **229d** Asociación de Editores de Madrid / DR ; **229g** © Ron Lalá / DR ; **230b** CHRISTOPHE L COLLECTION / @ Paramount

Las Setas de Sevilla o proyecto Metropol Parasol del arquitecto Jürgen Mayer, es la estructura de madera más grande del mundo, España

Players-Nickelodeon Movies -Walden Media -Burr! Productions -Media Rights Capital(MRC) ; **230h** © Moderna de Pueblo / DR ; **231** turensalus.com / DR ; **232hg** Tom Bojarczuk / DR ; **232d** Iberdrola/ DR ; **233g** © Ecoembes / DR ; **233d** © Malagon ; **234h** Ayuntamiento Alhaurín de la Torre ; **234b** TheCircularLab © Ecoembes / DR ; **235** © 2019 El Coco / DR. 238h Gobierno del Perú - Ministerio de Cultura / DR **238b** www.lapreguntadesamuel.org - Ministerio de Educación / DR ; **239** © Inma Flores / El Pais 2017 / DR ; **241g** Ajutament de Tarragona / DR ; **241d** aulamentor.es / DR **242h** © ANDIA –efe-ABC ; **242b** © Faro ; **243** © Lucas Quinto, 2011 / DR

Crédits des textes

20 lavanguardia.com / DR ; **21** trabajarporelmundo.org / DR ; **26** © Carlos Meija, 2019 / DR ; **27** © Carmen Gómez Medellín, 2019 / DR ; **28** expansion.mx / DR ; **30** voanoticias.com / DR ; **32** © Carme Chaparro, 2018 ; **33** © Elisa Silió, 2019 ; **37h** © Julio Llamazares, 2018 ; **37b** Antonio Aguilera, economista. Artículo «Agotar el sol y la playa», 2019 ; **39** economiadehoy.es / DR ; **40** © Isabel Munera, 2019 ; **43** Antonio Mercero, El caso de los japonesas muertas © 2018, Antonio Mercero Licencia editorial otorgada por Penguin Random House Grupo Editorial, S.A.U. 2018 / DR ; **44** © Carlos Montero, Planeta, 2016 ; **45** Anabel Palomares, trendencias.com / DR ; **50** © Carmen Posadas, Planeta, 2016 ; **52** © Maria Oruña, Planeta, 2015 ; **55h** Mari Pau Domínguez, editorial Grijalbo / DR ; **55b** lugaresconhistoria.com / DR ; **56** © Cristian Perfumo, Amazon Publishing, 2017 ; **57h** larepublica.pe ; **57b** Wara ARTEAGA VERY, Diario Nacional Independiente ; **62** © Elena Moya, 2015 ; **64** © Maria Sanchez, Planeta, 2016 ; **67** © Iván Repila, Planeta, 2019 ; **68** © Carlos Montero, Planeta, 2016 ; **69** © Fernando Aramburu, 2016. First published in Spanish language by Tusquets Editores, Barcelona, 2016 ; **71** © El País, 2019 / DR ; **73** © Javier Pérez Andújar, 2010. Por cortesía de Tusquets Editores, España. ; **74** © museupicassobcn.org, 2017 / DR ; **75** © Arturo Pérez-Reverte, 2013 / DR ; **76** «La revolución del mecenazgo para la salvaguarda del patrimonio cultural», Revista PH, 2018, nº 95, 2018, página 50, Hispania Nostra ; **78** © Arturo Pérez-Reverte, 2018 / DR ; **80** © Elena Moya, 2010 ; **81** Pablo Neruda, Fragmentos de *Confieso que he vivido*, © Pablo Neruda y Fundacion Pablo Nruda, 1974, 2014 ; **83** © Libros del Asteroide, 2016 / DR ; **85** Juan José Millas, "Ciego por un dia" (1998), *Vidas al límite*, Seix Barral, Planeta, 2012 ; **87** Pablo Pineda es, ademas del primer europero diplomado con sindrome de down, consultor en diversidad de Fundacion Adecco ; **90** www.mundodeportivo.com / DR ; **91** www.servimedia.es / DR ; **92** © Kirmen Uribe, Planeta, 2008 ; **93** © Javier Moro, Planeta, 2018 / DR ; **97** www.andina.pe / DR ; **98** www.residuosprofesional.com / DR ; **100** © El Pais, 2018 / DR ; **101** © Editorial Seix Barral, Grupo Planeta, 2018 ; **103** recyplast / DR ; **106** © Carlos Aurensanz, 2015 ; **107** Concepción Revuelta, Te dí mi palabra © 2019, Conchi Revuelta Licencia editorial otorgada por Penguin Random House Grupo Editorial, S.A.U.2019 ; **108** Concepción Revuelta, Te dí mi palabra © 2019, Conchi Revuelta Licencia editorial otorgada por Penguin Random House Grupo Editorial, S.A.U.2019 ; **109** brigadasinternacionales.org / DR ; **110** Editorial Txertoa, 2018 ; **111** Isabel Allende, Fragmento de LARGO PETALO DE MAR © 2019, Isabel Allende / DR ; **120** Editorial Seix Barral, Planeta, 2018 ; **121** © Roca Editorial, 2019 ; **125** © El País Semanal, 2019 / DR ; **126** Booket, Planeta, 2011 ; **127** Ediciones Destino, Planeta, 2018 ; **128** Seix Barral, Planeta ; **130** © 2018, Juan Gómez-Jurado ; **131** © Carmen Mola, Alfaguara, 2019 / DR ; **132** © CreaLibros, 2018 / DR ; **133** www.arquepoetica.azx/uam.mx / DR ; **135g** elspectador.com/ DR ; **135d** publimetro.pe/ DR ; **137** Editorial Anagrama, 2018 / DR ; **138** © Karina Sainz Borgo, 2019 / DR ; **140** Seix Barral, Planeta, 2018 / DR ; **142** © Anagrama, 2018 / DR ; **143** Carlos Bardem © Penguin Random House, 2009 / DR ; **145** © Elena Moya, 2015 ; **147** Carmen Mola © Penguin Random House, 2019 / DR ; **149** © Elena Poniatoska, 1998 / DR ; **150** © El País, 2019 / DR ; **152** © El País Semanal, 2017 / DR ; **154** © E Periódico Viajar, 2019 / DR ; **155** Clarín, 2019 / DR ; **156** Espasa Narrativa, Planeta, 2016 ; **157** © Elena Moya, 2015 ; **161** www.elindependiente.com, 2018 © David Page / DR ; **162** © Eugenio Fuentes, 2015. Por cortesía de Tusquets Editores, España ; **163** Revista RD energía, 2019 / DR ; **164** La Vanguardia, 2019 / DR ; **166** © Eugenio Fuentes, 2015. Por cortesía de Tusquets Editores, España ; **168** www.vozlibre.com, 2018 / DR ; **169** Booket, Planeta, 2012 / DR ; **171** elmostrador.cl/ DR **173** © 2018, Mercedes de Vega ; **174** © Edic, 2014 / DR ; **176** Isabel Allende, Fragmento de LARGO PETALO DE MAR © 2019, Isabel Allende / DR ; **178** Elsa Osario, Planeta, 1998 / DR ; **179** Baltasar Garzón, La fuerza de la razón © 2011, Baltasar Garzón Real Licencia editorial otorgada por Penguin Random House Grupo Editorial, S.A.U. **180** © Roca Editorial, 2019 ; **181** © El Pais Semanal, 2018 / Dr ; **185** © Laura Gallego, 2017 ; **186** Espasa, Planeta, 2016 ; **189** © El País, 2019 / DR ; **190** © Adriana Moragues, 2018 / DR ; **191** © Mario Vargas Llosa, 1990 / DR ; **192** © Julia Navarro, 2007 / DR ; **193** © Javier Cercas, Planeta, 2019 ; **197** © Marta Sanz, Voces/Literatura nº280, Páginas de Espuma, 2019 / DR ; **199** © Carmen Mola, 2018 / DR ; **201** © Monica Baró, Revista El Estornudo, 2018 / DR ; **202** © Francisco Diaz Vallardes, 2011 / DR ; **203** © Domingo Chambers, www.es.ripleybelieves.com, 2020 / DR **206 et 210** Almudena Grandes © Grupo Planeta, 2017 ; **207** © EFE, 2018 ; **208** Isabel Allende, fragmento de *Largo pétalo de mar* © 2019, Isabel Allende ; **208-209** © Hueders, 2019 / DR ; **211** Mario Benedetti © Alfaguara

Conception de la maquette et de la couverture : Frédéric Jély
Cartographie et frise : AFDEC, Légendes Cartographie, Renaud Scapin
Iconographie : Laure Penchenat
Illustrateur : Philippe Gady
Mise en pages : Élodie Breda, Pascale Comte
Edition : Sonia Berthelot assistée de Virginie Disez et Lucyle Espieussas
Contenus éditoriaux fournis par l'ONISEP : Coordination : Emmanuel Percq ; Édition : Isabelle Dussouet

ISBN 978-209-178160-0

N° projet : 10277184
Depot légal: Avril 2020
Imprimer en Italie en Août 2021 par Rotolito S.p.A.